文化伟人代表作图释书系

An Illustrated Series of Masterpieces of the Great Minds

非凡的阅读

从影响每一代学人的知识名著开始

　　知识分子阅读，不仅是指其特有的阅读姿态和思考方式，更重要的还包括读物的选择。在众多当代出版物中，哪些读物的知识价值最具引领性，许多人都很难确切判定。

　　"文化伟人代表作图释书系"所选择的，正是对人类知识体系的构建有着重大影响的伟大人物的代表著作，这些著述不仅从各自不同的角度深刻影响着人类文明的发展进程，而且自面世之日起，便不断改变着我们对世界和自然的认知，不仅给了我们思考的勇气和力量，更让我们实现了对自身的一次次突破。

　　这些著述大都篇幅宏大，难以适应当代阅读的特有习惯。为此，对其中的一部分著述，我们在凝练编译的基础上，以插图的方式对书中的知识精要进行了必要补述，既突出了原著的伟大之处，又消除了更多人可能存在的阅读障碍。

　　我们相信，一切尖端的知识都能轻松理解，一切深奥的思想都可以真切领悟。

文化伟人代表作图释书系

A Treatise
On Money

罗淑玲 曾怡/译

货币论

〔英〕凯恩斯/著

重庆出版集团 重庆出版社

图书在版编目（CIP）数据

货币论 /（英）凯恩斯著；罗淑玲，曾怡译. —重庆：重庆出版社，2021.6（2023.12重印）
ISBN 978-7-229-15823-1

Ⅰ.①货… Ⅱ.①凯… ②罗… ③曾… Ⅲ.①凯恩斯主义—货币论 Ⅳ.①F091.348

中国版本图书馆CIP数据核字（2021）第089306号

货 币 论
HUOBI LUN
〔英〕凯恩斯 著　罗淑玲　曾　怡 译

策 划 人：刘太亨
责任编辑：苏　丰
责任校对：杨　媚
封面设计：日日新
版式设计：冯晨宇

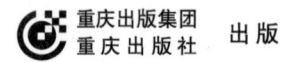

重庆出版集团　出版
重庆出版社

重庆市南岸区南滨路162号1幢　邮编：400061　http://www.cqph.com
重庆市国丰印务有限责任公司印刷
重庆出版集团图书发行有限公司发行
全国新华书店经销

开本：720mm×1000mm　1/16　印张：30　字数：510千
2021年9月第1版　2023年12月第2次印刷
ISBN 978-7-229-15823-1
定价：68.00元

如有印装质量问题，请向本集团图书发行有限公司调换：023-61520678

版权所有，侵权必究

英文版编辑前言

在完成《货币改革论》（*A Tract on Monetary Reform*）后不久，凯恩斯开始写一部关于货币理论的新作。尽管写作过程常常被工作和活动中断，但1924年全年，甚至直到1925年7月28日，他仍致力于该书的写作。在与美国出版商阿尔弗雷德·哈考特（Alfred Harcourt）交谈后，哈考特与他签署了合同，新作品也因此被命名为《货币和信贷的理论》（*The Theory of Money and Credit*）。1926年7月，凯恩斯和麦克米伦（Messrs Macmillan）先生签署了该书在英国出版的类似协议。在这一时期，他的作品都并在一卷之中，于1927年出版。

本书所涉内容几乎没有凯恩斯早期的思想残余。1925年，凯恩斯和D. H. 罗伯逊（D. H. Robertson）就罗伯逊的作品《银行政策和物价水平》（*Banking Policy and the Price Level*）进行了讨论，双方通信的内容将出现在本书的第13章中。那时，二人合作非常密切，罗伯逊在他著作的第5和第6章中写道："我们自己都分不清楚哪些思想是他的，哪些思想是我的……幸好，他的《信贷理论》（*Theory of Credit*）很快就要出版了，所以不需要分得那么清楚。"[1] 正如凯恩斯在十年后发表的《就业、利息和货币通论》（*The General Theory of Employment、Interest and Money*）中对罗伯逊说的那样，这一合作显然影响了凯恩斯的货币思想："我挣脱了思想的牢笼，完全因为之前我们就你的《银行政策和物价水平》进行了讨论。"

到1927年7月，现在人们所称的《货币论》已经写了超过400页。仅一年后，凯恩斯向阿尔弗雷德·哈考特报告说，仅仅过了一个夏天，这本书已经超过500页，完成了80%。这年，凯恩斯期望本书能在1929年出版。

---

[1] D. H. 罗伯逊《银行政策和物价水平》（伦敦，1926）第5页。

为了能在1929年底出版，凯恩斯强迫自己在1929年7月完成了该作品，并且开始修订。但可供修订的时间比他预想的更紧张，修订的内容也比预想的多，因此出版时间又一次拖延。正是在这一时期，他决定把这本书分为两卷。1930年1月，这本书的修订工作终于完全结束。凯恩斯将文稿拿给罗伯逊看，让他提意见[1]，3月[2]，这本书的校稿以及凯恩斯在麦克米伦委员会私下讨论的抄本一同发给了后来的证明人，其中就有R. G. 霍特里（R. G. Hawtrey）。出版前的几个月，凯恩斯都在与霍特里、O. M. W. 斯普瑞格（O. M. W. Sprague）、沃尔特·斯图尔特（Walter Stewart），还有其他人一起讨论了该书的校稿。

最后，1930年9月14日，凯恩斯告诉母亲：今晚，我终于完成了我的书。这本书花了我七年的心血——真是让我百感交集。不会再拖延下去了，这真是让我松了一口气。这本书在写作技艺上是失败的——在这一过程中，我已经改变了太多的想法，以至于没有一个恰当的统一。但我认为这本书蕴含的思想却极为丰富。完成这本书所用的时间几乎是《概率论》（*Probability*）的两倍，我的其他书的四倍，它将于10月21日或24日出版。[3]

本版本基本上沿用了1965年的英文重印本，减少了第一版的过度资本化的内容，并且改正了一些实际的和印刷的错误。

正如其他作品一样，凯恩斯也为《货币论》的外文版特别撰写了前言。1932年至1933年，在这些特别撰写的前言问世时，凯恩斯自己的思想已经转变了，这些思想后来在《就业、利息和货币通论》中有所体现。日语版和德语版的特别序言几乎完全相同，并具有相当大的意义，所以本书在标准英文版序言之后转载了这两版。1930年问世的美国版由哈考特·布拉斯（Harcourt Brace）出版，直接引用了英国版，因此保留了标准的英语前言。本书曾有翻译西班牙语译本的计划，凯恩斯还为此签署了协议，但进度太慢了，于是，凯恩斯1939

---

[1] 他们之间的通信将出现在第13章。
[2] 1930年3月14日麦克米伦勋爵给R. G. 霍特里的信。这封信由拉尔夫·霍特里提供给我们的编辑。
[3] 实际上出版时间是10月31日。

年告诉出版商，这本书"太过时了。不久前我出版了一本新书叫《就业、利息和货币通论》，这本书已经取代了《货币论》的位置，发行量可能更大"。因此，西班牙语译本的计划搁置。

作者前言

在《货币论》的第三篇和第四篇，我提出了一种解决货币理论基本问题的新方法。我的目标是找到一种方法，不仅可以用来描述静态平衡的特征，也可用于描述失衡的特征；并找到货币体系从一个平衡点过渡到另一个平衡点的动态规律。这些讨论构成了上卷"纯货币理论"的核心。在下卷"货币应用的理论"中，我将定量方法和定性方法结合起来，并主要根据当今英国和美国的现实，估计了进入论证数量的数量级。在这一卷中我也描述了现代银行和货币体系的显著特征，讨论了在实用范围内货币管理的方法和目标。

在通读本书的校对稿时，我深刻地意识到了这本书的瑕疵。它困扰了我好几年，在这期间我的想法一直在变，结果就是，这本书中的部分思想与我的其他思想并非完全一致，写完这本书时的想法，与我刚开始写这本书时的想法已经截然不同了。所以，恐怕这本书中有很多内容代表了摆脱我过去的想法和找到我现在的想法的过程。很多我已经抛弃的看法，在这本书中仍有体现。因此我得出结论，如果重新再来，我可以写得更好。我感觉就像自己强行穿过了一片混杂的丛林，现在，我从林子里出来了，于是明白自己本可以选择一条更为直接的路，那样，写这本书时很多困扰着我的问题，现在看来也没有那么重要了。即便如此，不管我的书现在是处于哪个阶段，即使它只是汇集了一些资料而非成品，我还是希望把它呈现给世界。

其次，也许这有点愚蠢，我试图把一篇系统的纯理论和应用的论文，与一些可能是独立专著的讨论结合起来。在这些半离题的讨论中最重要的是关于指数的第二篇和关于投资率的第六篇。尤其是第二篇占据了不少篇幅，使得本书的基本理论论证过程（第三篇和第四篇）推后了很多页；也许有些读者可能更愿意略过这些章节或稍后再回过头来看。

写作本书时我面临的另一个困难是，对于如何正确安排不同论题的顺序没有任何可以借鉴的经验，这类论题的最佳阐述方法只能通过历任作者从经验中逐渐发现。尽管我的研究领域在世界上每所大学都有课程涉及，但就我所知，没有任何一种语言发表出版的论文专著能够系统全面地论述现代世界中存在的代用货币理论和事实。我希望通过我现在积累的经验，抛砖引玉，找到解释这一问题的最佳方法。

我认为正确理解本书的主题对于全世界的福祉有重要且实际的意义。如果我能为此贡献绵薄之力，我将归功于在剑桥工作时讨论和对话的氛围。D. H. 罗伯逊先生就某些基本问题给予我深刻的启发，没有他的洞见，这本书不会问世。在这本书最终确定下来的过程中，我最应该感谢的是剑桥大学国王学院的R. F. 卡恩（R. F. Kahn）先生。他的关照和敏锐在本书的许多内容中都有所体现，感谢他的指导。帮助过我的其他人中，我也要特别感谢H. D. 亨德森（H. D. Henderson）先生。

当本书的大部分内容已经出版时，我被任命为财政和工业委员会的成员，麦克米伦勋爵（Lord Macmillan）是该委员会的主席。因此，下卷所述的实用建议是我在委员会开始工作之前所持的观点，而不是在委员会做报告时可能提出的观点。

本书承印者爱丁堡的Messrs R. & R. Clark极富耐心，样稿校对准确；经过不断地修改和增补，他们的校样得以长期保持铅字版的形式，谨此致谢。

约翰·梅纳德·凯恩斯
剑桥大学国王学院
1930年9月14日

外文版前言[1]

自从我的作品在1930年秋天出版以来[2]，全球出现了很多轰动事件。战后，为了恢复历史上的"金本位"，各国都付出了惨痛的代价，如今金本位已经瓦解，再也不可能用旧的模式加以修复。我写这本书的时候，一点也不乐观，但是我想，应该要对世上的既有事实给予充分的尊重。我认为主要（资本主义国家）的中央银行永远不会自愿放弃当时存在的金本位制；我也不希望出现一场他们无法摆脱的灾难。因此，唯一切实可行的希望，只有从现有的金本位制出发，逐步将其演变成一种可管理的世界货币。正是基于这些考虑，我写道（下卷，第337至338页）[3]——虽然在事实上回归我所倡导的金本位之前（《货币改革论》），我也有提到其他计划，但实际上金本位回归之后，更好的做法是接受既成事实——"尽管国际金本位制度自五年前恢复以来，一直处于灾难性的低效状态（符合反对者最严重的恐惧和最悲观的预测），其带给世界的经济损失仅次于一场大战"。

我还写到[4]金本位的演变也有可能是截然不同的。如果要避免革新，"黄金之友"必须极其明智和节制。事实上，他们既不明智也不节制，因此，革新正在发生。我写下这些句子时，世界上大部分国家的金本位制已经瓦

---

〔1〕这里我们印制的是日文版序言。这版序言是由凯恩斯用铅笔写在德文复写版的序言纸张上的（它现在也仍存于那些纸张之上），将1932年4月的日文版序言与凯恩斯在1931年10月为德文版所写的序言相比，可以发现修改的确是必要的。英文版的编者在脚注中指出了两版的不同之处。

〔2〕德语版对应文字为"一年前"。

〔3〕参考英文第一版；见本版下卷，第412—413页。

〔4〕见本版下卷，第384—385页。

解。[1]因此，我们如今至少不再需要尊重现实。我们要完全重建一个新的计划，鉴于新的形势，我倾向于回到九[2]年前在《货币改革论》中提出的总体发展路线。假设在不久的将来，世界上的国家划分为两派，一派坚持僵化的金本位制，另一派致力于打造某种价格稳定，同时与黄金保持明确但灵活关系的货币形式。例如，假设建立一个货币联盟，这个货币联盟可能包括大英帝国、日本、南美、中欧和斯堪的纳维亚等地的国家，这些国家拥有一个共同的货币单位，就由国际贸易的主要商品构成的复合商品而言，这个货币单位的价值或多或少会保持在（比如说）5%的标准范围内（即在10%的范围内）。不同国家的货币单位与新的国际单位之间的关系将被固定，以便将前者的商品价值恢复到1929年的水平。但就国家货币单位而言，货币成本的内部价值在当时与世界其他地方的价值不均衡，需要进行某些调整。此外，无论何时，新的货币单位和黄金之间都会有一种确定的，但并非一成不变的关系。也就是说，新货币联盟的中央银行将根据共同协议，在考虑到国际黄金价格波动的情况下，为了维持价格稳定，应尽可能分阶段（比如每次1%）公布黄金的买卖价格（黄金点数比此前更广，见下文第七篇第36章）。我还假设，新货币联盟的中央银行会不时举行会议，讨论银行利率政策、贷款数量、新发行的市场以及黄金价格。

我在这里假设，某些主要国家将继续坚持僵化的金本位制，这样实际上会促进管理新的国际单位的问题。那些坚持金本位制的国家将受到国际贸易量波动和黄金价格平衡水平波动对世界投资的冲击。另一方面，如果所有的主要国家或迟或早放弃僵化的金本位制，加入国际管理体系，而这个体系是科学制定的，没有参考过时的偏见，那当然是另一回事，我将热烈欢迎并探讨它能提供的可能性。

借此机会，我还想讨论一些纯粹理论中有意思的问题。在第三篇中，我提

---

[1]德语版：“写下这些文字的时候，似乎整个金本位制很有可能瓦解。”但无论如何，在最后一种办法中，可能会证明存在着未被怀疑的内在稳定因素——我们至少不需要……

[2]德语版对应文字为"八"。

到了某些理论的特征，我发现，这些理论大多被误解了。接下来，我将假设读者已经熟悉了第三篇的内容。

储蓄和投资之间的区别，或者说强制储蓄和自愿储蓄之间的区别，在货币理论中并不是一种全新的区别。我已经在第171至172页给出了一些参考。[1] 自从米塞斯（Ludwig von Mises）教授在1912年发表他的《货币的理论》（*Théorie des Geldes*）以来，这样的想法在德国和奥地利经济学界中一直流行，熊彼特（Joseph Alois Schumpeter）教授的作品和哈耶克（Friedrich von Hayek）博士最近的著作尤其如此；罗伯逊先生的《银行政策和物价水平》于1926年将这些想法引入了英国经济学。但是我发现，我的许多读者倾向于忽视某些我的理论与上述经济学家不同的重要方面，这些重要方面我想借此机会重新强调一下。

我认为，我与上述经济学家的分歧首先在于对储蓄和自愿储蓄的定义没有一个清晰的理解。我对收入的定义被认为是自相矛盾的，因为我把意外利润和损失排除在外（如下文所述），而我对储蓄的定义，即收入超过消费支出，与我对收入的定义相对应。不过，我认为，不认可这些定义的人并没有意识到这么做的结果。因为，如果意外利润和损失包括在收入里，也就是说，如果收入的定义并非是E，而是E+O（参见第10章），储蓄被定义为收入超过消费支出，那么，储蓄在所有情况下都完全等于当前投资的价值[2]。也就是说，储蓄的总量不再是一个单独存在的因素。收入者自愿决定将收入的多少用于消费，储蓄金额不会受其影响，而是完全取决于当前投资的价值。在我看来，这和我使用这些术语一样自相矛盾，同时我也不清楚"自愿"储蓄和"强制"储蓄在这个定义上有什么不同。

---

[1] 见本版上卷第99页。

[2] 德语版对应文字为：储蓄的每一次增加，如果不与当前投资价值的相应变化关联，就会减少总收入（反之亦然），因此，我们无法知道社会的收入是多少，直到我们知道它的储蓄是多少，也就是每一批储蓄减少都会在其他条件不多的情况下减少社会收入。

这便引出了更为关键的一点。除了我的理论之外，其他理论都认为"强制"储蓄（用他们的术语来说）是因为银行系统的一些行为导致的，这些理论有的称之为一种通胀现象，有的称之为信贷的扩张，还有的称之为银行体系对"中立"的偏离。有时，"强制"储蓄的数量被视为与货币或信贷增加的数量相等，或与超过维持"中立"所需的货币数量相等。有时还会有更多的限定条件，特别是罗伯逊先生，他在后来的研究中提出了更多限定条件，其大意是公众在增加或抵消银行系统扩张或收缩的影响时，也会加大囤积货币或银行货币的数量。如果我理解正确的话，罗伯逊先生认为当前投资的货币价值（或者说，生产的货币成本——其定义不是很清楚），即当前社会资本盈余的货币—价值（或成本）是由两部分共同组成的，第一部分相当于公众的"自愿"储蓄，第二部分相当于（既可能是正的，也可能是负的）银行系统在允许某些抵消交易后产生的货币数量的变化。

不过我想强调的是，这不是下面第三篇的理论，尽管它们之间也许有某些相似之处。我认为我刚刚阐述的这些观点，在本质上来说是非常不清晰的。如果要彻底弄明白这些观点，需要进行一系列的修饰，才能让这些观点逐渐符合我的理论。不过，我的主要目的不是争论哪个是对的哪个是错的，而是想让读者了解这一点——我的理论和上述理论有所不同。尽管我认为银行系统的政策影响了储蓄和投资价值之间的差异，我并不认为这种差异和信贷额之间有任何直接、必要或不变的关系，无论是否考虑了各种具体的抵消交易，都可以从银行和货币统计的知识（无论多么完整）中推导出来。

我将通过两个例子简短地阐述一下我的观点。

第一个例子，储蓄和投资价值之间差异的产生，不会在银行系统留下任何痕迹。第二个例子，银行系统维持一项保持流通速度不变的政策，对投资价值及其与储蓄量的关系产生了积极的影响。企业要么通过新股发行市场筹集现金，要么通过将已有资产出售给储蓄超过当前投资价值的公众筹集资金，由于缺乏投资导致亏损时，第一个例子的情况便出现了。这种操作不会在银行系统留下任何痕迹。除了让储户的储蓄额变得更多，生产者的亏损更大，财产在两个阶级之间转换，其他没有什么变化。对于这种现象，银行没有必要采取任何的积极措施。这种现象的直接成因可能是公众储蓄意愿的改变，或者企业投资倾向的改变。如果我希望货币流动性更强，在银行系统为了保持银行货币量与货币交易量或社会货币收入之间恒定关系的时候，出售证券或其他资产，结果压低了它们的价格，第二个例子的情况便会出现。我出售证券或其他资产导致资本资产价格下跌，这会对投资产品的当前产出价格产生影响，从而会扰乱储蓄和当前投资价值之间的关系。

第二个例子与"看跌态度"（第一卷，第192至196页）的概念相关[1]，或者，我应称之为"囤积倾向"——这个概念我也没能向许多读者解释清楚。有一些概念需要区分：

（1）银行系统中的储蓄数量或"不活跃"储蓄的数量，有时很奇怪地被称为"囤积"。

（2）在代表资本所有者储蓄和其他资本资产的相对偏好（或者，资本所有者对流动资产和非流动资产的相对偏好）的曲线中，横坐标表示非流动资产（或囤积货币）的价格，纵坐标表示所持有的存量。[2] 我这么描述也许不是很恰当，我把这条曲线描述为"看跌走势"，或许称之为"囤积倾向"更为合适。问题是，当资本所有者决定选择流动资产还是非流动资产时，他的最终决定不仅取决于他的"偏好状态"，或者他的"囤积倾向"，或者他的"看跌程度"（不管人们喜欢怎么说），也就是说，不仅取决于给定非流动资产价格情况下，流动资产的需求曲线的情况，也取决于非流动资产的价格。相应地，"囤积"的数量或者他实际持有的流动资产不仅和他的囤积倾向相关，也和非流动资产的

---

[1] 见本版上卷，第112至115页。
[2] 为了简单起见，我们假设考虑流动期间内非流动资产数量的任何变化相对于这些资产的总存量来说都很小。如果没有这个限定条件，也不会改变我们讨论的性质，但是囤积的倾向必须用一系列的曲线来表示，而不是用单条曲线来表示。

价格有关。一个处于特定心理状态的人，决定是否持有银行储蓄或房产时，他的决定不仅取决于它的囤积倾向，也取决于房产的价格。不管其他资产价格如何，他做出"不活跃"储蓄的决定不是绝对的。如果他必然做出这个决定，银行系统通过"开放市场"的方式扩张或收缩货币量，因为银行找不到买家或卖家（视情况而定）来购买或出售他们想买卖的证券。

（3）第三个概念就是"看跌态度"的变化，即"囤积倾向"的变化，以需求曲线的形式，将流动资产的需求与非流动资产的价格联系起来。

现在（1）即实际持有的不活跃储蓄或囤积由银行系统决定，因为它相当于超过储蓄所需的银行资金总额。这一数量本身不能说明囤积倾向或变化的程度，更不能说明储蓄超过投资的部分。关于确定非流动资产价格，我的中心论点是，鉴于（a）银行系统提供的非活跃储蓄的数量，以及（b）囤积的倾向程度或看跌状态，非流动资产的物价水平必须是一个固定的数字，这样，公众希望在该物价水平持有的囤积数量才能与银行系统供应的储备数量相等。也就是说，非流动资产的物价水平和非活跃储蓄与囤积倾向之间存在函数关系。

我希望我的日本[1]读者能够阅读第三篇，里面有更详细的解释。我冒昧地请求他们这样做，因为我的英语读者发现阅读这一篇对清楚理解我所要表达的内容很有必要。

经过一年半的进一步思考，在对理论进行大量批评和讨论之后，我自然对以下内容做了许多补充和更正，这一点我应该在文末指出。不过，我并不打算在不久的将来修订这本《货币论》。相反，我提议出版一本纯理论性质的、篇幅短的书籍，扩展和修正我在第三和第四篇中阐述的观点的理论基础。

1932年4月5日[2]

---

[1]德语版对应文字为"德国"。
[2]德语版对应文字为"1931年10月22日"。

目 录 CONTENTS

英文版编辑前言 / 1

作者前言 / 5

外文版前言 / 7

上卷　纯货币理论

第一篇　货币的性质 / 2

第1章　货币的分类 ………………………………………… 2
一、货币与记账货币 ……………………………………… 2
二、正式货币和银行货币 ………………………………… 3
三、代用货币 ……………………………………………… 4
四、货币的形式 …………………………………………… 4
五、流通货币 ……………………………………………… 6
六、历史实例 ……………………………………………… 8
七、管理货币的演变 …………………………………… 11

第2章　银行货币 …………………………………………… 15
一、银行货币的"诞生" ………………………………… 15
二、流通货币以银行货币为主 ………………………… 20

第3章　银行货币的分析 …………………………………… 22
一、收入存款、商业存款与储蓄存款 ………………… 22
二、活期存款与定期存款 ……………………………… 23
三、存款与透支 ………………………………………… 25
四、存款额与交易额 …………………………………… 27

第二篇　货币的价值 / 31

第4章　货币的购买力 … 31
一、购买力的含义 … 31
二、货币购买力或消费标准 … 33
三、货币的劳动支配力或收入标准 … 38
四、工薪阶层指数 … 38

第5章　多元的次级物价水平 … 39
一、批发标准 … 40
二、国际标准 … 41

第6章　货币本位 … 45
一、现金交易本位和现金余额本位 … 45
二、是否存在"一般价格的客观平均变化" … 47

第7章　物价水平的扩散 … 52

第8章　购买力比较原理 … 56
一、购买力比较的含义 … 56
二、近似法 … 58

第三篇　基本方程式 / 71

第9章　定义 … 71
一、收入、利润、储蓄与投资 … 71
二、可用产品与不可用产品 … 73
三、资本的分类 … 74
四、国外贷款与外汇结存 … 75

第10章　货币价值的基本方程式 … 77
一、货币价值的基本方程式 … 77
二、利润的特征 … 79
三、新投资品的物价水平 … 81
四、物价水平与货币量的关系 … 84

第11章　达到均衡的条件 ·················· 87
一、零利润条件 ·················· 87
二、利率或银行利率 ·················· 89
三、通货膨胀与通货紧缩 ·················· 90
四、变化的因果方向 ·················· 90
五、企业家的行为 ·················· 92
六、外部均衡条件 ·················· 93
七、收益"自发"变化引起的物价水平变化 ·················· 96

第12章　进一步阐明储蓄与投资之间的区别 ·················· 99
一、储蓄与投资 ·················· 99
二、例证说明 ·················· 101
三、储蓄过度理论 ·················· 103
四、总结 ·················· 103

第13章　银行利率的"作用模式" ·················· 106
一、传统理论 ·················· 106
二、银行利率通论 ·················· 116
三、银行利率的特殊之处 ·················· 121
四、银行利率对外部均衡的作用 ·················· 123
五、银行利率和货币量的关系 ·················· 125

第14章　基本方程式的其他形式 ·················· 128
一、"实际余额"数量方程式 ·················· 128
二、"剑桥"数量方程式 ·················· 132
三、"费雪"数量方程式 ·················· 135
四、"剑桥"方程式与"费雪"方程式的关系 ·················· 137
五、"费雪"方程式与第10章基本方程式的关系 138

第四篇　物价水平变化 / 139

第15章　工业流通与金融流通 ·················· 139
一、工业流通与金融流通的区别和定义 ·················· 139
二、工业流通量的决定因素 ·················· 139
三、金融流通量的决定因素 ·················· 142

第16章　购买力失衡的原因分类 …… 147
一、货币因素引起的变化 …… 147
二、投资因素引起的变化 …… 148
三、工业因素引起的变化 …… 148

第17章　货币因素引起的变化 …… 149
一、货币供应量变化对工业的影响 …… 149
二、存款总量变化对各类存款量的影响 …… 151
三、转变过程存在的问题 …… 153

第18章　投资因素引起的变化 …… 156
一、信贷周期的定义 …… 157
二、信贷周期的起源与变化历史 …… 158

第19章　信贷周期的特殊方面 …… 165
一、为商品通货膨胀"辩护" …… 165
二、商品通货膨胀的影响 …… 168
三、信贷周期的正常发展轨迹 …… 170

第20章　信贷周期纯理论的应用 …… 171
一、标准情况 …… 172
二、八条结语 …… 175
三、一般案例 …… 178

第21章　国际货币失衡引起的变化 …… 183
一、相对物价水平和相对利率是造成货币失衡的原因 …… 183
二、国外贷款与黄金流动之间的关系 …… 185
三、国外投资的国家净利益 …… 192
四、国际因素导致的变化难题 …… 193
五、金汇兑本位制存在同样的现象 …… 196
六、缺乏国际本位货币时出现的同种现象 …… 199

下卷　货币应用的理论

第五篇　货币因素及其变动 / 205

第22章　货币应用论 ················· 205

第23章　储蓄存款与活期存款的比例 ··········· 206
　　一、英国 ················· 206
　　二、美国 ················· 211
　　三、其他国家 ··············· 214

第24章　流通速度 ················· 215
　　一、银行货币适用的"速度"概念 ········· 215
　　二、区分收入存款和营业存款的速度 ········ 216
　　三、收入存款的速度 ············· 218
　　四、营业存款的速度 ············· 221
　　五、营业存款速度的可变性 ··········· 227
　　六、真实速度的决定因素 ············ 230

第25章　银行货币对准备金的比率 ··········· 233
　　一、准备金率的稳定性 ············ 235
　　二、非储备银行资产的可互换性 ········· 244
　　三、如何确定准备金率 ············ 246

第26章　营业活动 ················· 252
　　一、营业活动对营业存款流通速度的影响 ······ 252
　　二、银行票据交换结算总额与贸易量之间的关系 ··· 254
　　三、统计概要 ················ 259

第六篇　投资率及其变动 / 262

第27章　投资率的变动之一——固定资本 ········ 262
　　一、统计指标 ················ 263
　　二、基于固定资本投资变动的信贷周期理论 ····· 264

第28章　投资率的变动之二——营运资本 ········ 266
　　一、统计指标 ················ 267

   　　二、营运资本理论 …………………………………… 276
   　　三、生产性消费和非生产性消费 …………………… 281
   　　四、真正的工资资金 ………………………………… 283

   第29章　投资率的变动之三——流动资本 ………… 284
   　　一、霍特里的流动存储论 …………………………… 285
   　　二、流动资本积累的障碍 …………………………… 286
   　　三、"贮存"费 ……………………………………… 288
   　　四、表示价格变动与"贮存"费用关系的方程式 … 291
   　　五、"期货市场"理论 ……………………………… 292
   　　六、结论 ……………………………………………… 294

   第30章　历史上的例证 ………………………………… 295
   　　一、西班牙的财宝 …………………………………… 298
   　　二、19世纪90年代的经济萧条 …………………… 306
   　　三、1914年至1918年的战时繁荣景象 …………… 311
   　　四、1919年至1920年的战后繁荣景象 …………… 314
   　　五、英国恢复金本位制度 …………………………… 319
   　　六、英国恢复金本位后的国内和国外投资 ………… 321
   　　七、1925年至1930年的美国 ……………………… 323
   　　八、"吉布森悖论" ………………………………… 329

第七篇　货币管理 / 337

   第31章　货币管理问题 ………………………………… 337
   　　一、通过投资率控制物价 …………………………… 337
   　　二、银行家的双重职能 ……………………………… 338

   第32章　国家管理方法之一——对会员银行的控制　344
   　　一、英国体系 ………………………………………… 346
   　　二、欧洲大陆体系 …………………………………… 349
   　　三、美国联邦储备体系 ……………………………… 350
   　　四、会员银行是否会以高于市场水平的利率从中央
   　　　　银行借款？ ……………………………………… 356
   　　五、进一步分析公开市场政策 ……………………… 360
   　　六、改变会员银行准备金率的方法 ………………… 365

第33章　国家管理方法之二——中央准备金的管理　366
　　一、钞票发行的现行管理方法……………368
　　二、正确的管理原则……………373

第34章　国际管理的问题之一——各国中央银行相互之间的关系……………377

第35章　国际管理的问题之二——金本位……………382
　　一、拜金欲……………382
　　二、拥护金本位的理由……………385

第36章　国际管理的问题之三——国家自主权问题　391
　　一、国际管理体系的两难窘境……………391
　　二、调整对外投资贷付率的方法……………394
　　三、黄金输送点的意义……………402
　　四、价值本位应该具有国际性吗？……………409

第37章　国家管理方法之三——投资率的控制……　413
　　一、银行体系是否能够控制物价水平？……………413
　　二、短期利率和长期利率……………421
　　三、银行体系是否能够控制投资率？……………428
　　四、1930年的暴跌……………436

第38章　跨国管理的问题……………442
　　一、跨国管理的双重问题……………443
　　二、跨国管理的方法……………447
　　三、国际清算银行……………451
　　四、结论……………453

上卷
纯货币理论

第一篇　货币的性质

第1章　货币的分类

一、货币与记账货币

记账货币是表示债务、物价与一般购买力的货币，是货币理论中的基本概念。

记账货币随着债务与价目表应运而生。债务是延期支付的契约，价目表则是买卖时约定的货价。不论是口耳相传还是记录在砖头或纸质文件上，这种债务与价目表只能以记账货币表示。

货币本身是用于清偿债务、支付价目的物品，也是一般购买力的储存形式。债务与价目必先用记账货币表示，因此货币的性质由货币与记账货币的关系而来。为了方便，只在交易现场充当交换媒介的物品可能近似于货币，因为这种物品具有一般购买力。但如果这些就是全部，我们便仍停留在物物交换阶段。严格来说，正式货币只能相对于记账货币而存在。

也许我们可以这样区别货币与记账货币：记账货币是名或称谓，货币则是与名对应的实物。若实物能完全对应名，那这种区别便没有实际意义。但是若实物可变，而名保持不变，这种区别就意义重大。其间的不同之处犹如英国国王（不论国王是谁）与乔治国王之间的差别。一种契约规定，十年之后支付的黄金重量与英王体重相等；另一种契约则规定，支

□ 黄金

黄金是对人类具备非凡意义的贵金属。马克思说：金银天然不是货币，但货币天然是金银。金和银是人类使用最早、最悠久的货币。因为产地分散，提炼技术落后，19世纪以前，全世界的黄金总量不到1万吨。

付的黄金重量与当今国王乔治的体重相等，那这两种契约便不是一回事。十年之后，第一种契约还要等国家宣布谁是英国国王才能支付。

提到契约与货价，我们就引入了法律或习惯；根据法律，契约与价目表具有强制性。换言之，这样就引入了国家或社会。此外，国家或社会不但强制执行交付，而且决定了在解除以记账货币订立的契约时什么是合法的支付手段。这是货币契约的特性所在。因此，国家首先是作为法律权威存在，强制支付与契约中所载名称相对应的物品。但是除此之外，国家还宣称有权决定并宣布哪种物品与这名称相符，以及有权偶尔变更这种物品，即国家有权修订品类规定。此时，国家便具有双重作用。所有现代国家都宣称拥有这种权利，并且已经如此宣称了至少四千年。正是在货币演化到这一阶段后，克纳普（G. F. Knapp）的货币国定说（主张货币是由国家创造的）才得到了充分验证。

于是，在人们采用记账货币时，货币时代随之而来，取代了物物交换时代。当一个国家宣称有权规定何物可作为现行记账货币，不仅宣称其有权强制执行品类规定，而且有权拟定品类规定，此时便迎来了货币国定时代。毋庸置疑，当今所有文明社会的货币都属于国定货币。

应注意这点，记账货币必不能中断。若与名相对应的货币发生改变，名可变或可不变；若名发生改变，新货币与旧货币必然要有确定的联系[1]。通常，国家会出台方案，说明旧记账货币与新记账货币之间的关系。但若没有国家法令，在某一时间前的所有契约便按旧币种计算，而此后的契约则按新币种计算。尽管如此，市场还将自行建立两者的对等关系。因此，除非突然发生巨大的灾难，同时摧毁所有现存契约，否则记账货币的发展演变并不存在真正的中断。

二、正式货币和银行货币

采用记账货币后就催生出两种派生类别：第一类按记账货币计算，包括约定报价、契约和债务凭证；第二类则是货币本身，与记账货币相符，货币交割完成即表示解除契约或清偿债务。第一类为后续发展铺平道路。所谓后续发展便是人们发现，在结算过程中，不论出于何种目的，债务凭证本身便可替代货币。债务

---

[1] 指新旧货币的兑换比例是明确的。

凭证这种使用方式，可称之为银行货币；但这并非货币本身。银行货币仅仅是以记账货币表示的私人债务凭证，可从一个人手中转移到另一个人手中，和正式货币交换使用，以及用来结算交易。因此，国家货币或正式货币便与银行货币或债务凭证并行不悖。

三、代用货币

反过来，这种情况又进一步促进了国家货币的发展。银行货币代表的将不再是如上所定义的私人债务凭证，而是国家债务。此时，国家便会运用制定货币的特权，宣布该债务凭证本身即可用于清偿债务。

于是，银行货币中一种特殊种类成为了正式货币，这种正式货币可称之为代用货币。然而，仅仅只是债务凭证变成了正式货币，其性质便发生了改变。债务凭证不再指债务，因为债务本质上是能用其他东西强制执行的。即使代用货币符合某种客观标准，也不能将其视为债务。

我的观点与流行的看法不完全相同，我认为国家货币不仅包括强制发行的法定货币（法币）本身，还包括国家或中央银行承诺的在支付过程中认可的货币，或承诺的可兑换强制性法币的货币。[1]所以大部分现代纸币，连中央银行存款也计算在内，都归为国家货币；而银行货币（或非法定货币）目前主要包括会员银行存款。[2]纵观历史，代用性国家货币大多都是由某种银行货币演变而来的。国家采用这种银行货币之后，其性质发生了改变，从一个类别转到了另一个类别。

四、货币的形式

接下来，我们要深入分析的对象较之上文有所不同。我们将国家货币的形式分为三类，简而言之，即为商品货币、不兑现纸币和管理货币，后两者属于代用货币中的两小类。

---

〔1〕严格来说，各种货币的法律地位可能发生很大变化。比如说，美国联邦储备银行票据便只是一种"非强制性"的货币。克纳普认为，国家承诺中央银行认可的任何东西都是货币，不论是否已宣布为公民使用的法币。我想这种说法是对的。

〔2〕关于这一名词解释参见本书第6至7页。

商品货币为某种特定的可自由获取的非垄断商品[1]。选择这种商品是因为众所周知它具有货币的某些用途，但与其他商品一样，其供应由数量和生产成本决定。

不兑现纸币是一种代用货币（即一种将实物的内在价值与其货币面值分离的东西），如今除小面额以外，通常用纸张印成。不兑现纸币由国家制定发行，但根据法律不得兑换成本身以外的其他任何东西，就客观标准而言，也不具有固定价值。

□ **商品货币**

金银铸造成货币之后，可以购买其他商品，这是货币作为一般等价物的性质。但是金银本身也是商品，具有内在价值。

管理货币与不兑现纸币类似，唯一的不同在于国家承诺通过可兑换性或其他方式管理其发行条件，所以就客观标准而言，它具有固定价值。

商品货币与管理货币有相似之处，两者都与客观的价值标准有关。管理货币和不兑换纸币也有相似之处，它们都是代用货币或纸币，离开国家法律或习惯之后，内在价值较小或根本没有。

所以，管理货币在某些条件下便是两者的结合产物。也许正是如此，它的性质变得不容易理解。公众都知道商品货币，也知道不兑换纸币。但由于公众更熟悉货币的本位而不熟悉货币的形式，经常就把作本位的管理货币的那些大家熟知的商品看成了商品货币，并把作本位的管理货币的大家不熟知的商品误以为是不兑换纸币。实际上，最具代表性的现代货币虽然有许多依然是商品货币与管理货币的混合体，但却慢慢发展到更接近于管理货币的形式。在一定的情况下，管理货币也是货币的最普遍形式：从一方面看，它在管理当局提供百分百充分准备的客观本位、使之实际上成为仓库证券时，可以认为已退化成了商品货币；从另一方面看，在它失去客观标准时，就可以认为已退化成了不兑换纸币。鉴于上述原因，本书接下来的章节将要阐明的理论主要与管理货币有关。但如有必要，所涉

---

[1] 也包括货物栈单，比如美国的金券便是商品货币。

及的公式将加以修改，使之适用于商品货币或不兑换纸币的情况。

上述货币形式、货币概念及其相互关系可以用下列图解表示：

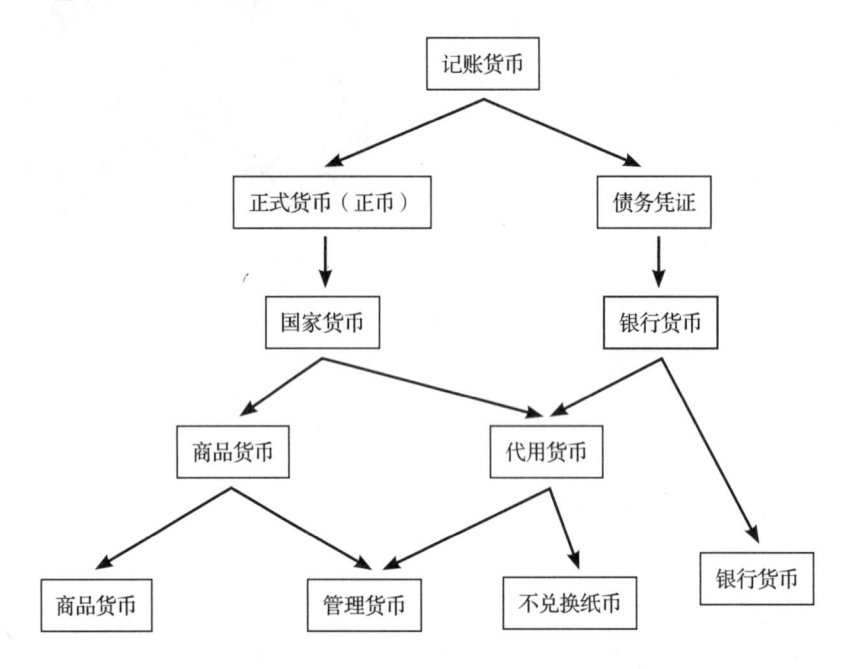

```
                        记账货币
                       ↙        ↘
              正式货币（正币）      债务凭证
                    ↓                ↓
                国家货币            银行货币
               ↙     ↘
          商品货币    代用货币
            ↓        ↙   ↘         ↘
         商品货币  管理货币  不兑换纸币  银行货币
```

这样，我们便有了四种交换工具，其中三种是正式货币，第四种不是正式货币而是债务凭证。

五、流通货币

货币理论的一个基本要素便是大众手中所持各种货币的总量，至于说的究竟是国家货币还是银行货币往往并没有什么区别。国家货币与银行货币两者合称流通货币。流通货币与国家货币之间的关系如下所述：

我们可以把典型的现代银行体系看成太阳系，包括一个太阳和许多行星。"太阳"就是中央银行，"行星"在美国称之为会员银行。国家货币的总存量被分为三部分：一部分由大众持有，一部分由会员银行持有，还有一部分则由中央银行持有。中央银行所持有的部分作为其存款的"准备金"。这些存款可以称为中央银行货币。假设所有的中央银行货币都由会员银行持有，目前可能由公众持有，它可能与国家货币的地位等同，也可能与会员银行货币的地位等同，具体视情形而定。于是，中央银行货币加上会员银行所持有的国家货币就构成了会员银行的货币准备金，反过来，会员银行又用这些准备金作为存款保证。这些存款就是大众所持有的会员银行货币，加上大众所持有的国家货币（中央银行货币也应计入，如果有的话），就是流通货币的总量。

因此，可以用下面的树状图来表示它们之间的关系：

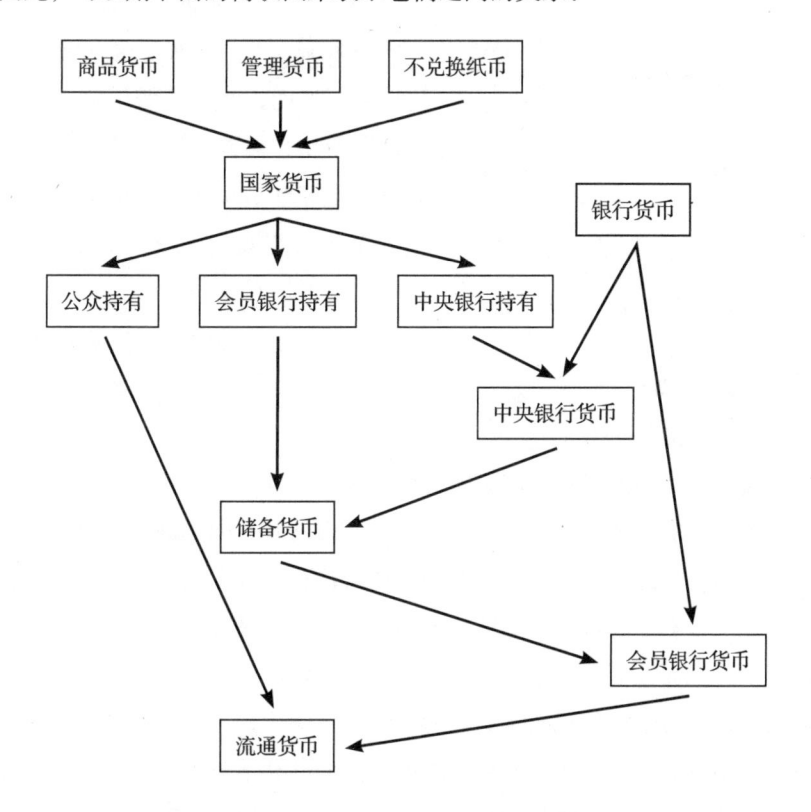

```
商品货币    管理货币    不兑换纸币
     ↘       ↓        ↙
          国家货币
     ↙       ↓        ↘
公众持有  会员银行持有  中央银行持有      银行货币
                          ↘         ↙    ↓
                         中央银行货币
                              ↓           ↓
              ↓          储备货币         会员银行货币
              ↓              ↓              ↙
                         流通货币
```

最后，我们将在第三章中进一步分析流通货币，方式如下所述：

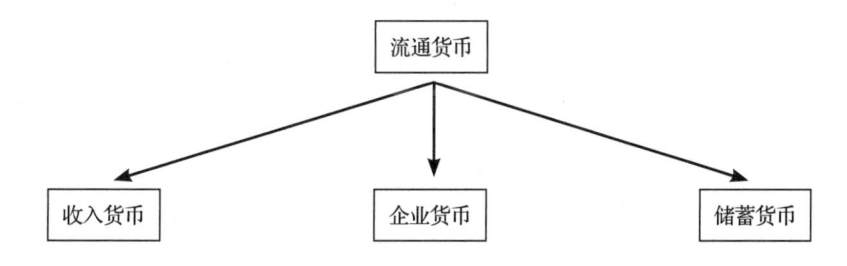

```
            流通货币
        ↙      ↓      ↘
    收入货币  企业货币  储蓄货币
```

□ 吕底亚铸币

在克洛伊索斯执政时期（约公元前560—公元前547年），吕底亚人开始打造纯金和纯银的铸币，这种被称为Stater的铸币的图案是一头狮子和一头公牛的前半身，被西方普遍认为是世上最早的金币和银币。吕底亚出现货币后，古希腊城邦及波斯、马其顿帝国等受其影响，也在公元前6至公元前5世纪出现了金银铸币，这是西方货币体系的源头。

六、历史实例

能够说明这一观点的历史实例也不少。历史学家往往认为，第一次铸币时便出现了正币[1]；关于铸币，希罗多德认为最早始于公元前6世纪或公元前7世纪的吕底亚[2]。目前，这一观点仍然受到认可。然而，我认为铸币这一行为虽然带来了变化，但并没有通常所认为的那样重大。也许这是迈向代用货币的第一步，或者至少可以说有利于后续向代用货币和不兑现纸币转变。但事实有可能是这一根本转变——即转变为国定货币或国家货币——早在此前就已经完成了；正如接下来的重要一步——转变为代用货币——要很久之后才会发生一样。

原因在于，当国家指定对应记账货币的客观标准时，国定货币才出现；当货币不再由客观标准构成时，代用货币才出现；而只有在国家进一步放弃客观标准时，不兑现纸币才出现。铸币，只有国家能铸造，其价值又可能超过铸造它的商品价值，充其量不过是迈向代用货币的第一步而已。因此，铸币便不能算是货币发展过程中的三大关键革新之一。的确，在第一块铸币出现数世纪之后，代用货币才真正发行。对于坚持国家来铸造货币的国定货币说（即国家指定货币标准），铸币也绝非不可或缺的一步。只要是国家指定商品和重量标准，即使货币的衡量标准是按重量而不是按枚数进行流通，国定货币的主要特征就已经出现了。

吕底亚国王初次铸造硬币时，可能是为了方便证明货币的成色与重量，也可能只是向克罗索斯[3]的子孙后代与邻国迈达斯炫耀的一种手法——在金属块上刻上印记，仅仅是因为虚荣心、爱国情怀或者宣传而已，并没有什么重要意义。

---

[1] 即用于正式交易的货币。
[2] 小亚细亚中西部一古国，濒临爱琴海，位于今天土耳其西北部的小亚细亚半岛，以其富庶及其宏伟的首都萨第斯著称，它是最早使用铸币的国家（公元前7世纪）。
[3] 克罗索斯：公元前6世纪吕底亚王，以富有著称。

在一些重要的商业中心，这一做法从未流行起来，比如埃及和中国。在托勒密王朝以前，埃及从未实行铸币；而中国采用的价值标准是白银，一般来说，也是在近代[1]开始将白银铸造成银圆。迦太基民族也是不愿铸造硬币，若非为了开展对外贸易活动，可能绝不使用铸币。闪米特人对于货币的基本品质最为敏锐，只在意金属的重量与手感，对于铸币厂那些骗人的标记一概置之不理。相反，来自北方的民族显得很外行，对这些标记非常满意。因此，铸造塔兰特[2]或谢克尔[3]并非必要，只要这些货币单位是国家创造的就足够了。从法律上来讲，所谓国家创造，是指什么成色与多少重量的银币可以用来偿付以塔兰特或谢克尔计算的债务或者款项，这由国家规定，同时国家有权不时更改其规定。

第一次有明确记录的货币重量标准改革，是公元前3000年末古巴比伦所进行的一次政府改革。但这场改革并不是最早的，历史上存在更早的货币标准。在原始时代，在人们不知道什么叫重量什么是秤的时候，就必须依靠数大麦粒、稻谷粒或贝壳来计量；这时用来清偿那些以"一""二"或"十"等数字计算的债务，仍然是国家或社会决定哪一种或哪一类性质的物品更适合。直到13世纪，英国政府仍将一纯银便士的重量规定为"谷穗上三十二颗小麦粒"的重量。又比如说，现在的乌干达地区，当地惯用的本位货币是山羊。当地一名地区长官告诉我说，当人们因某一只山羊太老或太瘦发生争执时，裁定这只山羊能否作为偿债的标准山羊也是他的职责所在。

货币制度，与某些其他构成文明的基本要素一样，早在很久以前就已经出现，比我们几年前了解到的还要久远。由于冰川融化，货币的渊源已无从考证，或许可以追溯到间冰期人类历史上的繁盛时期。那时气候宜人，人类思想开明，乐于接受新思想。而发源地可能是赫斯珀里德斯[4]、亚特兰蒂斯[5]或是中亚的某个伊甸园。

公元前6世纪，梭伦对雅典货币实行改革。梭伦改革实行货币国定权，其与铸币同时并存，但绝不受铸币影响。这次改革只是改变了本位货币。据我所知，国

---

[1] 光绪十六年（1890年）官方开始正式铸造银元"光绪元宝"（龙洋），各省纷起效仿，铸造银元。

[2] 古代希腊的一种计量单位，可用来记重量或作为货币单位。

[3] 古代犹太人用的银币。

[4] 赫斯珀里德斯：（希腊神话）一群美丽的仙女，在警戒的龙的帮助下看守金苹果园；果园越过阿特拉斯山脉，坐落在环绕世界巨川的西岸，赫拉克勒斯的艰巨任务之一就是摘取金苹果。

[5] 传说位于大西洋中的一神秘岛屿，最先由柏拉图提及，在直布罗陀海峡以西，据说最后沉入海底。

定本位货币的变更早于第二次布匿战争[1]，这明显是以牺牲公众利益为代价来使国家受益。罗马人率先将这种措施列为治国政策。从此以后，国定本位币变更就成为了历史学家所熟悉的主题。国定本位币变更一般采取降低货币成色的方式，有时是为了某一种目的，有时又是为了另一种目的。

然而，就其对货币形式的影响来说，这些变更并未超出商品货币阶段。本位币降低成色（本位币变更的一种措施）也就是骤然降低记账货币的价值，这一点本身并不意味着向代用货币迈进一步。商品货币并不仅仅因为商品种类改变或数量减少而不再是商品货币。很久之后才有证据证明，已经有货币在较大程度上成了代用货币。铸币或因使用便利、贵重气派，或因有印记保证其成色与可接受性，或仅仅因美学特质（在现代，玛丽亚·特蕾西亚银元[2]受到非洲阿拉伯游牧民族的欢迎），价值可能超过其所含金属的价值。此外铸币还可能征收货币铸造税。有些辅币的面值很小。浸泡过或磨损的铸币在公众中可按本来面值流通。但从本质上来说，这些例子的特征都不足以说明铸币就是代用货币。商品货币与代用货币的本质联系可能在商品货币中才能找到。商品货币的供应量取决于货币的绝对稀缺而非生产成本，而之所以有需求，完全是因为法律或惯例将这一商品定为货币材料，并非因为它可以用作他途，如密克罗尼西亚[3]的原始石头货币便是如此。

抛开纸币（据说古时就在中国流行）、约翰·劳[4]（John Law）推行的纸币以及其他纸币的前身不说，代用货币的历史并不久远，可追溯到法国大革命时

□ 梭伦

梭伦（Solon，公元前638—公元前559年），生于雅典，古希腊时期雅典城邦著名的改革家、政治家，古希腊七贤之一。他按财产的多少将全体公民划分为四个等级，不同等级的公民享有不同的政治权利。谁的财产多，谁的等级就高，谁就享有更高的政治权利。

---

〔1〕布匿战争：古罗马与古迦太基之间的三次战争（公元前264—公元前241年、公元前218—公元前201年和公元前149—公元前146年），最终古迦太基覆灭，古罗马占领其在西西里岛、撒丁岛、科西嘉岛，非洲和西班牙的领土。

〔2〕"奥匈"银元，印有玛丽亚·特蕾西亚的侧面像。

〔3〕密克罗尼西亚位于美拉尼西亚北面，波利尼西亚西面，包括马里亚纳、加罗林和马绍尔群岛以及基里巴斯。

〔4〕18世纪欧洲的一位金融家，以推行纸币而闻名。

期。法国大革命引发了一些亟待解决的问题，这导致当时世界的两大主要金融中心——法国和英国不但采用了代用货币，而且还采用了不兑换纸币，长达数年之久。

不过，代用货币虽然是一种相对现代的工具，正如你我所见，国家将银行货币这种较为古老的私人金融工具稍作调整，然后用代用货币取而代之。与国定货币一样，银行货币的原始形态由于年代久远，已无法考证。银行货币，尤其是票据（广义的票据包括各种有价证券和凭证，如股票、汇票、支票、提单）和出国旅客持有的信用证书，存在时间可能几乎和正币一样长。因为，只有人们发现转让债务本身在许多情况下相当于在交易结算过程中转让表示债务的货币，这时银行货币才会应运而生。债务所有权跟货币所有权只差一步。在某种程度、某一领域中，对于债务迅速转换为货币一事人们信心十足，距离因素完全不会影响银行货币在交易清算过程中的适用性。对于远距离交易结算来说，票据这种银行货币，不论是在古代还是现在，都一样有用且必要。因为与运输正币的成本和风险相比，票据传递成本更低。

七、管理货币的演变

从上文图表可以看出，代用货币，即我所说的管理货币，形式最为纷杂；此外，只有它与另外三种都有关系。经过几个简单的发展阶段，代用货币便出现了。现在许多货币体系仍然是混合体，一部分由管理货币组成，一部分由商品货币组成。

为管理货币的监管制定科学原则，使之符合本位货币（不论本位货币是什么）的第一次重大尝试起因于一场争论，以《英格兰银行条例》（Bank Charter Act）的出台告终。18世纪，通行的仍然是商品货币，但以纸币形式呈现的银行货币逐渐向代用货币演变。法国大革命使法国和英国的货币突然转向不兑现纸币。在英国，金本位制的推行宣告这一时期结束，但代用货币对那时的公众来说已十分熟悉，也乐于接受；对财政部和英格兰银行来说也是有利可图的。因此，新制度不是单一的商品货币制度，而是混合管理制度。如果李嘉图[1]（David Ricardo）也采用此法推行铸锭提案的话，商品货币将不会恢复，而英格兰也将会在1819年开

---

[1] 大卫·李嘉图（1772—1823年），英国古典政治经济学的主要代表之一，也是英国古典政治经济学的完成者。

□ 英格兰银行

英格兰银行是英国的中央银行，是伦敦城区最重要的金融机构之一。英格兰银行自1694年诞生后逐步放弃商业银行业务，成为中央银行，1946年被收归国有，是全世界最大、最繁忙的金融机构之一。

始采用单一的管理货币。

虽然从那时起就已实行了管理货币，但英格兰银行的负责人，即经理与董事会，对货币管理的方法与原理却一知半解，事实上可以说是一窍不通。紧接着便是二十五年动荡时期，出现了本位货币崩溃的危机。直到1844年，当时的改革者颁布《英格兰银行条例》开创了一个货币管理的新纪元。该法令既包含一项合理的原则，同时又掺杂着不甚明确的东西。原则合理在于该法令重点强调要限制代用货币的数量，来保证能维持其本位地位。但该法令试图无视银行货币的存在，也就是无视货币与银行信用的内在联系；此外，还试图让代用货币完全像商品货币一样运转。这些尝试全都徒然无益，这便是该法令不明确的地方。这点不明确极有可能造成实际的崩溃。不过，幸好当时一些最优秀的实用主义金融家，找到了第二条合理的原则——银行利率原则，实际上这一原则并未纳入条例之中。银行利率对管制货币的监管有益，这是一项伟大的发现，同时也是最新发现。因为早在几年前，英格兰银行对银行利率政策和维护本位制度之间的关系还一无所知。

当时的伦敦，外部条件非常适合银行利率政策逐步发展，加上银行货币大幅增长，成为往后七十年英国货币发展进程中的一大特点。在当时，银行利率的实际效用不但为人熟知，而且也成为了信仰和教条。尽管如此，其严格的运转方式以及应用条件的不同，产生的结果也将不同，对于这些，人们却不甚了解。在我看来，直到今天人们仍未充分理解。

与此同时，其他形式的管制货币也开始流行起来，尤其是那些以汇兑本位通称的货币。印度便采用此种管理方式大规模推行卢比，作为重要的理论探讨话题，印度卢比一直都是经典案例。几年以前，我曾在《印度的通货与财政》（*Indian Currency and Fiance*，1913年版）一书中详细论述汇兑本位这一话题。说到这，不妨说几句题外话，谈谈我是如何毫不费事便将汇兑本位货币分类的。

我认为，在有关这一话题的讨论中，汇兑本位制与汇兑管理制（这种叫法更准确）之间的关系并未厘清。我将汇兑本位币定义为一种管理代币，以其他某个国家的法定货币作为客观标准。关于印度卢比究竟应该以英镑为标准还是以黄金为标准，其实就是在争论卢比是否究竟是汇兑本位币。德国在稳固马克本位地位时，曾经采用过汇兑本位制作为过渡，尽管他们最终将马克确立为金本位制。不过，也有一些地方，客观标准不是外国货币而是黄金之类的东西。但是，为了遵循这一标准，他们采取的货币管理办法却是储备外国货币，然后按规定的汇率交易外汇，而不是按当前汇率交易黄金。我将这种货币制度称为汇兑管理制。汇兑管理制力求达到的客观标准可能是汇兑本位，却也不尽然。汇兑管理货币的特点在于形式，而不是本位。

也有一些国家，与邻国相比面积较小，或者没有具备国际影响力的独立金融中心。对它们而言，汇兑本位制便是最佳选择。但这种做法有损国家尊严，因为选定一国货币作为汇兑本位币的基础，在一定程度上就需要依赖这个国家。反过来，汇兑管理制却可以部分摆脱这种影响，同时可以节省黄金运输成本，避免利息损失，因此具有巨大的技术优势。因为这一优势，许多国家（比如日本）多年来一直采用这种方法，同时储备多个国家的货币，然后根据具体情况调整各国货币所占比例。对于汇兑管理制，德国的态度似乎总是阴晴不定。有迹象表明，德意志帝国银行对这种制度持有偏见。我认为，一些印度舆论之所以会表现出对汇兑管理制的偏见，部分原因在于将汇兑管理制与汇兑本位制混淆不清：依附因素更多是汇兑本位制的特征，但人们却误以为它同样也是汇兑管理制的特征。

举例来说，第一次世界大战（1914—1918年）期间，确切地讲是1915年到1919年，英镑便是一种汇兑管理货币。1916年1月13日至1919年3月19日，英国财政部委托J. P. 摩根公司作为代理机构，将英镑汇率维持在4.765美元左右。在此期间，摩根可随时以该汇率在纽约外汇市场上买入英镑，数量不限；或用英镑以4.77的汇率买入美元。[1]

不兑现纸币没有固定的客观标准，往往采用汇兑管理制。我们熟知的例子

---

[1] 汇兑管理始于1915年8月，但直到1916年1月13日，这个汇率才固定不变。此后便稳定在4.765—4.77美元之间。自1916年5月之后，汇率在 $\frac{4.767}{16}$ 和 $\frac{4.769}{16}$ 之间波动。

□ 美国联邦储备银行

美国联邦储备银行是美国联邦储备休系所属的私营区域性金融机构，在组织形式上与其他西方国家的中央银行有所不同，它并不是一家单独的银行，而是由联邦储备委员会、12个地区的联邦储备银行、联邦公开市场委员会和联邦咨询委员会等组成的执行中央银行职能的金融系统，其目的是"帮助消除'通胀'和'通缩'的影响，促就业，稳物价，提振消费水平"。

有："一战"结束后，欧洲货币崩溃时，"政府支持"和不时调整的"固定"汇率都属于汇兑管理制。

最后，"一战"爆发前，美国联邦银行储备系统（于1913年12月23日）成立，这是截至目前世界上最大的管理体系。联邦银行储备系统成立之初主要借用英国体系，但后来却独辟蹊径，不过严格来讲，这些新体系究竟会如何发展，仍然存在质疑和争论。

至于英国体系，通过《1925年金本位法案》（*Gold Standaerd Act 1925*）确立了金本位制，放弃了采用多年的法定货币，现在就对这一体系下结论还为时过早，但该法案却体现出一种明确的转变，即英国货币体系不再是复合体系了。"一战"前，商品货币金镑（旧时英国金币，面值一英镑）还未恢复，李嘉图百年以前的提议却被采纳，法律规定英镑是标准的管理货币。

很多人误以为，在英国恢复金本位制之前，争议的关键在于英镑此后会受到管制，还是"自度的"。但这种观点是错误的，"自度的"货币意思是说货币与"商品"货币供应量严格挂钩，这没有任何意义。因此这种货币不可能存在。之所以会产生这种误解，原因在于，公众并不知道除了"一战"结束后的法令货币与前现代时期的商品货币之外，还有第三种货币存在。然而，不论其他事项如何决定，货币形式必定采取这第三种——代用货币。代用货币须符合一种客观标准。

事实上，争议的真正主题有两个。第一，在过渡时期，货币收入变化显著时，改变英镑本位货币的地位是否可取？那要不要所有的本位币变化都采用这种方式，来让新本位币的购买力在过渡时期不仅等于现有记账货币的购买力，而且能与货币收入保持平衡，最终使本位币自身的变化并未引起当前货币价值的任何波动（上涨或下跌）呢？与政府相比，反对派对降低货币价值的异议印象更加深刻，他们主张在货币价值必须降低时，改变本位币并不可取。但政府却相当重视金衡盎司[1]的精确数值，金衡盎司与记账货币须保持一致。政府既不愿意调整盎司数，使之符合记账货币的现有购买力，也不愿坐等记账货币的购买力适应理想的盎司数。出于种种原因，政府甘愿冒险，在现有收入与物价失调时横插一脚。

此争议的焦点与后面第二种争议截然不同。第二种争议所在是本位本身的选择问题，也就是黄金是不是最合适的客观标准。后来被称之为货币改革者的那些人，跟其他人一样迫切想要结束法令货币时期。的确，他们比反对派更加强调一个稳定的客观标准有多么重要。然而货币改革者认为，虽然现在黄金的品质特征仍满足于一个客观标准，但较之以往却少了许多。于是他们便提议用某种具有代表性的组合商品来代替黄金，大体上类似于所谓的物价指数表，这在经济学著作中早已为人熟知。

第2章 银行货币

一、银行货币的"诞生"

第1章主要论述的是：交易结算过程中，货币所有权的移转如何与货币本身的转移发挥相同的作用。当公众确认这点后，就会满足于可移转债权的所有权，而不会去把它们兑换成现金。同时，处理银行货币比处理现金也更方便，也有更多附加的好处。

只有这类习惯养成之后，现代银行机构才有可能出现。纵观古今，我们可以看出，银行可能从某种商业机构演变而来，有的经营贵金属，有的处理国与国之间的汇款业务[2]，也有的作为中介，提供借贷业务或贵重物品保管业务；也有的以信誉担保筹集公共资金，然后从事投资，风险自担。[3]但是我们要关注的是成熟的现代银行成为企业之后会发生什么。

---

〔1〕金衡盎司是欧美黄金市场上专用于贵金属商品的交易计量单位，与日常使用的度量衡单位常衡盎司有区别。1金衡盎司=1.0971428常衡盎司=31.1034768克。

〔2〕即外汇业务。

〔3〕关于英国银行的前身详见R. D. 理查德（R. D. Richards）：《英国银行业的先驱》[*The Pioneers of Banking in England*，1929年1月《经济学杂志》（*Economic Journal*）增刊]。

此类银行收取钱款（也叫存款）建立债权的方式主要有两种。第一种，银行支持存款人授权他在某个银行（他行或本行）的存款能以现金或汇票（如支票）的方式转移价值，这样便产生了债权。一位公民随身携带现金或某个银行开出的一张支票，若要让他存入银行，他就拥有了这笔现金（即存款）的债权，既可以自行使用也可以转给他人。

　　但是银行还有第二种方式来建立债权。银行可以自行收购资产（也就是增加投资），至少一开始可以通过建立债权进行付款。或者，银行可以允许借款人承诺之后偿还银行债务，也就是说，可以提供贷款或预付款。[1]

　　银行通过以上两种方式创造存款。因为唯有银行自己才能授权在其账簿中创造存款，然后赋予顾客提取现金的权利，或将汇票的债权转让给其他人的权利。这两种方式仅有的区别在于银行创造存款的诱因性质不同。

　　因此，为了积极开展业务，一方面银行因自身获取的价值或他人承诺的价值将不断地创造存款；另一方面又因为自身债权以现金方式行使或转移至其他银行将不断取消存款。于是银行便一直在收取现金、支付现金，重复不断；同时也在不断地获取对其他银行的债权，支付其他银行的索款。

　　显然，银行现在必须以这种方式开展业务，如此才能使这两种相反的流程大致相互抵消。也就是让每天付款额加其他银行对本行的索款金额之和，与收款额加本行对他行的索款金额相去不远。所以，银行家面临的实际问题在于这样经营业务，使每天通过现金和债权积累的资产与负债大致相等。

　　由此可见，在安全范围内，银行通过贷款和投资创造积极存款的速度，与从存款人收取的流动资金带来消极存款的速度之间必定存在一定关系。原因在于，即使最终后者只有一部分由银行持有，也是银行储备的增加；反之，即使最终前者只有一部分付给其他银行顾客，也是储备的减少。事实上我们也许会更加强调这一结论，因为借款人通常打算立即支付因此产生的费用，这样于他们有利，而存款人往往没有这种打算。

---

[1] C. A. 菲利普斯（C. A. Philips）教授在《论银行信贷》（*Bank Credit*）一书的第40页，对他所谓的"原始存款"与"派生存款"作出与之类似的区别。

像华尔特·利夫（Walter Leaf）博士这样的实用主义银行家，从中得出结论：对整个银行体系来说，主动权掌握在存款人手中，银行家放出的贷款不能超过存款人事先委托给银行的存款。但经济学家不能被表象所骗，并将此当作常识看待。所以，我打算竭力将一个本不费解的问题解释清楚。[1]

即使我们站在其中一家银行的立场来看这一问题，结论也是显而易见——银行产生消极存款的速度，部分取决于其创造积极存款的速度。原因在于，虽然借款人可能很快还清贷款，但支付给他们的有些可能是同一银行的存款人。在这种情况下，积极存款非但不是消极存款的产物，事实上却恰好相反。这可以一点点说明整个银行体系如何运转。当借款人将贷款支付给其他银行的客户时，收款银行因消极存款的增加实力而有所增强，程度正好等于付款银行减弱的程度。同理，当其他银行创造积极存款时，我们的银行就增强了。于是，这一部分消极存款虽不是自身积极存款的产物，却是其他银行积极存款的产物。

我们假设一个国家有个封闭的银行体系，与外界毫无关系，所有款项全部使用支票而不是现金；然后进一步假定，在此基础上，银行发现无须任何现金储备，只需凭借其他资产的转移便可付清跨行欠款，那么由此可见，只要各个银行齐头并进，便可以不断安全地发行银行货币。加着重点的几个字是银行体系运转的线索。单独一家银行向前每迈进一步都会使之减弱，但隔壁另一家银行每迈进一步又会使之增强。所以只要所有银行并驾齐驱，收支相抵，就没有一家银行会被削弱。因此，虽然每一家银行先于其他银行的行动不能超过一步，但其自身的运转受限于整个银行体系的正常运转状况；对于这一正常运转状况，每一家银行均可贡献一份力量，不论大小。每一个银行董事长坐到银行大厅，便可以将自己视为一种被动工具，属于一个自己无法控制的外部力量，然而这个"外部力量"可能就是他自己和邻行董事长，但绝不是他的存款人。

这种货币体系本质上就不稳定，因为任何事件若是能使大多数银行朝同一个方向运动，不论向前还是向后，都不会遇到任何阻力，同时还能引发整个体系的激烈运动。下面我们将看到，实际上一般而言，货币体系并没有这么糟糕，有

---

[1] 请参考 F. W. 克里克（F. W. Crick）的《银行存款的起源》[*The Genesis of Bank Deposit*，载于1927年6月的《经济学刊》（*Economica*）]一书，克里克在此书中试图说明这一点。此外可参考 C. A. 菲利普斯教授《论银行信贷》一书，其中对本章论题的讨论见解独到，但稍显冗长。

人已经想到办法抑制其内在的不稳定性。然而在某种程度上，一个银行体系中单个元素的不稳定性始终存在，不容忽视。此外，当"封闭"体系的条件得到满足时，正如一个拥有不兑现货币的国家或者整个世界的情形一样，此时因连带作用产生的不稳定的趋势便是该体系中最具实际意义的特点。

在上述案例中，我们已经假定所有款项都用支票支付，会员银行没有义务也没有必要维持现金储备。现在去除这些限制条件。如果某些款项通过现金支付，这种用途的现金量通常会或多或少占银行货币量的一部分。在这种情况下，如果整个银行体系的货币发行量增加，将会造成银行体系现金外流；除非银行能够掌控更多现金，否则现金外流将会限制银行货币的发行量。

当遇到这种突发事件，任何一个银行家需要的不仅仅是现金。即便他与其他银行并肩前进，他对其他银行的债权，与其他银行对他的债权之间，必将存在日差额；日差额的数量在一定程度上取决于银行业务规模，而业务规模可用存款来粗略衡量。因此，为了应付短期内必然产生的少量差额，银行家通常会在手头储备一些流动资金，一部分是现金，另一部分是其他某一家或多家银行的存款。这种资金就是所谓的"准备金"[1]，数量随存款量增减，有时依据法律或习惯，与存款的比例维持在严格范围内。为了处理跨行债权，各个银行设立了清算中心，每天计算各个银行之间的净差额情况。如有必要，可用现金付清净差额。但为方便起见，各行通常都会以对某一个选定银行的债权进行日常结算；这个银行有时被称为"银行家的银行"，一般是中央银行或国家银行。此外，中央银行存款不但可用来清偿清算中心的差额，而且当银行需要充盈现金储备时也可以兑现。

因此，银行必须首先决定，准备金定在多少才算保险，有时这也由法律决定。我们将在下卷中详细讨论这一数字。这一数量一部分取决于存款人的习惯，而影响存款人习惯的因素又有：这一国家当前的常规惯例、银行客户所办业务的类型；一部分取决于具体银行顾客所经营的企业种类，还有一部分则由银行的业务规模决定，有鉴于此，一般以银行存款量来衡量。因此，准备金占存款的比例有多少（如10%），各个银行都心中有数，这样做的目的在于留作准备金；除非

---

〔1〕这和现在的准备金不太一样。现代银行的准备金是商业银行库存的现金按比例存放在中央银行的存款。中央银行在国家法律授权中规定金融机构必须将自己吸收的存款按照一定比率交存中央银行，这个比率就是法定存款准备金率，按这个比率交存中央银行的存款为法定准备金存款。

法律强制要求，否则不同银行这一比例不必相同，同时，同一银行也可以随着季节和时间调整比例。比例确定之后，银行既不愿看到准备金高于这个数，也不愿看到它低于这个数。原因在于：不论是高于还是低于准备金一般都意味着银行盈利减少。因此，随着准备金的增减——日常波动除外——银行将通过规模或大或小的贷款和投资来创造积极存款。

□ 20世纪30年代的1英镑纸币

英镑主要由英格兰银行发行，除了英国，英国海外领地的货币也以镑作为单位，与英镑的汇率固定为1：1。直到20世纪初叶，英镑一直是资本主义世界最重要的国际支付手段和储备货币，第一次世界大战后，英镑的国际储备货币地位趋于衰落，逐渐被美元所取代。

现在我们发现，不仅各个银行会受到限制，需要步调一致，就连整个银行体系也会受到约束。如果整个银行体系创造存款的速度会导致准备金降得太快，有些银行家将会发现其准备金率不足，因而将会被迫后退一步。但如果存款总量与准备金的比例低于正常值，某些银行将会发现其准备金率过高，因而受到激励前进一步。所以，决定整个银行体系共同"步伐"的是准备金的总量。

以下章节将深入探讨这一问题，找出决定会员银行准备金总量的因素。但先在这里讨论这一问题的基本要素。

假设中央银行同时也是纸币发行机构，那么只要中央银行能够控制纸币发行总量与存款总量，会员银行的准备金总量便在其控制范围之内。此时，中央银行便是整个乐队的指挥，节奏由它掌控。但是有可能中央银行自身创造的存款额不在其掌控之内，而是由法律或习惯决定，受硬性规矩的约束，这时我将这种体系称为"自动"体系。最后，会员银行或许本身拥有一些权力（但权力有限），可以任意增加在中央银行的存款额，或增加在纸币发行机构的取款额。这时，随着会员银行准备金的增加，自给自足，导致银行体系内在的不稳定性难以控制，会员银行之间的连带作用将不断增强。

我已经尽力说明，关于银行存款由谁"创造"以及怎样"创造"这个常见的争议，稍显不切实际。毋庸置疑，简单来说，所有的存款都是由持有存款的银行"创造"的。但这当然并不是说银行只局限于存款，因为要产生存款必须要存款人主动交上现金或支票。但同样也可以看出，单独一家银行主动创造存款的速

□ 20世纪早期的美元纸币

自1913年起，美国建立联邦储备制度，发行联邦储备券。现行流通的钞票中99%以上为联邦储备券。图中5元美钞就是美联储建立后发行的第一版美元纸币。美元是当今世界各国贸易中使用最广泛的货币。

度，受制于某些规则与限制；必须与其他银行保持步调一致，相对于存款总量而言，存款的比例不能超过其在整个国家银行业务中的份额。最后，各个会员银行共同的"步伐"取决于准备金的总量。

二、流通货币以银行货币为主

按上述方式产生的会员银行货币，与国家货币在构成通用货币总量时所占比例不同，重要程度也会有所不同，同时随着货币发展演变，国家不同、时代不同，二者的地位也不尽相同。但总体趋势是银行货币处于主导地位，国家货币居于从属地位；在英国、美国等国家，在通用货币中银行货币占比可能达到十分之九。

因此，如果假定不但所有中央银行货币都由会员银行持有，同时公众手中所持有的通用货币也是会员银行货币（即银行存款），这将使争议变得简单，也不会对其通用性造成大的危害。诚然，这种假设不能代表实际情况，但却可以不必浪费口舌，同时也很容易适应于现实情况。此外，当公众、会员银行与中央银行各自所持全部国家货币存量的比例趋于稳定时，这一假设的结论将与实际情况大致相符。若实际情况有针对性地偏离这种假设时，我将竭尽全力将它拉回正题。

以美国为例，我们可以准确估算出活期存款（我称之为现金存款）与在银行外部和在公众手中流通的纸币和硬币的比例，结果如下：

美国[1]

年份	活期存款（百万美元）	货币（百万美元）	占总金额的百分比
1919	18990	3825	17
1920	21080	4209	17
1921	19630	3840	16
1922	20470	3583	15
1923	22110	3836	15
1924	23530	3862	14
1925	25980	3810	13
1926	25570	3777	13

因此，即使在"一战"结束后的八年间，美国实际流通中的现金与现金加活期存款总额的比例，从六分之一左右降到八分之一。接下来我们将看到，因为活期存款的周转速度要比现金快得多，所以，如果活期存款按有效付款额计算，其优势将会更显著。如果把定期存款包括在内，就会发现公众所持有的国家货币，在流通货币中的总量还不到10%。

英国的情形，我们现在只能进行猜测。但我估计，1926到1928这两年，英国的活期存款（除定期存款外）可能有107500万英镑，公众手中流通的纸币则有25000万英镑；此时，后者在总额中所占比例为19%，五分之一左右。若将定期存款计算在内，我们发现，与美国的情况一样，公众所持国家货币大约占流通货币总额的10%。

因此，在美国和英国，银行货币的使用现在占据主导地位（这个情况在其他国家也越来越普遍），所以将银行货币放在首要位置，其他货币放在次要位置，这种做法带来的困惑远比把国家货币放在首位，银行货币放在次要位置带来的困惑少得多。后一种观点胜过事实，让人们忽视了现代货币的某些典型特征，同时把它的本质特征当作异常。

---

[1] 活期存款数据来自《米切尔商业周期》（*Mitchell's Business Cycle*，第126页）。在银行外部流通的货币量则来自《经济统计学评论》（*The Review of Economic Statistcs*，1927年7月，第136页）。

第3章　银行货币的分析

一、收入存款、商业存款与储蓄存款

现在我们站在存款人或持款人的立场，来讨论银行货币或任何其他货币。人们之所以用银行存款或其他方式存钱，不外乎以下三种原因。

用于从收到收入当日到支出收入当日这段时间的支出。如果收支几乎同时发生，那么因此所需的平均储蓄额微不足道。如果所有人都在季度结算日收到所有收入，同时在同一天支付账单，预计支出与收入正好相抵，那么为了保证正常的收支交换周期，所需银行存款将趋近于零。而如果支付账单不在收到收入当天，而是相差几天，那么个人银行存款总额虽然几天内数值很高，但季度平均数却很低。如果工薪阶级在周六收到工资，在当天或不久之后支出，那么他们的余额确实类似上述情形。但不管是长是短，个人的进账时间与出账时间一般总会间隔几日。此外，进出账的确切时间始终无法事前预知。因此，为了弥补进账出账的时间差，同时以防万一，人们必须存有一笔钱，或拥有银行存款可以随时支取。这类存款来自个人收入，用于个人支出或储蓄，可以称之为收入存款。当然，没有银行账户的工人和其他人手中的现金也可以归入这一类。

同理，商人、生产商或投机者一般不能将进账时间与出账时间安排在同一时间。此类人有时在货币体系以外进行"清偿"与"清算"，比如证券交易所两周结算一次，这样至少可以收支相抵。但一般说来，这种做法并不是最佳的，同时，一部分商业交易由业务性质决定，因此，收款人将发现，现金或者银行存款的余额只是暂时的。此外，商业支出与个人支出一样，债务到期的确切时间也是无法事前预知的，所以方便起见，可以预留备用金以备不时之需。这类存款用于商业，可以称之为商业存款。

收入存款与商业存款都属于活期存款。[1]

---

[1] 值得一提的是，亚当·斯密（Adam Smith）在《国富论》（The Wealth of Nations）第二卷第二章中对此也作出十分相似的分类，他说："各国的货币流通可以分为两类：一类是在商人之间的流通，另一个是在商人与消费者之间的流通。虽然同样的货币，不论是纸币还是金属货币，有时用于第一类流通过程，有时用于第二类流通过程，但由于这两类往往是同时进行的，每一类流通都需要一定的货币储备，用于持续的货币流通。"

但人们持有银行存款并不是为了付款，而是作为一种储蓄手段，也就是为了投资。存款人之所以这样做，可能是被银行家所提供的利率所吸引；也可能是预料到其他投资可能贬值；或是看重储蓄的货币价值比较稳定，同时又能随时兑现；或是因为这种方法最便于储存小量积蓄，有意在累积到足够数额之后再变成专项投资；或是在等待时机，将款项用于自己的企业；或者是因为其他原因。这类存款可以称之为储蓄存款。储蓄存款的标准是存款，不是用于日常开支；同时，如果存款人认为其他投资方式更为可取时，就算以任何理由放弃这种存款也不会有任何不便之处。

二、活期存款与定期存款

现金存款大致可以对应美国人所谓的活期存款和英国人所谓的活期账户。储蓄存款在美国称为定期存款，在英国称之为定期账户。同时，储蓄存款也相当于货币理论中货币的价值储蓄功能，这里的货币理论主要讨论商品货币。但这种对应关系并不准确。在英国，从活期账户转为定期账户往往不划算。因此，短期储蓄存款便很可能归为活期账户而非定期账户。小额储蓄存款也是如此，只是隔一段时期才以较大数额转为定期账户。[1]

还有一种活期账户，是为了给银行家的工作付报酬，并非因为必须用现金来服务当前的业务往来，这在英国也是一种极为常见的做法。有时客户可能付给银行手续费作为报酬，手续费根据账户营业额以及在其他方面带来的麻烦计算得出。但报酬往往采取协议的形式，只要客户账户余额在最低限额之内，便不会产生利息。以协议控制的余额因只给差额部分支付利息，往往可以低于商定的最低限额，所以很难界定这类是储蓄存款还是活期存款。然而，不论属于哪种存款，这种存款形式不易改变，在正常情况下很可能非常稳定。

除了银行自身运作导致的分类困难以外，存款人对于储蓄存款与活期存款之

---

[1] 一般而言，在伦敦通常会保留定期账户与活期账户之间原有的区别。但在各个地区之间就没有统一规定，银行间的竞争导致各地规定各不相同。最常见的便是若客户活期账户上的存款超过最低商定额，银行将根据活期账户的平均值付给客户一定利率的利息，一般利息利率低于宣传的存款利率（比如0.5%）。也就是说把储蓄存款从定期账户转为定期账户往往不划算。因此，短期储蓄存款便很可能被归为活期账户而非定期账户。小额储蓄存款也是如此，只是隔一段时期才以较大数额转为定期账户。

间的区别也不甚明了，尤其对以防万一而持有存款那一部分更甚。因为，大额储蓄存款人可能自我感觉资金充足，可以减少应对突发事件的活期存款。因此，存款总额中便有一部分用作两种用途，存款人本人也很难说清多少存款用于这种用途，多少存款又用于那种用途。但大致区别还是清楚的，总结如下：在存款人看来，储蓄存款额取决于其自身的相对吸引力与其他备选证券的相对吸引力。而活期存款额则取决于以支票方式收款付款的数额与频率以及收付款的时间间隔长度。

目前，在已公布的存款总额中，对这两种存款各自所占比例还无法作出精确统计。在英国，银行对定期账户与活期账户甚至不会单独发布数据。在美国，法律规定活期存款与定期存款必须单独发布数据，但出于种种原因，此间差别与上述差别并不完全对应，尤其是所有通知日期少于三十天的储蓄存款都划入活期存款。

然而，本书中包含足够资料，据此可以粗略猜测上述两种存款的相对重要性，这些资料将在下卷中加以详述。在美国，不同的联邦储备区定期存款与存款总额的比例天差地别：旧金山比纽约高一倍左右，而全国的平均值也在不断变化，从1918年的23%增加到1928年的40%左右。在英国，过去常说，"一战"前银行存款总额大约是定期账户与活期账户各占一半。"一战"期间，在官方宣传的推动下，投资政府债的人增多，让一些固定的定期账户消失殆尽，最终导致定期账户所占比例降到总额的三分之一左右。但在过去十年间，这一比例又逐渐恢复到一战前的比例——二分之一左右。因此，如果我们将有息活期账户与补偿银行的"最低余额"计算在内的话，英国的实际储蓄存款似乎将略微超过总数的一半。但是，我们也必须考虑到一个事实，即定期存款虽然规定有七天的通知期，但时间上并不需要严格遵守。

读者需要记住，给出这些百分比仅仅是为了说明所涉及的数量大小。这两种存款所占存款总额的比例并非一成不变，正是由于可能发生变化，才有必要在下文继续讨论上述分析。

上述分类必然包括纸币和银行存款。鉴于纸币从不计息，于是与银行存款相比，更可能以现金持有而不是以储蓄形式持有。在现代经济社会中，商人之间主要通过支票进行交易，所以支票很可能以收入存款持有而不是以商业存款持有。

的确，在过去一百年中，支票的使用稳步发展，逐渐取代纸币。在任何一个国家，银行存款分别包括储蓄存款、商业存款和收入存款，而这三种存款所占比

例取决于该国在这一发展过程中所处的阶段。在第一阶段，银行存款的本质主要是投资，大多数的款项通过纸币支付。在第二阶段，银行存款一部分用作现金储存手段，但一般以纸币进行支付。在第三阶段中，营业来往主要是用支票，钞票只限于支付工资和小额现金。在第四阶段中，工资支付也用支票，钞票只用于小额临时现金支付和随手支付。大多数大陆国家都处在第二阶段与第三阶段之间。而英国已处在第三阶段，可能已在第四阶段早期。美国则处在第三阶段与第四阶段之间。显而易见，纸币在货币体系中的重要意义，以及适当的数量控制措施，必然取决于处在哪个发展阶段，只是这一点尚未得到普遍承认。纸币发行量起伏不定，其显著性差异也必然会以同种方式变化。[1]

□ 20世纪初英国繁荣的街道

20世纪初，资本主义世界虽然也经历了几次经济危机，但技术的进步使经济社会发展空前繁荣。商品经济的活跃催生了大量的百货公司，商业银行也如雨后春笋般冒出，大商场和大银行逐渐成为街道的标志性建筑。

三、存款与透支

我们认为，活期存款可以随时支配货币以便应付日常开支。但在现代社会中，这一分析很难理解，因为活期存款并非提供这种便利的唯一途径。透支同样也可以。所谓"透支"便是与银行达成协议，账户可以随时扣款，但金额不超过商定数额，利息按实际平均扣款数额计算，而不是商定的最大扣款数额。银行客户可以开支票从银行存款中取款，这样银行欠款将减少；但同样也可以透支开支票，这样银行欠款将增加。

---

[1]在英国，如果对纸币的实际发行量进行统计，结果可能可以作为反映工资支出的重要指标。关于实际流通额，目前还没有可用的统计数据，因为股份制银行对于其纸币储备量并未给出数据，尽管不给出这种数据似乎没有道理。然而，最终通过英格兰银行发表的银行结余总数，加上各银行发表的现金与余额总数，便可以推算出大概数据。

通过银行记账的方式清偿债务确实非常有效，一如将借记款项从一个账户转到另一个账户，将贷记款项从一个账户转到另一个账户。此外，增加借方借差、减少贷方借差，与减少借方的贷差、增加贷方的贷差一样，都是有效的支付方式。因此，如果支票—货币体系运行高效，拥有支票簿的同时再拥有存款就是多此一举。银行资金可能全部都是自己的资本，也可能来自于某一类客户，即开立固定储蓄账户的客户；此类客户与开立结算账户的客户截然不同，结算账户全部都是借方账户（例如：透支），根本就不是贷方账户（例如：活期存款）。

尤其是在英国，越来越多的银行通过拓展透支业务来降低活期存款数额——我不敢满怀自信地谈论其他地方的银行怎么做。[1]对于组织完善的大企业来说，平均（存款与透支正负相抵的结果）结算账户余额往往趋近于零，总而言之，数字很低。原因有两方面：一是透支的使用；二是将汇票贷款的临时盈余投资到金融市场。扣掉最低余额（根据协议账户要有最低余额，因为银行要收服务费），大企业的平均结算账户余额（算法同上）在入账支票金额中所占比例就会很小。但越来越多的个人开始使用透支。

需要注意的是，银行资产负债表上资产一栏的数字，不是客户的已用透支金额，而是可用透支额度。目前，已用透支金额绝不会出现在资产负债表上活期存款的位置。所以，资产一栏的数字是活期存款总额加上剩余可用透支额度，二者一起便构成全部现金款项。严格来说，由于可用透支额度代表银行的负债，所以应该像承兑款项一样在账目的资产与负债两栏都出现。但目前却并非如此，于是有一种银行货币在可用透支额度中日益重要。不论是这种货币的绝对总数额还是数额的变动，都没有任何统计数据。

因此，在货币价值理论中，活期存款实际上就是现金，绝非公布的银行存款。银行存款的重要成分并非货币而是储蓄存款，货币所在比例与短期国库券占比差不多。而公布的银行存款却未计入可用透支额度，完整意义上讲，这属于现金款项。只要储蓄存款与可用透支额度在整个存款中所占比例区域恒定不变，对于可用现金数额说来，公布出来的银行存款数字便足够令人满意。然而，如果这两个比值大幅度波动，那么将银行存款与现金等同起来便是大错特错，事实上

---

[1] 我认为，透支最初源于苏格兰，但在美国却从未受到青睐。

许多人已经被误导了。

四、存款额与交易额

活期存款，不论是收入存款还是商业存款，持有的用途都是付款，而储蓄存款的用途则不同。因此，下一个问题便是活期存款额与活期存款的付款额之间是什么关系。我们将在下卷从统计学的角度对这一问题进行分析，但是现在先作一个初步讨论也是有帮助的。

首先从收入存款开始。收入存款的付款额还是很容易说明的。不

□ 19世纪末的英国女工

工业革命后，英国工业从手工工场向大机器工厂过渡，生产力得到空前发展。用工需求的旺盛使女人们纷纷走出家庭，从事工业生产。当时，英国的工厂已经开始使用钞票支付工资。

言而喻，收入存款的付款额等于货币收入（也就是存款额）减去收入存款本身的增量（或加上减量）。大体而言，收入存款的年营业额等于年薪加年工资、食利者[1]的年利息再加企业的年收益，也就是等于各生产要素这一年的盈利。因此，若把新增的交易款项（包括劳务在内）及固定资本消耗产生的收入列入当前生产额，那么总收入将随当前生产额的成本而波动。[2]该营业额（也就是年度货币收入总额）与收入存款额之间又是什么关系呢？收入存款额占营业额的一部分，这部分我们称之为k_1，其倒数称为V_1。

一般而言，人们认为在某个特定经济体中，k_1平均值每年都相当稳定。虽然收入逐渐稳定增加，但如果只是隔一段时间（并非每天）才需要收取或者支出，那伴随这种平均稳定性而来的季度变化就可能相当大。当收入像工人阶级的工资一样按周支付时，这周内每一天k_1的值都不同，k_1自工资发放之日起或稳定或大幅度下降，但周平均值却不变。当收入像中产阶级的薪水一样按季度支付时，在季度结算日k_1达到最大值，到下一个季度结算日之前持续下降。然而k_1值最显著的季

---

[1]食利者指以储蓄、投资等方式所获利息为主要生活来源的人。
[2]关于收入更加准确的定义，参见本书第9章。

度变化可能出现在农民身上，因为其收入进账时间便是农产品的出售时间。以印度为例，不同地区因此产生的现金需求季度变化非常大，已经成为了一种普遍现象。因此，在由工人阶级、中产阶级和农民阶级组成的经济社会中，显然，k_1的复合值（读者可以记得，这里面包括钞票和收入存款项下的银行账款）将呈现为一个复杂的曲线，虽然全年平均值相当稳定，但却存在许多峰值与谷值。

此外，k_1的平均值不但取决于发薪日的平均间隔时长，而且取决于该社会账单清偿习惯——是习惯消费时付款还是延期付款，也就是取决于该社会是按日支出，还是在发薪日之后立即集中支出。当巨额支出集中出现在特定季度时，k_1值也会表现出相应的季度降幅。例如，众所周知，英国的个人所得税可在春季里使收入存款额显著降低。

此类风俗习惯会对收支的时间与季节产生影响，而在k_1的全年平均值方面，风俗习惯的改变虽然很缓慢，但一般而言却比贸易或物价变动更有影响力。实际收入暂时减少时，人们还会维持原来的消费水平，进而可能降低k_1值。人们对货币失去信心将导致消费者匆忙进行购买（如"一战"后欧洲通货膨胀时期），这样k_1值也会远低于正常值。但除此之外，k_1值每年的变化都不大。

由于目前没有任何统计数据，我们无法对收入存款与商业存款加以区别，所以很难估算k_1的稳定平均值实际是多少。下卷我们将详细探讨这一问题，因此这里只说明一点：英国的k_1平均值十有八九介于英国年收入的5%到12%，大于全社会年所得量的5%，并小于这一数量的12%，目前可以假定在8%左右。

接下来我们探讨商业存款，情况很可能远不如收入存款那般稳定而规律。商业存款交易包括企业之间进行货物交易、票据往来、所有权变更而开具的支票，其交易额是由这些交易量构成的。可划分为如下几类：

（一）因不同的生产职能而产生的交易：

甲：企业家的生产要素收入存款支付。

乙：上游生产环节（开采、制造、运输或分销）负责人与下游生产环节负责人或不同组装部门负责人之间的交易往来。

（二）资本货物或商品的投机交易。

（三）金融交易，如短期国库券的赎回与回购或投资变更等。

其中，（一）与收入存款交易一样，随着当前生产值的变化而变，相当稳定。确切说来，（一甲）刚好等于存入收入存款账户上的款项。原因在于，除非像某些个人业务一样，消费者从生产者那里直接购买，否则收入存款账户收到的每一张支票都是由商业存款支付的，反之亦然。虽然（一乙）这一类交易会随着生产技术与性质的改变而逐渐发生变化，同时短期内会随着企业家对其需求的预计而发生变化，但大体上将会随着年产值上下波动。此外，与（一乙）相匹配的物价变动，和与收入存款消费相匹配的物价变动并不完全一样。因此，（一乙）类交易的货币价值变动，并不能准确地反映消费者同一时间支出的货币价值。用后文第15章的话来讲，用于（一甲）与（一乙）两种用途的商业存款加上收入存款，便构成了我们所谓的"工业流通"。

□ 开挖曼彻斯特运河的工人

与现在的工薪阶层按月领酬不同，以前的工人工资按周支付，而中产阶级的薪水则是按季支付，这使得银行的存款余额出现规律性波动，但按年度看，又相对平稳。

但是，第（二）与第（三）类交易却无须也没有受当前生产值的限制。资本家、投机商和投资商将某种财产或所有权进行相互转让，仅仅只是用来交易，并非用于生产或者消费，此类交易速度与当前产值之间并没有明确的关系。此类交易额波动幅度大，难以估计，某一时期的交易额很可能比另一个时期的交易额增加一倍，决定因素包括投机气氛等。同时，产量高可能会促使交易额增加，产量低会抑制交易额，但波动幅度却与产量截然不同。此外，这类资本货物的价格变化可能与消费品的价格变化完全不同。用于第（二）和第（三）类用途的商业存款加上储蓄存款，便构成了第15章所谓的"金融流通"。

不过，此类交易变化无常，而且变化方式也与生产消费类交易的变化方式有所不同。与后两类相比，第一类交易额也很庞大，从数据上很难区分。例如，1927年，英国所有支票交易总额可能达到640亿英镑，除此之外还必须加上钞票交易额，总额是年收入的16倍多。一般说来，当前产值的每个项目不可能转手16次，由此可见，因当前生产与消费产生的交易额，被其他种类的商业交易掩盖了。由于影响金融交易的因素广泛多变，所以生产与收入统计数据不甚明确，这样，关于现代货币问题，要得出可靠的推论就会受到严重阻碍。

1926 年美国的相关数据是：支票交易额7000亿美元，大约是年收入额的10倍左右。

从上面不难看出，商业存款平均水平与商业交易额的比例k_2，跟收入存款与收入总额的比例k_1可能大为不同，变化方式也很可能不同，要变化无常得多。下卷将对k_2的数值和可变性做出估计，确切说来，是提出k_2的倒数V_2。

在任何特定经济体中，虽然可以将k_1看作是反映国民货币收入的一个恒定分数，但k_2就未必如此。因为影响k_2的交易量与交易价格可能发生巨大变化，这些变化与国民收入货币量的变化又不相同。因此，说活期存款总额（即收入存款加商业存款）与国民货币收入之间存在某种稳定或正常的关系，便会让人产生误解。

读者大概已经看到，k_1是收入存款"周转速度"的倒数；k_2则是商业存款周转速度的倒数。

接下来，我们将讨论银行体系创造存款的方式，与物价水平之间的关系，讨论篇幅将会很长。首先，本书第二篇（主题之外不得不说的题外话）将专门分析货币价值的意义以及其衡量问题。

第二篇　货币的价值

第4章　货币的购买力

一、购买力的含义

一个人持有货币并非为了货币本身,而是为了货币的购买力,即为了货币所能购买的东西。因此,严格说来,他需要的并非货币本身,而是购买力。然而,唯有以货币形式才能保有一般购买力,因此对购买力的需求就变成了对"等价"货币的需求。货币与购买力"等价"的衡量标准又是什么?

在一定条件下,货币购买力取决于单位货币所能购买的商品与劳务的数量,因此,可以用一种复合商品的价格来衡量,这种复合商品由各种单个商品和劳务组成,所占比例与其作为支出用途的重要性相对应。此外,不同时间我们的支出类型和用途多种多样,每种支出都对应一种适合的复合商品。复合商品的价格代表某类支出,我们称之为物价水平;反映价格变动情况的一系列数字则称为物价指数。由此可见,在一定条件下,与一单位购买力等价的货币数量,取决于相应的价格,由相应的物价指数表示。

诸多物价水平中,是否有一个与我们所说的货币购买力完全对应呢?我们不必纠结于这一问题的答案。

无论理论上还是实践上,衡量货币购买力的变化有多么困难,我们都不要对衡量的意义产生疑问。货币购买力是货币购买商品和劳务的能力,社会群体的收入支出便是用于消费。[1]也就是说,货币购买力由单位货币所能购买的商品和劳务的数量来衡量,并按其作为消费对象的重要性,对这些商品和劳务进行加权;

---

[1] 见马歇尔(Alfred Marshall)的《货币、信用与商业》(*Money、Credit and Commerce*)第21页。"货币的一般购买力"通常指货币在一个国家(或者一个地区)以其实际消费比例购买商品的能力。同样见该书第30页:"货币的一般购买力应该以最终消费者购买成品时的零售价格来衡量。"

相应的物价指数有时也称为消费物价指数。由此可见，购买力的定义必须始终参考特定情况下的一组特定个体，即那些实际进行消费，为我们提供标准的人，除非参考这一项，否则购买力没有明确的含义。

这并不是说其他种类的复合商品、物价水平及物价指数没有意义，也不重要。事实上，物价水平各种各样，且彼此之间一个随着一个互相波动，就像单个商品价格彼此之间一个随着一个互相波动一样。这一认识对理解货币理论非常有帮助。还有多种适用于不同目的和不同环境的其他物价水平和次级物价水平，但这并不能说明货币购买力本身的意义含糊不清。

第1章开始时使用的记账货币，是很久之前为满足需要提出的一个术语，用来表示一般购买力。但是，用物价指数来衡量购买力，却是现代才有的一种想法。欧文·费雪（Irving Fisher）教授的《物价指数的形成》（*The Making of Index-Numbers*）一书附录四中，对物价指数的历史作了简要概述；此外，我只要提一本书就够了，就是威廉·弗利特伍德（William Fleetwood）的《宝贵的编年史》（*Chronicon Preciosum*，1706年），特别是第四章和第六章的第一部分，书中对购买力的概念和货币购买力变化的衡量标准率，最先采用了现代方法进行研究——埃奇沃思（F. Y. Edgeworth）称之为"最早的物价指数论著，也是最好的论著之一"。下面的引用表明了弗利特伍德采用的方法："由于货币没有其他用处，只能用来购买生活必需品与便利品，所以事实摆在眼前，亨利六世时期的5英镑能购买5夸脱小麦、4桶啤酒和6码棉布，而目前20英镑也只能购买这么多小麦、啤酒和棉布，那么亨利六世时期拥有5英镑的人便和现在拥有20英镑的人同样富有。"但是，从实际用途上来说，物价指数可以追溯到19世纪60年代。[1] 因

---

〔1〕相关重要文献比较少，有：

1. 杰文斯（W. S. Jevons）转载于《货币金融研究》（*Investigation in Currency and Fiance*）一书中的论文。
2. 埃奇沃思转载于《政治经济学论文集》（*Papers Relating to Political Econmy*）第一卷中的论文。
3. C. M. 沃尔什（C. M. Walsh）：《一般交换价值的衡量》（*The Measurement of Central Exchange-Value*）。
4. 欧文·费雪：《货币购买力》（*The Purchasing Power of Money*）和《物价指数的形成》。
5. 韦斯利·米切尔：《批发物价指数》（Index-Numbers of Wholesale Prices，美国劳工统计局公报173页及284页）。
6. 阿瑟·塞西尔·庇古（A. C. Pigou）：《福利经济学》（*The Economic of Welfare*）第一部分第五章。
7. 戈特弗里德·哈伯勒（G. Haberler）：《指数的意义》（*Der sinn der Indexzahlen*，1927年）。
8. M. 奥利维尔（M. Olivier）：《物价指数变动》（*Les Nombres Indices de la Variation des Prix*，1927年，对现有文献的总结与评价）。

费雪教授正在编写一本现有物价指数的词典。

此，记账货币表示购买力。货币是购买力的持有形式。代表消费的复合商品物价指数是衡量购买力的标准。

物价水平（或者物价指数）理论中出现的问题将按以下顺序进行讨论：

1. 本章将讨论货币购买力或消费标准，以及货币的劳动力或收入标准，收入标准可以衡量货币对劳动力的支配能力。

2. 某些二级标准将在第5章展开叙述。

3. 一些适用于货币理论或学说中某些方程式的特殊标准，例如所谓的货币内在价值，将在第6章"货币本位"中详述，本章不展开讨论。

4. 不同物价水平之间的关系，以及实际或理论上它们一起变化的趋势将在第7章"物价水平的扩散"中简要叙述。

5. 最后，第8章中解决衡量货币购买力变化遇到的困难，以及解决这些问题的最佳方法。

□ 欧文·费雪

美国经济学家、统计学家、耶鲁大学教授，曾任美国经济学会和计量经济学会会长，他运用数学方法研究经济现象，发展了货币数量说。有个经济学术语以他命名——"费雪效应"：在其他条件不变的情况下，如果一国的预期通货膨胀率上升，最终会导致该国货币存款利率的同比例上升；反之，如果预期通货膨胀率下降，最终会导致货币存款利率的同比例下降。

二、货币购买力或消费标准

目前，最严重的问题是，没有令人满意的购买力指数。迄今为止，还没有一个官方机构编制出的指数可以称之为购买力指数。购买力指数通常涉及一个或另一个次级物价水平，比如批发物价水平或生活成本物价水平，这些将在下面进行讨论。除此之外，目前所有可用的物价指数都太过粗糙，没有考虑到衡量不同情况下货币购买力变化时面临的具体问题，这个问题将在第8章讨论。

货币购买力指数应直接或间接、一次且仅一次涵盖构成最终消费（有别于中间生产过程）的所有项目，这些项目应按消费大众花费的货币收入的比例加权。编制这样一个非常全面的指数非常复杂，所以，我们应该满足于在消费总量中占有很大比例、具有代表性的指数。但现在连这样的指数也没有。

未能编制一个全面或合适的消费指数，部分原因在于实际困难重重；除此之外，还因为批发物价指数[1]这类特殊二级指数声望过高。当讨论信贷周期这类短期现象时，批发物价指数有个缺陷，其变化并不会与货币购买力的相关变化同时发生，或是变化程度相同。当我们探讨长期现象时，人们会反对说，批发物价指数完全忽略了某些重要的消费对象，或者对某些重要的消费对象没有给予足够的重视，尤其是个人劳务和精密加工产品（例如汽车）。虽然忽略第一点有时候会与忽略第二点部分抵消，但在一个技术不断进步、财富不断增加的社会中，这是造成严重混乱的根源。因为技术进步往往会降低商品的劳务成本，与此同时，随着社会平均财富的增加，社会收入中用于劳务的比例也在上升。在大多数国家，工薪阶层的生活成本指数最接近于消费指数。然而，这一指数和批发指数有同样的缺陷，尽管程度较轻，但是与商品开支相比，对于个人劳务开支的估计偏低，尤其是将这一指数推广到社会其他阶层时更是如此。

随着统计数据的增长，一个积极活跃的政府部门所拥有的数据资源，应该相当于在几年内编制一个相当准确的货币购买力指数。与此同时，我们必须满足于竭尽全力把某些现有次级物价指数结合起来。

纽约联邦储备银行的统计学家卡尔·斯奈德（Carl Snyder）先生在这方面进行了一些有价值的开拓性工作。[2]他的物价指数——他称之为"一般物价指数"——是将以下四个次级指数按比例加权而得：

批发物价	2	生活成本	3.5
工资	3.5	租金	1

我认为这个指数大致近似于消费标准。但必须记住，斯奈德先生编制这个指数还有另一个目的，即作为现金交易标准（本书第46、47页将要标明的）。

我们注意到，某些支出项目不止一次直接或间接地出现在斯奈德先生的成分指数中，但只要这些项目的权重大体上成比例，这一点就并无大碍。相较于其他指数，斯奈德先生的指数作为消费指数的一个主要优势在于，通过引入复合工资

---

〔1〕在美国现称生产者价格指数（Producer Price Index）。它是反映不同时期商品批发物价水平的变化程度和趋势的指数。西方各国编制的批发物价总指数并不是包括全部的商品，而是只包括比较重要的有代表性的那些商品。

〔2〕关于他的方法，请参阅其《商业周期与商业测量》（Business Cycles and Business Measurement）第六章，以及《纽约联邦储备银行月刊》（The Federal Reserve Bank of New York）。

支付方式，越来越适用于个人劳务成本。

斯奈德先生提出的一般物价水平指数可以追溯到1875年。下表中[1]年份较早的数据以五年平均值表示。早年的美国劳工统计局的批发物价指数，放在旁边作比较；第三列是两者的比值。

斯奈德的美国"一般物价水平指数"与批发物价指数之间的对比（1913年=100）。

	一般物价水平指数	批发物价指数	二者之比
1875—1879	78	96	81
1875—1879	78	101	77
1875—1879	73	82	89
1890—1894	74	77	95
1890—1894	72	69	104
1900—1904	79	83	95
1905—1909	88	92	96
1910	96	97	99
1911	96	95	101
1912	99	99	100
1913	100	100	100
1914	101	98	103
1915	103	101	102
1916	116	127	91
1917	140	177	79
1918	164	195	84
1919	186	207	90
1920	213	227	94

---

[1]后来，斯奈德于1928年2月在《经济统计评论》出版了修正后的1913至1927年"物价总水平指数"，其编制思路与上述略有不同。但是，与上面给出的版本相比，这个新指数作为消费指数却没那么实用。斯奈德的目标是编制一个现金交易指数，而不是消费指数，为了实现这一目标，新指数不仅要将消费品和劳务计入在内，而且还要考虑房地产价值和证券价格。因此，尽管斯奈德的新指数可能更适合他的目的，但他的旧指数肯定更适合我的目的。

续表

	一般物价水平指数	批发物价指数	二者之比
1921	178	147	121
1922	170	149	114
1923	181	154	117
1924	181	150	121
1925	186	159	117
1926	186	151	123

我们（谁没有呢？）都是在索尔贝克（D. R. Sauerbeck）或"经济学家"[1]等批发型指数——就是"货币价值"——这一基础上成长起来的，对我们来说，这张表最有趣。除了在战争时代等特殊时期，在技术进步的时代，这些指数明显逐渐高估了用于一般消费目的的货币收入价值。斯奈德先生的指数可能会犯相反的错误，而且在他的编制方法中，劳务成本权重过高。要确定这一点，必须对相关事实进行深入研究，实际统计人员今后可能要比过去更加注意这些事实。

另一个错误原因是工业制成品的权重不足，工业制成品的价格相对于服务业有下降的趋势，修正后的消费指数可能更接近于批发物价指数。斯奈德指数在批发物价指数部分和生活成本部分都考虑到了这类商品，但是这种考虑是否充分仍有待商榷。[2]

然而，如果只是为了说明问题，从斯奈德物价指数的面值来看，过去50年的政策旨在稳定批发物价指数，但事实似乎是导致斯奈德物价指数上涨50%；反之亦然，若政策旨在稳定斯奈德物价指数，将导致批发物价指数下跌三分之一。将寻常的批发物价指数数字视为货币购买力的近似值，从表面上看不合理，至少这一点显而易见。

斯奈德先生建议为英国编制一个类似的物价指数，其权重和组成部分建议

---

[1] 指以魁奈（Francois Quesnay，1694—1774年）为代表的重农学派，因在当时法国学术界影响很大，故直接称他们为经济学家。魁奈是法国重农学派的创始人和主要代表，古典政治经济学的奠基人之一，代表作品是《经济表》(*Tableau Économique*)。

[2] 我认为马歇尔对使用批发价格标准代替不存在的消费价格标准作出的解释是，省略的服务往往与省略的加工品相互抵消。但是，如果认为这两种误差刚好可以抵消，那就大错特错了。

如下：

商务部批发物价指数	2
劳工部生活成本指数	3.5
鲍利工资指数	3.5
租金	0.5

这一权重可能有待改进。但就目前而言，这一复合物价指数为英国提供的消费物价指数，可能与我们目前的统计知识所能提供的一样好。回到1913年，该物价指数的计算结果如下：

	消费指数	批发价格指数	二者之比
1913	100	100	119
1919	215	258	83
1920	257	308	83
1921	223	198	113
1922	181	159	114
1923	170	159	107
1924	172	165	104
1925	172	159	108
1926	169	148	114
1927	166	142	117
1928	164	140	117
1929	162	126	129

注：英国货币或消费指数的购买力（1913年=100）

与美国的情况一样，批发指数虽然夸大了战后繁荣期和萧条期货币购买力跌涨的幅度，但从1913年以来的整个时期来看，却逐渐低估了货币购买力下降的幅度。

如果商务部能够编制一个好的一般消费指数，可能的话将其应用到50年前，那么这将有益于清楚了解货币购买力的变化对社会的影响。显然，一个旨在代表消费的指数比任何"混合"指数都更可取，比如刚刚讨论的斯奈德指数，或者韦斯利·米切尔教授的"通用"指数，这是几种不同类型指数的平均值；由于没有更好

□ 20世纪初英国的工薪阶层

工薪阶层在以前是低收入者的代名词，主要靠出卖劳动力为生。随着全球化的发展，出现了大批跨国公司的职业经理人，成为工薪阶层中的金领，也可以有很高的收入。

的办法，这类指数[1]或许可以代替购买力指数。

三、货币的劳动支配力或收入标准

收入标准旨在衡量货币对与商品相对的人类劳动的购买力，货币购买力除以劳动得到了一个代表实际收入能力的指数，从而也得出了生活水平指数。

计算收入标准的主要问题在于，很难找到一个共同单位来比较不同种类的劳动。因为，即使我们承认（必须承认）收入标准可以忽略技术水平不计，专指根据社会平均技术水平算出的单位劳动的收入，但是至少在理论上我们仍然应该将工作强度、工作情绪和工作规律的变化考虑在内。就算能做到，我们最多就是把所有工人的平均时薪作为货币劳动支配力指数或收入标准。

一些作者认为，收入标准和消费标准一样，可以作为理想客观的标准使用货币保持稳定。这是一个有关方便和权宜的问题，我们将在以后讨论。当然，也许某些类型的社会组织，迫于不得已会稳定货币的劳动支配力而非购买力，就与稳定小麦价格、电力价格或黄金价格一样合理。在这种情况下，答案必须取决于在特定经济社会的特定情况下，劳动力效率的变化是体现在货币收入的变化，还是体现在货币价格的变化。

四、工薪阶层指数

与整个社会的消费标准和收入标准相对应的，还有生活成本指数和工薪阶级

---

[1] 埃奇沃思在他的英国协会备忘录中，将这些指数描述为"所有模式和方法之间的折中——如果在紧急情况下，我们只能采用一种方法，而非多种方法……那么综合考虑各种不同的因素，我们推荐这种方法，就像在詹姆斯二世（James Ⅱ）去世后宣布王位空缺这一著名决议一样"。（见本书161—162页）

的工资指数。两者之间的比率为实际工资指数。这些工薪阶层指数实际上非常重要，因为，相较于全社会的数据，它们所需的统计数据更容易收集。因此，工薪阶层指数实际上已经编制好了。

出于这个原因，有时将工薪阶层生活成本指数作为消费标准的第一近似值是很方便的，因为它通常比批发价格标准更接近于消费标准。不过它具有局限性，不仅局限于工薪阶层的消费，而且仅限于该阶层消费的一部分，也就是与既定生活标准有关的必需品。于是工薪阶层生活成本指数很容易被当作任意消费标准的组成部分。目前，大部分国家都编制了工薪阶层生活成本指数。尽管这一指数的标准修订得不够频繁，但是在所涉统计困难和实际困难，以及克服这些困难的最佳方法方面，我们已经积累了相当多的经验。不过，我们对这一指数非常了解，无须过多讨论。

第5章　多元的次级物价水平

埃奇沃思是区分不同类型物价水平的先驱人物。他在编制英国协会的备忘录（1887—1889年）时，第一次对物价指数进行了全面分类，迄今为止，这仍然是对这一问题最重要的论述。他划分了六大主要类别：资本标准、消费标准、货币标准、收入标准、不确定标准以及生产标准。近四十年后〔《经济学杂志》第35卷（1925年）第379页〕，埃奇沃思又把指数分为三大类：福利指数、非加权指数和劳动水平指数。在这三类中，第一类和第三类是上述消费和收入标准的变体；关于第二类，我和埃奇沃思的观点截然不同，这一点将在第6章第二节中讨论。

但是除了这些基本物价水平，还有多个次级物价水平。与之相对应的，不是货币对总体消费或总体劳动力的一般购买力，而是用于特殊目的的购买力，例如，货币对于大宗商品批发的购买力，或者对债券、股票等的购买力。这些物价水平虽然只是表现一部分物价但却比较普遍；此外，还有一些次要的物价水平，可用于特定目的，或是构成更一般的物价水平。其中最具实用价值的是，那些目前为特定行业和服务编制的越来越准确完整的物价水平，例如，海运、铁路运输、棉织品、毛织品、建筑材料、钢铁制品、化学品、电力、谷物、家禽和奶

□ 吴淞铁路

吴淞铁路是英国商人出资修建的中国第一条营运铁路，于1876年建成。铁路无疑是那个时代最快速、最便捷的货运方式，但受到了清政府的反对。1877年，清政府赎回吴淞铁路并拆除。

制品等的物价指数。未来衡量一般购买力的消费标准，可能正是对这种分类指数进行适当组合，而不是像斯奈德先生那样，在数据不足的情况下，将批发物价指数和工资指数等其他现存的更普遍的指数组合起来。

除了第4章已经讨论的消费标准，以及第6章将要讨论的货币标准，还有两项标准特别重要，值得单独提出来，即批发标准和国际标准。

一、批发标准

这一物价水平由基本商品的批发价格组成。基本商品有不同的分类，有时分为食品和原料，有时被分为农产品和非农产品。批发标准几乎完全根据不同完成阶段原材料的价格，无论是生产阶段还是消费阶段，也就是说，批发标准大致相当于在下一章中被称为营运资本的物价水平，即半成品的物价水平。

旧的批发指数要么是未加权，认为所有主要的基本商品都同等重要，要么最多也是大概加权，例如人们认为小麦的重要性是锡的两到三倍，而实际上其相对重要性可能是锡的十倍甚或更多。然而，最近根据生产普查所指出的不同物品在国民经济中的相对重要性，我对最好的官方指数进行了详细科学的加权。到目前为止，这些改进的最高成就是美国劳工局的精确批发指数，该指数自最近一次修订（1927年9月）以来，便以550种经过科学加权的单个商品为标准。

早期杰文斯、索特比尔（Adolf Soetbeer）、索尔贝克以及"经济学家"等的指数，几乎都是批发型指数，这主要因为过去很多年里，只有编制这种指数能够得到充分的统计数据。由于没有其他指数，所以大众和学者在讨论货币问题时，都不加限制地用这些指数表示"货币价值"。我们之中大多数人，历来随意使用诸如索尔贝克或"经济学家"此类的指数，也没有人建议说，尽管没有更好指数，但是如果我们能够计算出这些指数和货币购买力之间的实际差异，可能会具有非常重要的理论意义和实践意义。这种随意的态度受到了广泛流传的权威理论的极大鼓励，该理论的大意是：根据理论统计学，任何指数如果包含大量独立的报价，那么实际上计算出来的结果，将与其他任何指数的结果基本相同，所以无需各种不同的物价水平。在我看来，这种观点是错误的。这种态度深深影响了流行的经济学，至今仍广泛流行，是许多误解的根源。第6章第二节中，我们将详细讨论其错误的地方。

批发标准和消费标准之间之所以可能存在差异，是由于两种截然不同的原因造成的，为了方便后面讨论，有必要对此加以区分。这两个标准的变化可能不同，一是因为前者把未成品考虑在内，后者把制成品考虑在内，两者类型不同，抑或比例不同；二是因为前者考虑的未成品的预期价格与制成品价格相同，这种制成品与后者计算的制成品存在时间不同。

支出对象不同，对批发标准和消费标准的重要性也各有不同，也就是权重不同。显而易见，除了权重上的其他差异之外，前者忽视了个人劳务、大部分营销成本，以及由享受固定消费资本（如住房）而产生的所有消费，其中利率也是成本的一个重要组成部分；这些项目在消费支出中占比很大。因此，我们绝不会希望这两种标准在长时期内一起发生变化。

此外，我们有充分的理由相信批发物价指数的波动会比消费物价指数更剧烈，因为前者受高度细分商品价格的影响更大，而后者则更多地考虑划分相对不细分的服务，如运输和营销。例如，农产品价格对农民的影响，要比相同产品价格对消费者的影响大得多，包括运输和营销费用。[1]

在短期内，还有另外一个原因会造成批发标准与消费标准的波动之间存在差异，即无法消费的半成品除了有成品组成部分的预期价值之外，没有任何价值，因此半成品反映的不是成品的当前价值，而是现在处于生产阶段的半成品在完成生产过程后的预期价值。就信贷周期而言，批发指数由将来某个日期消费指数的预期水平决定，这一点有重要的实际意义。

---

〔1〕参见我对沃伦（G. F.Warren）和皮尔森（F. A. Pearson）《供给与价格的相互关系》（*Inter-relationships of Supply and Prices*）一文的评论，本文发表在《经济学杂志》（第十一期第92页）上。

二、国际标准

在现代经济中，许多国际贸易物品在国与国之间自由流动，运费、关税等障碍都不足以阻止这种流动。每个国家都有一个指数，称之为国际指数。国际指数实际上由具有国际市场的主要标准商品（大多为原材料）组成，并参照这些商品在有关国家贸易中的重要性进行加权。当然，完整的国际指数还将包括棉织品等制成品，是国际贸易大宗商品贸易的主要商品。在任何一个特定国家，国际指数都相当于现在通常所说的无保护物价水平。

扣除关税和运输费用后，当把国际指数各个成分的价格换算成同一种货币时，所有国家的价格肯定相同。如关税和运输成本有变动，要予以调整，因此，以一国价格表示的任何国际指数与以另一国价格表示的同一指数之比的波动，与两国货币汇率的波动密切相关。也就是说，货币之间的汇率必须与这些货币对国际贸易主要商品的相对购买力相等。

然而，我们绝不能忽视这一点：关税和运输成本在一段时期内，可能需要做出非常大的调整，即使是具有国际市场的物品也是如此。下表是1896至1913年这十七年的统计数据，清楚地说明了这一点。数据来源于米尔斯（F. C. Mills）搜集的统计资料［见《物价的性状》（*The Behavior of Prices*）第二节］。

**1896与1913年美国、德国、法国价格变化
与同时期英国价格变化的比较**[1]

	英国	美国	德国	法国
小麦	100	112	104	97
土豆	100	186	157	188
粗糖	100	86	89	—
未加工棉	100	101	101	101
生铁	100	91	75	—
烟煤	100	97	108	111

---

［1］例如，在这一时期一种商品的价格在英国上升了10%，在美国上涨了20%，美国一栏中的上述指数便是109，也就是（120/110）×100。

续表

	英国	美国	德国	法国
石油	100	164	—	141
羊毛	100	102	—	—
兽皮	100	103	—	—
咖啡	100	248	—	172

有些数据可能有误，严格来说不具有可比性。就土豆而言，列入国际贸易有待证实，英国的数据可能受到收成或季节等的严重影响。但是很明显，这个表大体上还是有意义的。棉花、羊毛、兽皮等原材料不征收关税，运输方便，各国之间的价格相差不大。但小麦和生铁等其他重要商品，国家不同价格明显不同。

然而，一国货币购买力的变动，与其国际物价水平的变动存在显著差异，对理解当地货币均衡和价格变动具有重要意义。在我写这一章的时候（1927年），当时最有趣的货币现象是，在许多国家，国际物价水平相对于当地货币购买力指数普遍呈下降趋势。

另一个对理解经济具有重要意义的现象是，任何国家国际物价水平中进口价格相对于出口价格的变动。这些变动之间的比率，是表示进出口相对价格的衍生指数，也就是表示贸易条件的衍生指数。该指数衡量的是，为了获得一单位外国商品所需提供的国内商品的数量。正如鲍利（A. L. Bowley）教授指出的那样，某些类别的货物出口或进口比重变化频繁又迅速，从而导致贸易构成千变万化，而该指数特别容易受到这种变化的影响。这一指数最初是吉芬为贸易委员会做计算时引入的（1878—1879年议会文件第2247号及往后几年的文件）。[1]

外汇购买力平价理论近年来引起了激烈讨论，其本质不过是对上述命题的重述，大意是两种货币之间的汇率变动方式，和以一国价格表示的国际指数与以另一国价格表示的同一指数之比的变化方式相同。

事实上，这不过是老生常谈，如果没有扩展到货币购买力本身（在我看来这不合理），即使得到卡塞尔（Gustav Cassel）教授权威意见的支持，也不会受到如此

---

〔1〕关于英国对这一指数的讨论，参见《经济学杂志》第十三卷第628页鲍利的文章，《经济学杂志》第二十二卷第630页及第三十三卷第476页我的文章，《经济学》（1924年2月）第1页贝弗里奇（William Beveridge）的文章，《经济学杂志》第三十四卷第286页罗伯逊的文章，《经济学杂志》第三十五卷第1页陶西格（F. W. Taussig）的文章。

多的关注。由于进出口价格会对其他价格产生影响,一个国家国际标准的较大变化与其消费标准的变化之间通常有一定的相关性。但是,即使从长期来看,两国货币汇率的变化与其消费标准的相对变化之间,也没有任何确切、必要或直接的关系。如此,若假设两者之间有关系,则忽略了贸易条件可能发生变化。

购买力平价理论,不仅仅是老生常谈。与其说其声望是依赖于背后的粗糙理论,不如说是依赖于对一些最熟悉的国家指数的假设验证。[1]但是这些明显的验证,可以用这样一个事实来解释:许多历史悠久的批发指数主要由国际贸易中的大宗商品构成,原因很容易理解,因为连续多年以来,最容易获得令人满意的报价正是这些商品。如果这些批发指数完全由大宗商品组成,并且每种商品的权重都是一样的[2],那么这些验证将几近完美。因为购买力平价理论不仅适用于进入国际贸易的物品的价格,而且适用于其中每件商品的价格,但须考虑到运输成本等方面的变化。但是,由于这些指数一般包括两种或三种不能自由进入国际贸易的商品,同时由于权重体系、所选物品的等级质量不同,所以"验证"过程中存在这种程度的差异,这使得该理论乍一看似乎很有趣。

但是,如果真的以不同国家的货币购买力为基础进行比较,那么这些被记录下来的事实依据就无法证实外汇购买力平价理论。过去我认为这一理论[3]非常有

□ 荷兰商船

在20世纪,大商船是国际贸易(尤其是跨洋贸易)的主要运输工具,货物依靠其在各国间流通。在金本位的时代,货物用黄金支付,物价有统一标准。但在纸币时代,两国之间的汇率有波动,就会对物价产生影响。

---

〔1〕我在《货币改革论》中列举了一些例子。

〔2〕鲍利教授在《价格变动国际对比》(*International Comparison of Price Changes*)与《十一个主要国家的物价指数对比》(*Comparative Price Index-Numbers for Eleven Principal Countries*)中讨论了采用本地批发物价指数时不同的加权体系所引起的误差量。(《伦敦和剑桥经济研究所》特别备忘录1926年7月第19号和1927年7月第24号)。

〔3〕关于这一理论更详细的讨论,参见我的《货币改革论》(第87页),也可参见卡塞尔的《1914年以后的货币和外汇》(*Money and Foreign Exchange after 1914*)以及凯劳(Wilhelm Keilhau)博士在《经济学杂志》(1925年第35期第221页)上发表的文章。

趣，现在却不这么认为。在我看来，现在真正重要的、需要讨论的问题是，国际物价水平在一个国家和另一个国家之间的扩散问题，这一问题要更加复杂。卡塞尔教授不久前将其理论运用到时事上，我认为，他的应用基于贸易条件不会改变这一潜在假设，而这一点站不住脚。因为事实上，贸易条件不是一成不变的。例如，外商投资变化是一个国家维持外部平衡所面临的最大障碍，接下来第21章也会说到这一点。

发布各种版本的指数，然后不加限定将其称为物价指数，这一常见做法显然会使人误解，这很危险。我认为卡塞尔教授自己也差点被误导，因为他将适用于某一种物价水平的结论应用于国际物价水平，这已经超出其实际适用范围。当英国恢复金本位时，财政部和英格兰银行被引向了错误的结论：批发指数随着黄金交易的变化迅速进行调整，而作为一个国际指数这是必须的；因为批发指数几乎和英国国际贸易物价指数一样，所以，"一般价格"也是如此。研究信贷周期理论的学者以及研究所有与短期现象相关的经济理论的学者，实际上都忽略了物价水平之间的暂时差异，所以有时会假设这种理论要研究的事实不存在。而从长远来看，这种差异很可能同时变化。

自战争以来，编制指数所依据的各种物价水平大幅增长，物价水平所依据的统计数据更加充分。不过，这些变化让人们开始怀疑索尔贝克或"经济学家"等物价指数能否在各种情况下恰当地表示货币价值，因为这与编制这些指数的目的不同。我认为，官方统计部门的职责，首先应该是编制一个真正良好的货币购买力指数；其次应该在贸易机构和贸易专家的协助下，增加其编制出版的专门次级指数和分类指数的数量和种类，从而使人们更容易通过这些分类指数的各种组合，建立更复杂的适合于特定用途或探究的指数。

第6章　货币本位

一、现金交易本位和现金余额本位

第10章我会提出一个新的基本方程式，该方程式理应导出货币购买力。然而，迄今为止所使用的数量方程式，却无法计算出货币的购买力。第14章我会阐明，现在使用的数量方程式涉及不同物品的物价水平，不同物品的权重不是与其对消费者的重要性成比例，而是与其对现金交易数量或现金余额数量的重要性成比例。我们将现金交易与现金余额这两种货币本位称为现金交易本位和现金余额本位。

这两种货币本位必然与货币购买力不同，因为不同物品作为货币交易对象的相对重要性，与其作为消费对象的相对重要性有所不同。显然，适用于消费水平的加权体系与适用于货币本位的加权体系彼此之间有重大区别。如果一种支出对象直接从原生产者转移到最后消费者手中（例如个人服务），而另一种价值相等的支出对象则要多次转手，经历许多生产阶段，同时每次转手都会涉及一定的货币交易量，然后才达到消费者手中，那么前者需要的货币交易量就比后者小。因此，就消费水平的目的而言，这两种支出对象的权重相同，但就货币本位的目的而言，权重却不相同。此外，很多交易量大的金融业务对消费水平而言却无关紧要；例如，证券交易业务或三个月的国库券便是如此。三个月的国库券每三个月会产生大量支票交易，同时可在三个月内转手，所以还可能产生更多支票交易。

然而，人们往往将货币本位与货币购买力本身混为一谈。即使极少数作者能够把货币本位和货币购买力区分开来，但他们却常常忽略货币本位有两种截然不同的类型。在现金交易数量中，不同的支出对象按其所产生的现金交易额进行加权；当然，支票支付和现金支付都包含在现金交易额当中。但在现金余额数量中，支出对象按其所需的银行余额或货币存量来进行加权。两者是不同的，因为预期交易日期和交易额是规律确定的，故而有些交易需要支付的预付款余额要比其他同等货币价值交易所需的更多。由此可见，商品价格的上升或下降会引起社会现金余额波动，而产生等额现金交易的商品中，某些商品价格变化对社会现金余额的影响，要大于其他商品价格的同样变化所产生的影响。

我打算将第一种货币本位称为现金交易本位，第二种称为现金余额本位。我会在第14章进一步阐述区别这两者的意义，"费雪"数量方程式导出前者，而"剑桥"数量方程式导出后者。

我认为在讨论货币本位时，作者一般指的是现金交易本位，而非现金余额本位。将货币本位定义为现金交易本位，实际上是由福克斯威尔（Herbert S. Foxwell）教授首先提出的，他认为，现金交易本位是讨论复本位制、本位选择等问题时衡量货币升值贬值的最好尺度。然而，首先阐述这一点的并不是福克斯威尔教授本人,而是埃奇沃思教授根据与福克斯威尔教授的对话,在1889年为英国协会撰写的第三份备忘录中对此进行的阐述(转载同前,第261页)。埃奇沃思的结语如下:"总而言之,货币本位似乎值得更多的关注。以前的指数编制者不知何故忽视了货币本位,而它可能会成为未来指数编制的基石。"现金交易本位也很重要,因为如上所述,这一物价水平与欧文·费雪教授著名的公式PT = MV相吻合。[1]

但是,现金余额本位最显著的特点是:在其他条件不变的情况下,现金余额本位的变化会按相同比例改变公众所需的货币量。

事实上,货币本位和消费水平最大的区别在于:(1)前者给予商品的权重大于后者,给予劳务的权重小于后者;(2)前者包含金融交易的对象,而后者将其排除在外。所以当资本品的交易价值相对于消费品的交易价值变动时,或者当商品价格相对于劳务价格变动时,这两种本位的变动可能会有很大的不同。我们将发现,这对于贸易与信贷波动等短期经济贸易理论尤其重要。同时这也意味着,即使银行习惯经验没有改变,货币购买力与货币量之间的关系,也可能发生变化而不减少或增加便利程度。但这是后面章节要讨论的主要内容。

在某些情况下,与消费水平的波动相比,批发价格的波动可能更接近货币本位的波动。但是,货币本位受资本交易的影响,而批发价格不受其影响,所以将批发价格等同于货币本位并不可靠。

二、是否存在"一般价格的客观平均变化"

然而,有一种货币本位与上述标准不同,它在货币学的历史上发挥了重要作用,并对物价指数性质的普遍看法产生了巨大影响。杰文斯是第一个有效地将物价指数引入货币学的经济学家,他并没有从上述任何一个角度——既没有从货币购买力的角度,也没有从货币本位的角度来思考他的观点。埃奇沃思也不例外,四十年来无论是在对这个问题的早期贡献还是近期贡献中,他都没有从这两个角度来看这一问题。鲍利博士也没有,至少在他的理论论著中没有明确提到。在这里应当提及古诺(A. A. Cournot)。他错误地将伦理学与物理学进行类比,犯了许

---

[1]关于这一理论更详细的讨论,参见我的《货币改革论》(第87页),也可参见卡塞尔的《1914年以后的货币和外汇》以及凯劳博士在《经济学杂志》(1925年第35期第221页)上发表的文章。

多重大错误，因为他类比地球与行星的相对位置变化是由地球运动引起的，以此来说明价格变化是由货币变化引起的。当然，在这些著名的权威人士中，有些人和其他人一样，熟知物价指数便是一种复合商品的价格，同时也熟知时间、地点和目的不同，适用的复合商品也不同。这些人的观点实质上与上文所述未必有所不同。不过，据我所知，杰文斯、埃奇沃思和鲍利博士也致力于与货币购买力不同的东西，这种东西以一种完全不同的方式实现，与他们所说的货币价值有关，或者古诺所说的"货币内在价值"有关。[1] 长期以来，我一直认为这种东西如镜花水月般难以捉摸，成为英国传统的物价指数理论中难以触及的瑕疵。美国的情况并非如此。沃尔什、欧文·费雪和韦斯利·米切尔的方法实际上没有我认为的杰文斯、埃奇沃思和鲍利博士身上的"瑕疵"。然而，尽管美国人没有痴迷过这个神秘的东西，但他们也没有主动与之对抗；或者当埃奇沃思审慎地把它关在昏暗的洞穴里时，美国人也没有将它拖出来，也许沃尔什先生是个例外。[2] 无论如何，为了让这一讨论不遗漏任何细节，我要更加明确地表达我的观点，如果存在分歧的话，就要当机立断解决分歧。[3]

根据杰文斯、埃奇沃思的观点，单个商品价格波动受到两种截然不同的影响：一种是"货币因素变化"（受时间摩擦的影响），对所有价格带来同向等量的影响；另一种是"商品变化"影响价格的相对变化。至于第二种影响，商品价格的相对变化不会导致货币本身价值的绝对变化。当然，相对价格的变化可能会影响部分代表某些商品价格变化的指数，例如工薪阶层的生活成本指数。但此类变动不会影响整体的物价水平或者货币本身的价值。由物价水平相对变化导致的单个商品价格变化，混乱但却可以相互抵消，最终达到平衡之后，由货币因素变化导致的统一剩余变动，便是货币本身价值的变动以及整体物价水平的变动。为了找出"货币因素的变化"，他们根据概率理论采用了求取平均值的方法。有人

---

[1] 不同于他所说的"货币力"，或现代术语中所谓的"货币购买力"。

[2] 沃尔什和埃奇沃思在《经济学杂志》等刊物上，就从概率计算中得出的某些观点是否适用于物价指数展开了长期的争论。在这场争论中，我大体上支持沃尔什。阿林·杨（Allyn Young）教授以前略微偏向于支持"有瑕疵"的英国学派，后来1923年转向支持另一派 [参见他的《经济问题》（Economic Problems），第294至296页]。在欧洲大陆，意大利教授基尼（Corrado Gini）以及奥地利哈伯勒博士则没有受英国"瑕疵观点"的影响，不过法国的吕西安·马尔西（Lucien March）受到了影响，但是迪维西亚（Francis Divisa）显然没有受影响。从马歇尔的某些观点可以看出他没有受到影响，但是他从没明确讨论过这一问题。

[3] 最初我是在一篇关于物价指数的论文中尝试讨论这一点，虽然不够充分，但这篇论文在1907年获得了剑桥大学的亚当·斯密奖金。

认为，如果我们客观公正地观测单个商品的价格，就会发现其相对变动将根据误差理论相互抵消。同时，由于按通常方法计算可能产生误差，所以我们将得到一个相当令人满意的指数，它可以表示物价水平本身的剩余变动，而这正是我们的目的所在。[1]

下面，我将通过引用杰文斯、鲍利博士[2]和埃奇沃思三人的观点，来表明我的讨论思路。

杰文斯《货币金融研究》第181页：

几何平均数似乎能够以最准确的方式说明由黄金价格变动引起的一般价格变化。因为黄金价格的任何变化都会以相同的比例影响所有价格，如果其他干扰因素与其产生的一种或多种商品价格的变化成比例，那么所有单个价格的变化便会在几何平均数中刚好相互抵消，同时将看出黄金价值的实际变化。

鲍利《统计学原理》（*Elements of Statistics*，第五版）第198页：

所以，如果我们着手大体上衡量价格……为了使得到的指数可以根据误差原理进行分析，那么样本应该是随机选择，其价格波动与一般价格变动无关；若两者相关会增加指定精度所需的样本数量……如果不相关的样本数量相当可观，任何合理的权重体系都可能得出最好的指数。

埃奇沃思《政治经济学论文集》第一卷第247页：

杰文斯在假定货币供应会发生变化的情况下，把价格变化结合起来，却不考虑相应的交易量，这种方法绝非一些人认为的那样荒谬。这就好比我们想要找出由太阳的移动引起的阴影长度的变化。例如，如果投射阴影的物体是摇摆不定的

□ 杰文斯

威廉姆·斯坦利·杰文斯（1835—1882年），英国经济学家和逻辑学家。有个以他名字命名的术语"杰文斯悖论"：技术进步可以提高自然资源的利用效率，但结果是增加而不是减少这种资源的需求，因为效率的改进会导致生产规模扩大，这就带来了一种技术进步、经济发展和环境保护之间的矛盾和悖论。

---

〔1〕埃奇沃思在1887年为英国协会编制了一份备忘录，这一目的与备忘录第八节和第十一节中的"不确定标准"相同，转载于他的《政治经济学论文集》第1卷第233页及后面部分。他在第八节中试图"不考虑商品数量确定指数：前提是假设有许多商品的价格随着市场的完善而变化，从而影响货币的供给"。第九节试图"利用商品数量确定指数：前提是假设价格的一般变动是由同一个原因导致的"。

〔2〕同样参见鲍利博士《指数简介》（*Notes on Index Numbers*）的第一部分。（《经济学杂志》1828年6月）

树，单次测量可能是不够的，可能需要多次测量，取几个阴影的平均值。因此，对于我们而言，投射阴影的垂直物体的宽度并不重要。"宽阔的山毛榉"和像桅杆一样的松树同样也可以作为一种粗糙的计时器。

同样见第256页：

在分析中，我们力图对一般价格的客观平均变化和货币购买力的变化加以区分，但人们似乎普遍将其合二为一。

简而言之，按照这种思维方式，我们在结合观测结果时遇到了一个典型问题：每个观测结果都受到一个干扰因素的影响，而我们必须排除这个干扰因素。我们所谓的"货币价值"的上涨或下跌指的是：如果"货币因素变化"，即可能对所有价格产生同等影响的变化，是唯一起作用的变化，而"商品"并未发生变化且不会使价格相对改变。

鉴于这一特点，一般认为，作为计算的可靠科学基础，我们需要的是对个别价格的大量观测，特别是对那些可能受到"不相关"影响的价格的观测，尽管如果我们愿意，可以进行粗略加权，无须对全部不相关的价格进行加权。采用这种加权方法没有什么坏处，但是另一方面，如果观测样本数目众多，又是随机选择，那么这对最终结果的影响微乎其微。因此总的来说，这种方法造成的麻烦大于其价值。在获取了大量随机的单个价格样本之后，我们的下一个任务是确定最佳组合方法。相对变化最有可能以什么规律围绕靶心分布？会不会像杰文斯认为的那样，单个价格的几何平均值最接近靶心？或者，就像大多数人计算的那样，算术平均数就够了，也许只是因为加法比乘法更容易？又或者，就像埃奇沃思认为的那样，众数总的来说更可取？或者，有没有更有力的证据表明调和平均数、均方根等"花哨"公式也适用？[1]

如今将物价指数作为复合商品价格的观点，已经为越来越多人所接受，所

---

[1] 一些作者通过观察实际出现的单个价格的分布情况来解决这个问题，看它们是沿着算术平均值对应的高斯曲线分布还是沿着几何平均值对应的曲线分布……关于这种方法所得结果的详细说明，请参见奥利维尔的《论指数》（*Les Nombres Indices*）第四章，另见鲍利的《指数简介》（《经济学杂志》1928年6月第217至220页）。但在我看来，这种方法似乎考虑不周，除非是为了达到消极的目的，也就是说除非将其应用于大量数据，否则价格分布毫无规律可言。把这种方法应用于少量数据，就像物价指数所做的那样，除了证实我们预计从事实推断出的结果之外，什么也证明不了。如果结果表明多种不同情况下价格分布曲线是相同的，那么这将引起关注；但就目前所做的研究而言，却还没有发现这种问题。然而，值得一提的是，奥利维尔和鲍利教授都得出结论，就曲线拟合而言，在他们研究的情况中几何曲线比算术曲线拟合得更好。

有旧指数几乎都未加权,而最好的新指数,如美国劳工统计局指数,则是经过仔细精心加权的。然而,另一种观点没有根除,仍然占据着统计学的半壁江山。尽管英国协会委员会曾出于实际目的推荐了一个加权指数,称其"能带来更多信心",但是1888年却得出结论称:"只要有大量商品,科学证据支持杰文斯教授采用的指数。"而经济学界从未明确否定这一结论。

不过,恕我大胆指出,上述观点是完全错误的。"观测错误""瞄准单个靶心错误射击"等物价指数观点,埃奇沃思的"一般价格的客观平均变化",都是思维混乱的结果。根本就没有靶心,根本不存在一般物价水平,也没有一般价格的客观平均变化这样一个变动但唯一的靶心,周围分布着不断变动着的单个商品价格。关于复合商品物价水平的明确观点各种各样,这些观点既适用于上述各种目的和研究,也适用于许多其他目的。别的就没有了。杰文斯的观点不切实际。

他的论述有什么缺陷呢?首先,他的假设就适用于组合不相关的观测结果的理论要求而言,单个价格在"平均值"附近的波动是"随机的"。在这一理论中,假设一个"观测值"与真实值存在误差不会影响其他"观测值"的误差。但是就价格而言,一种商品价格的变动必然会影响其他商品价格的变动[1],这些补偿变化的幅度取决于与第二种受影响的商品价格的重要性相比第一种商品价格变化的重要程度。因此,连续"观测值"的"误差"之间存在"连通性"而不是"无关性";连通性是一些概率学作者的叫法,莱克塞斯(W. Lexis)将其称之为"次常态离势"。

因此,在未阐明合适的连通性规律之前,我们无法进行进一步研究。但是,如果不考虑受到影响的商品的相对重要性,就不能阐明连通性规律。这让我们回到了一直试图避免的问题上,即对复合商品的项目进行加权。如果我们所说的"对货币的影响保持不变"是指货币交易总量保持不变,那么所涉及的指数就是上文现金交易本位下的指数。或者,如果我们指的是货币总量保持不变,那么指数就是现金余额本位。因此我们的目的——衡量货币"内在价值"的指数,就并非单独存在,而仅仅是众多货币指数中的一个。

---

〔1〕迪维西亚是为数不多敢于指出这一点的作者〔参见《货币指数》(*L'Indice monétaire et la théorie de la monaire*),原载于《经济政策评论》(*Revue d'Économic Politique*)1925年第858页〕,同样参见奥利维尔《论指数》第106、107页。迪维西亚表明,不仅相对价格变化的相关性证明高斯误差定律不适用于此,而且一个所谓的"货币"原因,无论如何定义,都会平等地影响所有价格——这个假设没有根据。

上述受到批判的观点犯了一个错误，即假设物价水平在某种意义上是衡量货币价值的一种尺度，在只有相对价格发生变化时，物价水平的价值才会保持不变。我们对这两组因素的抽象概括乍一看似乎言之有理，但实际上却是错误的，因为我们研究的物价水平是相对价格的函数，仅仅因为相对价格发生变化，它的值就随时也会改变。相对价格如果没有发生变动，物价水平便会发生假设情况中的变化。但如果相对价格发生变动，这种假设就不再适用了，因为相对价格的变化本身就影响了物价水平。

因此，我的结论是：未加权的或者更确切地说是随机加权的物价指数，如埃奇沃思的"不确定"物价指数，在某种程度上应衡量"货币本身"的价值，或是衡量"货币相关变化"或"一般价格的客观平均变化"对一般价格的影响程度，以此来区别于"货币购买力的变化"。在对物价水平问题的讨论中，这类物价指数无论如何都不适用。除了已经定义的一种货币指数之外，这一观点已经没有什么可批评的了。这种货币指数和所有其他物价指数一样，是一种复合商品的价格。

如果杰文斯的观点是基于真实的数据分析的话，那么他的观点思路清晰，并提供了便利的科学方法。他的观点借用物理科学中的类比，属于准数理经济学观点。五六十年前，准数理经济学刚提出来的时候，看起来似乎卓有成效，但仔细思考过后，我们不得不完全或部分将其摒弃。

第7章 物价水平的扩散

目前的经济理论中充斥着这样一个观点：货币购买力或货币本位，以及批发标准和国际标准等概念在理论上无疑是不同的，但在实践中却几乎是相同的。正是因为这种观点的盛行，所以人们通常习惯用索尔贝克和"经济学家"提出的指数来衡量物价水平变动。所以近年来，外汇购买力平价理论也从国际标准这一合理适用范围拓展到货币购买力这一不合理的范围。我认为，要不是英国习惯将批发标准视为衡量一般购买力的良好指标，1925年就不会恢复战前的金本位制。

这种观点在多种影响下蓬勃发展。首先，"一般"价值理论的影响，促使人们倾向于认为实际情况具有"完全市场"的属性。人们认为，若情况稳定，不同的物价水平之间存在确定的关系；如果这些关系暂时受到干扰，就会建立起能够迅速恢复以前关系的推动力。一般认为，当最初明显是"货币方面"将发生变化时，例如通货膨胀，而"商品方面"没有发生任何可能影响相对实际生产成本的新情况，那么，可以特别有把握地假设恢复到之前的平衡状态。因为此时，所有单个价格都会受到同等的影响，也就是说，最初的价格变化在一段时间之后，会以同样的方式扩散到所有的物价水平上去。人们认为，货币仅仅是一种筹码，不能对与之暂时相关的商品相对价值产生任何永久影响。正如在所有其他经济调控过程中一样，我们必须考虑到经济摩擦和扩散的时间间隔。但在此基础上，完全市场中的价格扩散理论更接近事实。

受到未加权指数的影响，这种思维方式得到加强，这一点上文讨论过。有些人不像埃奇沃思那样意识到这种情况的微妙之处，便将杰文斯—埃奇沃思的"一般价格的客观平均变动"或"不确定"标准等同于货币购买力，仅仅只是因为很难将货币购买力想象成其他什么东西。根据此观点，任何涵盖大量商品的重要指数，无论如何加权，都被视为近似于"不确定"标准，所以他们自然而然地认为，任何这类指数都近似于货币购买力。

最后，尽管竞争指数构成不同，但在一定程度上相互之间具有一致性，不过所有这些指数都是批发型指数，因此可归纳得出一个结论：所有这些标准"最终结果都大同小异"。此外，大多数传统指数不仅是批发指数类，而且在构成上恰巧与国际标准相当接近。这又提供了另一批归纳"证明"，可得出以下结论：所有指数"最终都是一样的"，因为国际类型的指数不仅在一个国家内部，而且在不同国家之间往往是一致的。然而，考虑到所有指数所包含的商品很多都是相同的，所以出现一定程度的一致性也不足为奇。除此之外，得出以下结论显然是不合逻辑的：由于批发标准或国际标准的不同指数之间也存在一致性，所有这些指数可以衡量消费标准。相反，上述表格（第35、37页）提供了强有力的推定证据，证明无论是在长期内还是短期内，批发标准和消费标准的变动可能相去甚远。

这些普遍存在的观点，对于研究短期价格波动产生了不利影响。因为短期价格波动的本质就是不同物价水平无法以相同的方式波动，所以，用一个批发指数来衡量所有物价水平，就相当于假设正在研究的问题不存在。

任何物价水平的变动都会扩散，当然，这一观点有其可信之处，当一开始受到影响的是货币时尤其如此。其他物价水平也面临着同样的问题。如果时间足够，同时假设没有非货币因素影响相对价格，那么各种不同的物价水平最终可能会相对稳定下来，恢复到与以前大体相同的水平。然而，我们不能因为这些理由便认为，通货膨胀影响相对价格，就像地球通过空间平移影响物体在其表面的相对位置一样。货币变化对物价水平的影响就好比移动万花筒对内部彩色玻璃的影响一样。我批评的那种思维方式，忽略了或者说低估了其他两个因素的重要性，而这两种因素没有一种包含在"经济摩擦"之内。

首先，以货币形式存在的购买力有所增减，之后为了在实际购买中实现自身价值，发生变化的购买力进入或退出市场，但这种增加或减少（根据实际情况而定）并没有均匀地按比例分布在不同的购买者身上。一般来说，购买力将集中在特定阶层的购买者手中，例如，战争期间发生通货膨胀时，购买力集中在政府手上；在信贷繁荣时期，可能集中在那些从银行借款的人手上……因此，受直接影响的是那些买家最感兴趣的商品。毫无疑问，这将造成价格变化的扩散。但是，购买力重新分配对社会经济的影响，将是最终建立一种新的均衡状态，这种均衡或多或少会不同于旧的均衡。因此，现有"筹码"的变化，虽然不会对每个人的持有量产生同等影响，实际上这种变化永远不会产生这种影响，但可能会对相对物价水平产生相当大的持久影响。显而易见，有两种类型的影响可以改变相对价格：（1）生产成本或生产过程的技术变化，这种变化可以改变生产某种产品的实际成本；（2）因消费者偏好改变，或者更常见的是现有购买力分布改变，导致需求改变。因此，由于货币量的变化通常涉及购买力分布的变化，所以相对价格不仅会受到商品变化的影响，而且也会受到货币变化的影响。

其次，货币契约、货币习惯和货币协议在一定时期内是固定不变的，这是货币制度下相对价值（即价格）即使从长远来看也不能自由流动的另一个原因。虽然这一点耳熟能详，但仍需时常回想。[1]在短期研究中最重要的因素当然是工资。工资未能在短期内随批发标准或国际标准迅速变动，或工资能在很长一段时间内

---

〔1〕关于这一点，我已经在《货币改革论》（第四卷）第一章"货币价值变化对社会的影响"中阐述得非常详细，在此无须重复，原文如下："货币单位的变化因方式相同，对所有交易产生同等影响，所以相当于没有影响。此类变化过去和现在都造成了巨大的社会影响，因为，众所周知，货币价值变化对不同的人、不同目的产生的影响是不一样的。"同样参见我的《丘吉尔政策的经济后果》（Economic Consequences of Mr. Churchill，第九卷第三部分）。

自己发生变动，这可能是不同物价水平不能同时变动的最大原因。

出于上述各种原因，更稳妥的做法是时刻关注多样的次级物价水平，关注决定其相对于一般购买力变动的独立影响因素，而不是把特定物价水平与统一变化之间的差异看作是一种暂时的反常现象，认为这种反常现象很快就会自行调整过来。

即使货币变化对不同价格的最终影响必将一致，但在许多方面这仍然不如最初的变化重要。事实上，人们可能会承认，现在英国和法国的相对物价水平，与未受拿破仑战争影响的物价水平相比，可能并没有明显不同。尽管这可能只是说明了一般命题，也就是即使最具灾难性的历史事件，其影响也会随着时间的流逝而消失，或者至少会像雨滴一样淹没在后续事件的海洋之中，无法辨认。但无论如何，在一些对货币现象最具实际意义的研究中，我们首先关心的是短期后果，例如，所有这些研究都与信贷和商业活动的变化波动有关。在这种情况下，假设所有类别的价格都或多或少地受到"货币"变化的影响，如上所述，也就是假设我们要研究的现象不存在。货币变化不会以同一方式同时对所有价格产生同一程度的影响，这一事实使货币变化具有重大意义。不同物价水平变动之间的差异，既是对正在发生的社会变动的检验，也是对这种变动的衡量。

当物价水平不是在一个国家内部而是在国际范围扩散时，物价水平不受阻碍迅速扩散，这一假设仍存在诸多问题。这一话题属于国际贸易理论，而非货币理论范畴。但接下来第21章会涉及相关的研究。

□ 热那亚国际经济会议

第一次世界大战后，金币本位制已遭到破坏，各国汇率变化无常，币值起伏不定，许多国家呼吁恢复金币本位制。1922年，主要资本主义国家在意大利的热那亚召开会议，决定采用"节约黄金"原则，实行金块本位制和金汇兑本位制。

第8章[1] 购买力比较原理

一、购买力比较的含义

如果对于不同的阶层、不同的情况而言，代表支出的复合商品构成稳定，偏好保持不变，那么在理论上购买力的比较没有什么困难。此时，为某一特定复合商品在不同时间或地点的价格编制一系列指数，遇到的问题只有一个，就是如何获得一系列可靠的单个商品报价。

但事实上，代表货币收入实际支出的复合商品，由于地域、时间或群体的不同，其构成并不稳定。不稳定的原因有三个：（1）因为支出对象要满足的需求不同，即支出目的不同；（2）因为支出对象实现支出目的的效率不同；（3）支出在不同对象之间的分配是达到目的最经济的手段，而这会发生变化。第一个原因可以归为偏好变化，第二个原因归为环境变化，第三个原因归为相对价格变化。出于这些原因，实际收入分配或习惯、教育的每一个变化，气候、民族风俗的每一个变化，相对价格、在售商品性质和质量的每一个变化，都会在一定程度上影响平均支出的特征。

在消费特征发生变化的情况下，如何比较购买力是一大难题。事实证明，这个难题阻碍了对整个购买力问题的清晰论述。但是我认为，迄今为止围绕着这个问题的讨论之所以会出现混乱局面，主要是因为我们未能清楚阐明这一点：比较不同时间或地点的货币购买力究竟是什么意思，而货币购买力的支出特征又不完全相同。

首先，我们所说的购买力，并不是指货币对效用量的支配能力。如果两个人都把收入花在面包上，并且付了同样的价钱，那么并不是仅仅因为其中一人比另一人更饿或更穷，则此人的货币购买力就更大。同时，货币购买力对收入相等的两个人来说，并不会因为其中一人比另一人更会享受而有所不同。货币收入的重新分配可以增加总效用，但这一点本身不会影响货币购买力。简而言之，购买力的比较意味着对两种商品支配能力的比较，而不是对效用量的比较；其中这两种

---

[1] 这一章论述了一个特殊的技术难题。急于解决货币问题的读者可以略过本章。

商品在某种意义上是"等价的"。因此，问题在于找到"等价"的标准。

在这种情况下，我们的任务不是证明什么东西，而是通过思考来阐明一种确切的定义，这种定义，应尽可能符合我们通常使用的术语的真正含义。在我看来，等价的标准可以通过下列方式找到，我希望读者也会认同这种方式。如果两组商品代表两个人的商品收入，这两个人敏感程度相同[1]，实际收入的效用相同，那么这两组商品就是"等价的"。[2] 我们把这两种人称为同类人。那么，如果我们说对同类人而言，A点的货币购买力是B点的r倍，意思是说，同类人在B点的收入是在A点的r倍。因此，比较货币购买力与比较同类人的货币收入是一回事。

然而，还有一个更棘手的问题。根据上述定义，比较两种货币购买力的根本在于，比较对象应该是实际收入相等的个人。因为社会由实际收入水平不同的个人组成，除非根据上述定义，货币购买力的变化对所有不同的实际收入水平来说都是一致的，否则无法对整个社会进行比较。然而可以想到，货币购买力的变化对工薪阶层来说可能是2倍，对中产阶级来说可能是3倍，对富豪来说可能就是4倍了。在这种情况下，购买力的变化对整个社会来说又增加了多少呢？

在我看来，这一问题没有满意的答案，因为，对穷人的购买力和富人的购买力进行数值比较没有什么意义，这么说吧，两者之间没有可比性。任何试图为整个社会的购买力变化量取平均值的做法，必然使一个阶级的货币购买力等于另一个阶级的购买力。关于这一点，除非自行假设，否则不可能实现。例如，假设将社会收入平均分配给三个阶层，同时假设对于下层阶级来说B点的购买力是A点的2倍，对于中产阶级来说是3倍，对于上层阶级来说是4倍。然后，如果假设A点三个阶级的货币购买力相等，那么B点的货币购买力平均增长3倍；但是如果假设B点三个阶级的货币购买力相等，那么B点的货币购买力增长 $2\frac{10}{13}$。[3] 不仅得出的结论不一致，我也看不出社会不同阶层的货币购买力是相等的这一假定有什么意义。

因此，如果对于不同的实际收入范围而言，货币购买力的变化是不同的，那

---

〔1〕接下来为了避免不必要的麻烦，我假设敏感程度相同。

〔2〕哈伯勒在他的《指数的意义》第81页中充分阐述了货币收入、商品收入和实际收入三者之间的区别对物价指数理论的重要性。

〔3〕实际上，在第一种情况下取的是2、3、4的算术平均值，而在第二种情况下取的是调和平均数的倒数。

么我们最多只是忽略那些人数相对较少的收入范围，然后说，整个社会的购买力变化介于这些实际收入范围发生变化时，所显示的最大变化和最小变化之间；其中包括大部分人口，实际收入范围按大小顺序排列。也就是说，在上述给出的数值例子中，我们只能得出购买力增长在2到4之间这样一个结论。

此时难以进行精确的定量比较，这种情况与许多其他著名概念遇到的难题相同，这些概念复杂多样，能够同时在一个以上不可相互比较的方面发生不同程度的变化。购买力是对实际收入不同的人取平均值，在这个意义上，购买力的概念是复杂的。每当我们问到，总的来说一件事在某种程度上是否优于另一件事时，就会出现同样的问题，因为这种优势取决于多种属性共同作用的结果，其中每一种属性变化的程度不同，彼此之间的变化方式没有可比性。[1]

为了简明精确，下文假设我们正在讨论的情况并不复杂，对所有相关实际收入水平而言，货币购买力的变化都是相同的。

□ 一个中产阶级家庭

许多国家的学者认为，庞大的中产阶级人群是国家长治久安和发展的坚固基石。中产阶级受过良好的教育，有一定的物质基础，能够给子女提供较好的成长条件，但是具体怎么划分，达到什么标准才是中产阶级，一直都难有定论。

二、近似法

如上所述，要比较两个点的货币购买力，正确方法是比较两个点上"同类人"的货币总收入。但这种比较方法在实际应用中存在困难，并没有客观的考查方法来确定进行比较的"同类人"。所以到目前为止，一般做法不是试图寻找一对"同类人"，然后比较他们的收入，而是找两份支出明细表，我们认为可代表不同点上同类人的消费情况，然后比较表中两种"等价"复合商品的价格。

但是，通过直接比较"同类人"的货币收入，或通过间接比较"等价"复

---

[1] 这一问题和我在《概率论》第三章，尤其是第七至十六节（第八卷）中讨论的问题相同。

合商品的价格，都不太可能完全准确。因此，我们面临一个问题：近似法。我认为，当前有些人使用近似法时，没有足够清楚地认识到比较对象是什么，因此所采用的方法并不准确。在接下来的讨论中，我将分析不同的近似法到底是怎么回事，又有什么条件；而在我看来，这些方法有的行得通，有的行不通。

A. 直接比较同类人收入的方法

统计学家们完全摒弃了这种方法，但实际上这却是最常用的靠常识的方法。这种方法要求首先要熟悉这两个比较对象的生活条件，然后用常识来判断比较对象的生活水平，所以这种方法取决于常识判断。一个苏格兰人在伦敦获得了一个工作机会，或者一个英国人在澳大利亚或美国或是德国获得了一个工作机会，这时此人想知道与他此时此地的收入相比，在新地方即将获得的货币收入"价值"几何，也就是说，新地方的货币购买力相对是多少。此人通常不查阅任何官方指数，因为即使查阅了，也不会得到非常有用的答案。他会询问熟悉两地生活情况的朋友。这位朋友在他的脑海里想象出两个人，每个地方一个，在他看来这两人生活水平大致相同，然后比较他们的收入，最后根据这个比较做出回答。这位朋友可能会告诉他，爱丁堡500英镑的年薪，或者伦敦700英镑的年薪相当于纽约1200英镑的年薪。也就是说，在这个收入范围内，货币购买力的比例为12∶7∶5。但对于工人来说，不一定就是这个比例。

同样的方法可以用来比较不同时间的购买力，前提是要记得这段时间的生活水平。我们经常问，一个特定阶级的购买力与战前相比如何，并根据对相对生活水平的大体记忆，判断中产阶级或农业工人等人的购买力比率是多少。

如果是训练有素的调查人员，他为此目的进行明确调查，然后基于调查结果做出比较，最后再经价格和消费统计数据来核实比较结果，那么结果可能确实非常有价值。即使是由于记忆和大体印象不可避免地会模糊、不准确，在以下两种情况中，比较结果也可能比我们从指数中得到的答案更准确：一种是支出特征发生巨大变化；一种是很大一部分支出不符合标准，指数无法涵盖。

例如，要比较英国人和东方人的货币购买力，最好是通过大体印象比较同等生活水平的成本，而不是比较其他方面，因为这两种人其他方面的消费习惯有很大差异。一对中产阶级夫妻，战前与战后的购买力，也可以根据总体印象进行比较，因为其中租金、佣人、教育和旅行等大部分支出必然不会包含在指数之内。

正是在这种情况下，直接法和间接法产生的结果会有本质不同，但直接法更接近事实。但是，如果标准化支出在特征上没有多大变化，例如工薪阶层五年前的支出和现在的支出相比较，那么间接法可能会更准确。

如果要避免负效用，根据总体印象作比较时，通常会充分考虑常规开支，这种开支用处不大，却是当地风俗习惯所需；要判断这种比较法究竟是好是坏，就会引出一个难以捉摸的问题：购买力究竟是什么，我不打算在这一问题上多费笔墨。

B. 间接比较等价复合商品价格的方法

这种方法很常用。在确定购买力指数的那份表格上，我们最多只能知道不同商品的价格以及其支出分配，我们很少或者根本不知道哪两种人是"同类人"，也不知道可以用什么来补充这些数字。

□ 英国街上的书店

20世纪早期的英国，城市居民的生活方式已经和现代没有多大区别。街上有汽车、大型商场、书店、咖啡馆，还有独具特色的餐厅。在不少年份里，大部分普通人的收入一直保持稳定并随着经济发展而增长。

然而一般来说，我们确实知道，部分支出（或大部分）在性质上相同，满足同类消费者需求的能力也相同。用 a 表示两个地点代表平均支出的那部分复合商品，所以对两个地点来说都是一样的，而不同的部分用 b_1、b_2 表示。在一个地点购买的商品数量相对另一个地点较多的情况下，当然这两个地点相同部分的数量为 a，不一样的部分分别为 b_1、b_2。另一方面，消费虽看起来相似，但由于偏好和环境不同，消费的实际收益也不同，因此 a 不包含消费，而 b_1、b_2 包含消费。其次，b_1 的数量单位必须使第一个地点上一个单位 b_1 的支出，与一个单位 a 的支出之比等于 b_1 的总支出与 a 的总支出之比；b_2 同样如此。

此外，有时也可以更进一步，在可以相互替代的两种商品之间建立等价关系。比如，如果一磅茶叶和两磅咖啡用途相同、功效相似，可以相互替代，那么只要价格相等，对于比较地点的大多数消费者来说，买一磅茶还是两磅咖啡几乎无关紧要；但是，在第一个地点一磅茶比两磅咖啡便宜，而在第二个地点一磅茶比两磅咖啡贵，因此，适合第一个地点的复合商品包括茶，而适合第二个地点的复合商品包括咖啡；此时我们可以将一磅茶和两磅咖啡视为大致等价，这并不会产生任何其他问题。同样，如果不同地方，饮食不同，小麦、燕麦、黑麦、马铃薯可以彼此替代，那么可以建立的等价比可能相当令人满意。就采用等价替换法的范围而言[1]，实际上a的范围扩大了，而b_1和b_2的范围缩小了，其中a指的是两个地点一样的消费，严格来讲是具有可比性的消费部分。当一种消费项目可以被另一种消费项目替代时，我们就可以确定这些项目之间的等价比率；因此，下文中的a包含这些消费项目。

尽管如此，在b_1和b_2中仍有一些无法用对等替代法建立平衡对应的复杂商品。然而，一般来说，b_1和b_2组成的一些复杂商品仍然无法使用等价替代法。同类人从法老的奴隶身上获得的满意度，与从第五大道的汽车上获得的满意度是无法比较的；同样，昂贵的燃料和便宜的冰带给拉普兰人的满意度，与便宜的燃料和昂贵的冰带给霍屯督人的满意度，这两者也是无法比较的。

因此，我们用$a + b_1$和$a + b_2$分别表示两个地点的平均消费。我们已经假设，a能给两个地点任何两个"同类人"带来相同的满意度，如果a代表全部消费，我们便可以通过只比较a的价格来比较两个地点的购买力。剩余消费b_1、b_2不能这样等同起来，或用这么简单的方法进行比较。我们不能假设b_1和b_2是等价，也就是假设这两个地点的普通消费者同类人，同时，我们也不知道对于同类消费者而言，第一个地点给定数量单位的$a + b_1$与第二个地点多少单位的$a+b_2$等价。因此，我们面临的问题是找到一种适用于这种情况的有效近似法。这一问题我们必须现在解决。我认为只有两种方法合理可行，第一种更普遍适用，第二种方法提供了两种极端情况，而正确的方法介于两者之间。在这两种极端情况下，我们可以假设这两个地点除了相对价格之外，其他都没有变化。

1. "最大公约数"法

假设a在第一个地点的价格是p_1，在第二个地点的价格是p_2。第一种近似法忽略了b_1和b_2，用$\frac{p_2}{p_1}$表示这两个地点之间物价水平变化的指数。这种方法只要满足

---

[1] 我认为埃奇沃思可能也想到了这种方法，这一点在下面这段难以理解的文章（《经济学杂志》第35卷第380页）中有所体现。我们确实可以用商品建造一艘"船"，其中商品数量质量确定，随时间而变化的价值可构成一系列指数。但就是在开始建这艘船的时候，我们的商品数量便不再绝对客观。因为在选择商品和种类时，必须考虑到实用性。无论如何，出海时船的构成发生巨大的变化，我们必须放弃陆地上那种比较价格的方法，改变那种比较满意度的更不确定的方法。因此，如果一段时间内商品价格和数量发生巨大变化，那么鲍利教授将会比较这点——价格固定时从不同商品组合中获得的"满意度"。

两个条件中的任意一个即可。假设两个地点任意两个同类人消费一单位的a所获得的满意度几乎相同。

第一个条件是，这两个地点的每一个消费者，在a上的支出都比在b_1或b_2上的支出要多。

第二个条件是，在第一个地点任何一个消费者，从a和b_1的消费中获得的实际收入，与其在这些方面的支出大致相同；第二个地点的a和b_2也是如此。

以上两种条件每一种的建立方式如下：令实际收入为E的人在第一个地点消费了n_1个单位的a+b_1，其中a的价格为p_1，b_1的价格为q_1；在第二个地点的消费情况与此类似；第一个地点与第二个地点的货币购买力之比为$\frac{n_2(p_2+q_2)}{n_1(p_1+q_1)}$。由此可得：

（1）如果q_2、q_1分别比p_2、p_1小，那么对于实际收入相等的人来说，n_1与n_2必须几乎相等，此时上述表达式的近似值为$\frac{p_2}{p_1}$。这与上述第一个条件相同。

（2）如果对于实际收入为E的人来说，在第一个地点从a和b_1的消费中获得的实际收入与其在这些方面的支出大致相同，那么从n_1a获得的满意度为$\frac{p_1}{p_1+q_1}$E；在第二个地点同等条件下，从n_2a获得的满意度为$\frac{p_2}{p_2+q_2}$E。因此，如果在两个地点消费同样单位a获得的满意度大致相同，可得$\frac{p_1}{n_1(p_1+q_1)}=\frac{p_2}{n_2(p_2+q_2)}$；因此$\frac{n_2(p_2+q_2)}{n_1(p_1+q_1)}=\frac{p_2}{p_1}$为近似值。这与上述第二个条件相同。

若要比较多个购买力，只需满足上述条件中的一个，便能得到一个非常合理的近似值。只要第二个地点提供更多有用的支出商品，因这些新商品无法在第一个地点获得，第二个条件便不会成立。因为在这种情况下，从b_2获得的单位平均满意度与从a获得的单位平均满意度的比例，要高于从b_1获得的单位平均满意度与从a获得的单位平均满意度的比例，所以，如果要成功地比较购买力，除非满足第一个条件，否则还需要做进一步假设。因此第二个条件具有不确定性。

这种近似法将支出中的a部分作为比较基础，对所有比较地点而言，a是相同的；与分析同样的复合商品时一直采用的更复杂的公式相比，忽略其余部分支出优势更大，因此，这种近似法不需要用到联算法，往后将会讨论这一方法。实用统计学家一直把a+b_1或a+b_2应用于所有情况，而相比之下这种近似法明显更可取，同时也不复杂。一般来说，统计学方法所产生的误差比从头到尾使用a所产生的误差还要大。只要消费特征变化是由相对价格的变化导致的，就意味着消费者行为变化转而购买相对便宜的商品，因此与不太适合复合商品的地点相比，统计学方法往往高估完全适合复合商品的地点的购买力。

因此，在这些情况下，除了相对价格以外其他都没有变化，这种所谓的"最大公约数"法可能会得出其所能得到的最好结果。例如，把连续十年期间每年总支出的最大公约数作为折中复合商品，就可以得到这段时期内购买力的最佳指数。为了验证近似值的准确性，在这一指数旁边说明每年总开支所占比例，这对所有年份来说都是一样的。无论如何，与迄今尚未采用的从头到尾使用a的方法相比，从头到尾使用$a+b_1$的方法在我看来没有什么可取之处，但不足之处却不少。

一般来说，随着共有支出所占比例越来越小，如果从头到尾还是用a做近似值，那么这个值将会变小。但是要想得出更好的结果，必须多加使用等价替代法，从而增加a涵盖的范围的比例，而不是使用一些诸如$a+\dfrac{b_1+b_2}{2}$此类的中间公式。然而，实际上，等价替代法除了应用于某些对不同地区工薪阶层生活水平的比较调查之外，迄今尚未应用于科学领域。在这些调查中，人们有时试图通过制定一种假定的等价体系，来解决工人饮食习惯变化的问题。[1]

在过去的一些调查中，即使a不再比b_1和b_2大，"最大公约数"法也许仍比任何其他可行方法都要好。比如，如果我们要粗略比较两个间隔很久的时间段，但时间相隔太久，等价替代法不太可行，那么我们唯一能做的只是选择两个时间点，对共有的少数几种重要的商品比较其价格。如果我们要为过去3000年的金币或银币价值编制一个消费指数，我想除了根据这一时期的小麦价格和劳动力日薪拟定复合商品之外，便没有更好的办法了。[2] 角斗士与电影院之间不存在等价替代，买奴隶带来的便利与买汽车带来的便利之间也不存在等价替代。

---

[1] 根据埃奇沃思的说法（《政治经济学论文集》，第213页），德罗比什（C. Drobisch）是第一个提出等价替代公式的人，不过该公式所依据的标准却不够好，实际上甚至有点荒谬。

[2] 参见马歇尔《货币、信贷和商业》第21、22页："记录主要粮食价格具有双重意义。因为除了我们自己所处的时代以外，目前为止每个时代的普通劳动者，大部分工资都用来购买这些粮食；以往实际耕作者都自己保留这些粮食，现在大部分粮食就是他们的工资。此外，长期以来粮食种植方法几乎保持不变。因此，在研究对象（国家或地区）上，普通劳动力的工资和标准粮食的价格代表一般价值。这种方法对如今任何一个西方国家来说都是不合理的。但在亚当·斯密和李嘉图时代，这是合理的；而对'古典'学说的解读，也有必要借鉴其价值"。洛克（John Locke）早在两百年前就写道："粮食是任何国家不变的普通食物，最合适衡量商品在任何长期内的价值变化"。参见《洛克全集》（Works）第五卷第47页。这种衡量货币价值的传统方法便运用最大公约数法，参见亚当·斯密的《国富论》第一卷第十一章。

2. 极限法

现在我们可以假设，进行比较的两个地点中消费者偏好基本相同，同时除了相对价格之外其他都没有变化。在这种情况下，可以认为以商品计算的某一特定收入，能在这两个地点产生相同的实际收入。因此，虽然第二个地点的消费特征由于相对价格的变化而发生了变化，但是我们可以肯定，相应的实际收入与第一个地点类似的消费分配所产生的收入是相同的。

考虑到这些因素，便有办法可以确定出真正的比较必须存在的范围。

设P和Q分别为第一个地点和第二个地点代表支出的复合商品。

设第一个地点1英镑可以购买P的数量为P个单位，第二个地点1英镑可以购买Q的数量为Q个单位，p为每单位P在第二个地点的价格，$\frac{1}{q}$为每单位Q在第一个地点的价格。令实际收入为E的同类人在第一个地点购买n_1个单位的P，在第二个地点购买n_2个单位的Q。

那么，由于同类人在第一个地点的货币收入是n_1英镑，在第二个地点的货币收入是n_2英镑，所以比较这两地的购买力的指数为$\frac{n_2}{n_1}$。可以看出这一指数必须介于p和q之间。

由于第一个地点可以选择购买n_1个单位的P，或者n_1q个单位的Q，消费者倾向于购买前者，同时，由于购买前者获得的满意度和购买n_2个单位的Q一样，可以推出$n_2 > n_1q$；同理，由于在第二个地点可以选择购买n_2个单位的Q，假设购买n_1个单位的P与此获得的满意度相同，或者购买$\frac{n_2}{p}$个单位的P与此获得的满意度相同，同时消费者倾向于购买前者，可以得出$n_1 > \frac{n_2}{p}$；因此，$\frac{n_2}{n_1}$的值介于q和p之间，比q大，比p小。

因此，如果q比1大，货币价值必然下跌；如果p比1小，货币价值必然上涨。

无论货币价值如何变化，总是介于p和q之间。

尽管上述公式比之前给出的公式更简单，证明也更严谨，但这个结论并不陌生。例如，庇古教授曾经在《福利经济学》第一部分第六章得出同样的结论。哈伯勒在《指数的意义》的第83至94页也很好地阐述了这一问题。然而，这一观点要基于消费者偏好相同这一假设，但这一点并没有得到充分的重视。[1]此外，必须注意的是，在p小于q的情况下，这个情况表明消费者偏好一定发生了变化，因此，假设消费者偏好不变不成立，因为这不符合 $\frac{n_2}{n_1}$ 小于p大于q这一条件。

在某些情况下，将最大公约数法和极限法相结合也许可行。我们也许知道，以支出来衡量，大部分人的消费偏好会保持不变，也清楚从这部分消费获得的实际收入，要么是实际总收入中相当大的一部分，要么是固定的一部分。在这种情况下，近似法首先应采用最大公约数法，将比较范围缩小到比较地点消费者偏好可假设为不变的那部分支出，然后在这一范围内使用极限法。

3. 公式交叉法

欧文·费雪教授对这种方法倾注了大量的精力[2]，并将其命名为"公式交叉法"[3]。实际上这种方法拓展了极限法，但在我看来，这种拓展不合理。

这一方法采用的推理具有如下特点：如前，假设P为适合第一个时间、地点或阶级的复合商品，一个单位的P在第一个点花费1英镑，在第二个点的花费为p；设Q为适合第二个点的复合商品，一个单位的Q在第二个点的花费是1英镑，在第一个点的花费为 $\frac{1}{q}$。然后，如上所述，假设偏好等因素不变，而且只有相对价格变化，那么关于这两个点物价水平真正的比较尺度必然介于在p和q之间。费雪教授（和其他人）由此得出结论，p和q之间肯定存在某种数学函数关系，可以准确估算这个介于p和q之间的真实值。从这几方面出发，他提出并研究了许多公式，目的是尽可能找到真正的中间值的近似值。

现在，在我看来，比较之下的物价水平之间的比例，一般不存在任何确定的关于这两个表达式的代数函数。我们可以在p和q之间构建各种代数函数来确定这个点的值，但二者之间并无函数关系。此时我们面临着一个概率问题，在任何特

---

[1]鲍利博士可能在1928年6月发表于《经济学杂志》上的《指数简介》中明确指出了这一必要条件。
[2]参见他的作品《物价指数的形成》。
[3]同上，第七章。

□ 庇古

庇古（1877—1959年）是英国著名经济学家，剑桥学派的主要代表之一。《福利经济学》是庇古最著名的代表作，该书是西方资产阶级经济学中影响较大的著作，它将资产阶级福利经济学系统化，标志着其完整理论体系的建立。

殊情况下，我们都可能有相关数据，但如果没有这些数据，概率根本无法确定。

出于这个原因，我认为费雪教授的长篇讨论中，并没有任何实质内容。在研究了大量公式后，他得出了这样的结论，即$\sqrt{pq}$（在我看来）理论上是理想的，也就是从数学计算上来说，这个公式可能比其他公式更接近真实值。这个结论来自于许多检测的结果，例如，该公式必须同时检测两个极端两边的值。然而，所有这些检测并不是为了证明这公式本身是正确的，而是与另一种先验公式相比，它受到的反对意见更少。这些检测也没有证明其中任意一个能计算出近似值的公式是成立的。

然而，如果我们不把介于p和q的之间公式当作可能的近似值，而只是为了方便说明所使用的表达式，那么考虑到代数优美、计算简单省力，同时在不同情况下使用一种特殊缩写表达式具有内在一致性，我们可能会受到影响，这是合情合理的。如果p和q出入很大，任何形式的缩写表达式都可能产生严重的误导作用，但如果p和q几乎相等，那么使用"介于p和q之间"这种表达可能会很麻烦，而选取某个中间数字会更方便，也不会引起误会，就算这个数字的选择相当随意也是如此。因此，如果了解到$\sqrt{pq}$等公式只不过是"p和q之间"的缩写表达式，我就不反对它们。

因此，事实上费雪教授的公式通常不会有什么问题，对这个公式持反对意见的理由是，当没有其他合理比较时，使用这个公式可以很容易地得出比较，但该公式无法让计算者明白计算过程中出现的错误的性质和程度，而不是像之前的公式那样。费雪教授的公式之所以受到谴责是因为，无论消费者偏好还是其他因素是否发生变化，这个公式表面上似乎可以同样便利地对任何两种物价水平的数值进行比较。以常识判断明显不可能进行比较时，这种公式可以得出一个结果；而当完全适用的复合商品十分接近，相互之间的任何折中数也会得出一个合理的近似值，这两个结果一样好。

这类公式中最老的一个，是许多年以前由马歇尔与埃奇沃思两人独立地提出的（参看埃奇沃思《政治经济学论文集》第一卷第213页）。尽管费雪教授称之为"权重交叉法"，而不是"公式交叉法"，也仍然属于这一类，并且也同样是有异议的。这种近似法比较这两个地点 $\frac{P+Q}{2}$ 的价格，也就是假定两种完全适用于这两个地点的复合商品，它们之间的第三个复合中间值大致适用于这两个地点。根据上述表示符号，这相当于用 $\frac{p+1}{q+1}q$ 衡量物价水平变化。[1]

在我们结束这个讨论之前，通过一个例子来说明，当偏好和环境发生变化时，即使p=q，p和q也不能合理地衡量货币价值的变化。

假设在第一个地点牛肉和威士忌（各1个单位）是主要的支出对象，在第二个地点大米和咖啡（各1个单位）是主要的支出对象，又假设第二个地点牛肉和咖啡的价格比第一个地点便宜50%，而第一个地点威士忌和大米的价格比第二个地点便宜50%，则

$$\frac{第一个地点1单位牛肉和1单位威士忌的价格}{第二个地点同上商品的价格} = \frac{第一个地点1单位米和1单位咖啡的价格}{第二个地点同上商品的价格}$$

□ 马歇尔

阿尔弗雷德·马歇尔（1842—1924年），英国经济学家，新古典学派的创始人，19世纪末和20世纪初英国经济学界最重要的人物。在马歇尔的努力下，经济学发展成为一门独立的学科。剑桥大学在他的影响下建立了世界上第一个经济学系。

（单位选择是这样的：第一个地点牛肉和威士忌的支出是相等的，第二个地点大米和咖啡的支出是相等的）。假设第一个地点根本不消费咖啡和大米，第二个地点也不消费牛肉和威士忌，这种假设只是为了表示简单方便，对于我们的讨论来说并不重要。如果将第一个地点咖啡和米饭的权重相对减少，将第二个地点牛肉和威士忌的权重相对减少，基本相同的方程式仍将成立。如果忽略极限法所需的条件，假设费雪教授的理想公式的基本观点普遍有效，我们可以从上面得出一个完全确切的结论：第一个地点主要消费牛肉和威士忌，第二个地点主要消费大米和咖啡，而这两个地点的购买力是完全相同的。然而，这个结论可能大错特错。例如，假设在第二个地点，尽管大米比第

---

[1] 鲍利博士在《指数简介》（《经济学杂志》1928年6月）中给出了他的公式优于其他公式的原因，前提是忽略连续性以及所有足够小的数量。

一个地点要贵一些，但因为气候原因，大米比牛肉更受消费者青睐；而同时仅仅因为咖啡更便宜，咖啡比威士忌更受消费者青睐，所以如果威士忌和咖啡一样便宜，威士忌便会受到消费者的青睐。如果我们了解这两个地点的"同类人"的货币收入情况，也许会发现第二个地点的货币购买力比第一个地点的要低很多。

4. 联算法

马歇尔首次引入"联算法"来编制一系列指数，该方法假设要比较的一系列点中任意两个连续点之间的差异很小，然后论述消费特征的变化问题。他还假设连续的小错误是不会累积的，虽然我们一般不这么说。然后他进行了一系列比较，第一个比较假设适用于第一个位置地点的复合商品，实际上与适用于第二个地点的复合商品等价，第二个比较假设适用于第二个地点的复合商品，实际上与适用于第三个地点的复合商品等价。

该方法如下所示：

令 p_1、p_2 为适用于第一个地点的复合商品分别在第一个地点和第二个地点的价格；

令 q_2、q_3 为适用于第二个地点的复合商品分别在第二个地点和第三个地点的价格；

令 r_3、r_4 为适用于第三个地点的复合商品分别在第三个地点和第四个地点的价格；以此类推。

令 n_1、n_2、n_3 为比较连续几个地点物价水平的一系列指数。

然后根据联算法用 n_1 计算出 n_2、n_3：

$$n_2 = \frac{p_2}{p_1} \cdot n_1 ,$$

$$n_3 = \frac{q_3}{q_2} \cdot n_2 = \frac{q_3}{q_2} \cdot \frac{p_2}{p_1} \cdot n_1 ,$$

$$n_4 = \frac{r_4}{r_3} \cdot n_3 = \frac{r_4}{r_3} \cdot \frac{q_3}{q_2} \cdot \frac{p_2}{p_1} \cdot n_1 ,$$

以此类推。

因此，通过两种方式将每个地点与其相邻地点进行比较，然后假设这两个不同的测量值近似相等，最后得出最终结果。换句话说：

如果 n_1 是完全适用于第一个地点的物价水平；

如果 n_2 是完全适用于第二个地点的物价水平；

如果 n'_2 是通过假设适用于第一个地点的复合商品，也适用于第二个地点时在第二个地点取得的物价水平；

如果n′₃是通过假设适用于第二个地点的复合商品也适用于第三个地点时在第三个地点取得的物价水平；

则
$$n'_3 = \frac{q_3}{q_2} \cdot n_2 ,$$
$$n'_2 = \frac{p_2}{p_1} \cdot n_1 ,$$

所以，假设 $n_1 = n'_2$，可得 $n'_3 = \frac{q_3}{q_2} \cdot \frac{p_2}{p_1} \cdot n_1$；以此类推。

现在我们结合前面的论述，来分析上述计算过程是否正确。首先，上述论述假设消费者偏好等不变；另一方面，不仅相对价格会变化，而且在后面几个地方增加了新的支出对象，而前面几个地方的消费者无法购买；同时假设一个地点的市场上的任何支出对象，仍在另一个地方的市场上出售并没有撤出。其次是假设 n_2 约等于 n'_2，只有在我们用极限法来比较这两种情况，并且得出p约等于q这一结论后，这一点才算合理（数学符号以本书第64页的设定为准）。第三，假设连续近似值的小误差并不是累积起来的，因此，当这个计算过程在连续地点上重复若干次时，不会累积成一个很大的误差，这个假设最重要。

如果每两个连续地点彼此非常相似，那么第二个假设则可能成立。但是，尤其是在通常建议使用联算法的情况下，即比较时序数列，第三种假设更为危险。例如，假设近似等价的每一种替代品逐渐略微有所变化，也就是如果就这一目的而言，新的复合商品比上一个复合商品略微好一点，而且不太可能比前一个稍微差一点，此时联算法将产生累积误差。由于这个原因，如果将联算法应用于一段时间内，同时在这段时间内随着机会的不断增加，习惯也在逐渐改变，那么这可能误导我们。因为在这种情况下，与前一个日期相比，联算法低估了后一个日期内的货币购买力。实际上，联算法假设人造黄油第一次进入市场时其优势微不足道，已消费的人造黄油实际上与被其取代的天然黄油（或其他消费品）具有相同的优点；消费每次逐渐转移到新的，或改进的，或相对便宜的商品上时都是如此。

另一个强烈反对联算法的观点是，两个地点之间的比较，取决于这期间价格和消费特征会如何变化。例如，可能一开始价格和消费是这样的，然后中间发生了严重干扰（如战争），从而使相对价格和消费特征发生重大变化，但经过一段时间恢复均衡之后，价格和消费会恢复到原来的水平。显然，这种情况下之前的货币购买力和之后的货币购买力完全相同。但是如果运用联算法，没法保证指数会恢复到原来的水平，事实上它确实不会恢复到原来的水平。[1]

最后，联算法统计起来比较烦琐，不便应用于实际当中，所以尽管距离问世并得到认同已经过去了很多年，人们还是很少使用联算法。虽然接受联算法的都是理论家，但我认为这并不值得更多人的认可。

因此，我的结论是，不妨拿今天和五十年前的货币购买力作比较，比较性质基本不变的那部分开支的价格，我不知道实际比例是多少，比如说50%到70%吧；然后补充列出减少和增加的支出项目，以便对情况改善的程度做出大体判断；不要在中间这段时间逐年采用联算法来比较物价水平。

因此，除了直接估计同类人的收入水平之外，最大公约数法辅以等价替代法和极限法才是唯一有效的近似法。

尽管在实践和理论上有许多困难，实际中仍可以经常对购买力进行有效比较，这是因为：即使是当单个商品的相对价格和绝对价格都波动时，一般来说，在时间和空间相差不远的两个社会之间，常规支出和普遍偏好的一般特征，以及实际收入的平均水平并不会迅速或大范围发生变化。因此，由于消费结构变化以及偏好环境变化而产生的问题并不严重。例如，根据鲍利博士的观点，有证据表明1904年至1927年间，英国工薪阶层消费的一般统计数据显示，英国人在偏好和习惯上的变化相对较小。

---

［1］伯森斯（Warren M. Persons）教授发表了一篇与上述内容相关的有趣分析，不过主要是研究联算指数与相应的固定基数指数发生偏差的情况［《经济统计评论》（1928年5月）《权重与关联度之间的相关性在指数构建中的作用》（*The Effect of Correlation between Weights and Relatives in the Construction of Index Numbers*），第100至105页］。

第三篇 基本方程式

第9章 定义

在阐述基本方程式之前，首先要明确几个术语的用法。

一、收入、利润、储蓄与投资

（一）收入，我们打算用以下三种表达指代同一种事物：（1）社会的货币收入；（2）生产要素收益；（3）生产成本。利润一词则指当期产品的成本与实际销售收益之间的差额，所以，利润并不属于上述定义中的货币收入。

强调一点，我们将以下几项归入收入范畴：

（a）付予员工的薪水与工资。其中包括支付给失业者、非全日制从业人员和享受养老金的员工的所有款项，长远来看，这几项支出与其他生产要素的支出一样，由工业承担。

（b）企业家的标准薪酬。

（c）资本利息（包括国外投资的利息）。

（d）普通垄断利润、租金等。

企业家本身也属于生产要素，其标准薪酬［其定义见以下第（二）项］包含在收入之内。因此（b）项企业家的标准薪酬包含在生产成本之内。但并不包括企业家意外利润与意外损失，即上述生产要素收入与实际销售收益之间的差额（正数或负数）。

普通股票持有者的收入一般包括（b）（c）（d）项中的要素，同时他们也要承担意外利润或损失。

（二）利润，从销售收入中减去上述（a）（c）（d）项支出，得到企业家的实际薪酬，实际薪酬与标准薪酬之间的差额，不论正负，都是利润。

因此，企业家的标准薪酬，不论实际薪酬是否为这个数额，都应当算作企

□ 洛克菲勒

约翰·洛克菲勒（John Rockfeller，1839—1937年），美国实业家、慈善家，是19世纪第一个亿万富翁，被人称为"石油大王"。洛克菲勒无疑是那个时代最重要的企业家之一。

业家个人劳动收入，但利润却不计算在国家收入之内（一如现有资本的增值不算在日常收入之内）。实际上，利润是企业家所积累的财富价值的增减（正数代表增加；负数代表减少）。如果企业家将部分利润用于日常消费，那相当于储蓄减少。反过来，如果因遭受意外损失限制日常消费时，便相当于储蓄增加。

然而，为准确起见，必须对企业家的"标准薪酬"下一个定义，如此便于区分全部收入（正或负）中个人收入部分与利润（正或负）部分。什么定义最适合最便利，部分取决于现有研究的性质。就目前的讨论而言，我将企业家的"标准薪酬"定义如下：如果企业家以现行利润率与生产要素重新订立协议，那么标准薪酬只是让其保持现有营业规模，既不扩大也不缩小。

当实际报酬率超过（或低于）上述标准报酬率，导致利润增加（或减少）时，只要与生产要素订立的一时无法撤销的协议不会限制企业家的行动自由，企业家便会想方设法根据现有生产成本扩大（或缩小）营业规模。然而，如果企业家订立的协议一时不能修改（例如将部分已获得支配权的固定资本用作投资），那么可想而知，即使利润为负，在协议到期之前减产是不值也不划算的。而协议期限长短则取决于所订协议的性质。因此，从利润变成负数到负利润对产量造成影响之间，可能存在时间差。

有人建议我说，鉴于经济学家与商业习惯用语中，利润一词用法多种多样，上述所说利润，最好用"意外收益"一词代替。这样做也许有利于读者的理解，但我个人更偏向于利润一词，因为总的来说，利润一词的外延最为丰富。

事实上，企业家与生产要素通常订立长期协议，涉及固定资本尤其如此，这一点确实极为重要。考虑到关停生产然后再次开始生产，产量通常取的是这段时期的平均值，长期协议便可以说明为什么会有损失，为什么企业家会在赔本时仍继续生产。同理，专业的生产要素必须经过一段时期供应才会增加，因而企业家订立的协议期限（部分取决于这些生产要素的寿命）必须足够长，供应才会增加。这两点就说明了为什么一个时期内会有利润。

（三）储蓄，我们所谓的储蓄指的是个人收入与用于日常消费支出之间的总差额。

由此可见，利润本不属于社会收入，即使没有用于日常消费，也不属于社会储蓄。利润不仅是国民总产值（或国民总收入）与其生产成本（均按货币计算）之间的差额，而且是任一时期内国家财富增长值与上述个人储蓄总值之间的差额。

也就是说，社会财富的增长值等于储蓄加利润。

（四）投资，我们所说的投资率指的是社会资本（定义见本章下一节）在一定时期内的净增长；所谓投资价值不是指资本总值的增长，而是任一时期内资本的增长值。因此，根据上述定义，当前投资价值将等于利润与储蓄之和。

二、可用产品与不可用产品

与货币收入不同，一个社会的当期产品指的是商品和服务的供应量，包括两部分：（a）可直接消费的流动商品与服务的供应量；（b）不可消费的资本商品与借贷资本（更详明的定义见下节）的净增加量（将损耗计算在内）。我们将前者称之为"流动产品"或"可用产品"，后者则称之为"不可用产品"，两者加起来称为总产品。我们可以看到，可用产品是高于总产品还是低于总产品，取决于不可用产品是正数还是负数。

流动或可用产品包括两部分：（1）固定资本的损耗量，及（2）生产线外流动成品的产量。

不可用产品包括（1）生产线上半成品增量超过生产线外制成品（不论是流动商品还是固定商品）供应量的部分，（2）生产线外固定资本财货供应量超过已有固定资本当前损耗，加上借贷资本净增量的部分。

由此可见，当期消费必然等于可用产品加上生活消费品存量（可称之为"储存量"）的减少量，或减去生活消费品存量的增加量。当前投资必然等于不可用产品加上"储存量"的增加量，或减去储存量的减少量。因此，消费取决于可用产品（加上储存量的减少量），与总产品无关。然而只要生产要素的报酬率保持不变，国家的货币收入便随着总产品的变化而变化。

三、资本的分类

无论什么时期，实物资本或物质财富贮量表现形式有三种：

（1）在用商品，只能一步步发挥全部效用或供人享有。

（2）在制商品（即正在耕种或在制造过程中的商品，目的在于使用或消费），或运输中的商品，或商人、经纪人、零售商手中的商品，或换季商品。

（3）库存商品，不能产生任何效用，但可以随时使用或消费。

我们称在用商品为固定资本，在制商品为营运资本[1]，库存商品为流动资本。

□ 澳大利亚的矿工

在资本主义世界中，最重要的生产资料就是土地。无论工业、农业还是金融、交通，都需要土地。就算在偏远地区，只要地下有自然资源，土地就是一笔巨大的财富。19世纪，澳大利亚的金矿被发现，吸引了大量移民和外国劳工前往。

之所以需要营运资本，是因为某些商品的生产需要花费时间。同理，之所以需要固定资本，是因为某些商品的使用或消费需要花费时间。只有库存商品才需要流动资本。

当然，固定资本与流动资本之间并没有明确的分界线。服务、食品、衣服、船只、家具、房屋等可以构成一个连续数列，其中每项的使用或消费期限都比前一项要长。但广义上的差别还是十分清晰的。

各个时期的商品也可以分为制成品和半成品。制成品包括最终商品和工具商品，前者为最终消费者享有，后者在商品生产过程中使用。

至于半成品，有时无法明确区分原材料究竟是库存商品还是在制商品。本书下卷第28章将把这一定义补充完整，大意是：保持高效运营所需的标准库存是营运资本的一部分，因此属于在制商品，但其余库存商品则属于流动资本。因此，半成品一部分由营运资本组成，一部分由流动资本组成。

为方便起见，"储存商品"用来指流动最终商品的存货，"库存商品"则用

---

[1] 有关营运资本更详细的定义见本书下卷第28章。

来指其他形式的流动资本。

因此，制成品＝最终商品＋工具商品＝固定资本＋储存商品。半成品＝营运资本＋库存商品。流动资本＝库存商品＋储存商品。制成品＋半成品＝固定资本＋营运资本＋流动资本＝实物总资本。

与整个世界的财富不同，如果只考虑个人或某一国的财富，除了上述实物资本的所有权以外，还须加上货币所有权，即期付款或远期付款为债权（正），与之对应的为负债（负）。若要讨论整个封闭的体系，这些项目将相互抵消，可忽略不计。若要讨论国际体系中的某一个国家时，情况就有所不同。此时将出现财富顺差或逆差，存在形式为货币债权。因此，若要讨论整个体系中的一部分财富，不论这一部分属于个人还是国家，都会涉及第四个概念——货币债权净差额，我们称之为借贷资本。

实物资本与借贷资本之和可称为投资额，实物资本与借贷资本总额的价值等于投资价值，而在封闭体系中，投资额就等于实物资本数额。任何时期的投资增量是实物资本与借贷资本中各类项目的净增量；投资增量的价值是附加项目的价值总和，当然个别情况下要减去库存减少的项目价值。[1]

然而，此外还需进一步区分的就是资本品产量与消费品产量之间的区别，与上文相比，下文将会多次涉及。我们将任一时期内的资本商品产量定义为固定资本增量加上将在生产过程中转变为固定资本的营运资本增量；同时将任一时期内的消费商品产量定义为可用产量供应量加上将转变为可用产量的营运资本增量。最后，任一时期内的投资商品产量等于不可用产量加上储存商品的增量。

四、国外贷款与外汇结存

若要讨论国际体系而非封闭体系，首先必须对国民产品的定义稍作修改。国民产品不包括外国人的当前产品，因为此类生产要素的所有权属于外国人。同理，本国人在境外的当前产品则须包含在国民产品范围之内。此外，本国生产的商品或服务在与外国生产的商品或服务交换时，若我们讨论的并非价值而是实际

---

〔1〕我认为庇古教授在《福利经济学》（第三版）第一卷第四章中给出的定义不能令人满意，在此将这一概念解释清楚。无论什么时期，国民收入价值等于日常消费价值加上述投资增量价值。

□ 上海总会

上海总会又称英国总会，是英国侨民在上海建造的第一个外侨会所，1864年建成，造价42000英镑。1909年，它又由几家英商公司和中国公司投资重建，成为当时最重要的社交场所。图为1900年上海外滩雪景，左边大楼即是上海总会。

产品，就必须用已获取的外国商品代替国民总产品中的与之交易的本国商品。

接下来，我们打算根据上述"储蓄"与"投资"的差别，从定义来区分一个国家的"国外贷款"与"外汇结存"。我们将本国的外汇结存称为收入账户上的贸易差额，当然，这一差额可为负也可为正。造成这一差额的原因在于：不论是本国生产还是国外生产，出口的本国商品或服务（黄金除外）价值大于进口的外国商品或服务价值。

而国外贷款可称为资本账户逆差，也就是本国对外投资净额大于外商在本国的投资净额。[1]

读者将会发现，国际收支平衡表上还有一个项目：黄金流量，此项排除在外汇结余之外。由于国际收支平衡表必须始终保持平衡，此项必然能解释当前国外贷款与外汇结存之间存在差额的原因，因为前者等于后者加上当前黄金出口量。[2]

因此，"国外贷款"一词，用来形容用本国货币或债权换取外国债券、产权或未来利润的金融交易；与之对应的是"外国借款"。而当本国部分当前产出通过实物交易转移到外国人手中时，便会产生"外汇结存"。

所谓的"国内投资"指的是对本国投资总资本的增量（黄金除外）。所谓"国外贷款"是本国对外投资资本的增量（同样黄金除外）。所谓"总投资"是指国内投资、国外贷款与黄金进口量的总和。由于外汇结存等于国外贷款加黄金进口量，所以与国外贷款相比，将外汇结存称为"国外投资"更便利。其原因在于：根据该定义，总投资额理所当然等于国内投资加上国外投资。

---

[1] 债务国的借贷资本不论以哪种通货计算，都应记入贷方。
[2] 寄存国外的黄金必须当作已出口，因此必须记入贷方。

第10章　货币价值的基本方程式

货币理论的根本所在不仅仅是通过建立恒等式或静态方程组，进而说明金融工具周转量与商品周转量之间的关系，其真正意义在于：动态地处理货币问题，分析各个不同因素，从而理清物价与各个因素之间的因果关系，说明货币均衡的实现方式。

然而，我们一直学习的货币数量论（具体细节详见第14章）却不适用于此。货币数量论列举大量恒等式，说明不同货币因素之间的关系。但是，没有一种等式对现代经济体系中这些因素的因果关系的动态变化进行区分。

此外，货币数量论还有一个缺点：它采用的标准既不是劳动力也不是购买力，而是其他某种标准，这多少有点虚假成分。根据本书第6章所述，也就是说，它既不是以现金交易为准也不是以现金差额为准。这一点大错特错，因为以上两者才是我们的终极目标，所以必须以此为准。劳动力与购买力是货币的基础，因此，从某种意义上说，基于其他支出的物价并非货币的基础。正是因为人类的劳动与消费才使经济活动具有意义。所以要想让其他各项支出变得至关重要，唯有与生产者的劳动或消费者的支出产生联系。

传统方法以货币总量为出发点，不考虑货币的用途。我打算放弃这种方法，以社会收入或货币收入流量为出发点，将收入分为两部分，至于理由，继续读下去就会清晰明了。第一部分是消费品与投资品的生产盈利；第二部分是消费品与储蓄的支出。

由此可见，若社会收入中第一部分与第二部分所占比例相同，也就是说，以生产成本计算，如果消费品与投资品在产出中的占比，等于当前消费与当前储蓄在支出中的占比，那么消费品的物价水平与其生产成本持平。但如果所占比例不同，消费品的物价水平与其生产成本之间就会存在差额。

投资品的物价水平却取决于另外一组因素，稍后再作讨论。

一、货币价值的基本方程式

设一个社会单位时间内的货币总收入为E，投资品生产收入的那部分为I′，则新投资的生产成本为I′，当前消费品的生产成本为E−I′。

然后，假设上述储蓄额为S，则消费品收入当前支出为E−S。

商品数量单位的选择方法为，单位数量内每种商品在基准日内的生产成本相同。设单位时间内这些数量单位的商品总产量为O，流入市场最终为消费者购买的流动消费品与劳务量为R，投资净增量为C，可得O=R+C。

设流动消费品的物价水平为P，则消费品的当前支出为P·R，新投资的生产成本为$E\frac{C}{O}(=I')$。

由于社会的消费品支出等于收入与储蓄之间的差额，所以：

$$P \cdot R = E - S = \frac{E}{O}(R+C) - S = \frac{E}{O}R + I' - S,$$

$$\text{或 } P = \frac{E}{O} + \frac{I'-S}{R}, \quad (\text{i})$$

□ 大卫·休谟

大卫·休谟（David Hume，1711—1776年），英国哲学家、历史学家、经济学家，苏格兰启蒙运动以及西方哲学史中最重要的人物之一，代表作为《人性论》《大不列颠史》。休谟通常被认为是最早的货币数量论提出者之一。

这是第一个基本方程式。

设单位劳动力的收入为W（则货币的劳动支配力为$\frac{1}{W}$），单位产品的收入为W_1（即效率收入），效率系数为e（则$W = e \cdot W_1$）。

然后式（i）式可改写如下：

$$P = W_1 + \frac{I'-S}{R} \quad (\text{ii})$$

$$= \frac{1}{e} \cdot W + \frac{I'-S}{R} \quad (\text{iii})$$

因此，消费品的物价水平（即货币购买力的倒数）包含两类项目：第一项为效率收入，即生产成本；第二项根据新投资成本与当前储蓄额的关系可为正数（新投资成本大于当前储蓄额）、零（新投资成本等于当前储蓄额）或负数（新投资成本小于当前储蓄额）。由此可见，稳定的货币购买力须满足两个条件：第一，效率收入需保持固定不变；第二，新投资成本须等于当前储蓄额。

实际上，消费品与投资在产出中的占比，并不一定不等于消费支出与储蓄支出在收入中的占比，所以说物价水平由第一项决定的结论并不成立。工人因投资生产所得的工资与因消费生产所得的工资相等。但得到工资之后究竟是否用于消费，全看他们的个人喜好。与此同时，在如何分配这两类产出的比例问题上，企业家也有自己的决策。

读者将看到，消费品的物价水平与投资品的物价水平之间毫无干系。只需效率工资水平、新投资品成本（与售价不同）与储蓄额之间的差额，便可以明确得出消费品的物价水平，完全不用考虑投资品的物价水平。

如上文所言，投资品的物价水平由另外一组因素决定，关于这一点将在本章第三小节稍作讨论。投资品的物价水平已知，则可以得到一个计算整个产量的公式，加

设新投资，全部产品的物价水平为 Π，可得新投资品增长的价值为 $I = P' \cdot$ ）。

可得：
$$\frac{P \cdot R + P'C}{O}$$
$$= \frac{(E-S)+I}{O}$$
$$= \frac{E}{O} + \frac{I-S}{O} \quad (\text{iv})$$

这是本书的第二个基本方程式。同上，将方程式（iv）改写如下：
$$\Pi = W_1 + \frac{I-S}{O} \quad (\text{v})$$
$$= \frac{1}{e} \cdot W + \frac{I-S}{O} \quad (\text{vi})$$

二、利润的特征

接下来，设消费品的生产与销售利润（定义同上）总额为 Q_1，投资品的相应利润额为 Q_2，总利润额为 Q。

可知
$$Q_1 = P \cdot R = \frac{E}{O} R$$
$$= E - S - (E - I')$$
$$= I' - S \quad (\text{vii})$$

又因
$$Q_2 = I - I'$$
$$Q = Q_1 + Q_2$$
$$= I - S \quad (\text{viii})$$

所以，消费品的生产与销售利润便等于新投资成本与储蓄之间的差额，当储蓄大于新投资成本时利润为负。同时，整个产量的总利润等于新投资的价值与储蓄之间的差额，当储蓄超过新投资的价值时利润为负。

据此，可将方程式（ii）与方程式（v）改写如下：

$$P = W_1 + \frac{Q_1}{R} \quad (\text{ix})$$

$$\Pi = W_1 + \frac{Q}{O} \quad (\text{x})$$

从这几个方程式可以看出，消费品的价格等于生产要素的收入加上单位产量内消费品的利润。同理可得整个产量的价格。

显而易见，这些结论表明，所有上述方程式纯粹是形式，仅仅是几个恒等式，老生常谈而已，本身不能说明什么问题。由此看来，它们与货币数量论中的其他等式别无二致。唯一的目的在于分析整理材料，便于我们在实际应用中理清个中缘由。

顺便提一下利润（或损失）的一个特点，这也是我们必须将之与收入本身分作不同类别的原因之一。如果企业家愿意将他们的部分利润用于消费（当然，没有什么能够阻挡他们这样做），这样做的作用是让流动消费品的销售利润增长刚好等于消费利润额。这是根据我们的定义得出的，因为此类支出被视为储蓄的减少，从而导致I′与S差额的增加。由此可见，无论企业家消费多少利润，属于企业家的财富增量一如从前。因此，作为企业家增加资本的来源，利润就像聚宝盆一样，不论怎么挥霍，总是取之不尽用之不竭。然而，在亏损时，如果企业家试图通过减少正常消费支出（即通过增加储蓄）来弥补亏损，那么这个聚宝盆就会变成达那伊得斯的瓦罐[1]，永远也盛不满。原因在于，这样减少开支相当于将等价的损失转嫁给消费品生产者。因此，尽管企业家有储蓄，但是作为一个阶级，他们的财富流失情况与之前一样。

既然公众储蓄额加上企业家生产流动消费品的利润（或减去亏损）后，总是刚好等于投资品的生产成本，难道就能得出投资品的售价必然等于其生产成本吗？

答案是不能。因为当投资品以高于（或低于）其生产成本的价格出售时，投资品生产商的所得利润（或损失）必然等于投资品售价（无论多少）与其实际生产成

---

[1]即Danaid jar，源自希腊神话，这个瓦罐是破的，倒多少水进去都要漏掉。

本之间的差额。[1]因此，无论投资品的物价水平如何，下一期支出额刚好等于当前储蓄加上利润额或减去亏损额。

关于新投资品的价格决定因素，我们稍后讨论。我们目前的结论是：第一点，利润（或亏损）是其他因素作用的结果，而不是原因。鉴于此，往收入中增加利润（或从中减少亏损）显得荒谬可笑。因为，此时只要企业家的投资品产量没有变化，无论公众增加多少当前消费支出，储蓄永远不会减少；同样，减少消费支出，储蓄永远也不会增加。

□ 阿姆斯特丹证券交易所

阿姆斯特丹证券交易所是世界上第一个股票交易所，于1609年诞生在阿姆斯特丹。2000年9月22日，阿姆斯特丹交易所与巴黎证券交易所以及布鲁塞尔证券交易所正式宣布合并，形成全球第一个跨国境、单一货币的股票和衍生品的泛欧交易所。

第二点，已经存在的利润（或亏损）是产生后续结果的原因。其实，这也是现有经济体系不稳定的主要原因。后面几章将主要讨论这一点。为什么说本书把利润或亏损从基本方程式中分列出来是有益的，根本原因也在于此。

三、新投资品的物价水平

一个人在决定将多少收入用于储蓄时，他是在即期消费与财富所有权之间做出选择。如果他选择消费，就必须购买商品，因为货币无法直接消耗。但如果他选择储蓄，还需进一步做出选择。因为拥有财富的形式不止一种，比如，货币、流动的货币等价物、其他形式的贷款、实物资本等。也可以将后者称作在"储存"与"投资"之间做出的选择，换句话说，就是在"银行存款"与"证券"之间做出选择。[2]

---

〔1〕投资品生产商将部分利润用于消费，必然意味着流动消费品生产商将所获额外利润用于购买投资品；所以最终结果相当于投资品生产商将这些利润花在投资品上。

〔2〕如何让现有的非专业语言更有效地表达专业意义，目前还很难做到。所以，我不得不使用"储存"与"投资"二词来表达上述不同的含义。鉴于本书第73页已经将"储存量"定义为流动消费品的存量，另将"投资"定义为企业家增加社会资本的行为，并非一般公众购买证券的行为。下文将使用这两个词。

除此之外，两种决策之间还存在一个显著区别。储蓄额与新投资额的选择完全取决于当前活动。但银行存款或证券的选择不但与个人财富的当前增量有关，而且与个人现有资本总量有关。实际上，由于在现有财富总量中当前增量的占比根本微不足道，所以当前增量对这一问题来说无关紧要。

与过去相比，如今人们在持有财富时，更愿意选择储蓄存款而不是其他什么形式，这并不是说他们愿意为此不惜付出一切代价。而是说无论出于什么原因，在其他证券的现行价格基础之上，他们比以往更青睐于储蓄存款。但也不是说人们绝对不会选择其他证券，这取决于他们对储蓄存款与其他证券的未来回报期望如何。显而易见，这一点同时受储蓄存款利率与其他证券价格的影响。因此，如果其他证券的价格足够低，人们可能经不住诱惑而选择购买。然而，如果银行体系的运作方向与公众完全相反，同时当公众更愿意选择储蓄存款时，银行通过购买证券增加储蓄存款，从而满足公众对储蓄存款的偏好，如此投资价格就没必要下降。所以，储蓄存款与证券之间的相对吸引力发生变化时，必须通过下调证券价格或增加储蓄存款供应来加以调控，采取其中一种方法也可，同时采取两种亦可。证券价格下降就表明，银行增加储蓄存款也不足以抵消公众对证券市场的"看跌"势态；或是银行收紧储蓄存款，足以抵消公众对证券市场的"看涨"势态。"看跌"在本书后面章节中指：与其他财富形态相比，储蓄存款更受青睐，而持有银行贷款证券的偏好则有所下降。

由此可见，投资的实际物价水平是公众情绪与银行体系共同作用的结果。这并不是说，投资物价水平与新增储蓄存款额之间存在一定的数量关系。增加储蓄存款的数额，将会导致其他证券的价格高于储蓄存款的价格，而储蓄存款的价格取决于公众在证券价格发生变化时对储蓄存款的需求变化。[1]

我们将在第15章看到，也可能存在这种情况：形形色色的公众分成"两派"，与以往相比，一派更青睐于银行存款，另一派更青睐于证券。此时，其结果取决于银行体系是否愿意充当两者之间的中介，设立银行存款，存款针对的是短期流动预付款而非证券。

不要忘记，我们正在处理的情况存在多重均衡。此时，各个元素相互之间或

---

[1] 当然，银行体系提供的储蓄存款利率也会影响储蓄存款与证券之间的相对吸引力。

多或少会有一些影响，详情将在第15章进行论述，在此不做赘述，总结如下：

投资的整体物价水平，以及由此产生的新投资的物价水平，是公众愿意持有的储蓄存款量物价水平等于银行体系愿意并且能够设立的储蓄存款数额。[1]

但是，如上所述，相对于生产成本而言，消费品的物价水平完全取决于以下两种决定所造成的结果：（1）公众对收入中储蓄占比的决定，（2）企业家生产中投资品产量占比的决定。虽然这两种决定都在一定程度上可能受到投资品物价水平的影响，但后者更甚。

由此可见，全部产品的物价水平与利润总额受以下四种因素的影响：（1）储蓄率，（2）新投资的成本，（3）公众的"看跌"势态，（4）储蓄存款额。或者简化为两种因素：（1）储蓄额超过投资成本的数额，（2）公众"看跌"势态导致多出的数额大于银行体系设立的存款额。

因此，考虑到新投资率与生产成本，消费品的物价水平完全取决于公众对"储蓄"的态度。考虑到银行设立的储蓄存款额度，投资品（不论新旧）的物价水平完全取决于公众对"储存"[2]货币的态度。

希望我已经将公众在拥有财富和获得收入之后，经常要做的两种决定区分清楚了。我们虽然掌握了这种区别，但依然很难解开这两种决定的因果关系，因为它们相互作用的方式异常复杂。储蓄额、投资额，以及二者之间的差额，在一定程度上取决于相对于生产成本的投资品物价水平。与此同时，公众对于储蓄存款与其他证券的不同态度，在一定程度上也可能受到对相对于生产成本的消费品物价水平的预期的影响。特别是当公众对储蓄存款以外的证券态度发生变化，而银行体系却没有采取行动予以补偿时，这将对相对于储蓄的投资率产生巨大影响，从而影响货币的购买力。

不过，尽管这些因素相互作用，过度储蓄与过度看跌[3]（或许我们可以这样称呼）在某种意义上却互不影响。只要条件合适，无论是正是负，任何程度的过度储蓄与过度看跌都是可以共存的。

---

[1] 因储蓄存款与活期存款之间可能发生转移而产生的复杂情况在此忽略不计，因为这并不影响问题的实质。关于这一问题，本书稍后加以讨论。

[2] 只此一次，使用"储存"一词表示证券价格浮动时，公众对储蓄存款与其他证券的偏好程度。

[3] 公众的看跌势态并没有因银行增加信贷而得到控制。

□ 投资加拿大

18世纪中叶，英法在加拿大爆发"七年战争"，法国战败，加拿大遂成为了英属殖民地。19世纪，许多英国和美国商人在加拿大投资，迅速促进了当地资本主义经济的发展。

本节结束之前，可能需要对上述结论作进一步阐明：因储蓄大于投资而导致的消费品价格下跌，本身并不存在。如果公众的看跌或看涨势态并未发生任何变化，或储蓄存款额保持不变，抑或这两个因素间发生补偿性变化——意思是说，新投资品的价格需要朝相反方向变化。我相信可能有些读者难以接受这一结论。

根据上述假设，活期储蓄中用于购买投资品（不论新旧）的总价值，往往刚好等于活期储蓄额，与新投资品的当前产出并无关系。如果新投资品的价值少于当前储蓄额，对企业家整体来说必将蒙受损失，损失额度正好是少的那部分。这些损失代表当前产出的销售额并未达到预期，因此必须用资金弥补。预期现金收入未达标必须以某种方式补偿，而企业家的补救措施只有两种：不是减少自身银行存款，就是出售自身其他资本资产。以这种方式放出的银行存款、售出的证券，适用于活期储蓄超过新投资品价值的情况，而且数额正好相等。

更普遍的是，公众对证券的态度或储蓄存款额一直在变，如果企业家采取的应急措施——银行释放的存款加上银行允许范围内储蓄存款的增加额度——正好抵消公众想要增加银行存款支出的倾向，证券价格不变。如果前者大于后者，证券价格将上涨；如果后者大于前者，证券价格将下跌。

四、物价水平与货币量的关系

到目前为止，读者已经发现，货币购买力（或消费品物价水平）、产品的整体物价水平与货币量、流通速度的关系绝不像传统数量公式表现得那么直接。无论如何小心谨慎，难免不会让人产生这样的看法。

如果假设银行体系常规惯例保持不变，那么活期存款的需求量主要取决于收入的多少，即收入与产量的乘积；同时，储蓄存款需求量取决于受证券价格影响的公众的看跌势态。换句话说，在货币总量一定的情况下，只有收入、产量与证券物价水平共同作用，才可能实现货币总需求量等于给定总量。

实际上，这就意味着在均衡状态下，货币量、消费品物价水平、产品的整体物价水平之间，确实存在着一种独特的关系：如果货币量翻倍，物价水平也会随之翻倍。当生产要素得到充分利用，公众对证券既不乐观也不悲观，储蓄存款在总财富的占比"刚刚好"，不多也不少，储蓄量等于成本加上新投资的价值时，这种状态称为均衡状态。

□ 1948年的法币

1948年，因为长期战乱，生产遭到严重破坏，国民政府大量印制钞票，造成了恶性通货膨胀。中国各地物价飞涨，货币贬值速度惊人，出现了一万元面值的法币。1948年，法币发行额竟达到660万亿元以上，等于抗日战争前的47万倍，物价上涨3492万倍，最终法币彻底崩溃。

但是，这种简单直接的数量关系只出现在上述均衡状态下。如果储蓄量不等于新投资的成本，或者公众对证券的态度发生了转变，转向看涨或看跌，即使理由充分，基本物价水平也将偏离均衡值，而货币量或流通速度却没有发生任何变化。甚至可以想象得到：活期存款可能保持不变，储蓄存款可能保持不变，流通速度可能保持不变，货币交易量可能保持不变，产量可能保持不变，然而基本物价水平却可能会变动。

诚然，这种精确平衡只是理论上存在。在现实中，却是牵一发而动全身。但即便如此，货币量、流通速度、产量的变化与基本物价水平的变化之间，不会有任何确定或可预测的关系。众所周知，在信贷周期萧条阶段事实便是如此。

当然，有关企业家商业存款损益影响的假设，多种多样，如果货币因素不改变，基本物价水平就不可能发生变化。上面提到的理论——为了强调争论的本质，公然给出一个极端的例子——当企业家商业存款额度的影响因素只有生产成本时才可能会成立。

举个例子，如果企业家将意外利润或损失完全当作个人常规收入，而当利润或损失对银行存款量应造成的影响由他们决定时，基本方程式中，因第二个因素导致的物价上涨所需的货币增加量（或其他货币因素的同等变化）与因第一个因素导致的物价上涨所需的货币量一样大。但实际情况却并非如此。如果所持利润余额发生任何实质性变化，那么至少短期内，利润收支余额将很可能小于收入收支余额。

此外，即使利润的最终受益人，如个人股东，可能将之视为收入——尽管这不属于真正的收入存款——但是现在大量商业与工业的组织形式是股份公司（而且，甚至在合伙企业时代，很大程度上也是如此），意外利润不会发放到个人账户，因为个人收入大多数情况按周、月或季度发放，而额外利润时间间隔较长，并且获得之后时间间隔更长。通常至少会有半年的时间间隔，但大部分的额外利润通常会以某种方式从个人股东账户扣留——在美国尤其如此。同时，更有可能的是用利润来偿还银行贷款，而不是作为现金持有。正如一开始所做的假设一样，商业存款数量将主要取决于生产经营成本。

还有一点可以稍微提一下，这一点后面章节将会介绍。基本方程第二项引起的物价水平变化，会导致第一项呈现上升趋势。随着这些趋势上升，与完全由第二项增加引发的物价上涨相比，此时的物价上涨需要的现金余额更大。与第二项引起物价水平变化所涉及的货币因素变化相比，第一项要想引起同等变化，涉及的货币因素变化会更大；同时，变化通常始于第二项，然后蔓延到第一项。这两种实际情况可以部分说明，为什么某些类型的物价变化在发展时往往会自行消失，然后朝着相反的方面发展。

在均衡状态下，即 $I = I' = S$，可以用一般货币因素表示本书的结论，如下所示。

设收入存款总量为 M_1，流通速度为 V_1，则 $E = M_1V_1$，因为根据定义（见27页），V_1 是单位时间内国家货币收入（E）与收入存款量之比。

当 $I = I' = S$ 时，则可以将方程式改写如下：

$$\Pi = P = \frac{M_1 V_1}{O}$$

若要将P与货币总量M联系起来，可以按照如下方法进行：设收入存款、营业存款、储蓄存款各个存款量分别为 M_1、M_2、M_3，存款总量为M，则

$$M = M_1 + M_2 + M_3$$

因此

$$P = \frac{V_1(M - M_2 - M_3)}{O}$$

设活期存款与存款总量之比为w，V是货期存款的平均流通速度，V_1 和 V_2 则分

别是收入存款与营业存款的流通速度，则：

$$M_1+M_2 = wM$$

$$M_1V_1+M_2V_2 = w \cdot M \cdot V$$

然后

$$M_1 = M\frac{w(V_2 - V)}{V_2 - V_1}$$

又因

$$M_1V_1 = M\frac{wV_1(V_2 - V)}{V_2 - V_1}$$

所以

$$P = \frac{M}{O} \cdot \frac{wV_1(V_2 - V)}{V_2 - V_1}$$

方程式P·O=M₁V₁显然与我们熟悉的欧文·费雪教授的方程式P·T=MW存在某种关系，不同的是O是当前产量，而T则是交易量（并不是产量），M₁、V₁为收入存款及其流通速度，而M、V则是活期存款及其流通速度。[1]

第11章　达到均衡的条件

一、零利润条件

上一章讲到，由于利润（Q）是当前生产值与其生产成本E之间的差额，故可得：

$$Q = I–S$$

所以企业家究竟是盈利还是亏损，取决于当前投资值是超过还是低于当前储蓄。

因此可以推导出：利润=生产值–生产成本 = 投资值–储蓄。利润不但是生产成本与生产值之差，而且也是储蓄与净投资值之差（两项全都以货币计算）。

这些利润，无论正负都包含两个因素：Q₁和Q₂（参见第79页）。Q₁（= I'– S）

---

〔1〕费雪的数量方程式将在第14章中作进一步讨论。

是来自消费品的利润，Q_2（$= I - I'$）是来自投资品的利润。

要达到均衡状态要求Q_1、Q_2和Q均为零。因为只要Q_1、Q_2中有一项不为零，便会有企业家考虑增加产量；如果总利润Q不为零，企业家便会尽可能调整其按一定的报酬比例为生产要素提供的就业总量，至于是增加还是减少，取决于利润是正是负。于是W_1与P便处于不均衡的状态之中，而在利润（不论是Q_1还是Q_2）没有恢复到零之前这种情形将一直存在。

因此，货币购买力要达到均衡状态，就要求银行体系必须对贷款利率进行调节，使投资价值等于储蓄价值；否则，受到正利润或负利润的影响，企业家将提高或降低他们为生产要素提供的平均报酬率W_1，之所以这样做，既是企业家的意愿，同时也是受银行信贷多寡的影响。此外，要达到均衡状态，还要求新投资的成本要等于储蓄，否则消费品生产商便会受盈利或损失的影响试图调整其生产规模。

由此可见，均衡状态下，当前投资的价值与成本都必须等于当前储蓄量，利润必须等于零。此时，货币购买力与产出的整体物价水平，都将等于生产要素的货币效率收入（即$P = \Pi = W_1$）。

读者将会意识到，利润为零就意味着总利润等于零。因为稳定的整体物价水平与某些企业家或某一类企业家的利润损益是完全可以共存的，正如稳定的整体物价水平与个别商品的价格跌涨可以共存一样。

因此，货币购买力的长期或均衡定额，由生产因素的货币效率收入给出。而实际购买力则随着当前投资成本与储蓄的关系（高于还是低于）在均衡水平上下波动。

本书的主要目的是说明物价水平实际如何波动，我们现在已有头绪，不论物价波动的原因是围绕一个稳定的均衡水平上下波动，还是从一种均衡状态向另一种均衡的转变。

一般而言，代用货币制度下的银行体系，能够通过贷款规模和条件决定商业界的投资率。与此同时，社会成员的货币收入在消费支出和储蓄上的分配，决定着储蓄率。因此，假设效率收入不会自发变化，物价水平是涨是跌取决于银行体系是让投资率超过还是低于储蓄率。但若企业家与生产要素之间签订的合同普遍按劳动收益W计算，而不按效率收入W_1计算（现有协议一般介于两者之间），则物价水平为$\frac{1}{e} \times P$，将可能上涨或下跌，其中e同上文一样是效能系数。

而投资与储蓄之间的这种差额，便导致利润率失衡。因此，下一阶段的论述将在第四篇中展开，我将进一步说明，若银行体系并未采取措施遏制利润失衡，这种利润失衡将如何作用于基本方程式的第一项，从而最终引起货币效率收入（或劳动收入）的跌涨（视具体情形而定），一直到某个点，足以使银行体系建立一个新的均衡状态，来与管理该体系的标准相适应。

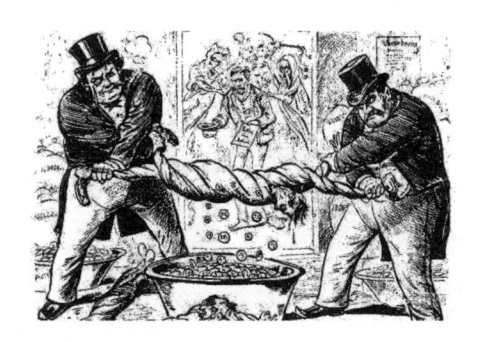

□ 资本家的利润

贷款利率不能等于利润率，投资价值不能等于储蓄价值，否则利润就会等于零，没有任何一个资本家会愿意扩大生产，因此，整个社会的总利润也为零，经济就无法发展。所以，投资总是奔着一定的利润去的。

二、利率或银行利率

银行利率的变化，或者严格来说利率变化如何影响货币的购买力，现在已经显而易见。

投资的吸引力取决于预期收益，即相对于为了维持生产必须支付的利率而言，企业家当前投资预计收益多少；换言之，生产资料的价值取决于生产资料预期收益的资本化率。也就是说，如果其他条件相同，利率越高，生产资料的价值就会越低。因此，如果利率上升，P'将开始下降，从而降低生产资料的利润率，最终将会抑制新投资。由此可见，高利率将会促使P'和C都减小，P'为生产资料的物价水平，C为生产资料的产量。然而，对于储蓄率而言，高利率刺激储蓄率，低利率抑制储蓄率。因此，如果其他条件相同，利率增加将促使投资率（无论是用价值衡量还是用成本衡量）相对于储蓄率而言减少；也就是使两个基本方程式的第二项向负数变化，从而导致物价水平开始下跌。

按照维克塞尔（Knut Wicksell）的说法，利率将使第二个基本方程式的第二项变为零，为方便起见，可将利率称为自然利率，实际通行的利率则称为市场利率。自然利率刚好使储蓄和投资价值完全平衡，如此整个产出的物价水平（Π）恰好等于生产要素的效率收入。然而，每当市场利率偏离自然利率时，都会导致第二个基本方程的第二项不为零，从而引起物价水平的波动。

因此，我们从中便可以看出一般数量方程式不能解释的东西。简单直接地解释，即为什么银行利率上升，在改变实际利率的范围内会促使物价水平下降。本书第13章和37章将继续完整阐述银行利率理论。

□ 马克思

马克思在《资本论》里对利息有过论述，他认为利息是剩余价值的表现形态之一，利息来源于实体经济创造的利润。利息率总是由一般利润率决定。马克思认为利息不仅仅是一种货币现象，还是一种实体经济现象，这点与凯恩斯看法不同。

三、通货膨胀与通货紧缩

物价水平受到两种主要波动类型的影响。这两种波动分别为第一基本方程式中的两项，其中第二项可以分成两部分。效率收入 W_1 有涨有跌。这种跌涨与基本方程式第一项的变化一致，可称之为收入通货膨胀（或通货紧缩）。由于储蓄与投资价值不相等，总利润Q也会有涨有跌，大于零或小于零，可称之为利润通货膨胀（或通货紧缩）。

此外，由于 $Q = Q_1 + Q_2$，其中 Q_1 和 Q_2 的定义见上文第79页，则利润通货膨胀（或通货紧缩）为 Q_1、Q_2 之和，Q_1、Q_2 分别为商品通货膨胀（或通货紧缩）和资本通货膨胀（或通货紧缩）。因此，根据上述 Q_1、Q_2 的定义，商品通货膨胀用以衡量流动消费品相对于生产成本的价格变动；资本通货膨胀用以衡量生产资料相对于生产成本的价格变动。但是接下来，我们主要讨论收入通货膨胀与利润通货膨胀，很少涉及要把后者分为商品通货膨胀与资本通货膨胀。由此可见，整个产出的物价水平Π的变动，以收入膨胀与利润通货膨胀之和来衡量。货币购买力P的变动，则以收入通货膨胀与商品通货膨胀之和来衡量。我们可以看到，资本通货膨胀或通货紧缩本身并不影响货币购买力，因为投资成本 I' 不受其影响。资本通货膨胀或通货紧缩，之所以会对货币购买力产生重要影响，是因为它的存在迟早肯定会影响生产资料的产出，从而导致商品通货膨胀或通货紧缩。

四、变化的因果方向

对读者而言，要理解本书对利润的定义，对产品总价值在收入或收益和利润之间的划分并非任意而为，这一点很重要。利润的本质特征在于，利润为零是当今经济世界中货币购买力均衡的一般条件。正是因为从现实世界中引入了这一事实，我们选择的特定基本方程式才具有意义，才能免于沦为纯粹的恒等式。

在社会主义制度下，生产要素的效率收入可能因法令突然改变。从理论上讲，我认为在个人主义竞争体制之下，企业家群体对未来货币变化的共同判断，或者工会发动的罢工可能导致生产要素的效率收入发生变化。实际上，正如本章下一节所述，因为工资确定方法或效率系数变化，会引起实际收入相对于效率自发变化，从而导致物价变化。然而，在现有情况下，最常见和最重要的变化原因，是企业家受到实际收益的影响，可正可负，增加或减少在生产要素现有收入下提供的就业量，从而导致这些利率的增加或降低。因为，利润不为零，是除苏联以外的现代工业国家经济变化的主要原因。正是因为利润率朝特定方向改变，企业家才会因此生产这种产品而不是那种产品；正是因为整体利润率改变，企业家才会调整为生产要素提供的平均报酬。

◻ "二战"时期的苏联工厂

在资本主义制度下，追求利润是工厂生产商品的动力，而在社会主义国家却完全不同。在"二战"时期的苏联，工厂和商品都是国有，生产的动力是国家计划，与利润无关。

此外，还有一个原因能够说明，为什么可以将上述情况视为当今现实世界中正常的变化机制。当一个国家的中央货币管理当局想要通过改变国内货币收入水平，从而改变货币收入所需的货币流通量时，管理当局并没有权力下令减少个人货币收入，唯一能做的只有改变贷款条款。因此，正是通过变更贷款条款才引发一系列变化：贷款条款变更影响生产资料的生产吸引力，从而影响相对于储蓄率的投资率，继而降低消费品生产商的利润，导致企业家因此调整提供给生产要素的平均报酬，最终改变货币收入水平，实现终极目标。这并不是产生这一结果的唯一方法，但事实上却是当今世界大多数国家通用的唯一方法。

一般来说，朝着新均衡物价水平的每一次变化都是因利润不为零而引起的，而上述分析的意义在于证明了这种均衡状态实质上就是：（一）储蓄与投资价值相等，（二）"市场利率"与"自然利率"相等。

因此，如果银行体系可以使市场利率等于自然利率，以此来控制贷款金额，那么投资价值将等于储蓄额，总利润将为零，全部产品的物价将处于均衡状态。同时在货币购买力未处于均衡状态以前，将会存在一种动力，在消费品生产与生产资料生产之间转移生产资源。因此，购买力要稳定，银行体系就应按照这种方式和标准行事；但不得不承认，短期内这并不总是可行，原因在于，短期内自然利率有时可能会出现很大的波动。

五、企业家的行为

到目前为止，我们说到企业家的计划安排时，认为完全取决于当前产品的销售损益情况。然而，生产需要时间，在第六卷中我们将强调：在许多情况下，生产的确需要相当长的时间。同时，企业家在生产初期就能预测到，储蓄和投资之间的关系会对生产后期的产品需求造成什么影响，由此可知，影响企业生产规模或生产要素报酬率，是新业务的预期损益而非实际损益。严格地说，预期损益才是变化的主要原因，同时银行体系正是通过引起适当的预期才能够影响物价水平。的确，众所周知，银行利率变动之所以能迅速、有效地改变企业家的行为，原因在于利率所产生的预期。因此，企业家有时会在价格变化之前就开始行动，而价格变化正是他们行动的理由。以预期的价格下跌为例：就单个行业而言，成本降低或产出减少，实际上可以避免损失或价格下降，所以，每个企业家都想通过这种方式避免损失。尽管如此，当储蓄超过投资的情况适时出现时，对于整个企业家群体来说，无论他们削减多少成本，减少多少产出，只要整个行业生产并未完全停止，损失无法避免。

此外，即使普遍预期除本身之外没有任何依据，往往也会在短时间内得到自证。因为企业家活动减少时，企业营运资本将减少，继而投资减少，而活动增加会产生相反的结果。

要准确预测这些问题同样非常困难，所需信息要比平时多得多，所以，实际上企业家的行为主要还是依靠当时的经验，外加对银行利率变化、信贷供应调整、外汇储备变化可能产生的后果加以归纳概括。同时，基于不准确预期所做出的判断，肯定没有正确预期的经验可靠，因此，除非预期与事实相符，否则事实将很快推翻预期。

由此可见，我说储蓄与投资之间的不平衡是变化的主要原因，并不是要否认企业家任何特定时刻的行为都是根据经验与预期做出的。

还有一点值得一提。一个企业家，无论出于何种原因，当他感到前景暗淡时，可能会采取以下两种措施或其中一种：（一）降低产量，（二）通过降低生产要素的报酬来降低成本。对整个企业家群体而言，这两种措施却不能减少损失，目前只是间接减少储蓄，或者让银行体系放宽信贷条件，从而增加投资，而这两点都并非企业家本身所期望的。不过，这两种措施都可能因投资成本减少而导致亏损加剧。事实上，这些方法之所以会吸引企业家，原因在于，只要任何一类企业家能够以高于平均水平的程度接受其中一种措施，他们就能够避免损

□ 各国商人在费城

美国独立战争后，当时的首都费城的资本主义经济发展迅速。费城是宾夕法尼亚州最大的城市，是北美洲第一批殖民地之一。

失。但是，要讨论短期内决定某一类企业家，或某一个体企业家采取其中一种措施的具体情况，就要深入到复杂的短期经济学理论。这里只需要再次指出上文第72页的所述内容：就目前的分析而言，对于实际或预期的损益，必须经过多长时间才能对企业家的行为产生充分影响，我们无须作具体假设。只要储蓄和投资之间不平衡的总体趋势在某种意义上是可以预测的，这就足够了，而且，如果成因一直存在，这种趋势迟早会出现。本节所述任何条件都不会以任何方式影响本书结论的严谨性或有效性，即储蓄与投资之间的差异对市场物价水平的数量效果。

六、外部均衡条件

目前我们是在一个封闭的体系中阐述这个论点，不易受到外部世界买卖与借贷关系的影响。但是，本书讨论的货币体系所属的国家，不但要与外部世界买卖商品，而且货币本位制度要与外部世界相同，同时与外部世界建立借贷关系，这是当今世界的典型特征。

然而，目前国际体系尚未就基本方程式作出详细规定，并不需要拓展我们的论点。主要的结果是引入另外一个平衡条件。

令国外贷款和外汇结存（定义见第76页）的值分别为L和B，黄金出口额为G，

储蓄总额S与国内储蓄额L（不计黄金出口额）之间的差额为S_1，投资总额I与国内投资额B之间的差额为I_1，国内投资"调整后"的成本$I_1 - Q_2$为I'_1，则：

$$L = B+G$$
$$S_1 = S-L+G$$
$$I_1 = I-B$$

所以
$$I-S = I_1-S_1$$

又因
$$I_1 - I'_1 = Q_2 = I_1 - I'_1$$
$$I'-S = I'_1-S_1$$

因此，可以用I'_1-S_1代替基本方程式中的I-S，用I'_1-S_1代替$I'-S$。由此可见，整个产出的物价水平要均衡，需要国内储蓄额等于国内投资额；货币购买力要均衡，需要国内储蓄额等于国内投资调整后的成本。而国内投资调整后的成本，等于其实际成本扣除外汇结余的利润，即扣除B超过其成本的部分。根据第76页上的定义，I包括黄金进口额，但I_1不包括。也就是说，I等于国内投资、国外贷款与黄金进口额三者之和。

这些都是内部均衡的条件。但如果我们讨论的不再是一个封闭体系，便会需要一个外部均衡的条件。显而易见，只要黄金源源不断流入或流出这个国家，就不可能达到这种均衡。因此，外部均衡的条件便是G=0，即L=B，如此国外投资额（即外汇结余）便等于国外贷款额。

所以，完全平衡要求$I_1=S_1$、$I_1=I'_1$、L=B。

关于外部平衡条件的影响，将在后面第21章讨论。但接下来将涉及两个一般结论。

第一个，在任何既定情形下，外汇结存取决于进入国际贸易的货物与服务在国内外的相对物价水平。而国外贷款则取决于国内外的相对利率，当然，为了表示贷款的净收益，利率要根据风险变化加以调整。但这两者之间并没有直接或自发的联系，中央银行也没有任何直接手段来改变相对物价水平，除非调整利率和贷款条件。因此，当国外物价水平变化或外国借款人需求计划（即在他们期望以给定的利率借款）发生变化，而国内却没有发生相应的变化时，中央银行若想维持外部均衡，唯一能够采取的措施就是改变国内贷款条件。但如果在旧的贷款条件下$I_1 = S_1$，则新条件下两者将不相等，因此努力维持外部均衡的第一个结果将是导致内部失衡。第13章我们将指出，中央银行按照这些原则采取的措施，最终可以产生一种新的局面，使内部和外部恢复到均衡状态，但这并不能改变一个事实——最初这两种均衡状态是不一致的。

第二个，鉴于金本位等国际货币体系，中央银行的首要职责是维持外部均衡。对于内部均衡必须顺其自然，或者，更确切地说，内部形势迟早会与外部形势达到均衡。因为法律规定，中央货币管理当局的职责是根据国际标准维持国内货币平价，这种职责和外部长期存在的不均衡背道而驰。然而，对于内部均衡却不存在相应的、具有约束力的职责。当中央货币管理当局需要以货币购买力以外的任何客观标准维持货币平价时，道理也是大同小异。

□ 法兰西银行纪念币

法兰西银行是法国的中央银行。1900年，法兰西银行成立一百周年时，发行了这枚纪念银币。银币正面是玛丽安娜的戎装像，象征着法兰西共和国；背面是两位眺望远方工业城镇的女子，上有法文"信任与劳作"。

然而，在不同情形下，为了改变外部均衡状态，使其适应内部均衡条件，不同国家对国际形势的主导程度千差万别，为了维持内部均衡，放任外部处于失衡状态（任凭黄金自由进出）的时间长短也各不相同，这两者都取决于各国的财政实力。比如，"一战"前的英国与战后的美国，它们都拥有相当大的实力来影响国际局势，使之适应自身。再比如，1924年以后的法国和美国，便可以为了内部均衡长时期放任外部处于不平衡状态；相反，英国为了维持外部均衡却不得不放弃内部均衡，而外部均衡与国内当时的形势并不适应。

内部形势与外部条件之间可能产生矛盾，矛盾剧烈程度的决定因素包括：（1）相对于总储蓄量来说国外贷款的规模，（2）国外贷款规模对国内外相对利率变化的敏感程度，及（3）外汇结存相对物价细微变动的敏感程度。矛盾持续时间长短则取决于引起国内生产成本变化的难易程度。如果国外贷款量、外汇结存和内部生产成本分别对利率、物价、就业量的细微变化都很敏感，那么要同时维持对外和对内均衡就不是难事。现行理论认为，实际上在当今世界上述易受影响的条件已经实现，而我认为这一结论下得太过轻率。这种假设并不可靠。一些国家（并不是所有国家）的国外贷款量很容易受到影响，而大多数国家的生产成本对上升趋势几乎没抵抗力。然而，对很多国家来说，要想通过增加对外收支差额来应对外部形势的变化却很棘手；同样当出现下降趋势时，生产成本也很麻烦。

"一战"之前，没有人会操心外部均衡条件以外的其他问题。但是战后以来，随着货币管理理念的进步，稳定货币购买力日益重要，人们更加关注维持内部均衡，但对两者的统一却没有清楚的认识。关于这个问题，本书后面几章将作进一步讨论。

七、收益"自发"变化引起的物价水平变化

在前面几节中我们假设，效率收益一般并不会"自发"地发生变化，只有当企业家在盈利或亏损的影响下，改变生产要素报酬时才会发生变化。但事实并非完全如此，现在我将进行补充说明。

如果收益统一根据产量计算，比如计件工资，每当效率系数变化时收益也随之自动变化，那么，上述有关物价变动因果关系的论述，就无须补充什么了。

□ 亚当·斯密

亚当·斯密认为，影响劳动工资的并不是现有国民财富数量，而是国民财富的增长速度。最高劳动工资并非出现在最富裕的国家，而是出现在最繁荣、发展最快的国家。

如果收益统一根据劳动计算，比如计时工资，无论效率系数如何变化，收益往往保持不变，那么在投资和储蓄处于平衡状态的情况下，物价水平便与效率成反比。也就是说，物价水平随着效率的变化自发地朝着相反的方向变化，因投资和储蓄之间的差额而引起的进一步变化，都将叠加在这一变化之上。

实际上，整体来说收益可能是固定的，介于劳动基准收益与效率基准收益之间。与上文一样，设劳动收益为W，效率收益为W_1，实际收益为W_2，然后设实际收益中劳动基准所占比例为a，效率基准所占比例为b，则$W_2 = (a·e+b) W_1$，其中e为效率系数。在这种情况下，P（或Π）自发变化的趋势与（a·e+b）的变化成反比，其原因并非企业家利润的变化。

读者应该可以看到，平均收益的变化本身并不会直接带来盈利或损失，原因在于只要货币管理当局顺其自然、不去试图遏制变化，企业家的支出变化总能通过相应的收益变化得到补偿，而收益变化与物价水平的变化成比例。然而，如果收益的这种自发变化往往需要大量资金，不符合货币管理当局的理念或超出了其

能力范围，那么，为了改变这种状况，货币管理当局不得不发挥作用，干扰投资与储蓄之间的平衡，从而诱使企业家调整其提供给生产要素的报酬，以此来应对收益的自发变化。

如此一来，要区分上述效率收益和物价水平的"自发"变化与下述"诱发"变化便很容易。"自发"变化是因工资标准不同（其中包括工会的权力与活动）引起的，而"诱发"变化产生的原意在于货币管理当局允许或促使投资与储蓄之间存在差距，从而产生的盈利或亏损。如果自发变化不在货币管理当局的预期之内，唯一的补救办法便是诱发程度相同的反向变化。

由于本书的主题是货币而并非工资制度，因此，接下来我们将更多关注对诱发变化的深入分析，不会过多涉及自发变化。此外，与货币状况矛盾的自发变化被看作是一种突发事件，将迫使货币管理当局时不时有意打破投资与储蓄之间的均衡状态。这一点虽然很重要，但通过分析发现，这种情况可以与下述情况归为一类：财政状况迫使货币管理当局打破投资与储蓄之间的均衡，并非因为效率收益自发变化，而是因为效率收益的现有水平不再符合当前的财政状况，效率收益变化可能是因为外部形势的变化。对于放任国际货币体系不管的国家来说，这一情况十分普遍，我们必须对此进行详细研究。同时，短时期内诱发变化可能比自发变化更重要，因此，接下来大部分篇章将讨论诱发变化。

最后，在此不妨谈谈上述因素对物价稳定问题的影响。

如果我们可以完全控制收益（或工资）体系和货币体系，以便通过法令来改变收益，从而调整货币供应量，使之与我们规定的收益相适应，并且控制投资率，那么，我们便可以在不引发任何社会经济矛盾，不造成浪费的情况下，按照自己的想法来决定要稳定什么，比如货币购买力、劳动力或者其他什么。

但是，如果我们能控制的是收益体系而不是货币体系，那么我们便无法决定物价的均衡水平，最多只能确保将收益达到均衡时引发的矛盾与浪费降到最低，而收益由外部力量决定。也就是说，在保证 I 与 S 相等的前提下，我们最好将收益固定在一个与货币状况相适应的水平。

如果我们无法控制收益体系，但至少可以部分控制货币体系，有权决定均衡物价水平和收益是多少，除了能够让诱发变化的机制生效之外，没有能力实现这种均衡，那么在选择标准，考虑什么最适合于任何自发变化趋势（收益体系的特征）时，我们还是能够应付自如的。

比如说，若任由收益体系自然发展，收益将更接近于稳定的效率收益，而非稳定的劳动收益，如此或许我们最好应该稳定货币购买力，但若事实正好相反，最好应该稳定货币劳动力。或者，如果货币收益呈上升趋势，原因在于工会的作用或仅仅因为人类倾向于从金钱的角度来思考问题，认为货币收益的增加就是增值，那么对效率不断提高的进步社会来说，稳定购买力可能更好，但对于效率不断降低的衰退社会来说，稳定劳动力可能更好。

无论如何，在决定哪种做法最好时，应当在社会私利，避免浪费与冲突，顾全社会公平的基础之上综合考虑。

就我个人而言，我更倾向于认为，如果物价水平变动总是维持在非常有限的范围内，那么，与根据精确的原则试图稳定物价水平相比，通过建立体制尽可能避免诱发变动显得更为重要。至少这是首先要做的事。除了滥用无法兑现的法定货币以外，最糟糕的情况可能要属银行体系未能纠正投资与储蓄之间的周期性差异（开始在一个方向，然后又在另一个方向）。除此之外，收益的自发变化往往呈上升趋势，而由于黄金相对短缺，货币变化呈下降趋势。因此，即使不考虑投资方面的波动和叠加，我们长期需要诱发变化来遏制甚至是扭转自发变化。然而，这种体系可能就是我们当下拥有的这一种。

顺着这条思路就能有所收获。如果读者还没有完全明白，可以再读一遍，这样便能轻而易举理清头绪。

第12章　进一步阐明储蓄与投资之间的区别[1]

一、储蓄与投资

前面几章讨论了社会收益或货币收入及其两种分类形式,其中一部分由接受者用于当前消费,另一部分用于储蓄;而且还讨论了实际商品与服务的产出及其两种分类形式,其中一部分进入市场卖给消费者,另一部分用于"投资"。因此,"储蓄"涉及货币单位,等于个人货币收入与当前消费支出之间的总差额。本章的目的在于进一步阐明储蓄与投资之间的区别。

储蓄的主体是个体消费者,是一种消极行为,需要避免把当前收入全部用于消费。

而投资的主体是企业家,企业家的职能便是做出决策,决定非消费品的数量。投资是一种积极行为,需要开始或维持某种生产活动,或者扣留容易出售的商品。无论是固定资本还是运营资本抑或流动资本,都是以财富净增量来衡量的。

人们可能认为投资量必然等于储蓄量——事实上人们经常这样认为。但细想一下,如果我们将企业家的暴利和亏损排除在收入与储蓄之外(基于上述理由,这是必须的),就会发现事实并非如此。

我们暂时将耐用商品的变化忽略不计——稍后将会看到,与其他可变因素相

---

[1] 我提出的储蓄与投资之间的区别的概念,在最近几年已经逐渐渗入到经济学文献之中。根据德国权威人士的说法,这一概念率先由路德维希·米塞斯在1912年出版的《货币及信用理论》(*Theorie des Geldes und der Umlaufomittel*)第1版,第227和411页)中提出。[参见哈恩(Alfred Hahn)在《政治学小词典》(*Handworterbuch der Staatswissenschaften*,第四版)第5卷第951页发表的关于"Kredit"的文章,以及熊彼特《经济发展论》(*Theorie der Wirtschaftlichen Entwicklung*,第二版,1926年)的第156页。] 这些参考文献由米塞斯本人提供,参见《稳定货币价值和商业政策》(*Geldwertstabilisierung und Konjunkturpolitik*,1928年版)第45页。而后熊彼特以更明确的方式采纳了这个观点,后来"强制储蓄"在德国货币最新著作更是司空见惯。根据我的定义,"强制储蓄"即为储蓄与投资价值之间的差额,不过据我所知,这与上文第10章和第11章的分析没有任何紧密联系。但在我看来,我之所以能够朝着正确的方向努力,得益于D. H.罗伯逊先生1926年出版的《银行政策与物价水平》,我想其他大多数英语国家的经济学者也都如此。但我不怎么认同罗伯逊"自动缺乏"这一说法。罗伯逊用的是"自动缺乏"而我偏向于只用"缺乏",他用的"自发缺乏",而我用的"储蓄",而对于他的"诱发缺乏"没有专门的词与之对应。换个角度来看,我们可以说"牟取暴利"之于企业家正如"缺乏"之于领取收入的人。阿巴迪(Henry A. Abbati)先生在《最终买家》(*The Final Buyer*,1928年版)中得出了一些结果也基本相似。我想他的结论并未受到他人的影响。但对于那些还没找到同样线索的人来说,可能无法理解阿巴迪的观点。《最终买家》一书第五章对储蓄和投资之间区别的本质进行阐述。此外,阿巴迪所谓的"最终购买"指的是消费支出加上投资,他认为经济衰退的原因在于消费支出与投资总和未能达到货币收入的总和。

□ 伦敦哈洛德百货

企业家决定投资哪个行业、生产多少商品，决定的依据就是市场供需情况。图为1909年的哈洛德百货，上流社会的绅士和贵妇云集此地，采购奢侈品。

比，这种变化确实很小——这就意味着我们认为有效产品是不耐用的。在这种情况下，消费量恰好等于有效产量。但是，我们已经明确，有效总产品的比例取决于企业家决定的投资额。因此，当投资为正时，无论储蓄量是多少，消费量都低于产出；而当投资为负时，无论储蓄量是多少，消费量都超过产出。总而言之，资本的增减取决于投资量，与储蓄量无关。

想象一下，如果一个人不把收入用于消费，那会发生什么呢。显而易见，没有相应的投资那就是储蓄了。一个人如何处理盈余并不重要，无论是把钱存到银行、还清贷款，还是买房子、买证券，这些都不重要，重要的是企业家没有其他投资行为。现在的市场只要有一个买家不消费，物价就会下降。物价下跌使其他人的货币购买力上升，于是，这些人的消费增加，消费额与存款人的储蓄额一样，也就是说，支出额度跟以前还是一样的。然而，如果其他人也随之相应地减少消费支出，从而增加储蓄额，那么这只会使实际收入的购买力进一步上升。

与此同时，就储蓄额而言，储蓄者个人是更富有了，但是消费品的生产者却以比没有储蓄时更低的价格出售当前产品，他们的财富也就相应地减少了。因此，在这种情况下，储蓄非但不会带来总财富的增加，反而只涉及双重转移：一方面，消费从储蓄者向一般消费者转移；另一方面，财富从一般生产者向储蓄者转移，消费总量和财富总量保持不变。用罗伯逊先生的话来说便是，储蓄已经"流产"了。储蓄增加并不会带来任何形式的财富增加，储蓄只是在消费者之间以及拥有财富的人群之间变动转移，除此之外，别无其他。储蓄与消费品生产商的损失相互抵消。

然而，如果投资与储蓄同时发生，消费者支出与生产商有效产品的均衡状态将保持在原有的物价水平。原因在于，如果投资的形式是增加固定资本或运营资本，同时并未增加就业量，投资量与储蓄量相等，那么消费者因储蓄行为导致用于此类商品的支出减少了多少，生产商有效商品的产量就将减少多少；如果投资形式是增加运营资本的同时增加就业量与生产要素报酬，投资量与储蓄量相等，那么生产要素报酬增加引起消费者支出等量增加，而储蓄者减少的消费支出刚好与之相等。

最后，如果投资超过储蓄，那么相对于生产者有效商品的产量而言，消费者的支出将增加，从而导致消费品价格上涨，从上述论证中很容易看出这一点；同时，新投资可能超过储蓄量，不是因为消费者不愿花钱，主动放弃消费，而是因为货币贬值被迫放弃（即罗伯逊的"被迫储蓄"）。

未来产品量会在指定日期分为有效产品量与无效产品量，如果现在决定两者占比的人与决定当时储蓄量的人为同一个人，将不会引起任何麻烦。但如果由不同的人决定，除非因耐用商品数量发生变化从而获利，否则整个社会资本财富的净增量与个人现金储蓄总额存在一定程度（或多或少）的出入，后者指的是个人现金收入中未能用于消费支出的部分；而事实确实如此。

收入不包括利润或亏损，因为利润和亏损代表的是储蓄与投资之间那说不清道不明的差异，下次听到时不必觉得自相矛盾。明白这一点至关重要，个人储蓄行为可能导致其他人投资增加，也可能导致他人个人消费的增加。储蓄行为本身并不能保证生产资料存量会相应地增加。

二、例证说明

打个比方或举个例子，也许能更清楚地说明这一结论——至少可以让它更生动。假设一个国家拥有香蕉种植园，人们除了种植、采集香蕉，别的什么都不干，除了香蕉其他什么都不消费；再假设，储蓄和投资之间存在一种平衡，即国家的货币收入——不是用于买香蕉的那部分，而是存起来的那部分——等于为了种植园进一步发展新投入的生产成本；同时假设，香蕉的销售价格等于其生产成本（其中包括企业家的标准薪酬）；最后，假设成熟的香蕉保质期不超过两个星期，这是合理的。

人们将几乎所有的收入都用来购买香蕉作为日常食品，这太浪费了，所以这个伊甸园开展了一场节俭活动，劝告人们要减少浪费。然而，此时新种植园并没

□ 弗吉尼亚种植园

在工业革命之前，世界各地的农场和种植园都以人工为主，没有实现机械化，生产效率较低。图为1700年左右美国东部弗吉尼亚的种植园，可以看到商船和水车。当时在美国南方，大量的种植园还在使用奴隶进行劳动。

有相应的发展，原因有很多，比如：要节俭的忠告不仅影响储户，也影响企业家；人们害怕未来香蕉生产过剩，担心价格下降阻碍新种植园的发展；或者因为技术原因发展止步不前；或者这种发展对劳动力的专业能力要求非常高，不能从从事收获香蕉的普通劳动力中获得；或者在发展初期筹备工作与最后所需大部分开支的日期之间，时间跨度可能太大。在这种情况下，会发生什么？

市场继续在售的香蕉数量将保持不变，而由于节俭活动，当前收入中用于购买香蕉的部分将减少。既然香蕉不能长期存放，价格势必会下跌，下跌程度将与储蓄超过投资的数额成比例。[1]因此，人们还会一如既往购买整批香蕉，但价格会有所降低。这样就再好不过了，或者看起来好极了。节俭活动不仅会增加储蓄还能降低生活成本。人们会把钱存起来，但并没有节制消费。他们的消费将一如往常，同时，节俭这一美德也将得到丰厚的回报。

但我们的目标还没有达到。因为工资仍旧没有变化，下降的只是香蕉的售价，而非生产成本，所以企业家将蒙受意外亏损。此时，储蓄增加了，社会总财富却没有丝毫增加，只是从企业家的口袋转移到普通大众的口袋里而已。消费者的储蓄将直接或通过银行系统这一中介，被用来弥补企业家的亏损。若这种情况一直持续，企业家将通过解雇员工或是降低工资来自保。然而，纵然如此，由于人们的消费能力将与生产总成本一样减少，企业家的处境将不会有所改善。无论企业家降低多少工资，解雇多少员工，只要社会储蓄额依然超过新投资额，他们便将继续承受亏损。因此，要想达到均衡状态，除非：（a）停止所有生产，全体

---

[1] 第19章将详细讨论香蕉的存放方式。我们将发现，这与上述情况的差别并没有预期的那么大。

人民饿死；或（b）由于日益贫困取消或终止节俭活动；或者（c）刺激投资，使成本不再低于储蓄率。

三、储蓄过度理论

有一种理论认为，信贷周期产生的原因在于所谓的"储蓄过度"或"消费不足"，经济学家对此非常熟悉。在我看来，这些理论本质上与我自己的理论有些相似，但是却没乍一看给人的感觉那么相似。鲍尼阿蒂安（Mentor Bouniation）及受其影响的欧洲学者、英国的J. A. 霍布森（J. A. Hobson）、美国的福斯特（W. T. Foster）和卡钦斯（W. Catchings），他们都是储蓄过度理论的代表人物。如果他们对储蓄过度与投资过度这两个词的理解和我的理解一样，那么，他们的理论实际上便不是储蓄过度或投资过度理论。也就是说，他们的理论与储蓄是大于投资还是小于投资毫不相干。涉及的并不是储蓄与投资之间的平衡，而是生产工具供给与生产工具使用需求之间的平衡。他们认为信贷周期产生的原因在于生产工具周期性生产过剩，从而导致消费品生产过量，而以现有物价水平，人们手中的购买力是无法承受的。

若说这些理论与我的理论有什么一致的地方，那就是在后期阶段，因为在某些情况下，上文所述的投资过度可能导致投资率低于储蓄率。然而，这些理论认为，现有的财富分配易于引起储蓄增加，导致投资过度，从而导致消费品生产过量。就此而言，这些理论涉及的领域与我的理论南辕北辙。因为根据我的理论，大量的储蓄并不能带来等量的投资，这才是问题的根源。

值得肯定的是，霍布森和其他学者试图分析储蓄和投资对物价水平和信贷周期的影响，而当时的传统经济学家，几乎完全忽略了这个非常现实的问题。但在我看来，他们未能将自己的结论与货币理论或利率所起的作用联系起来。

四、总结

在这一阶段，如果不去计较准确性，只是对前面几章加以概况总结，可能会对读者有所帮助。

任何时期，整体产品的物价水平都是由两个部分组成：一个是消费品的物价水平，另一个是新资本品的物价水平。

在均衡状态下，这两种物价水平都取决于生产成本，换句话说，取决于生产要素的货币效益收益率。

消费品的物价水平与生产成本实际上是否相等，取决于社会收入中消费所占比例是否等于社会生产中消费品所占比例。换言之，这取决于储蓄与消费支出之间的收入分配，是否等于新资本品成本与消费品成本之间的生产成本分配。如果前者所占比例大于后者，那么消费品生产者便将盈利；而如果前者所占比例小于后者，那么消费品生产者将遭受亏损。

如果储蓄额低于新投资（新资本品）的生产成本，那么消费品的物价水平（即货币购买力的倒数）将高于生产成本；反之，储蓄额高于新投资的生产成本，则消费品的物价水平将低于生产成本。因此，如果储蓄额超过投资成本，消费品生产者就会遭受亏损；而如果投资成本超过储蓄额，便将盈利。

新投资的物价水平又会发生什么变化呢？也就是说，新资本品的物价水平会发生什么变化？要得到这个问题的详细答案，读者必须耐心往下读，后面几章将会给出答案。读者必须明白，本书第10章只是对这一问题进行初步探讨，这一点至关重要。一般而言，新投资的物价水平取决于这些投资创造的未来效益的预期物价水平，以及将这些未来效益折合成当前资本价值的比率（即贴现率）。因此，投资品生产者的盈亏，取决于市场对未来价格的预期，还有现行利率变化对生产者来说是否有利，而与消费品生产者是盈利还是亏损毫无关系。

尽管如此，这两种物价水平的变动相互联系，而且一般情况下变化趋势相同。因为，如果投资品生产者盈利，将会增加产出，即增加投资，所以除非储蓄以同样的比例增加，否则消费品价格将会上涨；反之亦然。然而，如果消费品生产者在盈利，而投资品生产者却在亏损，那么后者产出将转移到前者身上。除非储蓄刚好减少同样的比例，否则消费品的物价水平将降低，消费品生产者也将无利可图。因此，如果这两种物价水平不可能沿着相反的方向变化，那自然可以认为是沿着相同的方向变化。

现在，我们根据因果关系先向前推演，然后向后推演。为了简单起见，不妨假设两种物价水平朝同一方向变化。

如果生产者整体都在盈利，单个生产者将设法增加产量，以便获得更多利润。要做到这一点，他们可以按现有报酬率增加生产要素投入，也可以提高报酬率增加生产要素投入。在第六篇中我们会发现，这两种情况中的任何一种，都意味着总投资成本的增加,因此生产者要获得更多利润,必将加剧价格和利润的上升,至少一开始便是如此。鉴于此,我们可以得出结论:一般说来,利润将导致就业率和生产要素报酬率的增加;反之亦然。

接下来让我们再倒回来。要想让生产者能够也愿意以较高的生产成本进行生产,同时增加其非消费品,必须让他们掌控一定数量的资金和资本资源;要想让他们愿意也能够这样做,那么支配这些资源所付出的利率不能过高,以免让他们望而却步。为了获得足够资金所需银行贷款的数量,取决于人们如何处理他们的储蓄,也就是说取决于储蓄存款与证券之间的相对吸引力。但无论人们如何处理,也无论生产者增加其非消费品比例的动机是好是坏,银行系统都将起到平衡作用。通过控制银行信贷的价格和数量,银行系统必然控制产出的总支出。

□ 早期银行家

最早从事类似现代银行吸收存款和发放贷款业务的银行家,诞生于中世纪的意大利。当时银行的业务主要针对个人和家庭,后来逐渐发展为公司业务,银行家也转变为钱商,有了自己的铺子和存钱柜。

因此,因果关系中的第一个环节就是银行体系的行为,第二个环节是投资成本(就货币购买力而言)与投资价值(就整体产品的物价水平而言),第三个环节是盈利或亏损,第四个环节则是企业家为生产要素提供的报酬率。银行系统通过调整银行信贷的价格与数量,来控制投资价值,而生产者盈利还是亏损,取决于相对储蓄额的投资价值;生产要素报酬率则随着企业家的盈亏而增减;社会产品的物价水平,等于生产要素的平均收入与企业家的平均利润之和。将第一项与最后一项结合起来看,若因银行体系干预导致投资价值超过储蓄金额,整个产出的物价水平将高于收入;反之,若投资额低于储蓄额,整个产出的物价水平将低于收入。若因银行系统干预导致投资成本超过储蓄额,货币购买力将低于收入;反之,投资成本低于储蓄额,货币购买力将高于收入。

这并不是说银行系统是造成这一情形的唯一原因,最终结果取决于银行系统的政策以及其他各种因素。但是只要银行系统按照计划行事,就可以发挥平衡作用,控制最终结果。

如果银行系统使储蓄金额等于新投资价值，以此来控制信贷条件，那么整体产出的平均物价水平就会保持稳定，等于生产要素的平均报酬率。如果信贷的条件比均衡水平更容易控制，那么物价将会上升，带来盈利，又因国民收入减少，财富增长的速度将快于储蓄增长，最终两者之间的差额以增加资本所有权的形式转移到企业家的口袋里。此时，企业家将会相互竞争获取生产要素的服务[1]，从而导致后者的报酬率不断上升，直到因为某些原因实际信贷条件趋近于其均衡水平。如果信贷条件比均衡水平更难改变，价格将会下跌，导致亏损，财富增加速度将根据亏损程度低于储蓄增加的速度，失业也将随之而来，同时生产要素的收入将可能降低，直到因为某些原因，实际信贷条件趋近于其均衡水平。

繁荣与萧条仅仅只是信贷条件在平衡位置上下波动的结果。

如果一个相对简单的封闭系统被一个相对复杂的国际系统所取代，我们将看到的结果是，为了维持国际均衡水平，国内银行系统设置的信贷条件，将不得不与国内均衡水平背道而驰。因此，在一段时间内，国际均衡状态可能与国内均衡状态产生矛盾。为了恢复或维持完全均衡状态，需要改变国内形势中的两个因素——不仅是信贷条件，而且还有生产要素的货币报酬率。

第13章 银行利率的"作用模式"

一、传统理论

银行利率并未作为一个影响因素明确出现在物价基本方程式中。因此，银行利率不可能直接影响物价水平，只能通过对基本方程中出现的一个或多个因素的影响，间接作用于物价水平。所以，除非同时说明银行利率如何间接影响基本方程式中的因素，从而引起物价水平下跌，否则，对于诸如银行利率增加将导致物价水平下跌此类的说法，绝对无法让人信服。

在第11章，我已对提供的解决方案的一般特征进行了简单说明。银行利率主要作用于基本方程式的第二项。银行利率的变化可以引起储蓄和投资之间的波

---

[1] 也就是工人的劳动力。

动,或恢复两者之间的均衡状态。原因在于,提高银行利率将会刺激其中一项同时抑制另一项;利率降低则相反。但这并不是说,利率不会影响基本方程式的第一项,或不会对基本方程式的其他因素产生二次影响,尤其是对银行货币量、流通速度和储蓄存款比例而言。

然而,在详细阐述这些观点之前,也许有必要对公认的理论进行概述,因为经过时间的考验,这一理论今天仍然存在。但要做到这点却无比困难。据我所知,英文文献并未就这一问题作过系统的探讨。如果想要在马歇尔、庇古、陶西格、费雪等人的著作中找到答案,只会无功而返。即使卡塞尔教授的论述相对详尽一些,也没有详细分析其中的来龙去脉。[1]霍特里的论述要偏多一些,但就这一问题,他的观点有点背离传统理论,因而不能将其作为公认理论的代表人物引用他的论述。然而,我们还是可以举出一个杰出的例子,克努特·维克塞尔在《利息与价格》(*Geldzins und Güterpreise*)一书中曾尝试进行系统的论述,该书于1898年以德语出版,但却未受到英语国家经济学家的更多关注。维克塞尔理论的实质和意图与本书的理论非常相似(比卡塞尔版的维克塞尔理论更接近),但在我看来,他并没有将他的银行利率理论与数量方程式联系起来。

现代的"银行利率政策"源于1836至1837年货币危机之后到1844年银行法案这段时间的讨论。1837年之前,此类观点并未形成。比如,李嘉图的作品没有任何这类观点,其原因也不难找到。因为李嘉图在世之时,一直到1837年废除高利贷法,这段时期内利率的法定上限为5%。[2] 1746年5月1日到1822年6月20日,在这七十六年间银行利率一直保持在5%不变。1822年到1839年,在4%到5%之间细

□ 大卫·李嘉图

李嘉图是英国古典政治经济学的集大成者,他本是证券交易所的经纪人,受亚当·斯密《国富论》的启发,开始研究经济学。李嘉图集成和发展了亚当·斯密的自由主义经济学理论。

---

[1]卡塞尔教授的战后著作多次提及银行利率。但我见过的最系统的论述要数他在《社会经济学理论》(*Theory of Social Economy*)第十一章中的论述。
[2]我相信,在马恩岛6%的法定最高利率至今仍然有效。

□ 早期伦巴第街

伦巴第街是伦敦城金融机构汇集的一条街道。13至17世纪间，源于意大利北部的伦巴第人到伦敦经营金融及商业时聚居于此，伦巴第街由此得名。英格兰银行、英国四大银行汇集在此处，使它成为了伦敦金融市场的代称。

微波动。1839年6月20日将利率定为5.5%，六周后提高到6%，这是英格兰银行官方利率有史以来首次超过5%。[1]

这一传统理论的发展历经九十多年后，三种截然不同的观点相互交织，难以解开，不同的学者对这三种观点的研究也有不同的侧重点。然而从始至终，这三种观点都是模糊不清的。

（1）第一种观点认为，银行利率仅仅是一种调节银行货币数量的手段。这就是在19世纪中叶发展起来的、作为英格兰银行特色工具的实用银行利率方法的基础。例如[2]，这一时期改革派的代表人物奥弗斯通勋爵（Samuel Jones Loyd），他认为银行利率有利于银行减少贴现需求，也有利于减少货币发行量。

此观点认为，银行利率提高与银行货币量减少之间存在因果关系，银行利率可能是因也可能是果，但至少与银行利率没有上升相比，货币数量确实少一些。反过来，所谓高银行利率与价格下跌之间的联系，可以直接从货币数量理论得出。事实上，这一观点的确贯穿了19世纪后期所有相关文献。在《致金银委员会的证词》（Evidence before the Gold and Silver Commisson）[3]中，这是马歇尔思想的重要组成部分，虽然他认为，正是因为投机行为或投机投资，新资金才得以进入市场。[4]罗伯特·吉芬（Robert Giffen）爵士于1886年就这一问题发表了一篇

---

[1] 关于19世纪的银行利率及其与市场利率的关系的详细统计数据，请参阅吉布森的《银行利率——银行家随身必备手册》（Bank Rate；The Banker's Rade Mecum）。

[2]《关于英国中央银行各部门分立的思考》［Thoughts on the Separation of the Bank of England（1844）］，参见他的《论文集》（Collected Tracts）第264页。

[3] 例如，金银委员会《官方文件》（Official Papers）第48页记载："我个人并没有把贴现率放到第一位，对于这个问题我更强调市场上实际需要贷款金额。"

[4] 参见《官方文件》第52页：投机商手中掌握着更多的资本，他们以买家的身份进入市场购买商品，从而抬高了价格。

文章，文章观点与马歇尔的观点几乎相同。[1]庇古教授的银行利率理论几乎完全承袭了马歇尔的这一观点。他认为，银行利率根据数量方程式直接作用于银行信贷的数量与价格。[2]霍特里《货币与信用》(*Currency and Credit*) 一书中的零零散散评论，似乎也是一脉相承的。[3]

卡塞尔教授也用同样的方式解释说，银行利率控制着支付手段的供给，也就控制着物价水平。从《社会经济学理论》第十一章第57节可以看出，他并没有认识到银行利率下跌可以提高物价水平，只认识到这与"新出现的银行支付媒介"有关："如果银行能够因此让新的银行支付媒介进入流通，同时如果支付媒介的数量因此增加，增加程度大于商品生产与交换的程度，那么价格总水平必然会上升。"[4]至于卡塞尔教授的理论是否包含或暗含着更多问题，我们稍后将作讨论。

银行利率变化与银行货币供应变化之间的联系，通常是造成这种情况的一个因素。但这种联系肯定不是一成不变的，价格与货币供应变化成正比，这种影响也并非一成不变。这里面必须引入大量的条件和复杂情况，届时这个理论将真正有所不同。无论如何，我认为仅就这些方面讨论银行利率还不够全面，因为我们忽略了一个基本要素。

（2）第二种观点是实用的银行家讨论最多的。他们认为，银行利率政策的首要作用不是调节物价水平，而是通过调节国外贷款利率来维持本国黄金储备。也就是说，提高银行利率的目的，是使其高于其他国际金融中心的当前利率，从而通过影响国际短期贷款市场，使国际债务差额对本国有利。

1837年往后的二十年时间里，英格兰银行将银行利率作为权宜之计用于这一目的。1861年戈申（George J. Goschen）的《外汇理论》[5]（*Foreign Exchanges*）

---

[1]见《金融论文集》(*Essays in Finance*) 第二部第二篇"黄金供给、贴现率与物价"。

[2]见《产业波动》(*Industrial Fluctuations*) 第241页。至少我是这么认为的，因为他的观点阐述并不清晰系统。

[3]见《货币与信用》第九章第132、133页（第三版）。

[4]《社会经济学理论》（英译本）第478页。参见《经济学基本思想》(*Fundamental Thoughts in Economic*) 第128页：支付手段的供给，以及货币单位的购买力，基本上是由银行利率来调节的。

[5]具体见第六章"外汇调节措施的评论"。但克拉潘教授让我注意到图克（Thomas Tooke）先生在《物价史》(*A History of Prices*, 1838年）的第二卷第296页上的一段话。其中图克认为银行利率上涨导致"美国银行的外国证券交易与金融协议减少。但更重要的是，货币市场将面临一定压力……美国给予本国的贷款数额将受到限制"。

□ 中世纪佛罗伦萨银行家

中世纪时，国王们严格限定利息率。马克思引用吉尔巴特（J. W. Gilbart）《银行业的历史和原理》（*The History, Principle and Practice of Banking*）时说："亨利八世把利息限为10%，詹姆斯一世限为8%，查理二世限为6%……"因为《圣经》严厉禁止高利贷，把放高利贷看作是一种罪恶。图为中世纪出现的早期银行。

出版，首次对银行利率的运作方式做出清晰的阐述。但戈申认为，银行利率的变化主要是反映市场条件，并不能决定市场条件。后来白芝浩（Walter Bagehot）在《伦巴第街》（*Lombrad Street*）一书第五章中强调：虽然"英格兰银行在这件事上没有绝对权利"，但有权决定市场条件。

显然，这也是第二种观点的一个重要方面。但它与第一种观点的联系绝非显而易见，据我所知，还没有哪位作者尝试过将这两种观点合二为一。至少从表面上看，这两种理论似乎是在朝相反的方向发展。因为提高银行利率的目的在于吸引黄金或是防止黄金流失，所以，其作用是将信贷基础提高到高于其他情况下的水平。有反对者可能会认为，只有当中央银行减少其他资产的规模超过增加黄金储备的规模时，才能够提高银行利率，从而减少信贷总量。［这也许是传统学说的前提条件，即提高银行利率不仅增加了信贷基础中的黄金构成比重，同时缩小了信贷的整个上层结构。参见威瑟斯（Hartley Withers）的《货币的意义》（*The Meaning of Money*）第276与277页。但据我所知，还没有人通过统计数据验证这一前提条件是否正确。根据我的理论，这并不一定正确，但要验证却需要各种特殊条件。］但是，这与所观察到的事实之间，究竟有什么确切或必然的对应关系还未可知。

（3）在我看来，第三种观点最接近问题的本质。之前也曾被多次讨论，但很少或从未被清晰明了地表达。这一观点认为，银行利率在某种程度上影响着投资率，至少是某种投资率。根据维克塞尔和卡塞尔的说法，银行利率影响相对于储蓄的投资率。

在我看来，最简单的表达方式是，相对于储蓄来说银行利率提高会抑制投资，因此物价下跌，这将导致企业家的收益低于正常水平，从而造成就业机会减少，收入迟早会以与价格下跌同样的比例降低，此时在这个点上可以建立一个新的均衡。据我所知，没有一个作者能明确区分这两个阶段，即价格下降阶段和生产成本下降阶段，他们都将初始阶段的价格下降视为结束阶段。之前的作者认识到，相对于储蓄而言，抑制投资是为了降低价格，但他们的认识有多深入就很难说了。

马歇尔分别于1887年和1898年向金银委员会和印度货币委员会呈交证词，其中的主要评论并未明确表明他自己的观点。马歇尔肯定能够想到，要通过降低银行利率刺激投资（或投机）来影响物价，就必须增加货币供应量。在以下三段中他的观点最为明确：

如果金银供应量增加，银行家等人便会放宽商界人士（包括票据经纪人）的贷款条件，因此人们以商品买家的身份进入市场，开展新业务、兴办新工厂、修建新铁路等。[1]

贷款供给与贷款需求一起决定贴现率，可以是8%、6%、5%、2%等。当黄金供应量增加，流入信贷交易商手中时，相对于需求而言，贷款供给增加，因而贴现率低于均衡水平，而无论贴现率多低，都将刺激投机……新利率能够影响均衡的原因在于，新利率使资本落入投机商手中，投机商是以新利率获取资本，而非旧利率。可以肯定的是，无论他们采取何种投机方式，都将直接或间接抬高物价。这是关键所在：当黄金流入一个国家的时候，物价必然上涨，这是众所周知的，同时，人们的预期也会如此。如果一个人拿不定主意是否因投机目的贷款时，便有理由相信物价会涨，那么他愿意以3%的利率贷款，而在此之前，他不会以2.5%的利率贷款。结果便是通过让人们相信物价会涨，黄金流入该国，导致资本需求增加。在我看来，这最终导致贴现率上升。[2]

因为供给增加，贷款机构将会进一步降低贷款利率，而且不断降低利率，低到需求能够带动更大的供给。如此，更多的资本将掌握在投机商手中，他们以买家的身份进入市场购买商品，从而抬高物价……我认为贵金属供给增加引起物价上涨的方式便是如此。物价将会持续上涨，因为商业手段并未改变，如果一个人

---

[1] 金银委员会《官方文件》（9677号）第49页。
[2] 金银委员会《官方文件》（9981号）第130页。在印度货币委员会提供证词之前，关于新流入的黄金是提高还是降低贴现率这一问题，马歇尔似乎仍有些困惑。这里的时间顺序更为清晰："新货币……首先增强贷款人的贷款意愿，降低贴现率，但随后会导致物价上涨，因此往往引起贴现率上升。"（《官方文件》第274页）在这里，物价上涨将引起贴现率上升，而在上文所引用的段落中却是因为预计价格会涨导致资本需求增加，才引起贴现率上升。

的收入为1000英镑，他获得的平均利润为12英镑，如果本国货币增加，这样，他的利润从12英镑增加到14英镑，那么12英镑的购买力跟将来14英镑的购买力是一样的……[1]

虽然第一段引文言下之意是在说投资，但此处的重点却是"投机"，于是这就造成了一种假象。大体说来，我认为，马歇尔关注的重点是：价格上涨的原因在于产生了额外的购买力。但在现代经济世界中，鉴于银行利率在这一因果关系中作用显著，信贷体系决定"投机商"最可能首先获得新资金。在我看来，这一理论是我从小所接受的，但我却没有清楚地认识到收入量、储蓄量与消费品数量之间的关系，也没有认识到它们与投资—储蓄均衡状态之间的联系。

霍特里先生早期著作中的观点，似乎更倾向于认为银行利率影响投资率，但他把所有的重点却都放在了一种投资上，即交易商和中间商对流动资本的投资。这种投资在一定程度上对银行利率的变化比较敏感，而事实却并非如此。有必要引用一段稍长的文字来阐明他的思路：[2]

利率这样上涨，对贷款人具体有什么影响呢？贷款人主要有两类：生产商和经销商。当然，生产商将会发现商品的生产成本略有增加。但是，总体而言，此时我们讨论的利率变化太小，不能立即影响零售价格。但是，经销商自身会受到利率的影响。经销商的特殊职能之一是保证交易商品库存或"周转余额"充足。这对于及时满足顾客的各种需要来说必不可少。如今经销商贷款购买商品，商品出售后再还款。因此，商品库存越大，他欠银行的贷款也会相应增加。经销商认为适合的库存量要根据经验而定，当然若没有太多不便也可以大范围浮动。利率上升时，在不会带来太多不便的同时，他会急于尽可能地减少负债。商品库存减少，他的债务便相应减少，而要减少库存，他只需要在商品售出后再补货即可。但制造商接到的订单却来自于想补充库存的经销商。因此，制造商将立即发现他们收到的订单越来越少，数额越来越小。经销商原本要用这些钱来支付制造商的货款，但实际上他们却用这些钱来偿还银行贷款……也就是说，制造商遭遇需求减少，为了减轻由此对生产造成的影响，他在现有生产成本允许的范围内降低了价格。价格下跌将导致经销商降低零售价格，这一举措通常会刺激需求。但经销

---

[1] 金银委员会《官方文件》（9686号）第51页。
[2] 《经济的兴衰》（*Good and Bad Trade*）第61—63页。

商库存的减少，生产商产量的下降将伴随着两者银行贷款的减少，而银行资产减少将伴随着负债的减少，也就是信贷资金的供给减少。这样一来，人们手中的资金余额便会开始减少，而在此基础上建立的收益上层结构也将同时缩水。

我认为就提高利率这一正常运作方式来说，这段说明解释并不完整。读者可以观察到，这完全依赖于因高利贷而增加的商业成本。霍特里虽然承认这些成本增加数额太小，实质上并不会影响制造商，但他不经查证便认为，它们会对交易商产生重大影响。他的依据不是经销商预计价格会下降，而是他认为信贷资金供给的减少才是最终结果。然而，无论他从银行获得融资是要付5%还是6%的利息，这个问题对经销商的影响都不亚于对制造商的影响。

□《借贷银钱的人与他的妻子》

早期的私人银行多以钱商个人创办的钱庄为主，没有投资、理财、铸币等业务，完全依靠存款利息和贷款利息之间的差价盈利。因此，马克思说，借贷资本家和工业资本家实际上是在一同剥削产业工人的剩余价值。

而我引用这段话并不是为了反驳霍特里先生。对于他如今是否会采用同样的表述来表达自己的观点，我表示怀疑。之所以引用这段话，是因为这段话的意思表达得非常清楚，足以将其当成主流观点的基本要素之一来加以反对。

图克[1]对霍特里理论的反驳堪称经典，当时他正在研究约瑟夫·休谟（Joseph Hume）100年前提出的一个观点，而这一观点与霍特里的非常相似。在1836到1837年金融危机之前，"货币理论"的支持者认为，英格兰银行要影响物价水平，只能通过操控货币流通量来实现。然而在1839年，人们提出了一种新观点，即银行利率通过影响"投机买卖"进而产生自己的影响力。图克并没有否认纸币发行过量与货币不当贬值之间的联系，也没有否认利率下降对各种投资的刺

---

〔1〕图克：《物价史》第120页及后面部分。1839年7月8日图克在下议院发表关于英格兰银行管理的著名演讲并提出了自己的理论。

激作用。但休谟主要强调货币贬值对棉花、玉米等大宗商品投机买卖的刺激作用，而图克在一篇文章中对此进行反驳：[1]

毫无疑问，有些人因信息不全、依据不足，或者对有利的偶然事件过于乐观，鲁莽地进行投机买卖；但他们之所以这么做，是因为他们认为价格可能会上涨，做出如此判断可能有依据也可能没有，可能是自己做出判断，也可能根据权威人士或他人的榜样做出判断。导致买进甚或卖出的原因不仅仅是因为贷款业务，或是因为3%与6%贴现率之间的差额。除非确信价格至少会上涨10%，不然上述人中没人会进行投机买卖……但对于1夸特小麦来说，3个月内贴现率3%与6%之间的最大差额，仅仅只有每季4.5便士，我敢说，这种差距绝不会引诱或阻止人们进行一次投机性购买。但是，考虑到动机的作用，毫无疑问，对于那些只能赊购或者贷款购买的人来说，借贷业务或多或少都会影响他们的活动。

此外，图克补充说道，在实际情况中，大宗商品价格下跌通常与利率上升无关，而与利率下降有关，往后很多人也这样认为。[2]

如果我的理解没有错，马歇尔将银行利率对投资的影响看作是购买力增加进入市场的手段；霍特里认为，这种影响仅仅局限于一种投资，即股票交易商对流动资本的投资；维克塞尔的观点虽晦涩难懂，但却是最接近这个基本概念的，他认为银行利率影响投资与储蓄之间的关系。之所以说晦涩难懂，是因为维克塞尔的理论虽然沿用了卡塞尔教授的形式，但对我而言，其实质上却已经简化为上述第一种观点：银行利率决定银行货币量，因此也决定物价水平价。但我认为维克塞尔本人的观点不仅于此，只不过书中表述比较隐晦罢了。

维克塞尔认为，他所定义的"自然利率"对物价的影响是中性的，既不会使之上升，也不会使之下降。他还补充说，在非货币经济体系中，如果所有贷款都是以实物进行的，那么此利率必须与实际利率相同。[3] 由此可见，如果实际利率

---

[1] 同上，第153到154页。

[2] 我的理论对这一点的解释是，银行利率的变动常常代表人们在关注自然利率变动时采取行动的一种滞后反应、没有效果的努力。

[3] 参见《利息与价格》第93页。

低于这个水平,价格便会上升;反之,价格便会下降。[1]此外,只要货币利率低于自然利率,价格便会继续上涨,而且没有限制。[2]要使物价累积上涨,无须货币利率与自然率之间的差距不断增大,只需低于自然利率并维持住即可。

虽然维克塞尔的表述不能自圆其说,而且如若没有进一步说明,定会令人难以信服(对于卡塞尔教授来说正是如此),但可以按照本书的基本方程来解释。如果我们将维克塞尔的自然利率定义为储蓄和投资价值处于平衡状态的比率(按照第十章的定义计算),那么只要货币利率保持在投资超过储蓄的水平,整体产品的价格必将上涨超过生产成本。这反过来又会刺激企业家将报酬抬高,超过原有水平。只要货币供应量继续保持在这个水平,这种上升趋势必将无限持续下去,从而使货币利率保持在自然利率以下。一般而言,这意味着除非银行货币数量不断增加,否则市场利率不能持续低于自然利率。但这并不是说维克塞尔的论证方式是错误的。而卡塞尔教授认为,维克塞尔这种论证方式[3]非常奇怪,是错的,理由便是维克塞尔的表述不完整。但这可能表明,维克塞尔的思路与本书思路一致,而卡塞尔却不是。尽管卡塞尔在别处的表述与维克塞尔的基本一致,但他的原话是:实际利率是指货币价值不变时的利率。[4]

无论我对维克塞尔的思想深度是否有所夸大[5],他都是第一个阐明这一点的作者。他说利率对物价水平的影响取决于其对投资率的影响,而在这种情况下,投资即是投资,而非投机。关于这一点,维克塞尔的观点很明确:投资率能够受到像0.25%这样细微的利率变化的影响,而这种变化本不应该影响投机者的决定;此类投资增加,导致对商品的实际使用需求增加,并非"投机"需求;正是因为实际使用需求增加,才导致价格上涨。[6]

在上述观点的影响下,最近一种新的思想在德国和奥地利发展起来了,

---

[1] 此外维克塞尔在上述观点中还使用了"实际"利息一词。但绝对不能将上文所述的"自然"利率与欧文·费雪的"实际"利率混为一谈,后者指的根据预支贷款与偿还贷款期间币值的变动所调整的货币利率。参见哈耶克的《货币理论与经济周期》(Geld Theorie und Koujunkturthorie,1929年)第124至125页。

[2] 尽管物价持续上涨需要货币收入持续上升,但这并不足以抵消利润;而反过来这种增长又需要货币量持续上涨。对此维克塞尔并没有说明。

[3] 参见卡塞尔的《社会经济学理论》(英译本)第479页。

[4] 同上第480页;《经济学基本思想》第129页。

[5] 此外从其他很多细微地方也可以看出两位作者的观点是否相同,在此不作引用。依这条标准,我认为我想要表达的和维克塞尔想表达的本质上是一样的。

[6] 参见《利息与价格》第82至84页。

可称之为新维克塞尔派。该理论关于银行利率与储蓄和投资均衡状态之间的关系，以及后者对信贷周期的重要性的论述，与本文相当接近。我要特别提一提路德维希·米塞斯的《货币稳定与经济政策》（1928年）、汉斯·奈塞尔（Hans Neisser）的《货币的交换价值》（*Der Tauschwert des Geldes*，1928年）以及弗里德里希·哈耶克的《货币理论与经济周期》。[1]

（4）第四个因素：心理因素。有些作者（如庇古教授）从心理因素着手解释银行利率对物价水平的影响。但是，银行利率上升引起人们预期价格下跌，这种心理不能单独解释为什么银行利率上升会导致价格下跌。因为实际上这种预期毫无根据，仅仅是一种幻想，不能长年持续。如果仅仅因为银行利率上升会增加生产成本这一理由，商人完全可以期待相反的情况发生，即银行利率上升，价格将上涨。但如果事与愿违，银行利率上升之后价格并没有上涨，那么这种预期便不会长久持续。而且，即使这种预期确实可以持续维持，却也不能一直达到这种预期。无论如何，我认为提出这种观点的人并非将银行利率上升的影响归咎于商人的心理因素。他们想说的是，这事与预期相去甚远。实际上银行利率上升会使价格下跌，所以在商人看来，这一趋势由商业界"贴现"了，如此他们便能更快掌握物价水平，而且程度可能更甚。因此，预期结果正确这一事实，本身并不是为什么会出现这种结果的原因，也不利于我们发现原因。

我希望读者不会认为，我在具有主要历史意义的问题上花了太多的时间。但是，长期以来，人们对于银行利率这一问题一直困惑不解，认识不全，如果能对明确其定义取得进展，用观点的来龙去脉来引出建设性的理论将更具有价值。

二、银行利率通论

为方便起见，本节中"银行利率"指的是市场上普遍存在的实际借贷利率，也就是说，不一定是官方公布的中央银行对三个月期限这种特定票据的贴现率，而是市场上任何时期短期借贷的实际复合利率。如果官方利率变动并不改变市场

---

[1] 由于我不擅长德语，对于德语著作，只能理解其中已经了解的内容，至于新观点往往因为语言问题而无法弄明白，加上我拿到这些作者的著作时本书正在出版，所以在书中未能将这些著作尽数引用。我特别赞同奈塞尔（H. Neisser）对货币问题的总体看法，我希望他也赞同我的观点。此外近期有一些德国作者也讨论过这一问题，不过我只是粗略看了一眼。

上的实际利率，我们便称之为"无效"利率。方便起见，也可以用"债券利率"一词，来表示市场上长期借贷的实际复合利率；用"市场利率"一词，来表示银行利率和债券利率的复合体。官方银行利率、"实际"贴现率和市场利率之间的关系，将在第37章中讨论。在此我们假设，银行利率的变化对市场利率的影响方向是相同的。

银行利率通论的复杂之处与详细阐述，我们将在后面多个章节中进行讨论。除此之外，其他内容可以大致表述如下：

我们认为，如果市场利率上升，除非自然利率同时发生相应变化，否则将会打破投资价值和储蓄价值之间的均衡状态。刺激储蓄或限制投资也可能造成这一结果。

□ 维克塞尔

维克塞尔（1851—1926年），瑞典经济学家，瑞典学派的主要创造者。维克塞尔提出了与货币利率相对应的自然利率的概念，并指出在二者的关系中后者居主要地位，并且是影响价格变动的主要原因。

虽然实际中，特别是短期内，利率变化对储蓄的影响非常小，但却直接有效，无须特别说明。因此，利率上升时，除非需要以此来抵消因其他原因引起的储蓄下降，否则将直接导致储蓄率上升。

不过，利率上升对投资的抑制作用还需更多解释。投资品不能完全等同于资本品（参见第74、75页），投资品范围更广泛。但减少资本品的产出迟早会抑制投资。现在，从企业家个人的角度来看，除非资本品的价格相对于其生产成本下降，或现有价格下的需求下降，否则便没有必要减少资本品的产出。在什么情况下银行利率上升才会导致资本品减产呢？

资本品的需求价格又取决于什么呢？这取决于两点：第一是以货币衡量的固定资本净预期收益（根据市场舆论估算，将预期的不确定性考虑在内）；第二是此预期收益资本化时的利率。由此可见，资本品的价格变化原因有二：要么因为预期收益发生变化，要么因为利率发生变化。进一步分析可得：就目前而言，预期收益必须以货币来衡量，因此，导致预期收益变化的原因，可能是实际收益发生变化，而资本品价格保持不变，也可能是实际收益的预期价格（或货币价值）发生变化。

如今，银行利率发生变化，不会对固定资本的预期实际收益产生任何影响（或许只是很小的影响，也可能是次级影响）。如果银行利率本身确实发生新的变化，比如人们对货币管理当局的政策和意图有了新的认识，不出意外，这也可能影响实际收益的预期价格，但只会影响预期收益兑现时间较短的商品。而我们目前却忽略了这种可能性。但是银行利率（尤其是受银行利率影响的债券利率）与影响资本品价格的第三个因素（即为达到现有货币价值，固定资本预期收益的资本化利率）之间的联系却直接且明显。除非债券利率对银行利率的变化很敏感，否则从数量来说，这种联系的确不重要，预期收益兑现期限极短的商品除外。但事实上，情况确实如此，而且程度也比预计的要高。如果银行利率上升1%，债券利率便会从5%提高到5.125%，这意味着新的固定资本价格平均下跌2.5%。当然，其中有些商品价格下跌程度远大于平均水平，有些还不到平均水平，具体情况由商品使用期限与其他因素而定。这必然会抑制资本品的生产，直到预期供应减少，预期收益的货币价值上涨到足以抵消利率上升所造成的影响为止。无论如何，银行利率上升后的最初影响将是资本品价格下跌，从而导致新投资品的价格P'下跌。此外，如果把全部注意力都集中在因利率变化而导致的资本品的价值变化，比如说变化只有2.5%至5%，就会发现利率变化对新资本品需求的抑制或刺激作用往往比预计的要大。因为与消费相比，在不导致严重后果的情况下，投资更有可能延期或提前发生，至少在决策人的眼中便是如此。因此，如果市场认为银行利率的变化偏离了正常值，而这个变化可能是暂时的，那么，出于投资目的的借款人将会推迟或提前投资计划。同时，如果借款人认为利率变化已成定局，那么直接投资利率的波动便会比实际情况大得多。市场的实际组织也将产生相同的影响。为了自身及客户的利益，货币发行机构将降低新币发行率，以此来"保护"不久之前发行的货币价值，因为当银行利率发生变化的时候，永久投资者可能还没有完全吸收这些货币。也就是说，对于新借款人来说，如果近期银行利率上升，以接近市场上现有贷款行情出售商品将会异常困难；反之，如果银行利率下降，则会非常容易。所以，根据市场行情来判断新借款投资人获得款项的难易程度并非永远可靠。因此，在当前资本市场的实际情况中，银行利率变化对资本品的价格具有决定作用，能够决定生产者能否以满意的价格为商品找到买家，即使银行利率变化只是短期的也是如此。而且如果利率持续变化，那么因为其他原因更是如此。

除非市场利率（即银行利率和债券利率）上升的同时，固定资本预期收益出于其他原因也上升，两者相互抵消，否则至少会出现上述情况。只有在利率上升刚好抵消了市场对新固定资本预期收益的乐观预期时，利率变化才不会对资本产品的产量产生直接影响。

因此，一般来说，除非银行利率变化恰好与同一时期内其他变化相平衡，我们就可以认为，银行利率上升直接且主要导致固定资本价格下跌，从而导致投资品价格P′下跌，从数量来说，前者可能比后者更重要。

银行利率的次级影响是什么呢？如果固定资本现有价格的吸引力下降，那么资本品生产商无法以原来相对于生产成本而言令人满意的价格出售商品，从而导致资本品产量下降。与此同时，只要储蓄增加，必然意味着用于购买流动消费品的收益减少，因此将导致P下降。

只有在利率上升与其他原因导致的储蓄率下降同时发生，也就是市场利率变化与自然利率变化保持一致，才不会出现这种情况。因为，自然利率能够平衡资本品预期收益变化与储蓄率变化所引发的影响。其作用方式是，使预期收益与利率变动共同作用，引起投资品价格变化，同时使储蓄量变动，引起流动消费品价格发生同样大小的变化，但变化方向相反。上述价格都根据相关商品产量的比例进行加权处理，所以总体来看，所有产品的价格水平可保持不变。

若自然利率发生变化，P和P′也会随之发生短暂的波动，只是变化方向相反罢了。但总体而言利润仍将为零，一类生产商的收益将与另一类生产商的亏损相抵消。因此，这个直接的双重促进因素将导致一类产品产量增加，另一类产品产量减少，此后，P和P′将慢慢回到之前的均衡水平。尽管在转变过程中可能导致这两类产品的相对收益暂时波动，但并不会影响平均收入。这一过程与每天必然发生的情形在本质上的确是相似的，当需求和供应的相对条件发生变化时，就需要改变调整某种产品的生产——这对利润或整体利润而言并没有什么影响。

但如果市场利率变化与自然利率变化并不完全一致，那么，银行利率上升的第三级影响是什么呢？这也是我们一直探讨的问题。除了储蓄增加会导致P下降外，投资率下降也将导致P下降，原因在于，投资品生产者用于购买流动消费品的收益将会减少，这从基本方程式中可见一斑。

如此一来，P和P′在这一阶段都会下降，导致所有企业家蒙受亏损，同时导致在现有收入下，企业家提供给生产要素的就业量也会减少。因而，失业可能会随之发生，并将一直持续下去，直到银行利率由上升转为下降，或者因突发状况自

□ **失业者**

1930年代，美国发生了资本主义产生以来最大的经济危机，大量工厂倒闭、数千万人失业，这次经济危机被称为大萧条。图为一名失业者站在一家倒闭的商店门口。

然利率发生变化，恢复到与新市场利率相等的水平。

此外，这种状况持续的时间越长，失业率可能就越高。尽管企业家蒙受损失，一开始可能还会继续按照原有行情提供就业，一方面是因为受制于与生产要素的长期合同，他们不能尽快解除合同；另一方面是因为，如果损失只是一时的，为了减少停产和再次运营所产生的支出，他们希望并相信这样做是值得的。但随着时间的推移，企业家将不再坚持这些想法，也不会再有这样的想法。

此外，还有一个问题更加严重。只要有可能蒙受亏损，自然利率就会低于正常水平，从而拉大自然利率与市场利率之间的差距，同时导致市场利率低于预期水平。

最后，随着失业率不断增长，收入也许最终将会下降。如果假定导致银行利率变动的首要原因是货币，不论是本国货币还是国际货币——一般可以这样假定——那么收入下降便是整个过程的最终结果。因为此时将有两种状况发生：一种是发生时间稍早但持续时间较短，另一种稍晚但持续时间较长，这将有利于缓解货币状况，从而最终使银行利率政策发生逆转。而第三个因素也可能与此相关。

首先，因失业造成的产量下降将导致工业流通需求下降。其次，价格下跌往往会改善本国的对外收支平衡，从而使本国黄金储备保持不变或增加。这些情形很快就会发生，只要能持续下去，便能完全真正缓解货币状况。因此，对于这些情形，人们往往乐见其成，仿佛这是这一问题的最终解决之道。然而，如果仅仅认为这些情形是过渡时期的一个阶段，那么它们的优势将不复存在，这一点显而易见。因为这些补救措施是靠不住的。如果价格下跌是因为企业家蒙受损失，而不是因为生产成本已经降低，那么价格继续下跌只会导致失业率逐步上升。同时，如果仅仅通过减少产量和就业等应急措施，便可以缓解货币供应的压力，那么货币均衡将继续导致周期失业无限期延长。

因此，只有当我所指的这一过程完成，收入降低时，才会重新建立真正的均衡。

上述第三个因素也能带来立即改善，当利率相对于国外利率增加时，第三个因素便发挥作用。因为在这种情况下，国外贷款利率将会下降，这将巩固国内的黄金地位。但是除非收入最终随之发生变化，否则也不会恢复到真正的均衡状态。本章下一节将讨论这一点，详细论述参见第21章。

在货币实践领域中，最容易造成混乱的是：当银行利率导致价格下降时，不管是因为亏本出售还是因为生产成本下降——也就是说，不管结果是利润减少还是收益减少——银行利率已经发挥作用。[1]

也许这种讨论不必太过细致入微。总之，重点有以下几点：

1. 银行利率的变化，如果导致市场利率偏离自然利率，那么这将对资本品生产者的利润和生产率产生直接影响。这种影响可能是显著的，一部分通过改变资本品的需求价格来实现，另一部分通过影响意向买家，使其推迟或提前购买此类商品来实现。此外，只要储蓄率受到影响，这种变化还会对流动消费品的价格产生直接影响，但影响可能不显著。

2. 由此导致P'发生变化，将会破坏投资和储蓄之间的平衡，作为次级影响，这将导致P朝着与P'相同的方向变化（无论其产生原因是否为储蓄率变化，结果都是一样），消费品生产者的利润将与资本品生产者的利润变化走向一致。

3. 无论是由于P'还是P导致的平均利润率变化，都将改变现有收益水平下企业家准备提供的就业量。

4. 因此，这将形成一种趋势，使当前的收益率趋势变化与P和P'方向相同，与银行利率变化方向相反。

三、银行利率的特殊之处

上述情况中有几点特殊之处，在继续讨论之前，必须说明一下：

---

[1] 关于这一问题的经典例子，参见《货币与英格兰银行钞票发行委员会报告》（*Report of the Committee on the Currency and Bank of England Note Issues*，1925年，白皮书第2393号）。英国在报告中表明会在当年恢复战前的金本位制。

1. 除非银行利率发生预期的变化，否则在上述情况中，其他因素导致的变化难免会不稳定。因为，如果投资增加的形式是固定资本产出增加，那么为了平衡增加的储蓄，需要通过降低银行利率来刺激投资；而银行利率降低必须早于储蓄增加，时间间隔根据生产过程的长短而定。与此同时，企业家还必须正确掌握银行利率的预期变化，否则在消费品生产者尚未做好相应准备减少投资之时，利率变化便会刺激资本品的生产，而消费品生产者并未料到，随着储蓄率的上升（这在预料之内），消费品的需求将会下降。因此，实际上有些波动也是在所难免的。

2. 如果由于某些变化影响到价格标准，因此需要改变收益率，那么现成的办法便只有有意调整银行利率，使储蓄与投资之间暂时失衡。如此一来，企业家就可能因异常盈利提高生产要素的货币收益；如果目的是降低物价水平，企业家可能因异常亏损降低生产要素的货币收益。也就是说，如果我们想要货币购买力发生近乎永久性的变化，相当于改变生产要素的货币收益率，在现有经济体系中，便只能通过让企业家获得异常盈利或蒙受异常亏损来实现。若盈利，将刺激企业家为生产要素服务而相互竞争，因此货币收益率也将提高；若亏损，企业家不得不减少就业供给，因而迫于失业的压力最终只好降低货币收益率。要实现暂时的刺激或抑制作用，需要制定银行利率，有意使市场利率偏离自然利率，从而打破储蓄与投资之间的平衡。

3. 人们往往不清楚放宽信贷条件是如何影响不同的企业家的。由于借贷成本降低，会导致各种企业家的生产成本也降低，所以，人们通常认为，借贷成本降低会刺激所有企业家都增加产出。但如果预测正确，事实就并非如此。若其他条件相同，全面降低生产成本不应导致任何人增加生产，因为消费者的总收入，也就是生产总成本，可购买这些产品，这意味着消费者的总收入也在以同样的程度下降。在这种情况下，利率就只是其中一种生产要素的货币收入。因此，利率减少后，整个企业家群体只要还处在盈利的情形下，出售的商品就不会比以往更多。因为，企业家并非总是能看透这层逻辑关系，所以，放宽信贷容易引发错误的预测，这是事实。但除此以外，放宽信贷对生产成本的影响并不是全面刺激生产，而应是使某些生产形式向其他生产形式转变。也就是说，从利息相对不重要的生产形式，转向相对重要的生产形式。这种转变部分依赖于生产过程的持续时间，甚至与消费品和资本品之间的差别并不完全一致。换句话说，在一个封闭体系中，放宽信贷对生产成本的影响，估计不会刺激总的生产率。利率下降会刺激资本品的生产，并不是因为利率下降导致生产成本降低，而是因为利率下降导致需求价格上涨。

4. 通过降低银行利率来刺激新投资并不罕见，降低银行利率，首先影响的是不同于产业形势的金融形势，这样一来，将抬高现有投资的物价水平，包括运营资本的物价水平，如批发定额。只要这些投资能够再生产，（尤其是）新资本品的价格就会随之上涨。这一问题我们稍后再谈。

5. 如上所述，银行利率变化本身，可能会改变对未来价格走势的预期，从而使自然利率朝着与银行利率变化相反的方向变化。例如，银行利率下降往往会导致自然利率上升，如果银行利率下降导致价格看涨，那么货币投资的吸引力将因此增加。首先，这是银行利率看跌会刺激投资而不是储蓄的另一个原因。但在价格上涨之后，这一原因才有可能产生反应，而因货币预期以外的其他原因导致的自然利率上升却不会如此。

6. 如果我们假定，贷款是按照理想的市场准则进行的，那么鉴于借款人的需求清单，银行利率和债券利率必然只能决定资本品的生产；因此，一般来说也就决定了投资量。然而，到目前为止，就银行贷款而言，贷款并不是按照理想的市场准则进行的，至少在英国确实如此。往往有一些借款人并不满意，人数可多可少，这样不需要改变银行利率、改变借款人的需求计划，也不需要改变银行以外其他渠道的贷款量，银行便可以通过扩大或缩减贷款规模来影响投资量。这种现象一旦存在，便具有重要的实际意义。我们将在下卷第37章中讨论，导致这种现象存在的实际情况、这种现象的局限性及可能产生的作用。在此期间，我们假设，银行体系的运作完全靠调整贷款条款，而不是靠改变对个人借款人的态度或任何形式的配给贷款。这样做是为了简单起见。因为，如果决定投资率的部分（通常指的是次要）原因是银行体系的配给政策及贷款条件，那么用此观点来解释这种情况也就不难了。

四、银行利率对外部均衡的作用

银行利率还有一种作用——维持外部均衡，即使代价是要打破内部均衡。

第11章第六节讲到，中央银行如果坚持国际金本位制度，或以货币购买力本身以外的任何物质为本位货币，那么货币管理的问题所在并不是使I=S，而是使B

□ 开采金矿

因为金本位的实施和经济飞速发展，资本主义世界对黄金的需求不断增长。19世纪中期，全球各地发现了不少金矿，黄金产量呈爆发式增长。1850年到1900年的50年间，全球共生产了1万吨黄金。而整个18世纪，全球黄金产量不到200吨。

=L，其中B是国际收支差额的值，L是国外贷款的值，定义见第9章第四节。此类中央银行认为，它们应该采取措施使B超过L，或L超过B，或者让二者保持相等，具体情况根据其增减黄金储备，或保持黄金储不变的目的而定。虽然中央银行面临的问题是如何使B=L，但事实却是：除非同时使I=S，否则本国国民经济体系将不会保持均衡状态。

因此，要想国际体系保持均衡，我们应该在让I=S的同时也让B=L。

然而，事实却是为了让B等于L，银行会选择改变银行利率，正如如果只是为了让I=S，银行也会选择改变利率。因为经验表明，银行利率会影响一个国家的黄金储备量：银行利率上升，B−L将增加；银行利率下降，B−L将减少。现在，为了使B和L保持平衡，需要改变银行利率，而银行利率发生变化，可能首先打破I和S之间的平衡。但是，除了难以改变之外，长远来看，银行利率水平总是既能与B和L的均衡状态相一致，也能与I和S的均衡状态相一致。在国际金本位制的当今世界中，银行利率是调控手段。当我们理解了上述问题时，我们便触及了银行利率运作方式的核心。

我们将看到，银行利率之所以能产生如此巨大的影响，是因为它产生了两种作用，其中一种作用于L，另一种作用于B，作用方向一致，其中一种快速生效，持续时间却短，另一种缓慢但持续时间长，并将逐渐建立新的均衡。因此，银行利率既是应急措施，也是解决方案。只要我们对强心剂和治疗方法之间可能出现的问题视而不见，银行利率既是短效强心剂，又是根治之法。

第21章将详细阐述我对这一问题的看法。但问题的本质可简述如下：显然，银行利率提高，对外贷款净额L将减少，但并不会直接导致B增加。然而正如价格上涨会导致国外借款人减少一样，银行利率提高也会导致那些投资国内市场的借款人减少，最终结果便是银行利率上升，导致国内投资量I减少。结果造成总投资低于当前储蓄（假设之前二者处于均衡状态），这样一来，价格、利润及最终收益都会下降，这将导致B增加，因为生产成本降低了，国外成本却没有降低。从这两方面来看，B和L越来越接近，直到相等达到新的平衡点。

因此，问题的本质在于：当L大于B时，黄金将会外流，如果此时B与L越来越接近，最终相等，那么银行利率将发挥作用。更准确地说，银行利率提高将导致L迅速降低，甚至会降到低于B的程度。尽管如此，在B增加之前便降低利率会有风险，因为在B增加之后，银行利率不用太高，也可以使B和L保持大致相等。

达到新的均衡状态时，$P = \frac{M_1 V_1}{O}$ 再次成立，I与S再次相等，此外B也等于L。因为B变化的方向与P相反，而P变化的方向与B-L相反，同时L变化的方向与银行利率相反，所以，银行利率的每一个值，都有一个P值使B=L。因为S变化的方向与银行利率一致，而I变化的方向却与银行利率相反，所以银行利率总有一个值使I=S。因此，银行利率与P分别存在一个值使I=S，B=L。

比如，我们设想一个国际黄金体系可以自己运作，在这个体系中，货币数量完全由中央银行的黄金数量决定，借款人彼此间为了银行货币量进行自由竞争，而银行货币量则根据中央银行持有的黄金数量而定。由上可知，如果假设没有经济摩擦也没有时间差，特别是假设货币收入可以自由变动，以应对企业家相互竞争生产要素服务，那么将有大量黄金流入国内，数量刚好足以确定国内的物价水平和银行利率，却不能确定国外的物价水平和银行利率，如此便可以同时使S=I，L=B。

五、银行利率和货币量的关系

在自由贷款市场中（也就是不存在贷款配给的情况），考虑到其他相关因素，一个固定的银行利率必须只能对应一个固定的银行货币量，这样才能发挥作用。也就是说，除非银行利率变动与其他因素同时发生的变动相互抵消，否则银行利率每变动一次，银行货币量也必须随之变动。

但银行利率变动对物价水平的影响，无论是对流动消费品的价格还是对整体产品价格的影响，与银行货币量的相关变动这两者之间的关系，并不简单或是固定不变的关系。银行货币量必然与产出量、收入、利润、各类存款的速度以及金融流通需求有关。银行利率变化早晚将影响这些因素，由此最终将影响物价水平。但是银行利率既不会在同一时间对这些不同的因素产生相同的影响，也不会在不同阶段对这些因素产生相同的影响；这样一来，说银行利率的变化会导致物价水平变化就毫无意义，因为银行利率的变化与银行货币数量的变化有关，尤其是本书认为，物价水平的变化程度与银行货币量的变化程度几乎差不多。

我们要特别注意以下几点：（a）与盈利带来的价格上涨相比，在涨幅相等的情况下，收入增加带来的价格上涨需要的货币量更多。因此，随着利润增长逐渐转化为收益增长（以第四篇中详细讨论的方式），所需的货币量越来越多。这部分解释了为什么一些货币会发生周期性波动，因为，这部分货币量虽然足以支撑基本方程第二项引起的价格上涨，却不足以支撑第一项引起的价格上涨。其结果是，当第一项增加时，由于资金不足，价格不可避免将受到影响。

（b）当自然利率发生变化时，要想让银行利率在保持不变的同时发挥作用，货币量必须发生变化。因此，严格来说，自然利率发生变化，并不意味着银行利率本身也会变化，而是市场利率相对于自然利率而言有所变化。

（c）如果市场利率相对于自然利率而言发生变化，是因为储蓄量变动造成的，那么货币量或产出特点无须任何变动；只有当现有产出特点不再适用于变化了的储蓄量时，货币量才需要变动。在这种情况下，所需货币量的变化可能很小。但更常见的情况是：如果市场利率偏离自然利率是因为产量与就业量发生变化，那么这将导致货币量大幅度变动。一般来说，货币量必须根据生产总成本的变化程度进行调整。

（d）银行利率变化本身可以调控货币流通速度——可以通过改变持有余额所付出的代价来调控货币流通速度。银行利率的降低将在一定程度上导致货币流通速度降低。然而，如下卷第26章所述，贸易活跃程度越高，货币流通速度就越快。因此，因贸易停滞而导致银行利率降低时，货币流通速度将减慢；但因贸易活跃而引起银行利率降低时，总的来说货币流通速度将加快。

（e）银行利率的变化将影响金融流通量，作用方向可能与其对工业流通量的作用方向相同，也可能相反。[1]

---

[1]关于金融流通与工业流通的区别，见下文第15章。

银行利率影响金融流通的方式有两种。第一种方法——在英国：在很多情况下，储蓄存款的利率是固定的，且与银行利率有一定的关系。如果储蓄存款的利率主要取决于银行利率，那么储蓄存款的数量可能随银行利率的跌涨而上下波动。然而，银行利率对第15章中所谓的"空头"的影响更重要。早期投资增加，可能是因为金融流通对货币的需求下降所致，而后期投资增加，可能是因为需求增加所致。

□ 广东钱局

"广东钱局"全称"广东官银钱局"，由两广总督张之洞创办于光绪十三年（1887年），位于广州，是中国第一家大规模用机器铸币的官方钱局，其发行的铸币缓和了民间制钱短缺和外国银元大量流入的弊端。

（f）如果国内投资增加，同时自然利率大幅上升，那么市场利率可能会低于自然利率，但此时市场利率绝对会回升。如果市场利率相对于外国市场利率上升，那么首先，这对国外贷款额L的影响比对外汇结存B的影响更显著。其结果是黄金可能流入国内，从而使国内物价上涨，原因在于市场利率与自然利率不同步。

由此看来，（a）中的货币需求一开始比较小，（a）与（c）中的货币总需求有时全部或部分由（d）中的实际流通速度发生变化，（e）中的金融流通需求减少，或（f）中的黄金进口来满足，初始阶段尤其如此。

因此，货币流通总需求与银行利率水平及其对投资率的影响并非稳定不变，与物价水平的关系也是如此。就此而言，在分析因果关系或转变的各个阶段时，如果我们过于强调货币总量的变化，便很容易被误导。

但之所以强调银行利率的变化会导致市场利率相对于自然利率发生变化，而不强调货币量的变化，其根本原因就在于此。鉴于货币总量和银行利率的实际水平都会各自变动，而从变化的角度分析，最终导致货币购买力变动的正是银行利率的实际水平。银行利率变化之所以会影响物价水平，并不是因为需要改变货币量来使新利率发挥作用。恰恰相反，若其他条件不变，货币量变化首先会影响物价水平，这意味着，银行利率将导致市场利率相对于自然利率发生变化。而且唯有通过这种方法，才能最终达到新的平衡点，此时的物价水平对应新的货币量。

如果从一个均衡点开始，只要收益保持不变，要想物价水平稳定，货币总量的变化应该是这样的：相应的银行贷款总量影响市场利率，使新投资的价值与当前储蓄持平。

第14章　基本方程式的其他形式

第10章中出现的基本方程，只不过是与货币因素相关的恒等式，本身并不比其他恒等式更为优越。事实上，这些恒等式有一个缺陷，我们目前的知识还无法轻易地从统计上确定这些恒等式的元素。不过这些恒等式有两个优点：

第一个优点我们已经强调过，即它们确实能计算出我们想要的结果——货币的购买力和整体产品的物价水平，不过替代方程可以得出不同的物价水平，这些物价水平本身并不重要；如果从这些物价水平中可以得出货币的购买力，那么，我们面临的统计方面的困难，就会不亚于方程方面的统计难度。因此，如果我们用定量的方法处理货币问题，无论采用什么方法，都会遇到在第10章方程中出现的统计难题。事实上，其他方法的统计优势只有在我们满足于一个物价水平，而且并不是我们想要的水平时，才会存在。

不过，这个新的基本方程有一个主要优点，即方便定性研究。我认为，这是因为考虑什么样的货币和商业事件会导致什么样的后果时，新的方程比旧的方程分析更透彻。读者会发现，我们在处理银行利率的操作方式时也已经发现，当我们深入讨论，试图分析当时的实际货币问题，例如信贷周期问题，我们无论如何都不得不放弃替代方程。因为我们发现，这些方程无法处理最重要的元素。不过，我必须让读者来评价，是否新的方程比旧的方程要好，因为读者在本书的其他章节中，已经习惯了使用旧的方程。同时，这里也有必要强调旧的方程与新的方程之间的关系。

一、"实际余额"数量方程式

第一个方程式是我在《货币改革论》中使用过的，后来改进成了一个更准确的方程式。这个方程的出发点是，货币持有人所需要的是一定数量的实际余额，而实际余额与他所使用余额的实际交易数量之间存在一定的关系。如果这种关系保持不变，他所需要的现金余额数量，将等于上述"一定关系"决定的实际余额的数量乘以一种物价水平，这种物价水平相当于适用于持有现金余额的各种实际交易的价格。

在《货币改革论》第三章第一节中，我用所谓的"消费单位"来衡量实际余额，消费单位"由若干指定数量的标准消费品或其他支出项目组成"，分别用k和k′表示公众所需的现金消费单位，以及银行存款消费单位的数目。我指出k和k′的数量部分取决于社会财富、部分取决于社会习惯；社会习惯取决于与从支出或投资中获得的益处相比，社会对拥有更多现金带来的额外益处的估计。最后得到了基本方程式：

$$n=p(k+rk')$$

其中n为现金总数，r为银行现金储备占存款的比例，p为一个消费单元的价格。

这种方法的最大错误在于，它假设消费单位就是我们最终要求的货币购买力，故而p是消费单位的价格。但这意味着，活期存款除了用于日常消费的支出之外，别无其他用途，而实际上，正如上文所述，人之所以会储蓄，是出于各种各样的商业或个人目的。因此，实际余额单元必须对应现金余额的所有用途，p衡量的物价水平也必须是适用于这些所有用途的物价水平。简而言之，p衡量的不是货币购买力而是第6章所说的现金余额标准。

这种方法的第二个错误在于，假设k′变化可能仅仅因为公众习惯发生变化。这一说法虽然形式上并没有错，但却容易引人误解，因为其目的是包括银行利率变化或整体商业状况变化时，储蓄存款、商业存款和收入存款分别占存款总额的比例变化情况。简而言之，我将活期存款作为一个整体来应用，这只适用于收入存款。

该观点可以采用另一种形式重新叙述，同时不会受到反对。我们可以明确指出，物价水平（P_1）对不同支出对象进行加权时，并非根据支出对象对消费者的相对重要性，而是根据支出对象与其所需预期持有的实际余额之比。我们的基本方程式可以用最简单的形式表示如下：

如果M=现金余额总额，C=相应的实际余额，则P_1=M/C。

这一方程式显然对于定量研究来说用处不大。但从本质上讲，它确实提出了一个重要的观点，即银行家和存款人的决定，在价格决定中分别起到各自的作用。这一点体现在以下命题中：

现金余额的多少，取决于银行家的决定，并且由他们"创造"。实际余额的多少，取决于存款人的决定，并且由他们"创造"。物价水平（P_1）是这两组决定共同作用的结果，由"创造"的现金余额与"创造"的实际余额之比来衡量。

没有人会直接"决定"物价水平，所有相关的决定都是为了确定现金余额和实际余额的数量，物价水平是这些决定共同作用的结果。个人在现有物价水平上的决定，比如想买、想卖，还是既不买也不卖，这些决定实际上是他想减少、增加还是保持实际余额不变。

因此，这种方法为我们提供了一种线索，说明价格制定过程的因果关系与人的决定有关。这一思路值得进一步研究。因为这种思路清楚地表明，存款人群体和银行家群体所做的两组决定之间是如何协调的。

正常情况是商品和购买力之间不断交换，反之亦然，这暂时导致某部分人的现金余额和实际余额有所增加，其他人的现金余额和实际余额有所减少，而总余额大致保持不变。在所需的实际余额、未偿清现金余额和物价水平处于平衡状态的情况下，正常的购买销售流量既不会改变现金余额和实际余额的相对总量，也不会改变物价水平。如果，任何时候个人想要减少实际余额（即在现有物价水平下减少现金余额）带来的压力，超过个人想要增加实际余额（即在现有物价水平下增加现金余额）带来的压力，那么在现有物价水平上，买方的需求程度大于卖方，从而导致物价水平可能上升。物价水平将会持续上升，直到买卖双方的需求再次达到平衡。价格变化是因为在现有物价水平上需求增加，而额外的购买压力也会直接引起商品价格上涨。

然而，这只是现金余额、实际余额和物价水平之间恢复最终平衡这一过程的第一步。首先受到影响的商品，由于整体物价水平上涨，其价格上涨本身将在一定程度内使与一定数额的现金余额相等的实际余额减少；于是，在卖方持有的现金余额增加的同时，买方持有的现金余额却减少了，然而，存款人整体持有的实际余额将比以前少。尽管如此，除了那些刚刚结清余额以换取商品的存款人之外，首先受影响的商品，其价格刚开始的上涨不足以抵消其他存款人（包括那些刚刚出售商品换取余额的存款人）持有的实际余额的任何增长。因为，如果决定减少实际余额的存款人用于购买一件商品的现金占总现金数额的比例为r，在现金余额标准中该商品的权重为q，从而使价格按比例p增加，那么pq不可能和r一样大。

因此，除非最新卖家所需的实际余额发生变化，否则他们会发现，不仅自身的现金余额增加了，而且实际余额也增加了，接着他们就成为了新增的买家。对一般商品而言，以高于旧物价水平的价格进行的额外购买将永无止境，会影响到一件又一件商品，直到在新的更高的物价水平上实现均衡。此时实际余额的总持有量会减少，减少数额等于变为买家的原有存款人之前决定要减少实际余额的数额。这种情况必须在适当的时候发生，除非在这一进程中，拥有额外购买力的人决定将借此机会增加银行存款，在这种情况下，这个循环将会被打破，物价水平也不会高于以往任何时候的水平，同时价格的上涨不过是暂时的。

□ 售货小姐

这幅画创作于1885年，作者是詹姆斯·雅克·约瑟夫·蒂索（James Jacques Joseph Tissot）。在19世纪末，因为商品经济的发展，许多小型商店都聘请专职的售货员，这大大促进了就业和消费。

因此，我们得到以下观点：

如果个人决定减少实际余额，这会导致物价水平上升，除非在现有物价水平下，其他人做出了相反的决定，或者银行家做出了相应减少现金余额的决定，两者相互抵消。但是，如果个人的决定不会影响其他个人或银行家的决定，那么最终物价水平上升的比例会恰好是实际余额的减少量与剩余实际余额之比。[1]

顺便说一句，我们可能会注意到，只要一些人采取措施减少实际余额，必然会影响持有实际余额的其他人；后者发现，除非他们同样减少现金，否则前者余额减少，导致自身现金余额贬值。同理，如果实际余额增加，那么除非现金也同时增加，否则原有存款人将变得更加富有。如果实际余额的任何变化未与相应的现金变化相抵消，那么将导致财富任意再分配。当然，与全部存款人的损益相

---

[1] 此观点的第二部分如下：令实际余额为r，现金余额为m（假定不变），物价水平为p，当存款人将实际余额减少dr时物价水平上升dp，则：rp=m=（r-dr）（p+dp），因此我们有 $\dfrac{dp}{p} = \dfrac{dr}{r-dr}$。我要再次说明，在这个方程中的物价水平是现金余额标准。

对应的损益，并不会算到减少或者增加实际余额的存款人身上，而是算到从银行或其他机构贷款的人身上。

存款人整体要想采取措施减少实际余额，就只能在现有物价水平上增加需求，而这必然导致物价水平上涨。因此，物价水平（在此指的是现金余额标准）是一种均衡因素，在存款人共同决策所产生的实际余额，与银行家共同决策所产生的货币余额之间建立起适当的关系。为了使物价水平看起来完全取决于银行家创造的货币余额数量，往往对货币数量理论进行片面的阐述。然而事实上，存款人的决定和银行家的决定对物价水平的影响一样大；存款人的决定改变存款人持有的实际余额，而银行家的决定改变银行家创造的货币余额。

只要我们记住，这些观点所涉及的物价水平与货币购买力不是一回事，关于产出等的观点是根据各种各样的假设提出来的，同时，所讨论的实际余额是出于不同目的而持有的余额总和，那么上述分析可能有助于我们理解货币体系。因为这展示了价格制定过程中的主要特征：一个跷跷板，向一个方向倾斜由银行家提供的现金量决定，向另一个方向倾斜由公众愿意维持的实际余额决定。

以前，我被这种方法所吸引。但现在对我来说，将收入、商业和金融等各种不同的交易混为一谈，可能只会让人产生困惑。同时，如果不引入利率，对收入与利润、储蓄与投资不加以区分，我们就无法真正了解价格的形成过程。

二、"剑桥"数量方程式

上面讨论的"实际余额"方程式源于一种方法，对那些在剑桥大学的教室里听过马歇尔和庇古教授讲课的人来说，这种方法早已耳熟能详。因为这种方法近来很少在其他地方使用，所以我称之为"剑桥"数量方程式。但是这一方程的历史（参见第133页脚注〔1〕）更为久远，源自佩第、洛克、康梯龙（Richard Cantillon）和亚当·斯密。马歇尔对其实质总结得非常到位：

在每一种社会形态中，都有一部分收入值得以货币形式存在，可能是五分之一，或者十分之一，或者二十分之一。以货币形式支配大量资金，使买卖变得更顺利，同时使商人在议价中处于有利地位；但是如果将其用于添置家具，将会给人带来满足，或是用于购置机器或家畜，将带来货币收入。一个人在权衡了增加资金支配权的优势，与把更多的资金转化成一种无利可生的形式的劣势之后，便可以确定货币与固定资产的合适比例……假设一个国家的居民，考虑各种情况，包括各种各样的性格和职业，值得持有十分之一年收入的平均现成购买力，加上五十分之一的财产，那么该国货币的总价值将等于这些金额的总和。[1]

庇古教授将这一理论转化为一个数量方程式：[2]

在日常生活中，人们在偿还以法定货币订立的债务时，需要不断地进行支付。多数人也有一系列类似的对自身有利的债权。但是，任何时候到期的债务和债权，很少能够完全相互抵消，其差额必须通过转让法定货币的所有权来弥补。因此，每个人都急于以法定货币形式拥有足够的资金，既能使他顺利完成日常生活中的交易，又能保证满足不时之需。为了实现这两个目的，人们一般选择以法定货币的形式持有一定数量小麦的总价值。[3]因此，在任何给定时间都有一个明确的对法定货币所有权的需求清单。令社会拥有的以小麦表示的总资金[4]为R，以法定货币形式持有的这些资金的比例为k，法定货币的单位数量M，以小麦表示的每单位所有权的价值或价格为

□ 剑桥大学旧照

剑桥学派是19世纪末由英国著名经济学家马歇尔创建的一个有较大影响的学派。主要代表还有后来成为福利经济学派先驱者的庇古，以及后来成为新剑桥学派的主要代表人物的D. H. 罗宾逊。由于他们先后均在剑桥大学任教，故被称为剑桥学派。

---

[1]参见《货币、信贷与商业》第一卷第四章第三节。马歇尔博士在脚注中指出，上述情况实际上是对传统研究方法的发展。佩第认为"对于国家来说，足够的货币意味着能够支付英格兰所有土地半年的租金和四分之一的房屋租金，支付所有人一周的开支，支付所有出口商品四分之一的价值"。洛克估计，"工资的五十分之一、土地所有者收入的四分之一、经纪人年产收益（现款）的二十分之一，将足以推动任何国家的贸易"。康梯龙（1755年）在经过细致漫长的研究后得出结论：所需价值是该国生产总值的九分之一，或者相当于土地租金的三分之一。亚当·斯密对此持怀疑态度，他说："尽管"不同的作者计算出的结果是年产值的五分之一、十分之一、二十分之一或三十分之一"，但"这个比例是无法确定的"。在现代，收入存款占国民收入的正常比例似乎在十分之一到十五分之一之间，存款总额的比例大约为二分之一。

[2]《经济学季刊》（*Quarterly Journal of Ecinomics*）第三十二卷（1917年11月版）。我将下面的引文进行了删减，但没有指明省略了哪些句子。

[3]庇古教授解释道，在这里选择小麦而没有选择其他商品并没有什么特别的意义。

[4]这里的"资金"指的是一段时间内的收入。

P。然后需求清单可以用方程式 $P = \dfrac{kR}{M}$ 表示。

庇古教授接着将这一方程式继续扩用，应用到部分现金以法定货币形式持有，部分现金以银行存款形式持有的情况中，即：

$$P = \dfrac{kR}{M}[c + h(1-c)]$$

其中c是公众以法定货币形式持有现金的比例，h是法定货币与银行家持有存款的比例。

显然，这一方程式形式上是正确的。问题是，这一方程式是否清楚地揭示了重要的变量。在我看来，这一方程式似乎还存在以下问题，其中一些问题同样存在于我在《货币改革论》中提出的数量方程式：

（1）引入社会日常收入R，表明日常收入变化是现金资源需求产生了直接影响，这是直接影响现金需求的两个或三个最重要的因素之一。就收入存款而言，我认为这是正确的。但是，在讨论存款总额而非单独讨论收入存款时，R的重要性就大大降低了。事实上，"剑桥"数量方程式的主要弊端在于，它把主要与收入存款有关的考虑因素应用到总存款中，在解决问题时，就好像某些决定收入存款的因素也能决定总存款。第10章末尾给出的公式，将收入存款分离出来，然后单独应用"剑桥"方程式，旨在保持"剑桥"法的本质优势。

（2）当该方程式应用于收入存款以外的情况时，将银行存款占社会收入的比例k放到首要位置，容易使人产生误解。该方法强调的重点是，所持有的实际余额取决于以现金和其他形式持有的资金的比较优势，所以k的变化可归因于这些比较优势的变化，这一点很有用也很有启发意义。但是在这里，"资金"不能像庇古教授那样理解为和本期收入一样。

（3）庇古教授用小麦来衡量实际余额的数量，是在回避而不是解决基本方程式所要导出的物价水平这种问题。任何数量方程式的目的，都是在某种意义上计算出货币购买力，而不是小麦的价格。但是庇古的方程式不是无法得出货币购买力，就是暗示相对价格不变，因此，所有单个价格及所有物价水平都是以小麦计价，这与事实相去甚远。

（4）这个方程完全掩盖了由存款比例变化产生的影响因素，实际上这是最重要的影响因素之一；存款因用途不同可分为储蓄存款、商业储蓄和收入储蓄。此外，由于储蓄和投资之间的差异，很难分析影响物价水平的因素。

三、"费雪"数量方程式

自欧文·费雪教授的《货币购买力》于1911年出版以来，书中提出的著名方程式PT=MV在世界范围内一直占据着领先地位。这个公式对货币理论的进步发挥了非常重要的推动作用，而我们这些在此基础上成长起来的人，就算发现这一公式无法满足我们的分析要求，也不能认为我们对费雪教授不心怀感激。[1]

这个公式的出发点既不是收入相对于消费品的流动，也不是实际余额，也不是以现金持有的资金比例，而是现金交易总量，或者费雪教授所说的"支出"。令一定时期内现金交易总量为B，现金流通量为M，在此期间，一个单位现金用于交易的平均次数，也就是流通速度为V，则根据定义B = MV。

但我们也可以用不同的方法来分析B。每笔交易都是一定数量的商品、服务或证券乘以该物品的价格。也就是$B=\sum p_r q_r$，其中q是交易数量，p是交易价格。以基准年一个单位值的金额作为数量单位。可得

$$B=\sum p_r q_r = P_2 T$$

其中

$$P_2 = \sum \left(P_r \frac{p_r q_r}{\sum p_r q_r} \right), \ T = \sum \left(q_r \cdot \frac{p_r}{p_2} \right)$$

亦可理解为：P_2是交易商品的物价水平，单个商品价格按其货币交易量的比例进行加权，也就是说，P_2衡量的是第6章所界定的现金交易标准；T是交易单位总数（任何东西的单位都是指在基准年一个单位货币对应数量），按其相对价格比例进行加权，即按相关年份用P_2计算的价格比例进行加权，也就是说，T衡量的是费雪教授所说的贸易量。因此标准的公式是

---

[1]费雪教授的《货币购买力》是献给西蒙·纽康姆（Simon Newcomb）的，通过凯默勒教授（Edwin W. Kemmerer）他最终推导出PT=MV。纽康姆不是一个专业的经济学家，而是一个数学家（美国海军和约翰·霍普金斯大学的教授）。他的《政治经济学原理》（*Principle of Political Econmy*）于1886出版，是一部蕴含新的科学思想的原创作品，没有被传统思想所束缚，能够在未成型的经济学中推陈出新，直至今日，仍值得仔细研读。他将自己的基本方程式VR=KP称为"社会流通方程式"（同前，第328页），其中V是货币量；R是流通速度，包括现金和银行货币在内的货币总量的流通速度，他认为货币总量有不同的流通速度R'和R''，对应于费雪的V和V'；P是物价水平；K'是统一物价水平的工业流通。纽康姆所说的"工业流通"指的是用货币交换的商品和服务的数量。他将贷款或者银行储蓄等此类交易从工业流通之中排除，大概也从"流通速度"之中排除了，因为这些交易不能通过财富或服务的反向转移来抵消。整个的运行机制比费雪展现得更加复杂微妙。

[2]如果将流通中的现金量和银行存款量区分开来用M和M'表示，其流通速度分别为V和V'，可得$P_2 T = MV + M'V'$。

$$P_2 \cdot T = M \cdot V \quad [2]$$

这一方程式的一大优点在于，M·V这一边，比大多数方程式更符合实际可用的银行统计数字。因此，在定量研究方面，这个方程式比任何其他方程式都有可能取得更大进展。M·V差不多相当于银行票据交换量[1]，M相当于储蓄量，已知这两个数值可推算出V的值。

但是，其不足之处在于，方程式的另一边$P_2 \cdot T$。因为无论是P_2还是T，都不符合我们所要讨论的量，P_2不是货币购买力，T也不是产量。事实上，费雪教授并没有忽视这些不足之处，但我认为他并没有把这些看得太重。他采用近似方法来估计这两个值，这一点也不能令人信服。例如，他试图把批发标准、工资标准和包含40种商品的指数结合起来得出P_2的值，其中批发标准权重为30，工资标准权重为1，物价指数权重为3。当然，这是一种开创性的方法。我们现在可以计算出更为精确的P_2，而斯奈德先生已经这么做了。但是，我们计算得越精确，就越清楚现金交易标准就是大杂烩，也就越清楚用它来衡量货币购买力有多不可靠。

另一个反对费雪方程式的原因是，它没有明确考虑到活期存款和储蓄存款之间的区别，以及透支的使用，在应用于英国银行业统计时尤其如此。这些因素的潜在变化可以通过流通速度变化来计算。但是，从定性分析的角度来看，费雪方程式无法帮助我们找到正确的方法，查明流通速度变化的条件。然而，我应该补充一点，这种反对意见可能不太适用于美国银行业的统计数据。因为，美国的统计数据将定期存款和活期存款加以区分，这大致相当于储蓄存款和活期存款的区别；而透支在美国对减少现金持有量所起的作用可能较小。费雪教授的M只包括活期存款。

但无论如何，补救这一不足之处并不难，同时这样做也许是值得的，具体如下：

（1）令w=活期存款占存款总额的比例，

可得Mw=活期存款数额，

---

[1] 银行票据交换一词的含义有点模糊，因为它不仅包括银行内部的票据交换，还包括不同银行之间通过清算中心进行的票据交换。就本观点而言，有必要从更广泛的意义上理解银行票据交换。但是在英国，到目前为止我们的统计数字只与狭义上的银行票据交换有关，尽管英国的清算银行现在已同意从1930年1月起公布其借方总额和票据交换总额。在美国，近年来两种意义上的票据交换量都有统计，因此采用了单独的术语；银行票据交换仅用于狭义，银行借款用于广义。

以及M（1-w）=储蓄存款数额。

（2）令w'=可透支额度占活期存款的比例，

可得Mww'=可用透支额度，

以及Mw（1+w'）=现金总额。

（3）令V=活期存款的流通速度，即货币支付总额与活期存款总额之比，

以及V'=现金流通速度，

可得B = MVw = MV'w（1+w'），其中B是现金交易总额。

由此得出

$$P_2T = B = MVw = MV'w（1+w'）$$

或者
$$P_2 = \left(\frac{WV}{T}\right)w = \left(\frac{MV'}{T}\right)w（1+w'） \qquad (1)$$

和费雪的方程式一样，这一方程式只是进一步说明"现金总额×流通速度=银行票据交换总额"。

在没有透支款项和储蓄存款的情况下，即在w=1和w'=0的情况下，方程式（1）可简化为$P_2 = \frac{MV}{T}$，这与费雪的方程式相同。

在没有存款只有透支的情况下，即M=0，方程式（1）可化简为$P_2 = \frac{M'V'}{T}$，其中M'是可用透支额度。

四、"剑桥"方程式与"费雪"方程式的关系

我们在第6章中已经看到，不同的交易物品，对于其所产生的支票交易量和其导致持有的余额而言，两者的相对重要性未必相同。也就是说，现金余额水平P_1和现金交易物价水平P_2不同。如果我们记得某些种类的支票交易日期和金额是可以预见的，或者与其他种类的支票相比，可以更准确地获得时，可以看出P_1明显不等于P_2。因此，在两笔金额相等的支票交易中，其中一笔所产生的预期持有现金余额（时间乘以数量）可能比另一笔更大。此外，适用于前一指数的报价，与适用于后一指数的报价不同，因为一般来说，任何时候影响支票面值的报价所涉及的时间，要早于影响所需持有现金余额的报价所涉及的时间。这一点在价格变化时尤为重要。因此，当价格下降时，P_1与P_2之比便会下降。然而，在稳定的条件下，这个比例差不多是恒定的。

"剑桥"方程式能够得出现金余额物价水平，而"费雪"方程式能够得出现金交易物价水平。因此这两种方程之间的关系和两种物价水平之间的关系是一样的。

令 $P_1 = P_2 \cdot f$，可以得出

$$P_1 = \frac{M}{C} = P_2 \cdot f = \frac{MV}{T} \cdot w \cdot f$$

因此，如果我们定义物价水平时参照的是货币需求量，而不是如欧文·费雪教授一般参照的货币交易量或现金交易量，那么，我们必须在"费雪"方程式的最终结果中增加这个因素f，f代表P_1与P_2的比例。f尤其重要，切不可忽略，否则我们可能无法将以下情况计算在内：P_1不是指当前的一般价格，而是指今天正在完成的交易在之前某个时间开始时的一般价格。因为持有的余额看起来比今天的支票交易要更早，所以当价格上涨时，即当f大于其正常值时，流通速度就会略小于其正常值。

然而，决定现金余额需求量的物价水平P_1所涉及的时间，一般来说也将早于现在，当前和近期的现金交易量对P_1的影响较大；远期的现金交易量对P_1的影响较小，远期即新交易的现行报价将通过现金支付实现。由于这个原因，在价格迅速上涨时期，一定数量的货币所能维持的物价水平，将高于P_1和P_2完全不受时间间隔（P_2的时间间隔大于P_1的时间间隔）影响，也高于当前价格恢复正常关系时所维持的物价水平。

五、"费雪"方程式与第10章基本方程式的关系

因为（参见第10章）

$$P = \frac{M}{O} \cdot \frac{wV_1(V_2 - V)}{V_2 - V_1} + \frac{I' - S}{R}$$

又因

$$P_2 T = MVw$$

可得

$$P = P_2 \frac{T}{O} \cdot \frac{V_1(V_2 - V)}{V(V_2 - V_1)} + \frac{I' - S}{R}$$

我知道这一方程式没有多少价值。但是，这个方程式说明，要引入哪些变量才能在P和P_2之间建立某种确定关系，这一点很有意义。

第四篇　物价水平变化

第15章　工业流通与金融流通

一、工业流通与金融流通的区别和定义

现在，我们必须专注分析可能导致货币价值和货币运作方式变化的因素。

为此，有必要进一步将第3章的货币总量划分为收入存款、商业存款和储蓄存款，也就是说，必须将用于工业的存款与用于金融的存款区分开来。前者称之为工业流通，后者称之为金融流通。

工业流通指的是维持目前生产、分配和交换的正常过程，同时在从生产开始到消费者最终得到满足这一过程中，为支付生产要素履行的各种职责支付费用。而金融流通是指持有、交易财富的现有所有权，与工业专业化导致的交易不同，金融包括股票交易、货币市场交易、投机以及将当前储蓄和利润转移到企业家手中的过程。

这两种商业类型都占用一部分货币总贮量。一般来说，工业流通需要使用收入存款和部分商业存款——可称之为商业存款A；而金融流通需要使用储蓄存款和剩余的商业存款——可称之为商业存款B。因此，收入存款加部分商业存款是工业流通，储蓄存款加剩余的商业存款是金融流通。既然我们认为绝对可变的商业存款B因流通速度快，通常只占货币总量的一小部分，那么现金存款（即收入存款加商业存款）的变化，便是反映工业流通变化的良好指标。同理，储蓄存款的变化可以反映金融流通的变化。这样一来，我们又回到了存款数量的分类上，正好实际中对此有合适的统计指标。

二、工业流通量的决定因素

因$M_1V_1=E$，可得收入存款所需要的货币量M_1一部分取决于收入量E，一部分

□ 工业革命

工业革命是以机器取代人力，以大规模工厂生产取代个体工场手工生产的生产与科技革命。工业革命后，人类社会才真正进入飞速发展的时代。19世纪末期，内燃机的发明让汽车、远洋轮船也登上历史舞台，人类进入电气时代。

取决于收入存款流通速度V_1。同时又因$E=W_1O$，可得E取决于货币收入W_1和产量O。下卷第24章将详细讨论V_1变化的原因。

关于商业存款A，首先可以明确，其中部分商业存款A的变化与收入存款变化一致。因为，收入存款通过购买商品不断流入商业存款，又通过支付工资不断流出，商业存款代表销售收益和付给生产要素的报酬，所以这部分存款与收入存款之比必须等于收入存款流通速度（V_1）与商业存款流通速度（V_2）之比。只有两者的流通速度之比保持不变，收入存款与商业存款才会一起变化。

其次，均衡状态下半成品（即营运资本）的价格将反映制成品的价格。而且，均衡状态下，固定资本品的生产成本及其价格也会和其他商品的价格一样，随着货币收入的变化而变化。同时，此类交易量与产量之间的关系和收入存款的情况大致相同。因此，在这种情况下，交易半成品和新完成的固定资本品时，企业所需要的商业存款量也将与收入存款的变化比例相同。

但以下原因仍将导致商业存款A的额度不等于收入存款的额度：

（a）条款不同，收入存款和商业存款的相对重要性也会有很大不同，也就是"权重"不同，这样一来，相对价格的变化可能会影响收入存款与商业存款之比。同理，该比率也可能因产品特性不同而受到影响。

（b）收入存款与商业存款A的流通速度之比固定不变，这一假设并不可靠。收入存款因工资薪水定期支付，相对稳定，而商业收入却与之不同，并不稳定。

第24章讨论的内容可以证明，就整体而言，商业存款的流通速度充满变数。这一变化产生的主要原因往往不是商业存款A与商业存款B的流通速度发生变化，而是因为商业存款总额在A与B之间的分配比例发生变化。不过，因持有余额及其他原因导致亏损额度变化，也将引起商业存款流通速度短期内大幅度波动。因为当商业活动活跃、借贷成本高时，公司往往会缩减手中的商业存款A。此外，当就业量减少导致实际收入下降时，为了维持现有生活水平，公众可能会在一段时间内减少收入存款，因此当V_2可能降低时V_1将增加。但是，除了因对通货失去信心导致的变化（众所周知，对通货失去信心可能引发金融危机）之外，我认为短期内V_1的波动并不大。[1]无论如何，由于商业习惯或生产特性不断变化，长时间内V_1和V_2的变化趋势可能不同。

（c）商业存款A和与之对应的物价水平可能受到盈利或亏损的影响。在某些情况下，盈利或亏损会影响物价水平，影响货币流通需求量，使之与收入存款量的变化（如发生变化）不成比例。

尽管如此，这种方式产生的价格变动对货币流通需求量的影响，要远远小于因收入上涨引起的等量变化的影响。若利润是由于营运资本价格上涨而产生的，其影响更是如此，因为营运资本价格上涨还没有影响到制成品。方便起见，可将这种情况称为"商品投机"，指生产过程中商品价格发生变动，但在货币的购买力中尚未表现出来。因为营运资本价格可能因对价格的预期而波动，对价格的预期将在随后转售该货物（以当前形式或制成品形式）时实现，其中最具代表性的当属原料批发价格变动。因此，在一段时间内，在消费水平没有相应提高的情况下，批发物价水平可以一直提高，至于持续时间的长短，则取决于生产时间与储存成本。

由此可见，如果消费水平没有随之上升，批发价格投机性上涨趋势不太可能因货币数量不足而有所减缓。此外，价格上涨与货币需求之间还有一段时间间隔，因为当前物价水平反映的是现在制定将来执行的合同价格，所以直到交易完成之日，价格上涨才会引起商业存款增加。事实上，如果消费水平没有及时上升，投机活动不可能长时间持续。因为此时，对于投机活动的期望将不能让人满意。然而，要经过相当长的时间才会发生这种情况。在此期间，批发价格标准的变动和与营运资本交易有关的商业存款的变动，将或多或少不受收入存款变动和消费水平变动的影响。

由于上述种种原因，工业流通总量的变化将不能准确地反映收入存款总量的变化。虽然生产性质、公众和商业习惯发生变化，因持有货币导致亏损变动，这

---

[1] 第24章将详细讨论流通速度的变化。

些在一定程度上也会影响工业流通总量，但是总的来说，工业流通总量将随货币收入总额E的变化而变化，也就是随当前产量和生产成本的变化而变化。

三、金融流通量的决定因素

用于金融所需的货币量，即我们所说的金融流通，却是由完全不同的因素决定的。在这种情形下，金融业务所需商业存款B的数额，除了商业存款B流通速度可能发生的变化外，还取决于交易总量乘以交易项目的平均价格。但金融项目交易量（即金融业务的活跃程度）不但高度可变，而且与资本品或消费品的产量关系并不密切。因为与现有财富存量相比，固定资本的当前生产相当小，在此将现有财富存量称为证券数量（不包括流动现金）。同时，证券交易的活跃程度并不取决于证券数量增加的速度。因此，在拥有证券交易所的现代社会中，当前生产的固定资本的成交量只占证券总成交量的一小部分。

短期内现有证券的价格，并不完全取决于生产成本或新固定资本的价格。因为现有证券主要包括无法迅速再生产的财产，根本不能再生产的自然资源，以及拥有某种特殊优势的准垄断企业所预期的未来收入的资本化价值。1929年的美国投资热潮，很好地说明了证券价格在整体大幅上涨的同时，并不会伴随新固定资本当前产出的价格上涨。此外，借贷资本（如债券）成交量与实物资本（如股票）成交量变化方向往往相反，从而导致两者部分抵消。

但事实上，金融成交量的变化与工业成交量无关，这点并不像人们所想的那样重要。鉴于金融工具的良好发展，证券交易所清算等方式使用的货币数量减少，导致商业存款B的流通速度非常快，所以，此类货币量变化产生的绝对金额，一般情况下不会太大。

因此，用于金融的货币总需求量，其变化主要发生在储蓄存款量上。

储蓄存款的存在表明，有些人更愿意以流动性强的货币债权形式持有财富，便于随时变现。但是，还有一类人为了持有超过自身财富值的证券向银行借款。

这些储蓄存款分为两类。一般而言，这些存款包括大部分相当稳定的储蓄存款，其存款人存款并非因为对证券的未来价值看跌，而是因为第3章所列举的某个个人原因，也就是有些财富所有者始终更愿意持有储蓄存款而不愿持有证券。但鉴于此类储蓄存款数额的变化可能比较慢，因此，只要储蓄存款总额迅速变化，都能表明第二类储蓄存款有变化。

我们把这两种储蓄存款分别称为A和B。

借用证券交易所的术语来说，第二类储蓄存款包括"空头"头寸。然而，卖空者不仅包括那些"卖空"了证券（即出售了他们并不拥有的证券）的人，还包括那些以往持有证券但目前更愿意以储蓄存款的形式持有流动现金的人。换句话说，"空头"指的是目前倾向于卖出证券且出借现金的人；相应地，"多头"指的是倾向于买入证券且借入现金的人。前者预期证券价格会下降，而后者则预期证券价格会上升。

□ 19世纪的华尔街

纽约华尔街是美国的金融中心，聚集了全美大多数的金融巨鳄。摩根财团、洛克菲勒财团和杜邦财团等开设的银行、保险、航运、铁路等公司的经理处集中于此，著名的纽约证券交易所也在这里。这里至今仍是几个主要交易所的总部，如纳斯达克、美国证券交易所、纽约期货交易所等。

当行情持续看涨时，储蓄存款便会呈下降趋势，其下降幅度将取决于相对于短期利率而言，证券价格上涨程度抵消的行情看涨程度。有一种证券价格平均来看正好抵消行情看涨，使得储蓄存款量保持不变。如果证券价格继续高于这一水平，那么储蓄存款量实际上将会增加。但是，除了补偿工业流通需求量的变动之外，在看涨情绪增加时，储蓄存款量只能在下述两种情形下维持不变或增加：（1）银行通过购买证券直接促使证券价格上涨，（2）鉴于不同群体持有不同的观点，银行利用这一点放宽信贷，让一部分人借款进行证券投机，这将导致证券价格上涨，涨到另一部分人倾向于选择储蓄存款。这样一来，如第10章所述，证券价格的实际水平是行情看涨和银行体系共同作用的结果。

由此可见，储蓄存款的任何异常下降，同时再加上证券价格上涨，就可能表明，证券价格上涨程度未能完全抵消看涨情绪，从而导致公众一致看好证券市场。而同等情况下，储蓄存款的任何异常上升，可能说明公众对证券市场前景看法不一，实际情况是"看涨"的一方通过银行从"看跌"的一方购买证券、借入资金。举个例子，1928年和1929年，此类情形曾在美国大规模上演。因此，1929年华尔街繁荣时期，人们自然而然注意到"经纪人"贷款数量的增减。因为数量增加意味着证券价格上涨程度已经远远超过了足以抵消一般看涨情绪的水平，也就是说这导致了"空头"头寸增加。

当下，不论是在英国还是美国，"空头"头寸总数当然可以远超储蓄存款B的数量，因为，专业投资者可以通过银行以外的其他方式以流动债权做抵押将"空头"资金贷出，如购买国债、直接向货币市场和证券交易所贷款，这些做法通常更有利可图。此外，卖空者的交易直接抵消了买空者的交易。然而，储蓄存款B数额的变化也可能很重要。该变化包括工业企业存款变化，工业企业存款之所以变化，是因为企业对前景缺乏信心或充满信心，因而减少或增加营运资本，使之少于或多于一般水平；此外还包括金融机构存款变化，因为金融机构认为，利用"多头"交易出售超过实际需求的证券（无论新旧）来筹集资金是明智的。那么，储蓄存款B的波动，可能是导致金融市场货币需求变化最重要的因素。

因此，金融流通总量一部分取决于交易活动，但主要取决于"空头"头寸的规模。导致这两种现象的原因可能是价格变化太快，而不是因为价格过高或者过低。

虽然储蓄存款（M_3）增减可以说明"空头"头寸增减，但投机性市场却有四种类型：

（一）看法一致的"多头"市场：证券价格上涨，但涨幅不足，导致M_3下跌，"卖空者"趁市场行情上涨平仓。

（二）看法不一的"多头"市场：证券价格涨幅过大，导致M_3上升，"卖空者"则趁市场行情上涨增加头寸。

（三）看法不一的"空头"市场：证券价格下跌幅度过大，导致M_3下跌，"卖空者"趁市场行情下跌平仓。

（四）看法一致的"空头"市场：证券价格下跌幅度不足，导致M_3上升，"卖空者"趁市场行情下跌增加头寸。

如果储蓄存款的增加不能通过银行总资产的等额增加来抵消，那么工业流通的可用货币量将会减少。如果银行体系未能采取措施进行补偿，第一类与第三类投机活动对工业的影响，相当于货币供应量增加所产生的影响；而第二类与第四类投机活动产生的影响，相当于货币供应量减少所产生的影响。

另一方面，证券价格上涨可能促使新投资物价水平 P' 上涨，一般来说是这样，但并非必须如此，而证券价格下跌时，情况可能正好相反。因为，第一类投机买卖通过增加工业流通的货币供应量使得投资增加，同时通过提高P'使得投资吸引力增加，所以，这类投机买卖往往会降低这两方面的货币购买力。同理，第四类投机买卖往往会增加这两方面的货币购买力。但第二和第三种投机买卖作用方向相反。例如，第二类增加新投资的吸引力，但同时其他条件相等时，却会减少工业流通的货币供应量。

因此，我们得出的结论是，金融形势的变化能够通过两种方式引起货币价值的变化：一是改变工业流通的可用货币量，二是改变投资的吸引力。所以，除非工业流通的可用货币量变化与货币总量变化相抵消，而投资的吸引力变化与贷款条件变化相抵消，否则将导致当前产品的物价水平不稳定。

问题在于，金融形势的某种变化可能产生两种影响，而这两种影响未必会朝着同一个方向发展。也许我们可以在这儿顺便说一说中央银行的职能——为了维持当前产品物价水平的稳定，努力调控货币状况。这一话题更适合在下卷探讨。

以第二类为例，中央银行面临的两难境地如下所述：为了防止金融流通从工业流通盗取资金，若中央银行增加银行货币量，将会促使"多头"市场继续存在，如此极有可能导致P'上升，最终导致投资过度；但是，若中央银行不增加银行货币量，可能导致工业流通可用货币数量减少，或者可用利率上涨，最终可能立即引起通货紧缩。

就稳定购买力而言，解决之道在于让金融市场和工业市场各自拥有其想要的所有资金，但该利率对新投资利率（相对于储蓄而言）的影响要正好与行情看涨的影响相抵消。然而，要在每一个阶段都做出精确判断，使之刚好抵消，非人力所能实现。此外，实际中利率可能高到足以避免未来过度投资的程度，如此将可能导致当前产出低于最优水平。尽管如此，但我认为只有预测不准确时，或当一类产出向另一类产出转换产生困难时，才会出现这种情况。如此，货币购买力难免会不稳定。因为，这时除了一种方法之外别无他选，但是这种方法能否成功也未可知。这种办法英美两国有时也会尝试，也就是分别对金融借贷者和工业借贷者采用不同贷款条件，或采取不同利率，或设定不同贷款数额。如果这两类借款人的贷款条件必须别无二致，那么，鉴于某些证券买家的预测不准确，这可能导致利率高到足以避免预期的过度投资，但这一利率却可能给当下带来失业。

因此，我们便可以得出一个笼统的结论：要使购买力和产出稳定，存款总量应随储蓄存款量的变化等量变化，但应该在实际可行的范围内调整贷款条件，从而抵消金融市场行情看涨或看跌对新投资利率的影响。

□ 上海证券物品交易所

中国人自己创办的第一家证券交易所是1914年成立的上海股票商业公会。1933年5月，上海证券物品交易所并入上海华商证券交易所，上海地区的华资证券交易所市场得以统一。"空头"一词即是上海地区证券市场的行话。

从长远来看，证券价格完全是由消费品价格决定的。证券价格取决于对证券直接或间接产生的流动消费品价格的预期，同时根据这一预期带来的风险和不确定性予以调整，然后乘以购买数额，这一数额符合存续期资金的当前利率。若证券所代表的商品能够再生产时，资本货物产生的消费品预期价格将受到相关资本货物生产成本的影响，因为生产成本会影响资本货物的预期供应量。

但短时间内，证券价格主要取决于人们的看法，这不受当前任何货币因素的影响。证券价格上涨不会立即受到货币因素的制约，而当前消费品价格上涨则会因收入不足无法购买消费品而受到抑制。因为金融交易所需的商业存款B的数额对市场活动的依赖程度至少与对金融工具平均成交量的依赖程度相当；此外，因商业存款B流通速度非常快，任何必要的增加都很容易满足，且对用于他途的货币供应量没有太多影响。结果便是商业存款B无法起到抑制作用。

所以，人们的看法在某种程度上可以主导行情，但这种程度不适用于处理某一工资单所需的货币量。如果人人都认为证券更有价值，人人都是"多头"，希望证券价格上涨，不愿增加储蓄，那么证券价格将无限上涨，就算货币不足也无法阻止。

然而，一旦证券价格相对短期利率而言涨到足够高，导致人们对市场前景看法不一，便会出现"空头"，一些人将开始增加储蓄存款，资金或来自活期存款，或来自当前盈利，或出售原有证券而来。因此，当较为谨慎的人认为普遍看法似乎不合理时，便会产生"不同"的看法，结果便是"空头"头寸增加（这的确会产生一种货币因素，尽管这种因素只在"多头"市场中起补救作用），情形如上所述。

最后，一种可以再生产的产品的现有证券的价格，若与当前生产成本不符，便会刺激或阻碍新投资，这将促使某些其他货币因素发挥作用，作用方式将在后续各章中加以阐述。

由此可见，货币管理当局不能直接作用于由公众看法决定的现有证券价格水平。但问题是，现有证券价格水平可能会刺激新投资，使之超过储蓄，或是阻碍新投资使之低于储蓄，此时，货币管理当局可以间接作用于现有证券价格水平。例如，地价上涨或垄断企业股权重估，与任何过度刺激新投资的因素完全无关，货币管理当局不应该不再将贷款条件和货币供应总量维持在一定水平，以使工业流通货币量保持最优水平，只要在非封闭体系下，这一做法与维持外部均衡不违背便可。也就是说，干不干预"多头"或"空头"市场，主要应取决于这种金融状况对储蓄与新投资之间的预期平衡可能产生什么影响。

第16章　购买力失衡的原因分类

假定一种平衡状态，在这种状态下物价水平等于生产成本，利润为零，投资成本等于储蓄成本，同时国际体系中国外贷款等于外汇结存。若社会比较发达，再假定货币供应量正以与总产出相同的稳定速度增加，例如每年增加3%。什么方法能够打破这种均衡状态呢？

根据第10章的基本方程式：

$$\Pi = \frac{E}{O} + \frac{I-S}{O}$$

可知产品物价水平完全由以下三种因素决定：（一）生产因素收益量E；（二）当前产量O；（三）储蓄额与投资额的关系I-S。因此，要想改变当前的均衡状态，只能通过这三种基本因素中的一种或多种来实现。

明白这一点之后，我们最好将可能引起变动的主要原因分为三类：（1）因货币因素而引起的变化，影响用于收入的货币有效供给量；（2）投资因素引起的变化；（3）由于工业因素而引起的变化，影响产量和用于收入的货币需求量。

一、货币因素引起的变化

当发生下列情况时，可以说非均衡状态是由货币因素引起的：

（一）货币总量的变化不符合一般经济活动的长期趋势；

（二）由于金融环境或活动发生改变，或价格标准相对于产品物价水平有所变化，导致满足金融需求（即金融流通）所需货币总量的比例发生变化；

（三）由于公众或商界的习惯方法发生变化，或由于产出性质（不同于数量）发生变化，引起收入存款或商业存款A的流通速度改变，或引起与一定数量收益对应的工业流通的周转率发生变化，最终导致工业流通需求量发生变化。

三类中任何一类发生改变，都意味着企业家的可用货币供应量无法满足需求，使生产要素的日常收入和产出维持在现有水平。因此，接下来将可能发生一系列变化和调整。正如我们下面要看到的一样，首先变动的可能是投资率。

二、投资因素引起的变化

市场利率可能因下列原因偏离自然利率：

（一）自然利率变化未能抵消货币因素变化，引起贷款市场环境发生变化，从而导致市场利率变化；

（二）市场利率变化未能抵消投资或储蓄吸引力的变化，从而导致自然利率发生变化；

（三）因必须维持国外贷款与外汇结存平衡而引起的市场利率变化，同时未与自然利率变化相抵消。

三、工业因素引起的变化

除了假设的均衡状态中已经考虑到的长期趋势之外，企业家对工业流通的货币需求量可能因以下原因发生变化：（1）当前产量或生产成本发生变化；（2）收入的"诱发"或"自发"变化（参见上文第98页第11章第7节）。

这几类变化可以同时存在，也可互为因果，但其效果互相叠加，可以彼此助长或互相抵消，从这个角度来说，它们又是相互独立的。

本书的观点是，因因素一（货币因素）变化导致原有均衡状态失衡，一般可通过因素二（投资因素）的变化自行调整；因因素二（投资因素）变化导致的失衡，不论是属于（一）（二）或（三）中的哪一种，都可通过因素三（工业因素）的变化自行调整，但是因素二第（二）种变化也可能导致因素一发生变化；因素三发生变化在与因素二的进一步变化相互作用，导致一系列变动之后，最终建立一种新的均衡状态。

接下来几章我们将详细讨论这几类失衡情况。我认为在因素二中，（二）的变化以及（三）的变化与通常在信贷周期下讨论的内容一致，即外部失衡是由于（二）在国内或国外的变化引起的，不是由于（一）的变化引起的。我们将会看到，这一描述是比较恰当的，因为，此时的波动指的是均衡状态维持不变时的波动，并不是说从一种均衡状态变为另一种均衡状态。但是，严格来讲，这种波动并非周期性的，其特点越来越像任何货币变化所伴随的波动，包括从一种均衡状态转变到另一种均衡状态。

因素三的自发变化无须另作讨论，因为当自发变化发生以后，后续发展状况将与其他因素先前变化所引起的类似变化的后续发展状况一样。

金融因素引起的变化也无须作为单独一类，如前一章所述，此类变化之所以发生，不是通过因素一使得工业流通的可用货币供应量发生变化，便是通过因素二使得新投资或储蓄的吸引力发生变化。

第17章　货币因素引起的变化

无论是货币总供应量改变，还是金融流通需求量改变，还是工业流通需求量相对于产值有所变化，或是收入量变化导致工业流通货币供求失衡，对于接下来的论述来说并没有多大区别。比如，工业流通的需求相对于产值说来减少，意味着企业家从当前销售获得的收益超过现有产出的成本，银行体系发现均衡状态不变自身信贷能力增加，相当于货币总供应量增加了一样。因此，我们只需要讨论货币总供应量的变化情况。

一、货币供应量变化对工业的影响

向货币体系注入更多的货币，或从中撤出货币，将通过何种途径在物价水平发生变化的情况下实现新的均衡呢？

向货币体系注入更多现金（包括中央银行储备）将增加各成员银行的准备金，

□ 汉阳兵工厂

19世纪末由张之洞创办了汉阳兵工厂，图为工厂里正在建造的轮船。中国的工业化开始得比较晚，民间许多公司都以中西合资的形式建立，大量资金涌入，使得中国的工业在20世纪上半叶得到了"井喷式"发展。

继而引起成员银行放宽信贷条件；也就是说，如果贷款条件令人满意，新增的资金会刺激银行贷款给需要资金的人。相反，从货币体系中撤出现金，将减少成员银行的准备金，从而导致成员银行从借款人手中撤回资金。

新贷款的部分款项可能会间接流向储蓄存款或商业存款B，从而导致金融流通增加。但剩余部分必然直接或最终落到企业家手中。所以，总的来说，放宽信贷，无论还可能产生什么其他影响，将以三种方式中的某一种影响企业家：

（一）利率降低，导致资本品的价格上涨，从而刺激资本品的生产。此外，金融流通货币量增加的同时导致证券价格上升，将进一步刺激资本品的生产。

（二）到目前为止，有一小部分潜在的企业家借款人并不满意，在条件允许的情况下，即使是按照旧条款他们也愿意贷款。另一方面，有一小部分生产要素（劳动力）还未就业，此时某些企业家将能够以现有的报酬提供更多就业机会。[1]

（三）新货币流入的最终结果便是某些企业家看到有利可图，即使增加生产要素的报酬，也愿意增加生产。

因此，在这三种情况下，无论是固定资本还是流动资本，新投资的价值迟早会增加。而且产量很可能也会增加。但是，货币数变化对储蓄率的影响将会抵消投资率的变化，这种观点却不合理。事实上，人们普遍认为，如果对储蓄有任何影响的话，该影响将与对投资的影响相反。对借款人放宽信贷条件意味着信贷条件无法让放贷人满意，因此刺激一方的因素会阻碍另一方。因此，在此基础上，无论价格因收入增加（如有）上涨多少，投资相对于储蓄而言有所增加就必然导致价格进一步上涨。换句话说，不论O的总量是否增加，用于收入产出的那部分O不

---

[1] 利率下降导致生产要素报酬低于原有水平，所以上述增加就业机会相当于增加其他生产要素的报酬，但增加幅度可能非常小。

会像用于购买可用收入的那部分M_1V_1一样增加那么多。所以，如上所述，P将超过$\dfrac{M_1V_1}{O}$，超过的量等于$\dfrac{I'-S}{O}$，而Π将增加$\dfrac{I-S}{O}$。[1]

最简单的情况便是一开始收入保持不变，即企业家不增加生产要素的报酬，那么导致初始价格整体上涨的原因便是第二项，也就是放宽借款条件刺激投资。甚至可能一开始收入效率或就业量都保持不变，所以M_1V_1也不变，那么新货币完全通过刺激投资对价格产生初始影响。此时要增加工业流通，可能只需要相对较少的新货币，多余的量必然会因流通速度下降或金融流通增加被暂时吸收。

但如第11章所述，因I与S不相等所导致的价格变化，将使企业家获得暴利。而受到暴利的刺激，信贷周期将从初级阶段过渡到第二阶段。因为利润会驱使企业家竞争生产要素服务，从而导致收益率$\dfrac{M_1V_1}{O}$增加，无论该增长在初级阶段是否已经发生。

到目前为止，我们已经讨论了增加货币供应量和放宽信贷条件两种情况。但经过适当修改之后，该论述同样适用于减少货币供应、收紧贷款条件的情况。

二、存款总量变化对各类存款量的影响

接下来我们将大篇幅展开论述，讨论存款总量的增长通过什么途径影响储蓄存款、商业存款和收入存款的量。

显而易见，银行发放新贷款的第一个作用是贷款变成了借款人的存款。借款人借款不为商业或投资目的，而是为了个人消费开支，这种情况现在并不常见；无论如何，这类银行贷款占全部贷款的比例非常小，一般可以忽略不计。仅仅为了增加储蓄存款而借款也是不常见的，因为借款利息始终会大于存款利息，所以这种偶然情况也可以忽略不计。因此，一般来说，新增贷款的实际进款首先是增加到商业存款之中。

商业存款的进款中，可能或多或少有一部分直接落到企业家手中，贷款条件放宽，促使企业家使用这部分存款支付已经增加的工资报酬M_1V_1。如上所述，工资报酬的增加可能与收益率增加有关，也可能无关。因此，新增进款中有一部分

---

[1] 本章及后面几章有时将忽略货币购买力和整个产出物价水平之间的差别，以及因I与I'不一定相等而导致的其他复杂情况。但若是本书观点本质上受到影响，我定然会注意这一点。

将很快从M_2流入收入存款M_1，而相应的一部分将留在商业存款A中，应付企业工资报酬增加与营业额增加的情况。利润也可能导致商业存款A少量增加。

商业存款剩余进款部分——可以想象，这部分一开始可能就是全部新增进款——将落入投机者和金融家手中，这些人希望用借款购买商品或证券。这将抬高证券价格，而由此产生的证券激增很可能导致证券交易额上涨。因此，商业存款B中必须保留一小部分新增进款，用来应付证券交易额增加的情况。现在，每一个证券（或商品）的买家都必须对应一个卖家。卖家可以用收入购买其他证券，此时证券价格上涨的影响，将从一个类别扩散到另一个类别。但随着证券价格的持续上涨，迟早会发生以下两种情况中的一种。一种情况是：证券价格上涨将使新投资的生产者获得暴利，结果是新增资金通过新股发行市场或其他途径流入企业家手中，目的是增加或争取增加投资的产出。往下发展将与上述情况相同。

另一种情况是：证券价格持续上涨导致金融界对此意见相左，分为两派。一部分人（多头）认为证券价格会继续上涨，所以愿意用借款购买证券；而另一部分人（空头）对此则持怀疑态度，所以更愿意出售证券换取现金、汇票或其他流动资产。或者，就银行本身购买证券而言，只要出现"空头"头寸就够了。现在，只要空头的资金不是通过银行而是其他方式借给多头，证券交易便可以借助这些资金和多头的证券收益继续增长。但当空头将证券收益（或以本期储蓄购买证券的收益）加到储蓄存款之中时，就会导致部分新增资金刚好增加到M_3。

因此，所有新增进款最终或流入M_1，应付（1）工资报酬M_1V_1增加的情况，或流入M_2，不是应付（2）企业营业额增加，便是应付（3）证券交易额增加，或流入M_3，应付（4）"空头"头寸增加。

然而，只要新增进款被（3）和（4）吸收，之后并未刺激新投资的产出，货币购买力便不会受到影响，因为尽管新投资的产值I会增加，但是其生产成本I′并不会增加。但是只要工资报酬M_1V_1增加，同时企业家因投资品价格上涨有利可图，从消费品生产转向投资品生产，不但P会增加（也就是货币购买力下降），同时I′-S也会增加，结果便是P的增幅（暂时）大于$\frac{M_1V_1}{O}$的增幅。

所以，在第一种情况下，除非需要抵消V_1或V_2的变化，否则新增进款将：

（一）当I′-S、M_1V_1、P保持不变时，导致M_3、M_2和新投资品价格P′上升；

（二）当M_1V_1保持不变时，导致I′-S和P上升；

（三）当 $\frac{M_1V_1}{O}$ 保持不变时，导致 $I'-S$、M_1V_1 和 P 上升；

（四）导致 $I'-S$、M_1V_1、$\frac{M_1V_1}{O}$ 和 P 上升。

当然，在第（二）（三）（四）种情况下，M_3、M_2、P' 也会变化。

在后三种情况下，P 也会增长，但在第一种情况下，P 的增幅远远大于 $\frac{M_1V_1}{O}$ 的增幅。尽管如此，只要当 $P'>P$ 或 $P>\frac{M_1V_1}{O}$，就不存在均衡状态。只要 $I'-S$ 的增加导致 P' 相对于 P 而言有所增加，导致 P' 增加，就会产生利润，从而刺激企业提高对生产要素服务的报酬。除非 $\frac{M_1V_1}{O}$ 稳定在较高的数值上，否则这种情况将持续下去。这一数值与新的货币总量、P 和 P' 的值平衡。P 和 P' 的值相对原来的值有所增加，增幅等于 $\frac{M_1V_1}{O}$ 的增幅。

三、转变过程存在的问题

一旦基本方程的第二项受到影响，物价水平就会对货币数量的增减作出反应。所以，新增货币对价格的影响必将十分迅速。但如上所述，我们不能因此便假定，在这一阶段就已经建立了新的平衡。只要企业家仍在获得暴利（或蒙受亏损），市场就不稳定。如果企业家处于盈利状态，便会相互竞争争取生产要素的劳动，导致生产要素的报酬持续上升，直到生产成本和销售收益再次相等为止。如果企业家处于亏损状态，便会将生产要素解雇，直到生产要素同意接受的报酬可以使生产成本不再超过销售收益为止。只有当刺激或抑制投资导致 M_1V_1 增加或减少时，银行的贷款能力才会再次与储蓄平衡（因为，多余的贷款将与每个生产周期结束时的应计利润相互抵消，下一个生产周期将可直接或间接再次获得这些贷款），为已增加（或减少）的工资报酬提供合适的工业流通。但最终第二项 $\frac{I'-S}{O}$ 必须再次归零；银行不再拥有过剩的放贷能力，无法刺激投资，使其超过储蓄（反之亦然）。这时一个新的平衡已经建立，其中 P 和 $\frac{M_1V_1}{O}$ 的水平将更高（或更低），与货币量的增加或（减少）一致。

然而，不能就此认为，因基本方程第二项增加导致价格上涨，到因第一项增加导致价格上涨，这一转变过程一定会顺利进行。如果收入降低，生产要素可能会抵制，从而导致失业期限延长。此外，在 M_1V_1 充分变化之后，投资可能继续超过（或落后）储蓄，从而导致价格高于（或低于）可长期维持的数值。因此，在最终平衡之前，将发生一系列小的波动。

此外，如果不是在一个封闭的系统，与原有平衡的需求量相比，货币供应量最初增加（或减少）的一部分，可能会与黄金的出口或进口相抵消。以供给增加为例，放宽贷款条件往往会导致国外贷款增加，而外汇结存受国内物价水平上升的影响不但不会增加，反而会减少。

因为黄金的变动对国外的影响与国内一样，只是规模可能相对较小，上述影响将使货币供应量变化的影响范围扩大，程度降低。

但是，如果货币供应量增加的原因实际上是由此前外汇结存超过国外贷款导致黄金流入本国，那么黄金流入本国之后，国内的变化都将朝着恢复本国外部平衡的方向发展，并不会破坏外部平衡。

可以看出，在平均收益降到与已减少的货币数量平衡的水平时，便可能出现失衡情况，甚至可能持续存在。如果不同生产要素的工资报酬能够同时等量降低，那么一旦达到这个点，就没有人会遭受亏损。但通常没有办法确保这一点。紧缩并不是确保所有方面都等量削减，而是集中削减某些特定生产要素，比如谈判地位最弱的或合同期限最短的（因为合同期限决定收益）。相对收入可能需要很长时间才能恢复到原来水平。这也不是通货紧缩特有的弊端；通货膨胀也同样存在类似的收入分配不均的现象。

问题主要在于，从代数角度看，一段时间内与银行货币总量的变化一致的结果不止一组。货币总量变化将导致投资率发生变化；投资率变化将导致盈利或是亏损；若是盈利或亏损的影响程度够深，时间够长，早晚会导致平均收益发生变化。最终，个人收益变化将再次与平均收益变化相一致，不会像刚开始及未来的几年里那样，不均匀地分布在平均水平附近。但这些变动并不一定会立即发生。

不论是经济学家还是银行家，都还不明白为什么货币量减少的结果将最终在下降了的收益和物价水平上建立新的平衡，所以一直以来，他们对通货紧缩的看法太过乐观。银行家因他们自己可以比较容易地降低物价而过度自信，仅仅只是完成了最简单的第一步，他们便认为这项工作已经完成了。然后，在单位产出收益适应新平衡之前出现长期的失业和亏损时，他们又会大吃一惊。而经济学家往往忽略了物价在短期内可能会背离效率工资，而在长期内两者不可能背离。我们经常听到这种说法，银行利率上升会导致物价下跌，从而"让一个国家买进容易卖出难"，等等，但却没有听说过银行利率上升会导致工资下降。如果工资不下降，企业和就业又会是什么状况呢？如果下降的话，从高利率到低价格、从低价格到低工资，这一转变的本质是什么呢？

在大多数现代经济体系中，中央银行无法直接作用于基本方程式的第一项，也就是说不能直接影响收益水平，这可以说是中央银行的一大缺陷。在布尔什维克党当政的苏联和法西斯统治的意大利，或许可以通过法令一夜之间改变货币收益率。但在资本主义个人主义制度盛行的其他大多数国家，无法采用

□ 股价崩盘

1929年纽约华尔街股市大跌，恐慌的投资者从四处赶往纽约证券交易所，聚集在门口。这次大崩盘从金融领域蔓延到各行各业，造成了未来十年美国的经济萧条，并波及其他主要的资本主义国家。

这种方法。英国恢复金本位制时，财政部通过法令使价值标准提高10%，但却不能下令让所有收益都降低10%。相反，在这些国家，方程式的第一项只能受到间接影响：通过放宽信贷和异常利润刺激企业家，从而间接使第一项提高；通过限制信贷和异常损失抑制企业家，从而间接使第一项降低。如果银行利率提高并不是为了维持均衡而抑制第二项上升，而是为了使第一项下降，那么这就意味着提高银行利率的目的是使企业家蒙受损失，使生产要素陷于失业，因为只有这样才能降低货币收入。如此，当出现这些结果时，就没有理由抱怨。

因此，旨在抑制利润增长（或下降）的银行利率变化，与旨在引起收入增长（或下降）的银行利率变化存在本质的差别；前者调节市场利率使之适应自然利率，以此来维持均衡，而后者则强行使市场利率背离自然利率，以此来打破均衡。

正因为如此，现有货币机制虽然能够有效（如下文所述）避免或减轻信贷波动，但却无法使收入降低。因此，我怀疑那些认为通货紧缩的危害通常小于通货膨胀的观点是否正确。当然，对于那些仍在工作的人来说，通货紧缩阶段的实际工资比通货膨胀阶段高。因为在通货紧缩阶段，企业家付给生产要素的报酬大于生产要素产生的价值，而在通货膨胀阶段则相反。从分配公平的角度而言，与损害消费者以利企业家相比，损害企业家以利消费者更可取。前者与就业不充分和储蓄浪费有关，而后者意味着充分就业甚或过度就业，以及资本财富大量增加，

这一点不容忽视。就连极力提倡闲暇价值观的人也会认为，宁可繁荣时期忙碌一点，也不愿因失业无所事事。同时，如果人们意识到实际工资的增长是以牺牲社会财富积累为代价的，那么他们对高工资的热情将可能不复存在。

我曾听说过，经济萧条时期社会实际财富增长速度比繁荣时期快，尽管表面上看来正好相反，但实际确实如此。无论如何，这种观点肯定是错误的。从定义来看，高投资率必然意味着财富积累增长率也很高。D. H. 罗伯逊先生认为，若是没有连续几个繁荣时期人为刺激带来的资本积累，19世纪不可能迎来经济大发展；投机失败、企业亏损、低价格、失业下的高实际工资等暗淡景象，让金融界的苦行僧感到满足；有时是极端的个人主义者，通过这种方式，也许能够释放其压抑已久的对资本主义的厌恶感。与后者相比，我更赞同罗伯逊先生的观点。[1]鉴于需要是发明之母，所以，只有在经济不景气时某些国家才能发展，技术才能进步，但这却不足以为经济萧条做辩护，因为，还有一些进步只有在经济繁荣时期才能实现。

中央银行是国际货币体系中的一员，银行利率政策有时必须生效，既不是为了抑制信贷波动，也不是为了建立新的均衡物价水平，而是为了与外部类似的紊乱情况保持同步，有意提高或降低利润。

第18章　投资因素引起的变化

本章要讨论的导致失衡的原因，与前一章已讨论的原因，并非总能明确区分开来，在最初阶段之后，两者逐渐相互联系起来[2]。因为最初由货币因素引起的变动，很快便会对投资造成影响；同样我们将看到，投资因素引起的变动也有可能对货币因素造成影响。尽管如此，两者之间的区别仍然很大：前者源于供应方面的变化，而后者一般源于需求方面的变化。

此外，还有一个极为重要的特征可以区分货币动荡（即近乎永久性的货币变

---

〔1〕参见第19章第一节。
〔2〕尤其是工业流通货币供应量的变化源于金融流通需求的变化，后者的变化应该归为投资因素。

化）与投资动荡——前者表示从一个均衡物价水平过渡到另一个均衡物价水平，而后者（即使是近乎永久性的投资变化）是物价水平大致不变时的波动。前者最终形成了一种新的价格结构；而后者往后可能产生大小相等而方向相反的作用。正是因为这一特点，所以投资动荡才被称为信贷周期。

一、信贷周期的定义

我们的基本方程式表明，如果生产成本保持不变，随着储蓄量超过投资成本或投资成本超过储蓄量，货币购买力便会上下波动。但是，如果储蓄量等于投资成本，那么货币购买力的变化就与生产成本成反比。此外，生产成本变化对货币购买力的影响，和储蓄量与投资成本失衡对货币购买力的影响，这两者可以相互叠加。

上文将生产成本的增减分别称为收入通货膨胀与收入通货紧缩，将投资成本大于及小于储蓄量的情形分别称为商品通货膨胀和商品通货紧缩。我们现在将信贷周期定义为投资成本大于储蓄量与小于储蓄量的交替变化，以及随之产生的货币购买力发生跷跷板式的上下波动。然而，在任何特定情况下，生产成本不太可能在整个信贷周期中固定不变。事实上，如下文所述，商品通货膨胀和通货紧缩本身，都很可能对收入通货膨胀和通货紧缩产生影响。此外，如果最初是货币变化导致变动，这些变化反过来必然会引发信贷失衡。因此，无论什么时候观察，这一实际过程都很复杂，是生产成本变化和信贷周期各阶段变化共同作用的结果。这种复杂现象一般叫作"信贷周期"。如果起因是投资失衡，而后导致生产成本变化，而不是引起货币情况独立或长久的变化，通常采用"信贷周期"这种常用叫法。

就此而言，"周期"一词用得很恰当，因为如果朝某一方向运动过度，不仅运动自身会采取补救措施，而且还会导致向相反方向的过度运动，所以，这种摆动肯定是会产生的，除非有外力打断。此外，从平衡位置一侧开始向上摆动到反作用开始，这期间的时间间隔，有时取决于与生产过程平均持续时间有关的实际情况；而从平衡位置另一侧开始向下摆动到反作用开始，这期间的时间间隔可能与主要资本货物的使用寿命有关，更普遍的是，和企业与生产要素之间现有合同的期限有关。所以，在周期的各个时间阶段中，一定程度的一般规律性与基于先验推理的情形并不矛盾。

然而，我们不应将这些现象真正的周期性质夸大。信贷周期可以有许多不同的类型，许多干扰因素可以打断其周期进程。银行系统总是能够采取干预措施，减轻或加重其严重程度。

二、信贷周期的起源与变化历史

储蓄和投资往往无法步调一致，这并不奇怪。首先，如上文所述，储蓄和投资分别由两组不同的人受不同动机的影响而决定。短期内尤其如此。我们将在下卷中看到，投资量波动较大的原因有很多。投资增加并不意味着增加投资的企业家经过了深思熟虑，确定公众从收入中节省出来的储蓄将比以往更多。

同样，投资下降也不能说明企业家事先就断定公众的储蓄将会下降。事实上，根本没有人能够事先断定储蓄等于投资，银行体系除外。因为银行提供的贷款，正是决定企业家经营能力大小的边际因素。然而，迄今为止，银行体系主要专注于另一个不同的目标。

上述的决定不仅是由不同的人做出的，而且大多数情况下还必须在不同的时间做出。当投资增加代表营运资本增加时，的确需要立即进行储蓄。但如果生产性质有所改变，导致固定资本的产量增加时，那么只有在生产过程结束时才需要增加储蓄。这源于生产过程需要持续一段时间，无论是生产资本品还是消费品。建造一所房子所花费的时间，可能不比从犁地到吃到面包所花费的时间长。也就是说，这两种生产过程使用的营运资本数量相同，只有生产完成时，前者才会增加净投资量，从而需要储蓄来加以平衡。因此，如果企业家的集体决策将导致日后某一天投资会超过储蓄，那么除非这一天真正到来，否则投资不会超过储蓄，而此时便已发生很多不可立即逆转的反应。

储蓄业务基本比较稳定。如果经济出现动荡，这些影响经济的因素可能会对储蓄产生影响。但是，储蓄在日常收入中的占比突然变化，很少或永远不会导致经济动荡。但是固定资本的投资一向都是不定期、断断续续的。第六篇我们将讨论投资波动的性质和程度。就眼下的讨论而言，只需根据常识和经验便可得出结论：在现有的经济体制下，储蓄率与投资率之间的失衡不足为奇。

许多论述信贷周期的作者都强调，固定资本投资率毫无规律可言，这是导致经济动荡的主要原因。从初始原因来看，这可能是对的。但信贷周期第二阶段之所以最独特，是因为营运资本投资的增长。此外，无论什么时候，只要涉及就业总量和当前产出的增减，就是营运资本投资率变化的问题，与固定资本无关。因此，营运资本投资增加才是经济复苏的特点。

信贷周期可分为三种类型，但是实际上，信贷周期通常兼具这三种类型的所有特点，比较复杂。以投资相对于储蓄增长的情形为例：

（1）在总产量不变的情况下，用资本品生产代替消费品生产可以增加投资；此时除非生产周期结束，否则投资不会增加。

（2）投资增加可能是因为，现有产出与资本品生产增加叠加在一起引起总产出增加，从而导致与之相对应的营运资本增加；在这种情况下，投资一开始将以营运资本的形式增加，经过一段生产时间之后，以固定资本的形式增加。

（3）投资增加也可能是因为，现有产出与消费品生产增加叠加在一起引起总产出增加，从而导致与之相对应的营运资本增加；在这种情况下，投资的增加只会在生产期间持续。

也可能存在不同程度兼具（1）（2）（3）项性质的现象，一定程度的收入通货膨胀和资本通货膨胀可能使得现实情况更为复杂。所谓收入通货膨胀指的是生产成本上涨，而资本通货膨胀指的是新投资品的物价水平相对于其生产成本的上涨。

发生商品通货膨胀或资本通货膨胀时，往往会引起利润通货膨胀，而利润通货膨胀将导致收入通货膨胀，原因在于，企业家急于想要获得生产要素的服务。但至少从理论上讲，从这些纷繁复杂的关系中理出构成信贷周期的商品通胀因素还是有可能的。此外，上述第三类商品通货膨胀被认为是信贷周期最典型的特征，原因在于，所有信贷周期，无论以何种方式开始，最终往往会变成这种混合形式。

信贷周期可能的发展路径非常之多、问题非常之复杂，要想一一列举几乎不可能。人们可以描述国际象棋的规则和游戏性质，通过几个典型残局便可以想出领先的开局和玩法，但是却不可能列举所有可能的棋局。对于信贷周期而言也是如此。因此，我们从分析这三类初始阶段入手，然后再分析第二阶段。

A. 初始阶段

（一）我们不妨假定，企业家相信某些新投资将有利可图的情况已经出现。

□ 奥托改良的内燃机

奥托（Nikolaus August Otto）改良的这台内燃机具有划时代的意义。它采用的燃料是煤气，四冲程循环，使得奥托内燃机真正具备了商用的潜力。现代汽车用的发动机，依然采用四冲程循环，只不过不再使用煤气作为燃料。

例如：蒸汽、电力、内燃机等新技术的发明；人口增长导致住房短缺；之前风险过高的国内发展环境目前有所稳定；心理因素引起的资本通货膨胀；前期投资不足（即前期经济萧条）导致货币贬值从而带来的促进作用等。[1]企业家要想实施计划，必须吸引其他行业的生产要素，或者雇佣已失业的生产要素。

首先讨论上述第（一）类，其中原来生产消费品的要素现在转而生产资本品。在这种情况下，只有经过一段时间之后，价格才会受到影响，时间长度等于已经停产的消费品的生产时间。因为在这段时间内，收入、可用货物的产出都和原来一样。经过一段时间之后，虽然收益将保持不变，可用产量却将下降，降到与原有的消费品产量一致，但这种情况已不复存在——其结果是除非储蓄比例相应提高，否则消费价格将会上涨。此时将迎来信贷周期的价格上涨阶段。

值得注意的是，价格上涨必然会超过生产成本上涨（如有）的比例。没有必要假设一种生产转向另一种生产不会造成生产成本（即收益）的增加，也就是说，不会造成任何收入通货膨胀。事实上，当今世界之所以发生这种转变，往往是因为新企业家为了吸引生产要素争相抬高工资报酬。在这种情况下，由于从一开始收入增长就与产出增长不成比例，消费物价水平将随着收入通货膨胀的幅度成比例增长。但是，无论收入通货膨胀的幅度有多大或有多小，商品通货膨胀的影响都将与之叠加，实质上相当于价格相对于成本和收益有所上涨。一段时间之后，进入市场的可用产品会减少，实际收益必然下降，即消费物价水平上涨幅度必然大于收益上涨幅度。无论收入通货膨胀程度多大，收入、成本和价格的均衡状态

---

[1] 为了方便讨论，不在税收范围的战争开支可视为投资的突然增加；参见下卷第30章。

都将保持不变，只有商品通货膨胀才能破坏这种均衡。实际中第（一）类最常见的是，由新生产者坚持导致收入通货膨胀，程度可能很小；然后经过一段时间之后，就会出现商品通货膨胀。无论如何，信贷周期初级阶段结束时，其特征为消费物价水平增长与成本不成比例。

（二）然而，第（二）类最为常见，即投资增加的同时，生产总量也增加；也就是说，从一开始，储蓄的增长便不能与营运资本的增长相互抵消。因为，只要消费品涉及的生产要素在短时间内很难转移到资本品中，那么增加资本品生产无法取代原有消费品的生产，更有可能是增加原有消费品的生产。当然，这是基于一种假设——生产要素在周期开始向上发展的时候，并未得到充分利用。但无论是因为紧接着上一个周期而来的衰退，还是其他什么原因，总体来说情况便是如此。在这种情况下，生产要素的报酬从一开始便会增加，而可用产品却没有增加。所以，价格相对于收益和成本同时上涨；这种情况与第（一）类情况的区别在于，信贷周期的价格上涨阶段将立即开始。

（三）接下来讨论第（三）类。之前未被利用的生产要素，此时用于生产特定类别的消费品，而在第（二）类中用于生产固定资本品。这一过程与第（二）类的发展过程完全一样，持续时间与生产过程持续时间相等；之后，在效率工资不变的情况下，进入市场的可用产量的增量与早期总收益的增量相同，所以价格又回落到原有水平。

应当注意的是，若货币情况不发生重大变化，第（二）类和第（三）类因涉及总收益和利润的增加不可能有所发展。因此，这需要银行当局的认同，但如果银行已经习惯于只注重存款总量而忽视其他因素，那么货币变化可能不会引起他们的注意。在繁荣期的初始阶段，对行情的一致看涨将导致"空头"头寸减少，所以金融流通（即储蓄存款）下降可能导致工业流通货币量的增加。若非如此，银行利率的小幅上升虽不足以抵消商品通货膨胀的趋势，但可能有利于充分增加货币，应付增加的收入。作用方式可以是为维持收支平衡增加成本从而导致流通速度增加（一般流通速度只需些微变化即可）；如果我们讨论的国家属于国际体系的一员，也可以吸引外国黄金流入本国。[1]然而，在第（一）类中，由于集中生产

---

〔1〕在有些国家（比如欧洲大陆上的大多数国家），货币量部分取决于可在中央银行贴现的适用汇票的数量，而产量增加可能直接导致流通货币量相应增加。

资本品导致流入市场的流动商品数量减少，所以只要货币因素有微小的变化，第（一）类便会有所发展。因此，要避免这种情况发生，就需要银行采取更积极的措施。

顺便指出，如果导致消费品价格上涨的原因不是供应量下降，而是就业量的增加并没有（立即）与其供应量的增加相抵消，那么，就业总量一般而言会逐渐增加，同时，正打算增产的企业家，将倾向于提前订购部分他们即将需要的半成品。因此，营运资本的价格（即批发价格标准）往往会比消费价格标准涨得更早更快。然而，这种预期价格变动仍属于初级阶段。

我们以投资增长未能与储蓄增长抵消的情况作为标准。但经过适当修改之后，该论述同样适用于储蓄减少未能与投资减少抵消，导致信贷周期开始的情况。在实际中，这种情况不可能大规模发生，因为储蓄量的影响因素不太可能像投资量的影响因素那样突然发生变化。然而，如果储蓄确实因为某种原因下降，这就意味着可用消费品与原来一样，但消费支出却比原来多，所以跟其他情况一样，价格将会上涨。从理论上来讲，信贷周期应该从投资下降而储蓄保持不变导致的紧缩期开始。这可能是因为某类企业的企业家信心受到打击，或者是由于资本通货紧缩并未影响公众储蓄的意愿。也许最常见的是，扩张期是前一个紧缩期反作用的结果，紧缩期是前一个扩张期反作用的结果，繁荣之后出现萧条，萧条之后出现繁荣。不过，反作用开始的确切日期，通常由环境中某些不相关的变化决定，而这些变化是由非货币因素引起的。

B. 第二阶段

到目前为止，我们所讨论的价格变动都属于信贷周期的初级阶段。价格之所以会变动，不是因为企业家企图趁机获利，而是因为企业家有机会增加某些方面的活动。然而，第二阶段的性质便有所不同。我们已经强调了，物价上涨与生产成本上涨（如有）不成比例，这是商品通货膨胀的本质。因此，流动消费品生产完成之后落入企业家手中，企业家以高于成本的价格或以成本价销售这些商品，从而牟取暴利。此外，高价格促使零售商和批发商减少库存，使之低于正常水平，因为他们意识到此时的售价令人非常满意。在这种情况下，其作用方式的确是通过减少一种特定营运资本的投资，从而抵消部分其他方面的过度投资。但当前产出所获利润以及明显耗尽的库存必将促使消费品制造商竭尽全力提高产出。因此，受信贷周期初级阶段价格上涨产生的暴利的影响，出现了增加产量的第二个刺激因素，这一因素影响全面，一般消费的各类商品都会受到影响。

　　第二阶段比第一阶段更容易涉及一定程度的收入通货膨胀和商品通货膨胀。因为，若试图进一步增加就业量，可能会导致生产要素的态度更加强硬，使其获得的单位产出报酬率增加。另外在某些情况下，专业生产要素将得到充分利用，结果便是获得的利润促使企业家竞争这些生产要素的可用供应量，从而使这些特定情况下的报酬率提高。随着收入通货膨胀的发展，由于工业流通的需求量增加，刺激企业家扩大活动的剩余银行资金逐渐减少，但只要存在一点点商品通货膨胀，刺激作用就会继续存在。此外，当人们预计价格将进一步上涨时，可能会呈现出囤积流动商品的趋势，如此便会导致投资远远超过储蓄，从而引起上述的价格上涨。

　　C. 萧条期

　　无论初级阶段是否存在反作用，第二阶段必然存在。如果初始阶段是由增加资本品的生产所引起的，那么，只要资本生产持续进行，物价水平就会继续走高，若条件适合，这段时间可能会很长，但是随着消费品生产刺激作用的加强，资本品生产的刺激作用将会减弱。如果是由增加消费品的生产所引起的，那么经过一段时间之后，时间长短由生产过程的长短决定，进入市场的消费品的供应量，将随着收益的增加完全按同比例增加。这样物价水平无须再上涨，所以将回落到原有水平。只有当收入出现通货膨胀时，价格才能维持在较高水平。现在，由于第二阶段必然会刺激消费品的生产，因此，即使初始阶段是由增加资本品的生产引起的，第二阶段也种下反作用的种子，一旦增加的消费品准备投入市场，便会萌芽。如此，消费品迟早会进入市场，且不再按原来的价格出售，所以周期中价格下降期就开始了。

　　价格下降虽然可以完全或部分抵消之前获取的暴利，但本身不应使企业家蒙受实际损失。事实上，只要有一点点过度投资，仍将存在一定的利润。只要储蓄不超过投资，企业家往往至少能以成本价出售消费品。理论上不需要存在反作用来引起意外损失，因为过度投资结束时，繁荣期可能刚好结束。第20章将详细讨论一个相关的具体案例。

　　然而，众多原因导致实际上价格下跌阶段不仅可能终结意外利润，而且还可能带来意外损失。

　　首先，新影响将开始作用于投资方面。由于预测不准确，一些企业家将在效率低于正常水平的情况下进行生产，此时除非价格能够使企业家整体获得暴利，否则他们将入不敷出。因此，价格下跌将导致这些企业家停止此类生产，通过减少营运资金的投资从而减少总投资率。价格一旦下跌，产量一旦下降，便可能会通过两种方式改变人们对金融市场的看法：（1）随着金融流通中货币需求的增加，可能会出现"看空"，因而工业流通的货币供应下降，导致银行被迫减少投资；（2）资本通货膨胀可能会消失（如上所述，与其说是受货币量的影响，不如说是受舆论的影响），资本通货紧缩（即F下降）或许会被取而代之，从而消除过度投资这一刺激因素。

与此同时，货币方面也将发生变化。之前人们对行情一致看涨，以金融流通为代价，暂时增加了工业流通，而现在看法不一。除此之外，其他短期因素，也就是导致工资报酬有所增加的因素，已经走到头了。货币趋势也许实际上会朝相反的方向发展。例如，流通速度可能趋于正常，如果商品通货膨胀蔓延到其他国家，或出于其他原因，现有的银行利率可能无法吸引黄金流入，现有黄金存量甚至可能减少。然而，更有可能的是，扩张因素发展潜力将消耗殆尽，而不是（至少在一开始）朝相反的方向发展。随着信贷周期的发展，企业家获得的暴利将不断刺激他们相互竞争生产要素的劳动，这样，利润通货膨胀将逐渐转化为收入通货膨胀，维持工业流通所需的货币将不断增加。

要扩大或维持工业流通量，需要将银行实际利率提高，高到在任何情况下相比较储蓄而言更能抑制新投资。此时工业流通量就达到极限了，而后进入萧条期。繁荣期带来的反作用不仅会使价格和利润恢复正常，还将开启另一个时代，这时企业蒙受亏损，价格低于正常水平。

当然，所有这一切都基于这样的假定：银行体系一直按照迄今为止实际管理银行自身的原则行事；为了始终保持储蓄和投资大致相等调整维持实际利率，既不是银行的目的，也不在其权力范围之内。如果按照后一个标准成功地管理货币，信贷周期根本就不会发生。

本章用最常见的术语描述了信贷周期的起源及其变化历史。显而易见，实际发展过程因细节不同可以千变万化。但我认为，很多不同的情况都可以适用于上文的基本框架。

第19章　信贷周期的特殊方面

一、为商品通货膨胀"辩护"

"一战"后，许多人提出一种建议，即把稳定物价水平作为实际政策的最佳目标。这意味着，除其他事项外，银行当局将不惜一切代价消除信贷周期。这一建议遭致批评，其中，D. H. 罗伯逊先生在他的《银行政策与物价水平》中指出，虽然信贷周期会导致过度发展，带来众多弊端，但却有利于社会进步；若完全抑制信贷周期，可能会导致经济停滞不前。方便起见，不妨在这儿讨论一下罗伯逊的观点合不合理。

罗伯逊先生观点的主要根据是：只要信贷周期的商品通胀阶段持续下去，此时社会财富的增长速度将超过其他情况下的增长速度。毋庸置疑，这一点正确无误。商品通货膨胀将导致社会当前产出超过当前消费，超过数目多于其他情况，但是，萧条期实际工资的增长是以正常资本积累为代价的。商品通货膨胀引起的增量，多于以自愿储蓄为主的累积财富的增量，罗伯逊先生称之为"强制缺乏"。他认为，有些情况下，累积财富的增长率应该高于没有"强制缺乏"贴补的自愿储蓄的增长率。

应当注意的是，信贷周期的商品通货膨胀阶段，不能持续提高财富积累的速度，只能引起财富积累短期内急剧上涨。完全可以想象，有时也的确需要这种爆发式增长。如果时间确实紧急，任何情况下，商品通货膨胀可能是最有效的快速转变手段。但有关这种情况很难找到合适的例子——当然，战争除外。因为纯粹派金融家可能在那些策略发挥作用之前，自己已被战争击垮了。

因此，我们必须把信贷周期紧缩阶段造成的财富积累损失归为另一类。如此，平衡究竟取决于那一边呢？19世纪，世界财富大量增加，很可能主要是通过商品通货膨胀积累起来的，但这可能是因为货币量日益增加，同时生产要素效率不断提高，导致价格长期略高于效率收入，这样便产生了利润，积累了财富。并不是因为信贷周期的剧烈波动带来了财富积累。因为周期性通货紧缩将使另一边蒙受巨大损失。紧缩期产生的损失，不仅源于以牺牲储蓄为代价的消费，而且源于非自愿失业导致的产出损失，其弊端比长期繁荣带来的益处更大。造成通货紧缩期间财富巨大损失的原因，一部分在于储蓄流失，另一部分在于生产要素被迫闲置。而一般人对于这种巨大的损失没有给予足够的重视。当自愿储蓄看起来不足时，货币管理政策若在不引起通货紧缩的情况下，能时不时引发商品通货通胀，这或许确有用处。但这就不是周期性通货膨胀了。如果要制定与信贷周期有关的一般规则，那么，总的来看，有利于信贷周期的一般规则似乎没有益处。

其次，社会公平也必须加以考虑。在商品通货膨胀时期，生产要素的收入低于其产生的价值，两者之间的差额在企业家之间任意分配，成为其永久财富，因为通货膨胀带来的利润往往大于通货紧缩造成的损失。这种强制、随意转让劳动成果所有权的做法，本身就是一大弊端。

然而，某些间接理由可以用来支持罗伯逊先生的基本观点，如下所示：

（一）在一个进步的社会里，确切说来是在一个随时可能发生变化的社会里，短暂的通货膨胀有时可能很有必要，可以确保生产能够以理想的速度从一种类型转到另一种类型。社会主义制度以知识和智慧为指导，生产资金的转移可以通过法令来实现。但这在个人主义体系中却行不通，资金往往待在原地不动。除非资源自己动，否则要想移动资源不仅需要其他地方预期利润上涨，而且要顶住利润下降的压力，甚至还要面临破产的威胁。由此可见，除非掌控资金的老牌企业家自愿放弃转而支持新借贷者，否则新借贷者将无法轻而易举地掌握必要的资金，在符合社会利益的情况下，尽快将自己的想法付诸实践。因此，如果要尽快取得发展，通过商品通货膨胀可以给新借贷者提供获取资金的机会，或者通过收入通货膨胀使新借贷者能够与老牌公司竞争。面对影响大的人我们必须让步。新人和新方法是艰苦时代的副产品，与平静的繁荣期相比，能更快地上升到最高层。但这问题明显要权衡利害得失。此外，个别行业通常会经历大起大落，这往往

□ 萧条中等待领取救济食品的人们

美国1930年代的大萧条，从金融业扩散到工业、农业，从虚拟经济扩散到实体经济，造成了历史上最大范围的失业潮。在美国，失业人口总数达到了830万，发生了遍及全美国的大饥荒和普遍营养不良，导致大量人口非正常死亡。最保守估计，至少有700万人死亡，约占当时美国人口的7%。

文化伟人代表作图释书系

就能够起到充分的刺激作用，无须人为制造现下讨论的干扰因素。货币稳定并不意味着一切都归于平静，没有丝毫变化。平均稳定这个目标指的是，企业家在这一方面的损失与企业家整体在另一方面的收益大致平衡，所以整体上的繁荣与萧条不会叠加到个别行业、个人企业家的兴衰之中。但平均稳定并不说损益分明、优胜劣汰的机制就会失效。

（二）罗伯逊认为，在某些情况下，一般物价水平的变化不同于特定价格变化，能够使生产要素根据所得报酬来调整付出，从而实现利益最大化，而与稳定时期相比，此时更接近最大利益。即使这可以在特定情况下成立，但仍然存在哪种一般规则是最好的问题，而且必须满足许多条件才能成立。

□ **D. H. 罗伯逊**
英国经济学家，是凯恩斯的学生及早期支持者，后与凯恩斯逐渐决裂，对其作品《就业、利息和货币通论》进行了批评。

所以，我的结论是，罗伯逊的观点虽然值得重视，但不足以推翻初步认定，即与信贷周期的波动相比，更倾向于将购买力稳定作为一般规则。但读者必须注意，这一章只讨论经济周期中的商品通货膨胀，也就是在货币因素没有任何持久变化时，投资因素引起的通货膨胀。与长期商品通货紧缩对应的长期商品通货膨胀完全是另一回事，它由货币供应不断增加造成，可作为增加积累财富最有效的手段，我们将在下卷第30章中探讨。

投资量增长导致物价上涨，作为一般规则还是非常可取的，因为这可以改善已经存在的商品通货紧缩。无论如何，该结论是成立的。在这种情况下，价格上涨趋向于使物价水平与现有收入水平再次恢复平衡。例如，当信贷周期的紧缩期造成普遍失业，而商品通货紧缩又没有转变为收入通货紧缩时，在不引起一点点扩张和价格上涨的情况下，要使生产和就业恢复到正常水平，以此来改善现有的通货紧缩，这是不可能的。只要收入通货紧缩对所有生产要素的影响程度完全一样，情形就并非如此。但对商品通货紧缩来说的确如此。总而言之，在商品通货紧缩低谷时期稳定价格是愚蠢的做法。但所有主张稳定的人都将赞同这一做法。

从这一讨论中可以得出另一个合理的结论，即信贷周期的主要弊病在于紧缩期而非扩张期。因此，当商品通货膨胀转变为收入通货膨胀时，如果收入没有恢复到原有水平，而是在新的水平上保持稳定，那么随之而来的可能是实际获益。

货币供应量使均衡价格增长速度长期略快于效率收入的增长速度，导致人们慢慢偏向于商品通货膨胀，这种情况比物价水平相对于收益缓慢下降的情况更可取。经济增长和财富积累带来的益处将超过社会不公。如果一般税收制度能够考虑到社会不公，并改善部分社会不公，情况尤其如此；而如果一开始社会财富很少，又要迅速积累资本，即便没有改善措施，情况也是如此。

二、商品通货膨胀的影响

商品通货膨胀确实能增加新投资的可用资金，有助于增加社会的财富存量。在这一点上，商品通货膨胀与收入通货膨胀、资本通货膨胀完全不同，后两者没有这样的作用。对通货膨胀种类不加区分的人往往忽视了这一点。

此外，商品通货膨胀使现有财富重新分配，将财富从货币所有者和债权人手中转移到借款人和债务人手中，在这一点上，类似收入通货膨胀。因为不仅拥有货币收入的人发现，收入实际上是减少了，存款人也发现，其存款的实际价值与以前相比也降低了。罗伯逊从这一点出发提出，存款人因此可能受到诱惑增加储蓄，其规模将大于其他情况下的储蓄规模，以此来弥补其被迫承担的存款价值损失。此外，收入增加的那些人，无论是由于就业增加，还是由于效率收入提高，都可能会把部分收入存起来，以增加收入存款。

关于前一种方式产生的储蓄，即补充收入存款，罗伯逊先生将其命名为"诱导缺乏"，不同于"强制缺乏"（罗伯逊先生的叫法），强制缺乏是由商品通货膨胀引起当前货币收入购买力下降所导致的。

但是，关于这两者之间的区别，还需进一步说明。罗伯逊先生的"强制缺乏"仅仅是商品通货膨胀的一个特征，在收入通货膨胀中并不存在。而他所谓的"诱导缺乏"则主要是收入通货膨胀的一个特征，只有当商品通货膨胀伴随着产出的增加时，才会出现这种情况。除非收入存款的增长与货币收入的增长成比例，否则收入存款不会有任何增长。此外，虽然"强制缺乏"必然意味着新投资可用资金的增加，但对"诱导缺乏"而言，只有真正的储蓄引起的"诱导缺乏"才会如此。不过，还有其他方法可以增加收入存款，例如，把储蓄存款转移过去，或不用正常活期存款购买证券，或者可以增加收入存款的速度而不是数量。因此，在我看来，"诱导缺乏"作为增加储蓄的来源太不稳定，无须特别注意。

分不清日常收入价值损失与现有存款和货币债权的价值损失，有时会导致对应地分不清商品通货膨胀的影响。如果银行在价格上涨之时增加贷款量，那么显然借款人从增加的贷款量中受益，拥有的购买力有所增加，如此便可增加其营运资金。即使价格上涨，无论上涨多少，仍是如此。增加的贷款由谁负担呢？或者，换句话说，借款人手中的实际收入增加时，谁的实际收入减少了？答案貌似是，这种转移以存款者的利益为代价，但实际并非如此。真实情况是，借款人以新买家的身份进入市场，而现有买家在现有物价水平上的购买力却没有下降一丝一毫，从而导致价格上涨。而价格上涨导致存款人的存款价值下降，也就是存款人掌握的购买力下降。但是，除非假定存款人作为一个整体，其实际存款余额将要减少，否则物价上升虽然会导致存款价值降低，但并不一定会因此导致存款人的消费降低。只要存款人整体没有将之前的存款用于消费，那么消费支出用的就不是现有存款，而是日常收入。于是我们便得到了正确的答案。价格上涨减少的是所有以现金支付的日常收入的价值。其他人手中的购买力供应所减少的数额，与上述借款人所获得的新购买力相等。如果企业家能够以更高的价格出售其当前产出，那么对他们来说，日常收入的价值损失刚好等于利润收益。因此，新借款人通过贷款获得的资本增量来自于日常收入的收受者；但是，这种财富增长，或者更确切地说，以财富增长做抵押的贷款，并不属于那些为财富增长付出代价的人，而是直接或间接地属于那些能够以更高的价格出售其产品而获得暴利的企业家。

如果存款人的财富减少了，那么对应地谁的财富增加了呢？显然是原有的贷款人，这些人以先前较低的物价水平借款，但将以新的较高的物价水平还款，如此他们的财富便增加了。这种转移不仅是银行存款人和银行借款人之间的转移，而且还是各种类型贷款人和借款人之间的货币转移。虽然这也是一种财富转移，但无论如何都没有增加资本存量。虽然借款人通过放弃比预期还要少的购买力，可以在贷款到期日偿还贷款，从而保留额外的购买力，这些购买力可能会用于也可能不会用于补充营运资本，但相应地银行手中的贷款也贬值了，因为这些已偿还的旧贷款被用来向企业发放新的贷款。

三、信贷周期的正常发展轨迹

上文一再强调信贷周期的发展轨迹千变万化，为了简单起见，现在不妨挑出一条经常出现的发展轨迹，也许可以称之为一般或正常发展轨迹。

某种非货币因素无意之中增加了投资的吸引力。这个因素可能是一项新发明、一个新国家的发展、一场战争，也可能是许多小的影响朝同一个方向发展，从而使"商业信心"回升。或者，这个因素可能来源于股市的繁荣，或自然资源的投机买卖，或实际存在的垄断，但最终都将影响新资本品的价格。

自然利率的上升，与投资吸引力的增加相一致，并不会因为储蓄增加而受到抑制；同时市场利率适当上升也不会抑制投资量的增长。

默许银行系统增加投资量可能导致货币总量有所增加，但是，起初必要的增加可能不会太大，可在不知不觉中用银行富余的资金来解决，或者在货币总量不变的情况下，通过减少金融流通需求量来供应。

在这个阶段，资本品的产量和价格开始上升，就业状况改善，批发物价指数上升。新就业人口支出增加之后，会导致消费品价格上涨，从而给消费品的生产者带来暴利。这时，几乎所有商品会涨价，所有企业家都能从中获利。

起初，生产要素的就业量会增加，而报酬率却不会有太大变化。但是，在大部分失业要素被吸收到就业之后，企业家受到高利润的刺激，相互竞争，开始提供更高的报酬。

因此，工业流通需求量将一直增加，开始是用来增加就业量，然后还要用来增加报酬。因此，当银行体系不再按照其原则惯例提供必要数量的货币时，将会到达一个点。

然而，在金融流通、流通速度和中央银行准备金发生变化之后，在不明显违反原则惯例的情况下，银行体系所能应对的工资报酬变化竟是如此之大。

之所以会来到转折点，可能不是因为银行体系不愿或无力负担增加的工资报酬，而是因为其他三个原因中的一个或多个。某些金融家具有先见之明，或是以往经历过危机，比商界或银行业更有远见，他们认为如此导致金融市场情绪有所动摇，这有可能引起转变。果真如此，如上所述，"空头"情绪增加将导致金融流通要求量增加。金融流通增加的趋势再加上工业流通增加，可能成为压垮银行体系的最后一根稻草，最终银行强制实行利率，该利率不仅完全等于自然利率，而且在环境改变的情况下很有可能会远高于自然利率。

也有可能是新投资将随着时间的推移或某类资本品供应的增加而逐渐失去了吸引力。

或者因上述原因没有发生转变，繁荣期第二阶段（消费品生产活动增加）到来后不超过一个生产周期，就可能产生共同反作用，因为消费品价格必然会下跌，且跌破较高水平。

因此，问题越积越多，经济最终进入衰退期：新投资的吸引力消失、金融市场情绪摇摆不定、消费品价格反向变化、银行体系无力满足日益增长的货币需求，一开始是工业流通需求增加，紧接着金融流通需求也增加。

因此，这一过程是这样的：首先，资本通货膨胀导致投资增加，然后产生商品通货膨胀；其次，资本通货膨胀和商品通货膨胀继续加剧，大约持续一个消费品生产周期；然后，在这一时期结束时，商品和资本通货膨胀急转向下；而后，资本通货膨胀开始衰退；最后，投资低于正常水平，导致商品通货膨胀。

第20章　信贷周期纯理论的应用

本章将以一种具体的信贷周期为例，对其进行详细的讨论。鉴于现实生活中的情况往往复杂多变，我们不得不通过假设进行简化，因此，本章所举的例子多少有些不切实际。此外，这一章对前面的论述只是进行说明，并无补充，读者可自行选择跳过本章。然而，用这种方式来说明前面几章的方法和观点，要比内容多但深度不够好得多。

本章采用的信贷周期案例中，在一开始就有一些生产要素处于失业状态。然后假定银行采取贷款政策，引起消费品生产的增加，同时储蓄增加不能完全抵消营运资本的增长，于是多余的营运资本慢慢积累，使所有失业的生产要素逐渐恢复就业。所以，本章主要论述一个周期中价格—工资—就业的内在原理，这个过程说明，因价格和生产成本在之前的萧条期达到均衡，就业量有所恢复，但表现出来还是以失业为主。

□ 恶性通货膨胀

从1922年初到1923年底，德国的货币发行量上升到天文数字，引发了恶性通货膨胀。1923年底，德国的货币流通总量，相当于战前的1280亿倍。如果一个人在1922年初拥有3亿马克还能算个有钱人，那么两年之后他手上的钱甚至都买不到一块口香糖，于是人们拿大面额钞票糊墙、烧火、做风筝。

一、标准情况

首先将问题简化，剔除不必要的复杂情况，便于阐述基本原理，我们将发现，该原理在更笼统的案例中实质上是类似的。最初我们要提出以下假定，后面将会去掉：

假设一：假设活期存款除去收入存款的增量，等于新投资净额减去新增就业所需的营运资本，则新增的营运资本正好等于企业家的盈利额加上任何新增收入存款。[1]

假设二：假设银行在考虑到金融流通总量发生波动之后，提供给工业流通的货币有所增加，增加的数量刚好足够以稳定的速度吸收失业的生产要素使之就业，则当一个生产周期过去之时，最后一个失业者也刚刚就业。这就相当于为了支付日益见长的工资（这是假设），同时为了增加商业存款，企业家需要向银行求助，于是银行便为企业家提供其所需的一切，利润除外。

假设三：假设增加的就业全部用于生产消费品，而流动资本存量（如有）保持不变。

假设四：假设没有发生收入通货膨胀，则生产要素的效率工资始终保持不变，即生产成本保持不变。

假设五：假设所有商品的生产过程持续时间一样，同时这个过程是稳定的。

假设六：假设工资按固定的时间间隔发放，也就是"周"，按每周的工作发放工资；所支付的工资只够领取者下一周的支出；同时每周的支出都固定不变，也就是说，无论哪一周的支出都是由上一周的收入决定的，若当周工作所得收入

---

〔1〕其中包含一项隐含假设：本阶段开始之时资本家既没盈利也没亏损，但该假设并不重要，没有这一假设修改此论述也很容易。

未及时收到，将影响下一周的支出。此外，假设消费者在周末将收入存款结转，结转金额等于刚刚收到的当周收入，加上上一周收入中的固定余额。

当货币收入保持不变或以恒定速度变化时，这意味着每周结转的收入存款在一周收入中的占比固定不变，收入存款的流通速度也固定不变。但货币收入发生变化时，情况并非如此简单。这一数目只有在工资稳定或按稳定的比率（几何级数）增加时才是稳定的。如果k_1依旧表示收入存款流通速度的倒数，w_1和w_2表示连续两周的收入，$m \cdot w_1 + w_2$表示第二周周末的结转余额（根据上述假设可得），则第三周的支出为$w_2 + m(w_1 - w_2)$，平均收入存款为$m \cdot w_1 + w_2 - \frac{1}{2}\left[w_2 + m(w_1 - w_2)\right]$，这是一周中间时间点的余额，即$\frac{1}{2}\left[w_2 + m(w_1 + w_2)\right]$，故可得

$$k_1 = \frac{1}{2} \frac{w_2 + m(w_1 + w_2)}{w_2 + m(w_1 - w_2)}$$

只有当工资固定不变或以稳定的（几何级数）速度增长时，k_1才恒定不变。

假设七：假设不管过去犯了什么错误，所有相关人士都准确地预测到了信贷周期的后续过程。

设生产周期时间长度（根据假设五假设时间长度一致，强度稳定）等于上述单位时间或"周"的$2r-1$倍。

若a=单位时间内的货币收入流量，t=用于消费的收入部分，此外，根据假设一可知，t=消费产出，初步可得，$a \cdot r$=营运资金生产成本；[1]且$t \cdot a$=消费流量，设p为消费品的物价水平。

现在假设，失业的生产要素与在业的生产要素之比为x，同时，一种变化导致就业开始增加，达到最大限度，从而导致营运资本增加x。根据假设二可知，这并非一蹴而就，而是稳定等量增加。因此，每周对生产设备的资金投入$\frac{a}{2r-1}$会以比例x增加，然后保持在$\frac{a}{2r-1}(1+x)$这个水平上。因此，$2r-1$周后，收入将增加到$a(1+x)$，在此之后保持在这一稳定水平。

这意味着第一周收入将增加到$a\left(1+\frac{x}{2r-1}\right)$，第二周增加到$a\left(1+\frac{2x}{2r-1}\right)$，第三周增加到$a\left(1+\frac{3x}{2r-1}\right)$，到第（$2r-1$）周时增加到$a(1+x)$，此时就业达到最大

---

[1] 因为 $\frac{a}{2r-1} + \frac{2a}{2r-1} + \frac{3a}{2r-1} + \cdots\cdots + \frac{(2r-1)a}{2r-1} = ar$

限度。

增加的收入不会影响第一个时间段的物价水平，因为我们已经假设周末发放工资，所以新增的收入要到第二周才能以购买力进入市场。但在第二周购买力进入市场，一开始的量与之前可用的实际产量相等，之后将增加到 $a\left[t+\dfrac{x(1-m)}{2r-1}\right]$。因为 $\dfrac{ax}{2r-1}$ 为收入的增长，$\dfrac{axm}{2r-1}$ 为收入增加的部分加上结转余额，这样才符合假设六。[1] 结果是物价水平会上升到 $p\left[1+\dfrac{x(1-m)}{t(2r-1)}\right]$。因此，消费者收入的货币购买力减少 $\dfrac{x(1-m)}{t(2r-1)}$，在上述时间段内，如果有企业家的商品可以出售，此时售价为 $p\left[1+\dfrac{x(1-m)}{t(2r-1)}\right]$ 而不是 p，那么他们将获得同等数额的利润。

第二周的收入额为 $a\left(1+\dfrac{2x}{2r-1}\right)$，第三周的新物价水平为 $p\left[1+\dfrac{x(2-m)}{t(2r-1)}\right]$，推理过程同前。这个过程会持续 2r-1 周，结束时，收入额为 a（1+x），第（2r-1）个时间段内的物价水平为 $p\left[1+\dfrac{x(2r-2-m)}{t(2r-1)}\right]$，如果（2r-1）表示很多周，那么 $p\left[1+\dfrac{x(2r-2-m)}{t(2r-1)}\right]$ 几乎等于 $p\left(1+\dfrac{x}{t}\right)$。也就是说，如果 r 很大[2]，无论是绝对的还是相对于 m 而言，那么消费者维持的收入存款与货币收入之比，对价格上涨的抑制作用非常小。价格上涨之所以会受阻，部分是因为挣工资的人晚了一周领到工资，部分是因为他们把这一周未花完的收入结转到下一周，以便让收入存款与货币收入维持适当的关系。

此时，收入存款的增量 [即在第(2r-1)周结束时结转] 将达到 $a\cdot x\left(1+\dfrac{2r-2}{2r-1}m\right)$。与此同时，整个消费者群体（包括负责新增产量的消费者）消费的数额将与之前完全相同，即以每周 a·t 的速度进行消费。因为，尽管整个过程中实际工资一直在稳步下降，导致原有生产者（负责新增产量的生产者除外）的消费将会减少，但新生产者的消费将会等量增加。[3] 因此，这些新生产者的总收入将增加 a·x·r，收入存

---

[1] 如果 m 大于 1，即结转余额大于一周的收入，除非经过一段时间，否则这个假设不太可能成立；因为在这种情况下，当收入增加时，结转余额很可能只是逐步按同样比例增加，导致收入存款的流通速度将暂时低于正常值。

[2] 关于 r 可能有多大，见下卷第 28 章。

[3] 上述论述将失业津贴等可能发生的事排除在外，失业津贴的影响见下文第 177 页注 [1]。

款增加 $a \cdot x \left(1 + \frac{2r-2}{2r-1} m\right)$ 企业家的累计利润将达到 $a \cdot x \left[r - \left(1 + \frac{2r-2}{2r-1}\right) m\right]$，因为这是投资额超过储蓄额的量。如下所述，在第2r周企业家的盈余将减少一小部分，这样他们最终会得到总盈余为 $a \cdot x[r-(1+m)]$。

此时随着价格的上涨（符合假设，特别符合工资保持在原有水平这一假设），营运资本、产出和就业都已增加到最大限度。

这是繁荣期的高峰，价格也达到了最高点。如果生产要素中有待接纳的失业率最初是10%，t是90%，那么价格大约会上涨11%，此时进入第二阶段——也就是衰退期。

在就业复苏开始后的第2r个时间段内，在售产品开始以 a（t+x）而不是 a·t 的速度增加，然后以这个速度继续稳步增加。因此，物价水平会下降 $\frac{x}{t}$，而此时市场上现有商品增加了 $\frac{x}{t}$。也就是说，因为在第2r个时间段内支出为 a（t+x），市场上可用商品为 $\frac{a}{p}$（t+x），所以导致物价水平突然下降到其初始值p。[1]

人们将注意到，在售产品供应的增加正好与价格的下跌保持平衡，所以收入存款在增加到 $k_1 \cdot a$（1+x）之后，仍然与新形势处于均衡状态。

根据当前假设，衰退期仅仅只有价格下跌，不会对就业量产生作用。在新的均衡状态下，物价水平和工资水平与生产扩大之前保持一致，但营运资本、生产和就业均增加了x。

二、八条结语

在降低假设的严密性之前，大部分论述已经在前几章中提过了，但关于目前的情况，有几点需要重复一下：

（1）保持价格稳定，同时以上述价格应该上涨的比例逐步降低货币工资，也可以得到相同的结果。但是，在这种情况下，增加的财富更多地将落入开始生产的新企业家手中，少量会落入那些生产开始增加时已有商品在生产的企业家手

---

[1] 这并不完全准确。因为第 2r 个时段末的逐期续储量 a（1+x）（1+m）比2r-1时段末的大，也就是 $a(1+m) + a \cdot x \left(1 + \frac{2r-2}{2r-1} m\right)$，于是结转余额的增加将导致物价在第2r个时间段内暂时低于p，直到（2r+1）个时间段内价格才会稳定在p。

中，因此在竞争条件下这将无法选择。

（2）如果生产要素愿意以延期付款的形式领取一部分货币工资，等到可以用其他方式增加储蓄时再用来购买在售产品，那么即使没有财富从消费者手中转移到企业家手中，也可以得出相同的结论。例如，如果工资周期等于生产周期，导致r=1，或者如果结转余额在每一个工资周期内都增加适当数额，或者如果储蓄通过某种其他方式充分增加，那么物价水平便不会上涨。

（3）周期前的银行存款人，如果在整个信贷周期中都按兵不动，那么将既无所得，也无损失，他们的银行存款始终不变。根据迄今所作的假设，增加的营运资本大部分属于企业家，营运资本的增加完全以日常收入为代价，根本不是以存款人的利益为代价，因此这导致购买力降低。

（4）虽然为了筹集营运资金使全体人民能够充分就业，生产者不得不减少单位生产力的实际收入，但是，几乎所有由此增加的财富全都成为企业家的额外收益。

但是，如果假设我们讨论的社会完全是一个社会主义国家，工资、储蓄量都由国家决定，国家是唯一的企业家，那么在增加营运资金的过程中，不会出现不公平的问题。在这种情况下，实际工资水平暂时降低，意味着整个社会财富的增加，因为实际工资暂时降低必然伴随着生产要素的充分利用，也将必然伴随着将储蓄用于任何其他目的。

（5）此外，新增的财富会落入企业家手中，但在就业开始增加时，主要落入那些已经有商品在生产的企业家手中，根本不会落入那些准备增产的企业家手中，因为后者的商品出售时只能获得正常的价格。换句话说，未来某一天，也就是生产完成后的远期价格将始终保持在正常水平，这说明远期价格与现货价格之间存在现货溢价，即现货价格将高于远期价格。

（6）营运资本价格p'与原材料批发物价指数大致相同，若预测准确，p'将立即上涨，上涨幅度大于p，p为在售产品的物价水平，即流动消费品的物价水平。在信贷周期开始之后，营运资本以商品形式已开始进入生产过程，其价值不会上升，因为这些成品只会以原来的价格出售。在信贷周期开始之后，商品形式的营运资本虽然无法出售，但已经完成部分，其价值表明，产品完成时可用产品的预期价格会上涨；也就是说，若预测准确，原材料和半成品的物价水平p'，平均而言增长幅度要比p大得多，即增长到p与$p\left(1+\dfrac{x}{t}\right)$之间。

（7）假设与失业时相比，生产要素在就业时货币收入增加，消费也相应增加；所以就业量增加，导致先前失业的生产要素的收入增加，这意味着在这段生产周期内已就业的生产要素的实际收入减少了。就目前而言，情况并非如此（比如因为有失业津贴），新增的所需营运资本部分可能来自以前失业人员的收入来源[1]。这并不影响本书观点的性质，但却意味着必要的价格上涨幅度相应减少了。例如，如果失业工资是就业工资的一半，用 $\frac{x}{2}$ 替换上述方程式中的所有x之后，该方程式仍然成立。如果在有关社会中，生产要素无论是就业还是失业，获得的工资（"工资或生活费"）完全相同，那么，显而易见价格根本不会上涨。但是，除非以前用于失业救济金后来用于补充营运资本的资金，之后用于增加其他方面的消费或投资，否则在这些情况下，生产期结束时价格将下跌到最初水平以下。

□ 1980年代经济危机中的失业者

资本主义因为其内在矛盾，几乎每隔十年就会发生一次经济危机。有的危机影响大，有的影响小，但受伤害的大部分是底层的工薪阶层。图为美国1980年代经济危机中的失业者在游行示威。

（8）还有一个事实，看似矛盾却非常重要，上文已经提到过，但有必要再次重复一遍。任何特定时期内，社会累积财富的增加，取决于在此期间企业家和金融家的决策，并非公民个人的决定；企业家和金融家决定固定资本或营运资本的产量，公民个人决定把收入的哪一部分存起来。当新投资的生产成本与个人货币收入中的储蓄额不同时，必然会导致某些价格变化。如上所述，如果是在通货膨胀的情况下，即使没有人故意增加储蓄，但由于价格上涨，个人消费减少，社会财富也会增加。但是，在通货紧缩过程中，个人看起来似乎是在"储蓄"，而且这样做也的确令他们满意，因为就个人而言，储蓄增加就意味着财富增加。但是尽管如此，国家财富不会有任何净增长。因为"储蓄者"增加的财富等于一部分企业家损失的财富，而且一般来说，"储蓄者"放弃的消费等于消费者增加的消费。

---

[1]如果支付给失业者的款项由工业负担，那么在每个就业要素工资不变的情况下，增加就业将导致效率工资降低。或者我们也可以把失业人员的支出当作是负储蓄。

因此，获得收入的群体与消费群体就个人而言，无论节俭与否，实际上对消费总量不会产生丝毫影响；因为就日常消费而言，个人减少或维持消费的打算，总会被价格的适当上升或下降所阻挠，对日常消费总量整体不会产生任何影响。因此，大众个人节俭与否所带来的净影响，从大众的消费总量看不出来，但从物价水平和拥有新增资本品的人可以看出。简而言之，对这些拥有新增资本品的人来说，此时大众的"节俭"既廉价又有用，因为在消费总量不减少的情况下，节俭让他们获得了本来属于企业家的财富。

三、一般案例

前文通过假设局限条件已经简化了论述，现在必须尽量去除一些限制条件。

（1）假设一

如果活期存款大于假设的水平，那么价格上涨的幅度就会相应减小，因为消费增加的购买量将少于上述假设的量，即每周 $\frac{ax}{2r-1}$；反之，如果当前储蓄小于假设的水平，那么价格上涨的幅度就会相应增加。但这并没有改变本文观点的性质，只不过在计算中必须用一个更大或更小的项来代替 $\frac{ax}{2r-1}$。

同样，如果在储蓄没有任何相应变化的情况下，如上所述，新投资净额（增加的流动资本除外）的减少或增加对价格等的影响，将会减轻或加剧，而性质不会改变。例如，目前，营运资本的增长可与国际收支差额的减少相抵消，所以减轻影响属于这一类。

简而言之，若储蓄与投资之间实际的失衡超过假设一，信贷周期现象比标准情况下更为剧烈；若储蓄与投资之间实际的失衡低于假设一，信贷周期现象比标准情况更为缓和。

然而，因假设一不成立，导致信贷周期发展过程存在较大差异，即信贷周期不会恰好持续一个生产周期，也不会只持续一个生产周期。情况会变得更加复杂，只有先对性质做出准确假设，才能准确描述其发展过程。

举个假设一不成立的具体情况，假设企业家将个人消费支出增加到上一"周"所获暴利的全部数额，此时，他们的"储蓄"（根据上文定义）是负的。与之前一样，事实上新的购买力要晚一周才能到消费者手中，所以第一周和第二周的情况与之前一样；但在其后的每一周，不仅新就业人员增加的支出会作为制成品的购买力出现在市场上,而且,企业家上一周所获的暴利,也会作为制成品的购买力出现在市场上。[1]于是第三周价格将会上涨到

$$p\left[1+\frac{x(2-m)}{t(2r-1)}+\frac{x1-m}{t(2r-1)}\right]$$

即 $p\left[1+\frac{x(3-2m)}{t(2r-1)}\right]$,第四周价格涨到

$$p\left[1+\frac{x(3-m)}{t(2r-1)}+\frac{x(3-2m)}{t(2r-1)}\right]$$

即 $p\left[1+\frac{x(6-3m)}{t(2r-1)}\right]$,以此类推,直到(从简单的代数便可看出)[2]第q周,价格涨到

$$p\left[1+\frac{(q-1)(q-2m)}{2}\cdot\frac{x}{t(2r-1)}\right]$$

而不是标准情况下的 $p\left[1+\frac{(q-1-m)x}{t(2r-1)}\right]$;最后到第(2r-1)周价格为

$$p\left[1+(r-1)\left(2r-1-2m\frac{x}{t(2r-1)}\right)\right]$$

如果假定原有企业家在获得意外利润后保留一部分,那么价格上涨将介于上述两个公式之间。因此,连续时间段内,银行贷款的增长以及对应的零售价格的增长必须大于标准情况下的增长,增长幅度取决于获得意外利润的人的消费水平。但是这个观点没有受到其他影响。现有消费者强制减少的消费,现在必须等于投机商的新消费加新生产者的消费,同时,货币收入实际价值下降的比例也必须更大。由此可见,要吸收10%的失业人数用于生产,物价水平的涨幅必须要高于标准情况下所需的最大涨幅11%。例如,如果x为10%,那么t为90%,m为1,2r为50,在标准情况下,价格从100涨到110.6,在企业家消费意外利润的情况下,价格从100涨到350。如果消费者试图做消费者群体都不可能完成的事情,即用储蓄

---

[1]假定收款人认为连续的额外利润不属于固定收入,因此其收入存款的结转不按比例增加。

[2]如果物价在第q周为$p\left(1+s_q\frac{x}{t(2r-1)}\right)$,我们可以看到$s_q-s_{q-1}=q-1-m$。因此$s_q=\sum_{2}^{q}(q-1-m)=\frac{q-1}{2}\{(1-m)+(q-1-m)\}=\frac{(q-1)(q-2m)}{2}$。

来维持原有单位产出的消费，那么结果依旧如此。

但是，除了增加收入存款以外，信贷周期可能会刺激储蓄增加，但这并不会自发产生。由于货币价值在信贷周期扩张时处于下降阶段，但之后会再恢复至原有水平，任何个人只要推迟消费时间，同时转存储蓄存款，不仅可以获得正常的货币利率，此外还能获得货币价值的预期增长，并按年利率计算。因此，可能有一种强有力的动机在影响个人更改其消费的时间分布。在价格上涨的早期阶段，这种刺激作用很小，因为价格不会上涨太多，而且价格下跌为期尚远。但在后期，当价格下跌幅度大、日期近的时候，刺激作用就会变得很大。因此，只要预测准确，这个因素可能有助于降低价格曲线峰值。

（2）假设二

如果银行体系促进就业和总收益增长，使其增长速度快于或慢于假设的速度，那么便会以上述同样的方式产生种种弊端，在任一具体情况下这都不难描述，但却不适合笼统地描述。

（3）假设三

假设所有可用收入都是在生产的同时用于购物和消费，流动消费资本（如果有的话）的数量保持不变；也就是说，零售现货不能囤积，也没有原始库存。如果可用产品易腐烂变质、不易储存，那么该假设完全合理。但如果可用产品不易变质，那么除非囤积成本高于物价水平预期上升的速度，否则价格上涨的预期将导致商品囤积；而如果物价水平预期将恢复到此前较低水平，则将引起商品清仓。因此，去除无囤积假设非常重要。

如果假设物价水平变化趋势预测准确，一定比例的银行新增贷款将用于增加流动商品储存量而非用于补充营运资本，因此物价水平的最初涨幅会比其他情况下更大，因为用于消费的流动商品将减少。如果囤积没有成本，物价水平会在第一个时间段涨到最大值［而不是像标准情况那样在第（2r–1）个时间段上升到最大值］，这个最高价格将在（2r–1）个时间段内保持不变。这个价格介于初始物价水平和无囤积假设的最大物价水平之间，也就是说约等于 $p\left(1+\frac{x}{2t}\right)$。[1] 在这种情况

---

[1] 因为，如果涨幅比这还大的话，那么只有在第一个时间段内将部分库存撤出市场，才有可能在之后的时间段内亏本出售。

下，囤积量将继续增加到第（2r-1）个时间段为止，之后会减少，直到囤积量在第（2r-1）个时间段内被完全吸收为止。之后物价水平将和以前一样恢复到p。

可以看出，囤积（如果没有成本）的可能性使价格波动的幅度减半，而且因为囤积能更好地分配消费时间，所以符合大众利益。因为，随着就业以我们规定的速度增加，囤积将切实可行。在前几周货币供应将不得不略有增加，而后面几周会略有减少，原因在于，需要资助的利润数额将在初期增加，然后将会减少。

如果能准确预测信贷周期的发展过程，就会出现上述情况。然而实际上最初价格上涨可能非但不会刺激囤积，反而可能会从囤积或现有正常储备中向市场提供额外供应。价格上涨只有在持续一段时间之后，才可能引起商品囤积，从而导致错误的预期，即价格会持续上涨。在这种情况下，起初价格上涨幅度将小于标准情况下的涨幅，但随后会大于标准情况下的涨幅。此外，当额外的供应进入市场时，囤积者由于误判在第2r个周期内仍有库存，价格暴跌将使初始价格低于正常水平p。

其次，必须考虑到囤积通常需要成本。如果这个成本大于没有囤积时价格上涨的速度，那么就不会发生囤积。也就是说，如果每个时间段内的囤积成本大于 $\frac{px}{t(2r-1)}$，就不会产生囤积。但是，如果每个时间段内的囤积成本小于 $\frac{px}{t(2r-1)}$，就会产生囤积。此时，囤积开始后的前一段时间内价格会高于标准情况，而后面一段时间内价格会低于标准情况。但和以前一样，将在第2r个时间段之前达到最高物价水平，而后在第2r个时间段跌回到p。

（4）假设四

我们已经假设，在标准情况下，生产要素的货币报酬在整个周期内保持不变，即商品通货膨胀出现的同时并没有发生收入通货膨胀。如果该假设不成立，消费物价水平在收入通货膨胀所导致的上涨之上，将进一步上涨，涨幅与持续时间与收入通货膨胀一样。

（5）假设五

接下来，不再假设所有商品的生产时间都是一样的。此时，物价水平将由多种商品价格组成，其中一些商品尚未达到最高价，而另一些已经超过最高价。综合价格曲线将呈现出常见的形状：

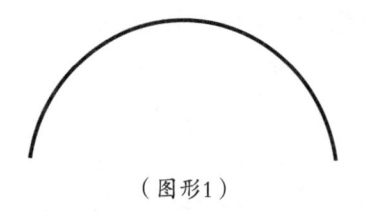

（图形1）

在没有囤积的情况下，不是像标准情况那样突然直线下降：

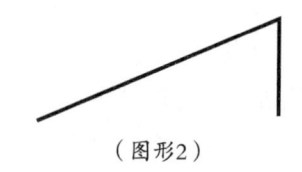

（图形2）

或者曲线一开始上升得更快，然后在出现囤积的情况下突然下降：

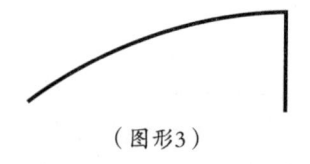

（图形3）

因为，当越来越多的商品价格达到峰值然后下降时，综合物价水平的增长速度就越来越慢（如图形1所示），直到达到一个点，此时价格下跌的商品超过价格仍在上涨的商品。

如果放宽生产时间一致的限制，而不是放宽准确预测的限制，那么先前的结论还有另一个限定条件。如果生产周期短的商品的资金投入增长速度与其他商品一样，那么在生产结束时，其价格将低于正常水平，因为此类商品的购买力增长还没有达到产出增长的幅度。由此可见，生产周期相对较短的商品，资金投入速度应比其他商品资金投入速度稍慢一些。但是，作为上述情况的部分平衡因素，部分消费会从生产周期较长的物品，转移到生产周期较短的物品，因为后者价格较低；如此便能抵消部分上述情况。

（6）假设六

任何偏离这一假设的情况，所产生的影响都与根据假设一讨论的储蓄变化的影响相同。

（7）假设七

与标准情况相比，实际中的信贷周期本身极易"过长"。

目前为止，我们假设了准确预测，对不准确的预测结果只是稍微提了一下。但事实上，预测肯定不准确，而且，目前我们什么都不了解，预测很可能有所偏差。由于企业家现下的心态，制成品的现货价格，对企业家增加生产设备投入的决定性影响，都远远超过生产周期结束时的远期价格的影响，因为现货价格是确定的，而远期价格不确定。然而，对企业家应该产生影响的只是远期价格，根本不是现货价格。结果是，当现货价格上涨时，特别是持续上涨约6个月时，资金投入速度就会过快；而当现货价格一直下跌时，资金投入速度就会过慢，从而产生不必要的后果。

此外，如果很多企业家独自决定增加投入，并且极力彼此隐瞒，那么，他们中的任何一个人，都不可能准确预测到产出的增长速度，因此，也无法准确预测一个生产周期之后，众人对价格的反应。

显然，上述观点可能产生多种难以预料的后果和拓展，人们可以继续用更大的篇幅对其进行扩展限定、归纳概括。然而，也许读者已经理解了本文的整体思想体系，可以将其应用于可能发生在他身上任何其他有趣的事例中去。

第21章　国际货币失衡引起的变化

详尽论述国际价值理论，超出了本书的范围。但这一理论某些简短的导论，必然会出现在关于货币的论述中。

一、相对物价水平和相对利率是造成货币失衡的原因

国际货币体系均衡要求每个国家的国外贷款应等于其外汇结存。这一点涉及两种情况。因为国外贷款取决于国内外的相对利率；而外汇结存则取决于国内外的相对物价水平。

不过，由相对物价水平失调导致的失衡，与由相对利率失调导致的失衡存在根本差异。对于第一种情况，可以通过改变物价水平（或者更确切地说，改变收入水

平）在不改变利率的情况下恢复均衡，但是为了改变收入水平，有必要暂时改变利率。对于第二种情况，要恢复均衡可能不仅需要改变利率，而且需要长久改变收入水平，可能还有物价水平。也就是说，一个国家的物价水平和收入水平不仅受到国外物价水平变化的影响，而且还受到利率变化的影响，这是因为国外投资需求会随着国内需求的变化而变化。

（一）首先我们讨论较为简单的第一种情况。在这种情况下，失衡完全是由于国外物价水平变化（比如下跌）引起的。这将导致外汇结存B下降，而国外贷款L却没有发生相应的变化，从而导致L超过B，黄金外流。此时银行利率必须暂时上调；利率上调首先导致价格下跌，然后是货币收入下降，但当这一过程完成之后，银行利率便可以稳步恢复到原有水平。因为满足均衡的条件是：整个产出的物价水平Π、S_1、L、I_1及B都下降到低于国外价格下跌前的货币价值（尽管购买力没有变），相当于国外物价水平下降的程度。除了货币价值以外，新均衡一旦建立起来，将与旧均衡没有显著区别——生产性质将保持不变。[1]

（二）接下来，假设失衡是由于国外利率上升引起的，而国内的S和I_1与以前一样，仍然随利率的变化而变。这将导致L增加，因此L将超过B，黄金外流。与前一种情况一样，银行利率必须上调，而这抑制了国内投资I_1和国外贷款L，因此S超过L，价格Π下跌。Π下跌给原有生产成本下的企业家造成损失，所以他们往往会降低提供给生产要素的货币收入，最终基本方程式的第一项就会下降。Π的下跌首先由基本方程第二项的下降引起，然后由第一项的下降引起，这将使B增加，而银行利率上升将使L减少。直到L = B，Π才停止下跌，此时黄金不再外流。在新的均衡状态下，L在S中的占比与之前相比变大，而S_1的占比则变小。Π将会发生什么变化呢？

B将必须增加，这意味着出口必须增加或进口必须减少，或两者兼而有之；所以B的必要增加只能通过国产外贸商品价格下降，导致生产转移、I_1减少来实现。在上述过程的一个阶段，以上三种情况都将发生。黄金外流将使外国产品价格上涨，同时使本国产品价格下降，而利率上涨会使I_1减少。因此，在新的均衡状态下，所有本国产品价格，将相对于所有外国产品价格下降。如下所述，这种相对

---

〔1〕这个观点涉及某些心照不宣的假设，例如影响盈利的各个生产要素都以同样比例变化。

下降的幅度，将取决于由国内外生产力强度造成的贸易条件变化。

就Π本身而言，有的部分将会下降，而有的部分则会上升。如果国内消费的所有商品都能顺利地进行国际贸易，那么Π不会随着国外类似的物价水平的变化而变。然而，由于实际中这一条件从未得到满足，而且大多数国家主要消费本国的产出，所以一般来说，两部分相抵之后Π绝对会下降。这是本文论述的重点，但是现在必须进一步详加阐述，理由下文会说明。

二、国外贷款与黄金流动之间的关系

上述论述隐含一个假设，也即B随国内外相对物价水平的变化而变，与L没有直接关系。也就是说，仅仅只有L增加（假设便是如此），无论是对国外的物价水平，还是国外在一定物价水平上对国内商品的需求量，并不会产生影响，从而在不影响国内物价水平或收入水平的情况下，使L的涨幅与B的涨幅相同。但是我们的假设却与之相反：在大多数情况下，L与B之所以大致相等，不是因为L增加直接刺激了B增加，而是因为L大于B之后，就会引起黄金流动发生变化或可能发生变化，从而导致有关国家银行当局调整贷款条件，破坏两国现有投资均衡，引起国内外相对价格适度变化，使L的净值暂时减少，最终使B增加（到那时，不再需要L暂时减少）。上述推论依赖于黄金实际流动的情况，符合李嘉图的传统理论，该理论拓展之后，涵盖了李嘉图本人所忽略的国际资本交易，正如陶西格教授等人就当今形势所阐述的那样。但这与另一种传统理论并不完全一致，该理论主要以经验为依据，在19世纪的英国被广为接受，直到今天仍被接受。根据该理论，国外贷款直接刺激外汇结存，这一作用几乎是自动发生的，而黄金实际流动所起的作用相当小。我认为，这一结论更多地是以19世纪英国的经验为依据，而非先验推理。但最近，尤其关系到德国赔款移交的问题，这一观点也得到了支持，尤其是奥林（Bertil G. Ohlin）教授。

陶西格教授在他的《国际贸易》（*International Trade*）一书中，通过研究19世纪和20世纪初期一些国家的案例，对这个问题进行了归纳总结，指出各个国家不同时期的L值起伏变化很大。但当谈到为了使B随着L的变化而变，货币必要的变化幅度时，结论就不太确定了。实际情况有时看起来支持李嘉图的观点，而有时发现货币变化幅度不足以验证该理论的主要观点。此外，黄金流入有时可能会出现在价格上涨之后,而不是之前。

我和奥林教授都在《经济学杂志》(1929年)上发表过文章,就德国赔款移交问题存在争议,我无法阐明我的观点的理论基础,因为前面几章的分析还没有发表。但是,我希望通过这种分析可以解决这个难题,说明实际情况在什么条件下将符合奥林教授的观点,又在什么条件下符合李嘉图—陶西格的观点。

有两种偶然情况与本文观点的实质并无关联,首先必须另作说明一种情况是国外贷款与所得收入须用于国内交易的合同或协议息息相关;但是也可以不履行此类合同,因而所得收入一般会用于国外交易。此类合同总量可以忽略不计,实际上相当于是在补贴所供应商品的成本,也就是以本应收取的利率为代价来降低商品价格。

其次,还有一种情况是,某种形态或形式的金汇兑本位制,用外国流动资产的流动取代了金块的流动。为了便于讨论,我们将把这种变化视为黄金的变化。

不妨将一个国家可以避免黄金变化的市场利率,即 $G = 0$ 时的市场利率,称为国际利率。(同一货币体系、不同成员国的国际汇率,当然不是相互独立的。)

首先讨论只有A和B两个国家的情况,如此可以避免复杂的间接贸易。

假设从平衡状态开始,此时两国都是 $G = 0$ 和 $I = S$ 的。这就意味着每个国家都是:

市场利率 = 国际利率 = 自然利率。

(记住,除非国外贷款完全流动,否则这并不意味着两国的利率是相同的。但是,如果其中一国的市场利率和国际利率相等,那么当相关国家只有两个时,另一国的市场利率和国际利率也必然相等。)

假设A国的投资吸引力增加了,但B国没有。于是现在有两个问题需要讨论:新的平衡状态达到时的特征,从旧平衡状态向新平衡状态转变的本质。(假设市场利率上升不会对两国的储蓄产生实质影响,这将简化阐述同时并不会影响本书观点的核心。)

第一,新平衡状态的特点。各国的市场利率、国际利率和自然利率将再次相等,但与此前相比有所上涨,涨幅相当于两国投资边际吸引力的涨幅之和。此外,与没有国外贷款流动的情况相比,A国的利率上升了,而B国的利率下降了。同时B与L将再次相等,但与此前相比数值变大。换句话说,以前在B国进行的投资将转向A国,使A国的投资增加,这种转移将对两国的货币收入水平产生什么影响呢?

之前在B国进行新投资的生产要素将必须转变，从而生产其他可以促进A国新投资的产品。可通过以下方式实现：B国生产之前从A国进口的产品，从而解放A国的生产要素，使之为A国投资生产；B国生产之前A国生产的产品然后出口到A国，从而解放A国的生产要素，使之为A国投资生产；B国生产产品然后出口到A国，这些产品可直接用于目前在A国进行的新投资。

如果能在不降低效率的情况下转变生产性质，也就是说，如果B国能生产之前在A国生产的产品，然后以与之前相同的价格在B国或在A国出售，具体视情况而定，同时生产要素的货币收入与之前就业时相比没有任何减少，企业家也没有任何损失，那么两国在新平衡状态下的货币收入必然与旧平衡状态下的相同。如果B国在直接生产用于A国新投资的商品原料时效率特别高，那么与在A国生产这些产品相比，不仅不会降低效率，而且实际上会提高效率；在这种情况下，B国的货币收入相对于A国的货币收入非但不会下降，反而可能会上升，这是因为A国增加的投资吸引力只有B国的生产要素才能提供有效供给。但是，如果A国的新投资品必须由A国的生产要素生产，而这些生产要素之前生产出口给B的产品或之后生产从B进口的产品，那么假设正好相反；因为除非有利可图，否则A之前不太可能将有关产品出口给B，或是不进口这些产品。因此，一般来说，与旧均衡状态相比，新均衡状态下B的货币收入相对于A的货币收入而言必须下降。[1]

一般来说，两国之间的"贸易条件"将发生变化，对B国不利。贸易条件变化的程度，要根据B国出口商品价格的变化与进口商品价格的变化之比来衡量。这个比率将不等于B国平均实际收入变化与A国平均实际收入变化之比，除非一国内部存在生产要素流动，从而使国内贸易行业的收入水平与国际贸易行业的收入水平保持一致。或许应该补充一点，实际收入的变化没有货币收入的变化那么大，而且对外贸易在一国经济中的重要性越低，实际收入的变化就越小。

A国投资吸引力增加，导致A、B两国之间的贸易条件发生变化，变化大小与转变的性质和转变产生的方式无关。这取决于非货币因素——客观事实、生产

---

[1] 在《国际贸易》一书中，陶西格教授收集了大量证据来证明这一理论。比如，当国外投资增加时，贸易条件对债权国不利而对债务国有利，前者工资下降，后者工资上升。用他的话来说，即总易货贸易条件和净易货贸易条件往往朝着相同的方向发展。我认为，陶西格教授太急于假设，出口和进口会根据实际情况中的其他因素自行调整，而不是在某种程度上反过来。但他对国际投资对不同国家物价水平影响的论述，远远超越了任何其他相关讨论。

1900年的英国金币

1900年的英国,依然采用金本位制度,市面上金币、银币和银行券都在流通。黄金在包括英国在内的金本位国家间自由流通。直到1914年,第一次世界大战爆发,金本位制才崩溃。

力、两国对对方能以实际效率生产的商品的需求弹性。

贸易条件的这种变化有时可能非常小,例如,19世纪英国为国外的铁路发展提供贷款,而能够高效生产这些新投资所需商品原料的就只有英国自身。这也不能说明新形势整体必然对B国不利。B国有三种收益来源,可以抵消不利贸易条件带来的损失,即增加本国储蓄的利率;当新贷款的利息减少或新贷款最终还清时,贸易条件的变化随后发生逆转;新投资导致平时从A国购买的商品成本在未来可能降低。

但在某些情况下,贸易条件变化可能对B国产生巨大的不利影响;当A国对B国的商品征收高关税,而B国又无法直接提供A国新投资所需的商品原料时,这种可能性会特别大。

当国内外贷款的相对吸引力突然发生变化时,贸易条件也可能在短时间内发生大的变化,因为,生产要素要使生产活动性质改变的同时又不引起效率严重降低,这需要时间。正是因为如此,所谓的货币"出逃"可能引发灾难,也就是说,出于某种原因,当一个国家的国民无法抗拒非要把资金借给国外时,就会出现这种情况。"一战"后一些显著的事例表明,突然出现的不信任,对短期内贸易条件产生了巨大影响,导致了国内外贷款相对吸引力突然变化。

卡塞尔教授的"外汇购买力平价理论"忽视了贸易条件变化的影响,这也许是最不能令人满意的一点。这不仅使他的结论在长期内站不住脚,而且短期内也靠不住,因为在短期内只要外国贷款吸引力发生急剧变化,就会出现这种情况。

第二,过渡期的特点。在两国货币收入相对发生适度变化之前,国际利率不可能再次与两国的自然利率相等。但是,引起相对变化的方式有两种:一是一个国家通过改变本国的绝对汇率而承担变化带来的全部影响,使另一个国家的绝对汇率保持不变;二是两个国家共同承担变化带来的影响。

如果每个国家都决定维持一定数量的黄金储备且在本国货币收入占比固定不变,那么两国各自分担的变化影响是预先确定的,两国中较小的国家承担变化的主要影响。但如果各国允许这一比例有所变化，同时国外投资增加导致的实际变化，一般只会引起总收入中黄金储备占比发生微小的变化，甚至根本没有黄金从一个国家流入另一个国家，那么两国各自承担绝对收入变化的比例是不确定的，这取决于事态发展和两国中央银行在过渡期采取的政策。

为了说明这一点，不妨举一些极端的例子。一方面假设A国并不介意流入本国的黄金增加，同时无论B国政策如何，都将其市场利率固定在与自然利率相等的水平；另一方面假设B国不愿意黄金外流，同时保持其市场利率与国际利率相等（当然，B国在很大程度上取决于A国确定的市场利率）。在这种情况下，A国的市场利率、自然利率和国际利率不会不相等，黄金储备不会变化，故而收入也没有必要改变。因此B国收入首当其冲地受到该变化的影响，而B国为了继续保有黄金，被迫将市场利率维持在自然利率之上，直到因此而产生的通货紧缩使收入降低到必要程度。

但是，如果B国愿意损失黄金，而不愿将市场利率提高到高于自然率的水平，那么，首当其冲受到该变化影响的便是A国，A国将发生通货膨胀，直到货币收入比率相对于B国而言提高到必要的程度为止。在此期间，B国的货币收入将始终保持不变。

从某种意义上说，两国之间的黄金流量（如有），对这个过程来说一点也不重要。因为，潜在的黄金流量产生的结果，与实际的黄金流量产生的结果一样。A、B两国收入的绝对变化量，取决于两国中央银行针对各自自然利率和市场利率之间的关系所采取的政策。如果其中一国政策与另一国的政策最为无关，同时在整个过渡期间保持其市场利率最接近自然利率，那么该国收入的绝对变化将最少。

与黄金流入相比，人们普遍不愿黄金外流，这意味着债权国往往要首当其冲地受到该变化的冲击。只有当债权国愿意，并能够对黄金输出的影响视而不见时，才能将黄金变化的影响转移到债务国。

但是，如果一个老牌国家向一个新兴国家提供贷款，一些必要条件将有助于债权国解决过渡期带来的问题。因为，外国贷款可能是债务国自然利率相对于市场利率有所上升的结果（和征兆），这由外部环境决定；此时，债务国的收入在贷款之前和贷款时可能会提高，而如果没有贷款，债务国将与外部环境建立一种不平衡的状态。简而言之，外国贷款可能导致债务国国内投资相对于国内储蓄而言有所增加；如果没有通过价格上涨将这种势态扼杀在摇篮里，那么，黄金输出以及之后的市场利率上涨将导致国内投资量增加。但是，读者必须注意，只有当相对于国外利率而言，债务国的自然利率由于某种其他原因已经存在上升趋势时，这一切才会发生。因此，面对国内新投资自发增长的趋势，贷款是来维持现有均衡状态，还是用来引发向新均衡状态的过渡，这是有区别的。

但是，如果贷款是由债务国市场利率上升引起的，同时自然利率没有发生相应变化，那么，除非债务国能够承受随之而来的大量的黄金流动，否则将产生通货紧缩。这种情况可能是为了增加黄金储备，由债务国银行当局有意采取的政策引起的。或者可能因为银行系统的性质，因为这样或那样的原因被迫贷款，比如，为了满足日益增长的金融流通需求，债务国市场利率而不是自然利率上升，因此被迫贷款。例如，1928年至1929年，美国与世界其他国家之间L值的变化，与其说是由美国的投资因素引起的，不如说是由金融因素引起的，因为金融因素导致金融流通要求增加。然而，如果美国的高利率是由于该国的自然利率相对于其他国家有所上升引起的，那么，高利率政策就不会给世界其他地区带来任何严重影响，也不会导致世界范围内商品价格下跌。因为在外汇结存越来越不利于美国的同时，本应出现一种并行趋势。

因此，如果责任在于债务国的财政因素而不是投资因素，那么黄金将继续变化；为了这种趋势，世界其他地区的市场利率，将不得不上调至高于自然利率的水平，结果是导致各地的投资低于储蓄，从而产生利润通货紧缩。这有助于说明利润通货紧缩（以及类似的通货膨胀）以何种方式从国际体系的一个成员扩散到另一个成员。如果其他成员国不能或不愿大幅降低黄金储备，那么，黄金没有任何实质性流动时也可能会出现这种情况，而维持黄金储备不变，必然会使这些成员国发生通货紧缩。如果引起变化的国家在无须被迫将其市场利率降至与自然利率均衡水平的情况下，便能吸收大量黄金，那么即使黄金发生大的变化，也会发生这种情况。[1]

我已经说得够多了，足以表明这一进程和论述的性质。显然，我还可以列举出许多例证。例如，如果债权国不愿输出黄金太多，同时本国收入不易受通货

---

[1] 正如下卷第30章所述，19世纪90年代，英国拒绝按适合国际经济关系的规模向外国贷款，导致所有其他国家都发生通货紧缩。1929年底，法国似乎也在扮演同样的角色，不愿以适当的规模（即使L自己适应B）向海外放贷，这将引发全球通货紧缩。

紧缩的影响，那么，从一种平衡状态过渡到另一种平衡状态，可能会漫长而又艰难。但是，如果要进一步研究这个问题，便会过多涉及错综复杂的国际贸易理论，该理论本身就能写一本书。如果读者感兴趣的话，不妨自己继续思考。

但是，也许我可以附带将上述观点投入应用，放到我与奥林教授在《经济杂志》（1929年）上关于德国赔款移交问题的讨论中去。德国赔款于当年进行支付，相当于强制性的等量国外投资，只是德国在今后几年将无法享受国外投资所提供的累积补偿，而且这种投资与国外的自发变化不一致，这将直接导致对德国出口产品的需求。我认为奥林教授的观点是：如果接受国采取适当的信贷政策，就可以实现新的均衡，同时德国的当前收入水平不会发生任何变化，黄金也不会出现任何流动。

这一点完全正确，理论上这并非不可能。但我认为，实际上这极不可能；奥林教授要想反驳，必须更充分地探讨使他的结论成立的条件。

首先，这种观点与贸易条件所需要的变化完全无关，因此与德国和其他地方相对收入的变化、德国实际工资的变化也无关。唯一有关的是：这种相对变化主要是由德国货币工资的绝对下降引起的，还是由其他国家货币工资的绝对上升引起的。现在很难找到一种情况能更好地满足前一种选择的条件。因为德国无法拿出足够多的黄金对其他国家的信贷政策产生实际影响，接受国的自然利率相对于德国的自然利率而言，事先并没有上升的趋势，德国不能通过调整国外投资增长速度来适应货币收入相对可调整的速度（或者更确切地说，德国只能通过增加本国的外国借款才能做到这一点，这比减少本国的贷款要困难得多）。我的结论是：如果赔款支付涉及贸易条件的实质性变化（这不取决于货币因素，而取决于与德国和其他地区生产力性质有关的客观事实），那么或许有必要通过艰难（或许不切实际）的紧缩期来压低德国的货币收入。只有出现以下情况，才有必要对上述观点加以限定：其他国家有意或碰巧刺激了导致收入通货膨胀的趋势，从而缓解了德国的实际困难并做出相对调整；或是出现新的外部条件，导致其他国家的货币收入水平提高。

借用现在常见的德国赔款问题中的说法，我们可以在一般情况下使用类似的说法，即过渡期的"赔款移交问题"，投资地点发生变化时将发生这一问题。因此，当国际均衡（即每个国家的国际利率与其自然利率相等的情况）需要各个国家的相对收入发生变化时，一般来说，每个国家收入的绝对变化取决于以下两个因素：

（1）所需的相对变化总量。这取决于从生产某个地区某种投资所需要的商品,转变到生产另一个地区另一种投资所需要的商品时的难易程度与效率损失情况,也就是贸易条件的必要改变量。

(2)每个国家必须承担的相对变化总量的比例。这取决于当各国中央银行持有的黄金在流通货币中的占比发生变化时,各国各自的政策、技术和实力。

三、国外投资的国家净利益

随着国外投资的增加,贸易条件发生了变化。这是因为,相对于债务国的生产要素而言,债权国的生产要素必须转变为一种产出,在这种产出中,其效率要低于转变之前的生产效率(同时考虑到技术效率和各种相关需求弹性)。也就是说,生产要素获得外贸产品的边际效率因交易而降低。这意味着,交易条件变化对其不利,不仅不利于对外贸易中与国外投资增加相对应的那一部分,而且也不利于整个对外贸易领域,当然,这是在假设存在竞争的情况下。因为根据本书的定义,以出口商品换进口商品的生产要素的产量,用可交易的进口商品数量来衡量。由此可见,债权国生产要素总产量的减少,相当于以一定数量的进口商品换取更多的出口商品,或以国内生产的商品取代以前进口的商品时所造成的损失。

在新的均衡状态下,实际货币收入将会下降,实际收入也将下降,尽管幅度较小。但实际效率收入将保持不变,因为在均衡状态下,以货币衡量的效率收入和物价水平必然按照同样的比例发生变化。换句话说,实际效率收入 $\frac{E}{O \times \Pi}$ 将保持不变,但是产出O和生产要素实际收入都将减少 $\frac{E}{\Pi}$,两者减少比例相同,相对于旧状态而言,在新状态下生产要素效率下降的程度相同。

但是,由于所得利率提高,所用于国外投资的资本效率也随之提高。总的来说,国家因国外投资比例增加是盈利还是亏损,取决于预期收益与直接损失的对比情况。其中,预期收益来自国外投资带来的未来收入增加与支付这一收入时贸易条件的改善,而直接损失由进行国外投资时贸易条件恶化造成,也就是取决于国内投资需求的利率弹性和本国与各国之间的商品需求弹性。

为了简单起见,我们假设:(1)出口贸易收入与其他贸易相同,(2)在相关变化范围内,工业可获得固定收益,(3)储蓄总额不变;那么,出口商品相对于进口商品而言,价格下跌所造成的损失是$E_2(p_1-p_2) - F_2(q_1-q_2)$。其中$E_2$为新状态下的出口量,$F_2$为新状态下的进口量(这忽略了用国产商品替代进口商品而造成的消费者盈余减少。）p_1、q_1分别为旧状态下的出口价格和进口价格，p_2、q_2分别为新状态下的出口价格和进口价格。但是，由利率上升引起的当前国外贷款增加的收益是$s·L'$，其中s为利率上升比例，L'为新状态下的国外贷款，因此，就方程式中的这两个因素而言，本国的国民净收益（或损失）为：

$$s·L'-E_2(p_1-p_2)+F_2(q_1-q_2)$$

我认为无法推断出这个数应当是正而不是负。如果国内投资弹性大、进出口需求弹性小，人们会认为这是负的。传统理论认为，各种因素自由作用下的国外投资数量，会始终处于社会最优水平，因为投资国可能基于这样的假设：出口价格只要下降一点点都足以引起B的增长。

一方面，上述观点没有考虑到国外投资在支付利息时，将贸易条件转向另一方所产生的后果，也没有考虑到债权国通过发展世界资源而获得的任何间接利益。然而，如果国外投资由其他国家承担，债权国同样将获得这些利益。另一方面，上述观点未考虑到任何过渡期中不可避免的损失。一般来说，货币收入不会立即下降到必要的程度；其结果是，当市场利率超过自然利率时，就会出现中间期，从而导致总投资低于储蓄，营业亏损和失业随之而来。

如果上述分析适用于德国赔偿支付中的"移交问题"，那么，所得利率的提高或随后贸易条件的改善并没有相应地抵消；所以，建立新平衡的压力对德国造成的损失为$E_2(p_1-p_2)-F_2(q_1-q_2)$，加上艰难的过渡期，再加实际赔款额。

四、国际因素导致的变化难题

上述讨论的重要性在于此。在货币状况本身不变的情况下，仅仅只有国外借款人的需求清单发生变化，就能使国内现有货币收入水平失衡。如果国外借款人已经准备好并能够提供比以前更好的条件，而国内借款人的需求清单没有变化，这意味着国外贷款增加了。因此，直到货币收入相对于国外类似收入（可能会因为黄金流动而稍微上涨）而言下降到足以使外汇结存也相应增加时，黄金将会外流。国内实际收入下降的程度，将部分取决于国内借款人对贷款的需求弹性，部分取决于其他国家与本国之间的商品需求弹性。如果国内投资需求有弹性，对外贸易没有弹性，那么过渡的麻烦和不便之处可能非常大。

目前，民意主要受到19世纪经验的影响，至少在英国便是如此。那时由于各种原因，国外投资对国内货币收入水平的不利影响可能是最小的。现在情况发生了变化，就高流动性的国外贷款所带来的国家利益而言，目前为止，人们还未认识到上述观点的重要性。

在一个老牌国家，特别是人口不再迅速增长的国家，国内投资借款人的贷款利率必然会下降。而在新兴国家中，贷款利率将保持不变，而且随着这些国家不断克服早期的探索困难，只要他们在意作为借款人的声誉，贷款给他们的预估风险将会下降。因此，老牌国家逐渐将越来越多的储蓄借给国外。其中的一部分将来自于以前国外贷款的利息。但至于其余部分，必须通过降低生产成本来刺激出口，从而增加贸易顺差。如果无法降低成本，黄金将会流动，银行利率将会上升，失业率将成为长期问题。当对制成品普遍征收关税（准备提高进口此类货物时增加）导致国外对老牌国家的出口商品需求缺乏弹性，且老牌国家的工会反对减少货币工资时，尤其可能发生上述情形。

如果一个国家因国外利率高于国内利率，便将大部分储蓄借给国外，同时国外对其大多数出口产品征收关税，而且为了平衡上升的成本往往会不时地提高关税，因为黄金从债权国流出，导致受保护国家的成本逐渐上升，那么这个国家可能会陷入什么样的困境呢？读者可以详细分析一下。

例如，读者可以设想一下，在英国，政府和个人都不愿意以高于5%的利率在国内投资；在澳大利亚，政府愿意以6%的利率发展，两个国家都是金本位制，同时两国之间的贷款完全流动；再设想一下，澳大利亚根据两国生产成本差异，对大多数英国商品征收的关税是浮动的，而英国的工资实际上是用货币来计算的；最后设想一下，英国有一项节俭运动，提高了储蓄在国民收入中所占的比例，而且比例异常高，或者政府受财政支配征收重税，从而为偿还国家债务筹集高数额的偿债基金。[1]

或者读者也可以设想，黄金流入国的货币管理当局通过管理货币体系，使黄金流入对银行利率或货币量不会产生任何影响。

---

[1] 读者很容易看出，在写上述文章时，我想到了1929年至1930年英国的部分处境。因此我补充一点，虽然我认为国外贷款的相对吸引力使问题难度加剧，但我认为这一因素并不是造成国外贷款与外汇结存失衡的重要原因，而是外汇结存减少的重要原因，这是因为收入和生产成本降低的幅度与1925年年末英镑国际价值提高的幅度不相等。导致这种情况的原因是，国外贷款有长期增加的趋势，这一点我们几乎无法控制；同时由于我们战后的货币政策，导致外汇结存在短期内出现了下降。

我们必须重申，所有这一切都受到国外贷款高度流动这一假设的约束。与流动性高的国家相比，在流动性不高的国家，由于国外物价水平变化而造成的失衡，可能来得更突然，情况更严重（因为银行利率的变化无法消除这种影响），但是，由国外利率变化造成的失衡将是次要的。此外，即使长期贷款流动性相当高，除非可以获得利益加以平衡，否则国内不一定要受国外贷款短期高流动性的影响。如果短期没有流动，那么国外利率短期变动就不会造成严重不便。下卷第七篇第36章将讨论减少国外贷款短期过度流动的方法。

国际不均衡引起的严重变化，部分在于这些变化不可避免。如果我们讨论的是一个封闭体系，只需要满足内部均衡的条件，那么，适当的银行政策总是能够防止对现状的任何严重影响继续恶化。如果为了避免利润通货膨胀便限制信贷产生的速度，那么货币购买力和货币效率收入就不会受到影响。但当外部均衡条件也必须满足时，就没有银行政策能够避免对内部均衡的影响。

这是由于国内外借款人的需求清单不一致引起的，与国际标准价值变化无关。对于国内和国外的借款人来说，这些清单可以、而且也确实会发生不同的变化。当这种情况发生时，现有的外国贷款利率就会发生变化。因此，除非一个国家愿意随时接受大量黄金，也愿意偶尔在不改变本国贷款条件和数量的情况下，放弃大量黄金（无论如何，这种情况不能无限期地持续下去），否则外国环境变化必然导致国内的不均衡。此外，如果国外贷款流动性较大，国内工资流动性较低，本国出口需求缺乏弹性，国内投资贷款需求弹性较大，那么，因为必须维持外部均衡，所以，内部均衡须从一个状态过渡到另一个状态，这一过程可能会既漫长又艰难。

即使改变银行利率只是为了暂时调整国外贷款，以便保持外部均衡，也不能阻止银行利率变化对国内贷款产生影响。因为时间太短，无法抑制工资水平降低，也无法阻止其对产量和就业量的影响。在第13章中所说的银行利率有个优点，即可用来恢复长期均衡，即银行利率的作用是双向的，既会减少国外贷款，也会增加外汇结存。当我们用银行利率来约束国外贷款时，优点就变成了缺点，或者说至少是有问题的。国外贷款过多可能是暂时的，不需要调整工资结构，因为这种调整必须在外汇结存大幅度增加之前进行。由于银行利率对国外贷款的影响见效快、容易理解，而对国内形势的影响却比较慢、难以分析，因此，人们正在慢慢意识到使用这把双刃剑的问题所在。

五、金汇兑本位制存在同样的现象

原有国际金本位制度下的黄金流动，不仅是一种应急措施，而且是恢复国际均衡的一种手段，其优点被誉为对黄金输出国和黄金输入国都具有作用，因此，两国将共同承担任何必要变化的影响。因为，正如黄金输出会刺激一个国家立即提高利率，随后再降低生产成本一样，黄金输入也会产生相反的影响。由于国外贷款L取决于国内外的相对利率，而外汇结存B却取决于国内外相对物价水平，所以上述这一点至关重要。这意味着英国不用首当其冲承受变化带来的全部影响，黄金流动意味着其他国家将受到影响而做出让步。

但是，如果英国中央银行的资金储备形式不是金块，而是外国金融中心的流动资金，结果又会如何呢？这类资金数量的变化在恢复均衡的同时，是否也会使双方都获利呢？虽然金汇兑本位制可以节约中央银行储备中的黄金需求，但也有人批判说，除了黄金以外，流动资金的流动不会作用于双方，而这便是反对上述方法的一大理由。中央银行A将流动储备金存放在中央银行B所在的国家，当A开始用这些储备金来维持其外汇平价时，改变本国贷款条件这一目的，跟输出黄金的目的一致。但是中央银行B并没有这样的目的，因为B国没有发生影响贷款条件的情况，除了某些流动资金的所有权以外，没有任何改变。

在对这种批判没有一个满意的答复之前，我们必须更深入地探讨整个问题。如果中央银行B主要受到黄金储备与负债之比的影响，那么，很明显，中央银行B持有的外汇结余的变化对中央银行自身的影响，与国外贷款因其他原因变化的影响一样，都不直接。除非A的余额以活期存款的形式存在中央银行B，外汇结余的变化并不会迫使中央银行B采取行动，导致不受约束的判断破坏其内部均衡，就像金块的流动可能迫使其采取行动一样。因此，在这种情况下，指责没有互惠行为似乎是合理的。

但是，中央银行B习惯把实际黄金的流动看作是一种征兆而不是问题，这种征兆能够表明国际投资的激励措施与控制外汇结存的激励措施之间存在的（或可能存在的）关系，那么中央银行A与中央银行B之间的流动资金余额的变动，可能与彼此之间金块的流动一样都是重要的征兆。因此，中央银行B在制定货币政策时，受这两国影响的原因是一样的。但在这一点上，我们必须停下来看一看，根据上述假设，外国中央银行在中央银行B的余额增加，相当于中央银行B输出了黄金。因此，如果中央银行B对待外国中央银行余额变动像对待黄金变动一样，当B手中的外汇结存增加时，将不得不提高银行利率，并且一直持续到吸引的黄金数额相当于外国中央银行余额的增量，或者一直持续到B通过吸引外国中央银行的国民资金，迫使这些中央银行放弃自己的余额。无论哪种情况，对全球中央银行来说，黄金整体并没有节约。

因此，乍一看，似乎鱼与熊掌不能兼得。要么对缺乏互惠行为的批判是合理的，要么黄金并没有真正节约。但情况并不一定如此糟糕，原因如下：

假设中央银行A的外国流动资金在中央银行B的增减是以A存在B的资金的增减为代价的，那么，尽管就B而言没有互惠行为，但在某种程度上，对A产生了互惠作用，来帮助A进行调整。此外，如果中央银行B被其他国家的中央银行用作票据交换所，导致一个中央银行与B之间的余额发生变化，通常会与另一个中央银行余额的等量反向变化相抵消，那么与持有正常数量黄金的外国中央银行相比，B不需要持有这么多黄金，尽管任何多于或少于正常数量黄金的情况都被视为一种征兆，需采取与黄金流动所需相同的措施来解决。在这种情况下，我们应该在正常总量的可接受范围内，真正为全世界节约了黄金；当各个中央银行改变各自的外汇结存时，也可以为单个中央银行减少对其他中央银行的互惠策略，就好像改变黄金储备一样。

然而不幸的是，实际情况并没有理想情况那么好。因为理想情况需要满足两个条件：第一，各国中央银行应该制定一项稳定的政策，规定其黄金外汇储备的正常总量；第二，这些储备金应全部集中在一个地方，或者，如果分散在几个地方，则每个地方的正常总量应固定不变，这样（受利率变化等的影响）相互之间不存在流动的风险。如果这些条件不能满足，那么就必须作出一些牺牲，要么放弃互惠措施，要么节约黄金。

无论如何，这个体系必须倾向于以一种不稳定的、令人不满意的方式运作。在这个体系中，与金块相比，世界各国中央银行对黄金外汇储备的依赖程度高度可变；同时，这些储备受利率变化的影响能够大量地从一个地方转移到另一个地方，比如从纽约到伦敦，而利率变化可能由地方因素决定而不是国际因素。我认为，事实上，上述讨论一般会得出这样的结论：金汇兑本位制唯一令人满意的运作方式是有一家国际银行做后盾，这将是中央银行黄金外汇储备的唯一存放地；国际银行有利于中央银行的结余总额将由国际政策因素决定；国际银行的余额通常不会以黄金形式提取，仅仅只是从一个中央银行转移到另一个中央银行。在这种体系中，各国中央银行在国际银行所持有的外汇储备将真正成为黄金的替代品，一国与另一国之间互惠措施的利益将得到完全维护。对国际银行的进一步探讨将在下卷第七篇第38章进行。

回到目前的实际问题，人们还发现存在某些问题，使得金汇兑本位制无法以完全令人满意的方式发挥作用。首先，一个银行体系在另一个银行体系境内拥有流动资金储备，并非总是能准确掌握该储备的最新情况。因此，这些储备的变化并不像金块流动那样显而易见。事实上，这种体系保密性更高，中央银行的外汇储备可能在不被普遍知晓的情况下发生波动，在银行看来，有时保密性高就是中央银行持有外国流动资金而不在金库里存放黄金的理由。

至于我们对外汇结存变动的模糊认识由保密性导致，这只能怪各国中央银行自己。但这也可能是某种含糊不清的原因，即就目前的目的而言，什么应该算作外国银行储备金。一种资产逐渐变成另一种资产，即从中央银行的余额到成员银行的余额，再到银行票据，再到国库券，再到其他短期证券，再到具有自由国际市场的一般证券。在成员国银行也习惯于持有大量外国流动资产的情况下，我们是否应该把注意力完全集中在中央银行资产上，这一点同样也不清楚。因为，真正的区别在于因何原因持有该资产：是为了应付国家整个银行体系的紧急情况，还是因为该资产作为投资所拥有的吸引力。要解决这个难题，只能让中央银行尽可能多地掌握上述各方面的信息，然后实际判断应该重视哪一方面或多方面引起的变化。可以肯定的是，对于境内持有的各种外国银行资金的绝对数额和变动情况，中央银行都应该充分了解。

另一个实际问题是：虽然金汇兑本位制普遍被认为可以节约黄金，并已大规模实行，但是各国中央银行仍习惯于关注黄金走势，且关注程度高于对其他重要因素的关注程度。

此外，说完做完这一切之后，我们必须承认，如果国家体系制定策略维持大量流动储备，目标是在短期内拥有维持内部平衡的能力，并不会过多关注外部形势，那么除非发生重大变动和长时间变动，否则互惠措施必然会变得不可靠。因为，敏感的互惠措施——战前金本位制度理应提供的措施——需要每个国家使内部均衡服从于每一个外部变化，无论这些变化多么小或变化时间多么短；各国中央银行总储备的安全边际越大，就越不愿对其他国家的反复无常做出互惠行动。

六、缺乏国际本位货币时出现的同种现象

到目前为止，我们都假设存在一种有效的国际本位货币。最后，我们必须讨论没有这种本位货币的情况——例如，世界上许多国家在"一战"刚结束的那些年便是如此，直到1924年到1929年它们才普遍恢复金本位制。

当外汇结存B与国外贷款L之间的差距无法通过黄金流动来解决时，那么，外汇受到压力必然会改变我国与世界其他国家之间的汇率，如此才能使这种差距减小到必要的程度。总之，维持外部均衡的运作机制不再以改变银行利率为主，而是以改变外汇汇率为主。银行利率仍然是维持外部均衡的辅助工具，主要是维持内部均衡。但是，与上述在国际本位货币假定下所描述的情况相比，外部干扰因素引起的转变在性质上发生了很大改变。

因为虽然外汇汇率变化在某种意义上与银行利率变化相似，但如下所述，其作用是相反的。此外，汇率变化还使某些完全不存在的影响因素立即发挥作用，至少在第一种情况下，当采用银行利率变化作为恢复平衡的手段时是这样。外汇汇率法与银行利率法的主要区别在于：

（1）在外汇汇率变动的预期范围内能够进行对外贸易的商品，无论是进口商品还是出口商品，我们都称之为外贸商品，包括在国内使用而不是实际进入对外贸易的商品，只要与上述意义下的外贸商品属于同一类即可。那么，B增加就相当于国内外贸商品剩余生产增加，所谓剩余国内生产指的是，商品的国内产量超过了这些商品在国内的使用需求，无论是用于国内投资还是用于国内消费。因此，一个国家通过增加外贸商品的剩余生产来增加其对外投资。同理，我们可以把所有其他在国内生产的商品称为国内贸易商品。那么，当外汇汇率改变时，所有外贸商品的价格以当地货币计算时将立即变化，但起初，国内贸易商品的价格是不会发生变化的。假设我们要恢复的不均衡状态是相对而言B小于L，然后让我们比较一下汇率政策与银行利率政策，作为恢复均衡的手段时两者的作用有何不同。

如果调整汇率是为了使本国货币适当贬值，那么可以通过提高外贸商品价格，同时保持国内贸易商品价格不变来恢复均衡，如此便会吸引企业家增加前者的生产，从而增加外贸商品的剩余生产，也就是增加B。但是，如果适当提高银行利率，那么在保持外贸商品价格不变的同时，国内贸易商品的价格开始下降（这是大致情况，并没有涉及细节）。这就是我们在上面所说的两种方法，它们的作用方式

相似，但方向相反。在上述假设情况下，外汇汇率法通过通货膨胀恢复均衡，而银行利率法则通过通货紧缩产生类似的相对变化。但是，如果不均衡是由于相对而言B大于L造成的，那么外汇汇率法将通过通货紧缩发挥作用，而银行利率法将通过通货膨胀发挥作用。因此，只要阻力是问题，那么阻力最小的方法是在前者中采用外汇汇率法，在后者中采用银行利率法（然而，其结果是，如果我们总是在这种情况下选择阻力最小的方法，那么长期价格趋势总是向上的）。

但这并不是这两种方法之间的唯一不同。外汇汇率法的特点是直接作用于相对物价水平，使之上涨或下跌；而银行利率法只能间接使之上涨或下跌，因此有时间间隔，但是，银行利率法可以直接作用于L。其中哪一个更有利，这取决于B和L之间的不平衡是由于外部利率变化还是由于外部物价水平变化造成的。在前一种情况下，新的均衡状态仅仅通过汇率政策无法实现，迟早必需银行利率政策的配合。事实上，假设国内外货币收入的平均水平最终保持不变，那么新均衡状态下的汇率与原有汇率的差别只是相当于贸易条件变化的程度，而贸易条件的改变量，将一如既往取决于两国生产和投资的实际情况。但在后一种情况下，银行利率法导致投资受到影响，这本身是不必要的也是有害的，且只有最终对生产成本产生影响之后，才会再次恢复。要在国内货币收入保持不变的情况下达到新的均衡状态，除了适当调整汇率之外，不需要任何其他变动。

现在，我们可以把选择问题归纳如下：如果不均衡是由于国外物价水平变化引起的，那么外汇汇率法将有利，因为汇率法在保持外部均衡的同时，不会破坏内部均衡；但如果不均衡是由国外利率变化引起的，那么长期来看，必须采用银行利率法；假设我们的目标是稳定国内货币收入，那么只有在相对利率变化需要贸易条件发生重大变化时，才能一起采用外汇汇率法。其次，如果不均衡只是暂时的，无须长久调整，那么临时使用外汇汇率法有利，因为汇率法能迅速、直接地作用于价格，而银行利率方法可能还没有产生预期的结果便恢复到了均衡状态。因为，在这种情况下，外贸商品和国内贸易商品物价水平的相对波动，可能足以改变B，使其解决短暂的不平衡，同时又没有对货币收入或储蓄与投资的平衡造成严重影响。

因此，如果各国中央银行足够明智，那么［根据下文第（2）项的讨论］，它们的武器库中似乎应该同时拥有这两种武器，以便在适当的场合使用。

（2）但是，外汇汇率法还有一个更重要的副作用。外部预期汇率不确定将对L的大小产生深远的影响，有可能使国外贷款减少；而且，如果我国是一个债务国，也会使对外借款减少。因此，这两种方法的选择，可能取决于我们社会和国家的一般政策，是希望鼓励还是不鼓励外国贷款（或借款），同时也取决于上文所提到的技术货币因素。

□ 1924年美国的20美元金币

1922年热那亚国际经济会议后，多数国家实行金块本位制，只有美国仍然是金币本位制。金币和银币仍然在市面上流通，与美联储发行的美元纸币一样随处可见。

（3）此外，由于短期贷款量的波动对国内外利率变化的依赖相对较小，所以它在国内经济中发挥的作用较小。因为还有一个因素将影响L，即人们对外汇未来走势的预期。对外汇未来走势的预期是战后经验的结果，这一点已经是众所周知，毋庸赘述。如果外汇波动预期是短期内围绕一个基准缓慢波动，那么一旦L相对大于B的过剩和相对小于B的不足有时间影响到外汇，就会起到纠正作用。因为偿还外国贷款时的预期盈亏，从保持外部均衡的角度看，总是倾向于使L沿着预期的方向变化。[1]但是，如果预期外汇变化预示着未来在同一方向上渐进累积变化，那么后果将是加剧这种不平衡，并使L变化的方向与预期方向相反。

在以下情况中，我们要忽略当地的法定货币，因为这种货币没有客观标准，同时货币管理是无效的或错误的；相反，假设从长远来看，地方货币的管理是由某种货币价值内在稳定性的标准所决定的。

基于上述假设，这种货币制度的行为，与国际标准制度的行为之间存在显著差异，即：第一，B对外部变化的反应更迅速；第二，L对国内外相对利率变化的反应较迟缓；第三，采用新方法来影响L，而不是改变相对利率（也就是改变外汇汇率）；第四，在不改变货币收入平均水平的情况下，国外投资可能变化。

在这一章中，我不打算权衡国际本位货币制度和地方本位货币制度的实际利弊，这是下卷应当讨论的问题，实际上在下卷中，我将在两者之间提出某种折中办法。但在我看来，无论总的来说哪一个更有利，两者之间最重要的区别如下所述：

---

[1] 我们可以在下卷的第七篇第36章中详细探讨这个技术的细节。

对于地方本位货币制度，中央银行有时面对的两难抉择没那么难，也就是无法同时保持内部均衡和外部均衡，如果中央银行能够自由地改变外汇汇率和市场利率，在适当的时候适量地使用每一种方法，那么，由于普遍失业而造成的财富损失和产出损失的风险就会小得多。因为，外贸商品价格的直接变化可以在很大程度上取代失业，成为维持和恢复外部均衡因果关系中的第一环。地方本位货币制度的不利之处是使流动性降低（如果这是不利之处的话），这意味着不利于外国贷款。

而对于有利之处显然不能给出一个笼统的答案。这在一定程度上取决于外贸行业在我国国民经济中的相对重要性，但并非完全如此；还取决于在当地利率急剧变化没有人为控制的情况下，相对于对应的外汇结存波动而言，国外贷款额的潜在波动是否可能较大；贸易条件的微小变化，将迅速引起外汇结存的波动。最后一点的答案不受其他国家和地区关税政策的影响，因为，如果对国外贷款利率的微小变化高度敏感，而对对外贸易的微小变化却不敏感，这可能会带来麻烦，甚至是危险。

下卷
货币应用的理论

本卷的叙述计划如下：

在第五篇，我们将探讨货币因素并从统计学的角度研究它们的变动，例如银行货币总量分别用作储蓄存款和活期存款的比例、银行货币流通速度，以及银行货币总量构成的原因。这几个章节对此阐述得比较详细，这对我们判断不同因素的相对数量的重要性至关重要。因为，银行货币总量一旦确定，对于银行货币总量中有多少用于金融流通，有多少用于工业流通，储蓄存款的统计数据就成了最重要的指标；在工业流通量已知的情况下，流通速度大体上决定了工业流通所能维持的产出水平和收入水平。

在第六篇，我们将抛开所谓的"货币方面的影响"，来看看"投资方面的影响"，研究投资率发生变动的原因，并通过对近代史上几个典型的事件进行分析来阐明本篇和前几篇的论点。

在第七篇，我们会第一次接触本书主题的规范或标准，也就是各国货币体系和整个世界的货币发行当局应具有的理想目标，还有在实现这些目标的道路上所遭遇的障碍，以及时而出现的进退两难的局面和最好的解决方法等。

在第五篇，读者可能会觉得我似乎又回到了老式的物价决定问题的"货币数量"说，因为我将集中研究货币账款量的供应，或者更确切地说，集中研究工业流通中可用的货币账款量的数量。因此，对于我所认为的货币数量与物价水平之间的关系，我在这里不妨先提醒一下读者。

第五篇 货币因素及其变动

第22章 货币应用论

现在我们从货币的纯理论研究和对表征货币体系特征的定性研究转移到货币的应用理论，以及对当今主要货币体系中的实际情况的定量研究上来，我们首先以英国和美国的货币体系为代表。

如果获取和支配收入的习惯和方法不变，收入水平和产量已定，营业存款A的流通速度不变，那么工业流通中所需要的货币账款量就唯一地确定了。如果在提供了金融流通的需求之后可用的货币账款量还没有达到这一数值，就不可能维持现有的收入量。而且在平衡状态下，当所有生产要素都被利用，储蓄与投资相等的时候，工业流通量不仅决定了收入量，还决定了物价水平，并且在对产量和就业量的变动做出修正之后还会决定收益率。换句话说，当物价水平与生产成本处于平衡状态时，如果习惯和方法不变，工业流通中可用的货币数量确实会起决定性的作用；我们在传统公式中需要做的唯一修改只是增加"工业流通中可用的"这几个字。我们在第三篇和第四篇中对公认理论做出了更改，其意义在于说明当储蓄与投资不相等时，平衡状态会受到干扰，以及在从一种平衡状态向另一种平衡状态过渡的过程中，可以运用这些更改来决定物价。

当然，这种变化在形式上与传统的数量说是相互包容的，这是必然的，因为后者是一个恒等式，是不证自明的真理。但它在传统理论中并不是以一种有益的、可理解的形式提出，而是在"流通速度"这一总括性概念之下，与其他因素一起被掩藏起来。

下面是我们的数量方程式：

$$M' \cdot V' = \Pi \cdot O$$

其中M'是工业流通量，O是产量，Π是产品的物价水平。而我们所说的V'是一个综合的概念，与流通速度V不同。它由两个要素组成——其中一个要素取决于银行业、商业和工业的习惯和方法，这与传统的流通速度具有相似的特点；另一个要素取决于储蓄和投资之间的平衡，当投资过剩时V'大于1，当投资与储蓄相等时V'等于1，当储蓄过剩时V'小于1。

与我们所说的投资要素不同，本书第五篇主要是对方程式左边的货币要素进行统计学方面的研究；这些纯粹的货币要素与传统的数量方程式所研究的要素相同或相似。

第23章　储蓄存款与活期存款的比例

第3章界定了储蓄存款和活期存款的含义，第15章说明了储蓄存款和活期存款与金融流通和工业流通的关系。由于存款总额是由储蓄存款和活期存款共同构成的，因此，储蓄存款占存款总额比例的变动很容易对活期存款的数量产生影响，尤其是对收入存款数量的影响，除非故意使存款总额发生相应的变动来加以抵消。在本章中，我们将根据统计数据考虑储蓄存款比例在实际经验中变动的幅度，以便能够研究这些变动对一般货币状况的影响程度。

我们在第3章讲到英国的存款账户和美国的定期存款大致相当于储蓄存款，而英国的往来账户和美国的短期存款大致相当于活期存款。在美国，法律规定必须分别公布定期存款和短期存款的金额，只要我们认为定期存款的变动大致能够代表储蓄存款，那么获取统计数据就没那么难。但是在英国，除非经银行自己同意，迄今为止还不可能得到任何可靠的指标。

一、英国

由于进行了虽不详尽但却合理的调查，我得到了一些非常有用的指标，这些指标将有助于说明在英国现行银行体系中，存款账户与往来账户之间相互转账的现实意义和理论意义。同时，我们必须记住，第3章已经指出：在英国，存款账户和往来账户之间没有明显的分界线。大部分存款都是短期的通知存款——7到14天——而且就实际情况而言，通常是随支随付的，扣除几天的，用以代替通知期的利息。定期存款期限较长的，据说不会超过存款账户总额的四分之一到三分之一。

在战前时期，英国定期存款占存款总额的比例通常被认为接近50%。[1]在战争期间，相对于存款的普遍增加，存款账户大幅减少，到1919年，存款账户似乎不超过存款总额的三分之一而不是二分之一。根据我从银行家那里得到的资料[2]，如下表所示，存款账户和往来账户占存款总额的年度百分比似乎有所变动。

英国存款账户和往来账户占存款总额的百分比

年度	存款账户（%）	往来账户（%）
1918	48	52
1919	34	66
1920	38	62
1921	44	56
1922	44	56
1923	43	57
1924	44	56
1925	45	55
1926	46	54
1927	46	54
1928	47	53
1929	48	52

由此可见，从1919年到1929年，存款账户占战前数据的比例几乎一直在逐步恢复。

因为米特兰银行和劳埃德银行现在每月都公布它们的百分比数据，我希望其他银行也会效仿它们，所以有必要将这些数据和上一个表格中更全面的估计数据

---

[1]劳埃德银行提供了自1902年以来的年度平均数据。 1902年定期存款占存款总额的41.8%，1903年至1905年为44%左右，1906年为46.4%，1907年至1914年为48.5%左右。这与战后的情况非常相似。定期存款似乎因为布尔战争而大幅减少，此后又稳步回升至50%，而在1906年至1907年间，"牛市"的衰退剧烈地刺激了这种复苏。

[2]这些数据是"五大"银行中的三家银行向我提供的指标的平均数。最近，另外两家银行也公布了它们的数据。

一并列出来。

存款账户占存款总额的百分比

年度	米特兰银行（%）	劳埃德银行（%）
1919	28.6	39.3
1920	33.8	43.3
1921	39.7	49.3
1922	40.0	50.3
1923	40.2	48.5
1924	41.5	49.0
1925	42.7	50.4
1926	43.7	51.4
1927	44.3	52.6
1928	44.7	53.6
1929	46.8	54.8
1930（6个月）	48.3	55.5

这些数据表明，存款账户和往来账户的相对比例发生变动已经足以使存款总额发生变动，当这一变动作为往来账户发生变动的指标时是极其使人误解的，下面的表格可以清楚地说明这一点。

由此可见，如果这些估计是正确的[1]，那么尽管1920年的存款总额可能不会比1926年的高，但往来账户却比原来高8%。往来账户向存款账户的不断转移，使存款账户从战时减退的状况逐渐恢复到战前的正常比例。实际上，这暗地里发挥了通货紧缩的作用，并足以解释：假设这种作用对营业存款和收入存款产生相同的影响，在存款总额没有发生改变的情况下，物价水平为什么会下跌20%左右。

年度	九家清算银行的平均存款总额（1924年=100）	往来账户占存款总额的假定比例（%）	往来账估计总额（1924年=100）
1919	90*	66	106

---

[1]如果不正确，我希望了解情况的银行家能够纠正这些错误。

续表

年度	九家清算银行的平均存款总额（1924年=100）	往来账户占存款总额的假定比例（%）	往来账估计总额（1924年=100）
1920	100*	62	111
1921	108	56	108
1922	106	56	106
1923	100	57	102
1924	100	56	100
1925	99	55	97
1926	100	54	96
1927	103	54	99
1928	106	53	100
1929	108	52	100

*估计数据，实际数据未曾公布

这些数据对解释1920年至1923年间物价水平下降的量值（如果存款总额有所下降的话，这两者则完全不成比例）以及随后在1923年至1926年间的物价水平情况是特别有帮助的。在1923年至1926年间公布的银行存款总额的数据没有变化，消费物价指数基本上也没有什么变化。然而，上面的表格显示出往来账户总额从102下降到了96。由于1926年的产量几乎肯定比1923年的要少，因此，往来账户在这段时间的减少为解释货币事件的发展过程填补了重要的空白。

然而，将英国的往来账户数据从存款总额中分离出来，以此解释货币事件的发展过程，这方面最突出的贡献却与战争时期有关。我们会记得，1914年第一次筹集战时公债失败后，其中大部分不得不由英格兰银行和其他银行进行认购，随后就如火如荼地开展了宣传活动，让公众认购后续的战时公债。因为当时银行的认购被认为会导致通货膨胀，而公众的认购不会；并且人们认为这一论点甚至适用于公众从存款账户中取出钱来支付认购战时公债的款项，实际上，各银行当时还开展了特殊的"爱国"运动来鼓励这种做法。我认为当时没有人注意到这一做法能够成为推动通货膨胀的有力工具。实际上，这种认购的效果与银行直接认购，并将全部认购金额增加到往来账户中的效果是一样的。公众将其存款账户上完全不具备现金作用的资金转移到政府的往来账户上供政府使用，从而使其他往

□ 梅耶·罗斯柴尔德

梅耶·罗斯柴尔德（Mayer Rothschild，1744—1812年）：罗斯柴尔德家族的创始人，国际金融之父，创建了全球第一家跨国公司，首创国际金融业务。但因为对美国崛起的误判而决策不当，迟迟无法在美国打开局面，导致家族渐渐衰退。

来账户增多，增加了流通货币的数量，使其与银行存款总额中任何可观察到的变动完全不成比例。因此受到干扰的一些存款账户可能是银行保有的这类账户中最老和最可靠的账户。如果我们假设战前的存款账户中不到三分之一在爱国主义宣传的影响下投资于战时公债，且战前存款账户占存款总额的一半，那么往来账户将增加33%，这足以使物价维持比以往高得多的水平。事实上，政府开支的性质是到目前为止使其中大部分开支迅速地并入了收入存款，其结果是储蓄存款的转出充分地发挥了削弱货币购买力的作用。1915年至1916年英国货币事件的发展过程确实几乎完美地说明了这种转移会以什么样的方式对物价产生影响。

因此，这种未被观察到的存款账户与往来账户之间相互转移的因素可能对1914年至1920年英国物价的上涨以及1920年至1926年英国物价的下跌起到了相当大的作用。然而，如果所有银行都同意分别公布它们以往和今后的存款账户与往来账户的数据，那么，我们就应该能够更准确地对过去作出判断，并将这一因素纳入考虑，以便我们对未来的政策进行调整。

此外，还有一项银行业务和银行宣传活动的改革也被认为是可取的。英国银行目前的做法是使对存款账户的准备金率同对往来账户的准备金率保持一致。在美国，情况并非如此。根据法律规定，美国联邦储备体系的会员银行对定期存款的准备金率仅为3%，而对短期存款的准备金率为7%至13%。这大大减少了以储蓄存款为代表的那部分金融流通的变动对工业流通产生的通货膨胀或通货紧缩的影响。如果银行对存款账户保持极低的准备金率而不对往来账户保持相同的准备金率[1]，那么，英国银行体系就会对工业产生更积极的影响。

当然，如果我们能确信存款账户准确地等同于储蓄存款的话，从某些观点来看，对存款账户不保留任何准备金是合理的，这就能保证储蓄存款数量的变动不

---

〔1〕皇家印度通货委员会（1926）曾为拟建的新印度中央银行推荐美国的分配办法。印度各银行在中央银行保持10%的短期债款和3%的定期债款。此外，这种分配方法自1923年开始便在南非实行。

会牵连活期存款总额发生变动。反对这种做法，甚至反对让存款账户的准备金率低于往来账户的准备金率的实际理由是：这种做法会鼓励银行与客户私下达成协议并对他们作出让步，从而使真正的活期存款会被伪装成储蓄存款，以此来逃避提供准备金。据说这种逃避现象实际上已经在美国发展到了一定的程度。如果这一反对观点是以实际理由为依据作为支撑，那么针对各会员银行存款账户的存款与往来账户的存款各自所占的比例，中央银行在决定会员银行准备金总额可以保持怎样适当的水平时，可以得出大致相同的结论。目前在英国，英格兰银行也许根本不知道这一比例，更有可能的是，它还没有认识到这一比例的相关性。

即使中央银行留意金融流通的数量，以避免可能迟早对投资量产生影响的资本膨胀或紧缩的做法通常是可取的，然而，任何能使中央银行更容易分别考虑并处理工业流通和金融流通的改变也是值得鼓励的。

二、美国

让我们把注意力转移到与美国相同的现象的研究上来，尽管基于上述理由，这种现象在美国并没有像在英国那样令人不安，然而值得注意的是，1925年至1929年期间，美国联邦储备体系的定期存款增长而无须相应地提高准备金，使得会员银行的贷款和投资大幅增加，但商品价格却没有上涨。

美国联邦储备体系的统计数据本身就是一项独立的研究，我没有资格从事这项研究。然而，下表所示的短期存款和定期存款，无论是在美国还是在英国，都将说明储蓄存款与活期存款之间比值变动的重要性：

定期存款与短期存款在存款总额中所占的百分比[1]

年度	定期存款（%）	短期存款（%）
1918	23	77
1919	24	76

---

〔1〕这些数据是根据"通知"日期（每年3至5次）持有的平均数额计算的，参见《联邦储备局第13次年度报告（1926）》[*Thirteenth Annual Report of the Federal Reserve Board*（1926）]，第142页。定期存款包括邮政储蓄存款。如果用"短期存款净额"代替"短期存款"，结果会略有不同。

续表

年度	定期存款（%）	短期存款（%）
1920	28	72
1921	32	68
1922	32	68
1923	35	65
1924	36	64
1925	37	63
1926	38	62
1927	40	60
1928	42	58

从上面的表格可以看出，定期存款对短期存款的比值呈现上升趋势，就走势和数量而言，美国与英国大致相同。由于定期存款所需要的准备金率低得多，这一趋势使得在既定的准备金基础上，可用的银行信用增量大大超过了其他情况下可能出现的增量。此外，如果定期存款没有发生如此巨大的增长，则不会出现不抬高物价就有如此巨大的银行信用扩张。这是一个良好的发展势头。但是，如果在英国也对准备金采取同样的做法，定期存款像这样增长，必定会产生严重的通货紧缩。即使按照原来3%的准备金率的要求，在既定的准备金基础上，与此类准备金所维持的物价水平相比，这种做法还是会使物价水平降低。

英国和美国的银行业务对定期存款准备金率产生的不同作用可以用下面的计算来加以说明。假设美国短期存款的平均准备金率为11%，定期存款平均准备金率为3%，英国存款总额的准备金率为11%；那么，如果将短期存款账户中10%的存款总额转移到定期存款账户，使存款总额中定期存款所占比例从30%增加到40%，在不考虑其他影响的情况下，在美国，对物价水平的影响会导致其下跌4%，而在英国，类似的转移会导致物价下跌14%。

事实上，美国的定期存款在1920年至1929年间翻了一番，在此期间，这一巨大的增长扩大了金融流通，以至于如果按照英国的准备方式，就会出现工业流通紧缩而导致物价严重下跌，或者准备金相应增加的局面。英国的制度急于防止银行在供应工业用途货币时可能发生的通货膨胀，这使得银行不能灵活地履行其他职能，比如应对金融流通中更大的变动需求。另一方面，美国的制度只是略微阻断了金融流通的扩张。

在维持工业稳定性方面，美国的制度更明智、更有效。另一方面，有人可能会反对，认为美国的制度可能正是因为这种原因会使资本膨胀发展到英国制度不可能达到的程度。但是，如果维持工业稳定性和最佳产量是我们的主要目标，总的来说我认为应该如此，那么美国的制度确实更可取。

应该补充说明的是：在量的方面，我们必须谨慎阅读美国的统计数据。根据《联邦储备局第十三次年度报告（1926）》第8页记载，定期存款的增长"从某种程度上讲，不过是由于定期存款所需的准备金率较低，以及会员银行加大鼓励储蓄账户的力度而导致短期存款向定期存款转移的现象"[1]。然而，由于规定很严格，要求所有少于30天的通知存款都被归入短期存款的范畴，这种转移的作用因此而被抵消。这一规定本身是极好的，因为，尽可能严格地将储蓄存款和活期存款划分开的制度应该受到欢迎。

此外，美国战后的定期存款增长速度，部分是由于会员银行在定期存款的低准备金率的刺激下更加努力地以牺牲互助储蓄银行的利益为代价来保障这一业务而导致的。下面［《联邦储备银行与货币市场》（*The Reserve Banks and the Money Market*，第38页］由伯吉斯（W. R. Burgess）先生提供的表格展示了两类储蓄存款合并后的结果。

年度	储蓄存款 互助储蓄银行	商业银行 定期存款	总额	个人存款总额	储蓄存款和定期存款 占存款总额的百分比 （％）
1911	3459	4504	7963	15604	51
1914	3910	4802	8712	18891	46
1916	4102	5357	9459	22065	43
1918	4382	7153	11535	24518	47
1920	5058	10256	15314	32361	47
1922	5818	11761	17579	36336	48

---

[1]这一点得到了帕克·威利斯（Parker Willis）教授的证实，他在《美国银行业大变革》[*Great Changes in American Banking*，摘自《银行家》（*The Banker*），1927年5月，第385页]一文中指出，定期存款之所以增长，是由于银行之间的过度竞争，这种竞争导致银行不仅提供高利息，而且还鼓励客户将通常以活期方式存储的款项转移到定期存款的范围中去。

续表

年度	储蓄存款 互助储蓄银行	商业银行 定期存款	总额	个人存款总额	储蓄存款和定期存款占存款总额的百分比（%）
1924	6693	14496	21189	41064	51
1926	7525	17171	24696	47472	52

注：单位为百万美元

这张表格的主要意义也许在于它显示了社会习惯在不断变化的环境中所表现出的显著稳定性；同时，美国和英国的数据之间也有着惊人的相似之处，为了让这些数据同上表的数据更具可比性，如果把英国的邮政储蓄银行存款也包括在内，与上表最后一栏数据相对应的英国战前和战后的百分比都在54[1]左右，而美国则为51和52。

三、其他国家

很明显，由于银行界的习惯和传统不同，储蓄存款占银行存款总额的正常百分比，各国差异很大。我对引用欧洲国家的数据没什么信心，因为银行业的统计数据在不同国家具有不同的意义。但是可以从德国得到一些全面的数据。1928年3月31日，83家信贷银行（包括柏林的6家主要银行）、22家州立银行和省级银行、17家票据清算中心总共持有存款为6.88亿英镑（不包括流通中的支票），其中39%是7日内的通知存款，50%是7日以上、3个月以下的通知存款，剩下的11%是3个月以上的通知存款。在澳大利亚，许多有息定期存款的期限是1到2年，据估计，在1927年，这种存款占存款总额2.85亿英镑的60%。

---

[1] 如果包括信托储蓄银行，这一数字将增加1%至2%。

第24章　流通速度

一、银行货币适用的"速度"概念

"流通速度（或快速性）"一词最早出现在支票制度发展之前，当时货币主要由铸币和纸币组成。"速度"衡量的是一枚铸币（或一张纸币）转手的平均频率，从而说明了货币在商业交易中的"效能"。[1]这是一个清楚而明确的概念。但有必要说清楚，它只适用于实际用作货币的铸币和纸币，而不适用于囤积金。否则的话，囤积量的增加（或减少）就会导致货币流通速度的减慢（或加快），但其真正会导致的结果是有效货币在供应量或数量上的减少（或增加）。因此，通常的做法是，在可行的范围内，将"流通速度"这一概念仅限用于有效货币或实际流通中的货币，而不包括根本不流通但被用作"价值存储手段"且没有流通速度的货币，以免阻碍流通中的货币的速度，从而使这一概念失去意义；当囤积量的变化会引起流通货币的供应量或数量的变化而不是流通速度的变化时，囤积量的变化就会被计入。例如，在估算印度货币流通速度时，按照惯例会尽可能除去囤积的卢比，即使在公开铸币时期，流通货币存量中通常也不包括该国贵族和平民用作价值存储手段而囤积的铸锭和饰品。比如因闹饥荒这些囤积金减少了，与其说流通速度增加了，不如说流通货币的数量增加了。

当我们把这个概念扩展到银行货币时，出现了一个类似的问题，即我们应该以存款总额还是活期存款来代表货币数量。在计算银行货币流通速度时，以单位时间内的支票交易总额与银行存款总额之比来计算，为此，通常把全部存款看作属于实际流通中的货币[2]。在英国，我们没有存款账户和往来账户的单独统计数据，这意味着为了计算流通速度就得把"囤积金"当作现金。因为这样一来，我们就把真正的"价值存储手段"当作流通货币来使用，其结果是，这种存储手段

---

[1]然而，也有一个非常古老的传统，支持将"速度"与一个国家的年收入对其现金储蓄之间的比率联系起来。我将在本章的下一节再讨论这个问题。关于在这个问题和其他问题上对速度概念发展的非常有趣的历史总结，请参看霍特罗普（Marius W. Hotrop）的《早期经济文献中的货币流通速度理论》[*Theories of the Velocity of Circulation of Money in Earlier Economic Literature*，摘自《经济学报历史增刊》(*Economic Journal History Supplement*)，1929年1月]。

[2]庇古教授采用了这种方法（《产业波动》第十五章），但欧文·费雪教授没有采用，他把"速度"的应用限制在活期存款上。

数量的变化会造成流通速度变化的假象。我们在第23章中已经阐明，这种含糊的术语很可能妨碍我们做出正确的结论。

为了避免这种困难，我建议采用两个术语，即速度（V）和效能（E）[1]；其中效能表示银行票据交换结算总额对存款总额的比值。这样我们就可以自由地使用"流通速度"一词来清楚地表示真正用于现金目的的货币（即现金存款）的周转速度。由此我们可以得出这样的等式：E=Vw，其中w为活期存款占存款总额的比例。把E称为银行货币的效能或现金效能也不是不恰当。因为这一数值越大，既定数额的银行货币对应的现金周转量就越大，储蓄存款的增长将降低用于现金目的的银行货币的"效能"，相反，其下降就会提高用于现金目的的银行货币的"效能"。

二、区分收入存款和营业存款的速度

然而，比起区分活期存款的速度（V）和存款总额的效能（E），更重要的是要区分收入存款的速度（V_1）和营业存款的速度（V_2）。V是两个完全不同的事物的平均值，从某种意义上说，它根本不是一个真实的速度。V是一个可变量，即使V_1和V_2都没有变，V会随着分别代表收入存款和营业存款的活期存款的比例变化而变化；这好比电车和火车的速度不发生任何变化，但搭乘伦敦电车和火车的乘客的速度可能会增加，如果火车乘客的比例增加了。

因此，如果和以前一样以M_1、M_2、M_3和M分别代表收入存款、营业存款、储蓄存款和存款总额，那么M_1、M_2、M_3的速度分别为V_1、V_2和零，M_1和M_2的加权平均速度是V，M_1、M_2和M_3（即M）的加权平均速度（或者我称之为效能）为E，那么，如果B是现金交易或现金周转总量，我们可以得出：$B=M_1V_1+M_2V_2=V(M_1+M_2)=E(M_1+M_2+M_3)=EM$。

由此可见，即使V_1和V_2是恒定不变的，E和V仍然可能随着M_1、M_2和M_3对M的比值变化而变化。因此，我们需要区分复合量V和E的变化是由真实速度V_1和V_2的变化引起的，还是由$\frac{M_1}{M}$、$\frac{M_2}{M}$和$\frac{M_3}{M}$的变化引起的。

我认为这种区分将帮助我们理清一个有史以来就被混淆的概念。正如霍特罗

---

[1] 在前一章中，我用字母E代表"收入"。我希望这个符号的重复不会导致混淆。

普博士所指出的[1]，从最早有关这一问题的文献中可以看出：货币理论家一直在两种倾向之间摇摆不定：一种倾向于把速度（或快速性）看作是国家货币存量和国民收入之间的关系，另一种倾向于把它看作是货币存量和交易总额之间的关系。早期的作者主要受前一种概念的影响，但在19世纪，后一种概念开始盛行。直到现在，特别是在当代的美国文献中，由于得到欧文·费雪教授的著作的支持，这一概念在某种程度上已经根深蒂固。然而，我们不仅能在约翰·斯图亚特·穆勒（John Stuart Mill）的作品中，而且在熊彼特教授和庇古教授的著作中都能清晰地找到前一种概念的痕迹。

混淆的部分主要体现在以下方面：如果我们关心的是平均货币存量和国民收入之间的关系，那么前一概念必须指的是作为获得收入的公众所持有的平均存量，即收入存款，而不是包括营业存款在内的货币总存量。收入获得者的年收入总额与他们持有的平均货币存量之间的关系是一回事，我们称之为收入存款的速度；各方面的总交易流与各种用途的平均货币存量之间的关系又是另一回事，我们称之为活期存款的速度。但是，收入获得者的年收入总额与各种用途的平均货币存量之间的关系是一种混杂的概念，没有特别的意义。但是这种概念却在经济学文献中一再出现。例如，庇古教授在最近一次关于这个问题的讨论（《工业波动》，第十五章）中区分了三种"速度"。第一种意义下的速度（参见上述引书第152页）是以社会的货币收入对货币总存量的比值来计算的，我觉得他更倾向于这种速度；第二种速度是以出售为现金收入的商品量的货币价值对货币总存量的比值来计算的；第三种速度是以各种出售为现金的商品量的货币价值对货币总存量的比值来计算的。第三种速度，用我的术语来说，就是活期存款的速度（V），如果庇古教授把储蓄存款包括在"货币"中的话，那么第三种速度就是银行货币的效能（E）。但是第一种速度按照我的符号书写时等于 $\frac{M_1}{M}V_1$，因此，它是两个完全不同的事物的乘积。这就好比用火车一小时的载客里程数除以电车和火车上的乘客总数，所得的结果就是"速度"。熊彼特教授也以同样的方式使用了这个词[2]。

---

〔1〕见前面所引用书的各页，以及他的《货币流通速度》（*De Omloopssnelheid van het Geld*）
〔2〕我不是很确定，福斯特先生和卡钦斯先生在《论利润》（*Profits*）中使用的"货币周转速度"一词是我所说的意义，还是庇古教授和熊彼特教授所说的意义。

三、收入存款的速度

目前,由于我们根本没有任何国家有关收入存款与营业存款区分开来的估计数值,因此,不能直接将收入存款的数额与国民收入做比较来计算它们的速度。然而,通过我们对该社会习惯所了解的情况进行综合考虑之后,对这一速度大致所处的近似极限值范围做出某种估计也不是不可能。

收入存款的速度是一个反映社会习惯的函数,这些习惯包括:按周、按月或按季等发放工资或薪金的时间间隔[1];在收入日期之间是否定期地支出;从一个收入日期到下一个收入日期续存收入的比例,收入存款的速度可以更准确地表达为:

使R=有关年收入,x=每年发放收入的次数(例如:如果收入按周支付,则x=52)。

我们假设收入在一个收入日和下一个收入日之间以规律的水平匀速支出,以每个收入期结束时的续存量(即在收入日前一天所持有的收入存款量)为变量(这个假设仅仅是为了计算方便),并使续存的平均量为 $\frac{R}{y}$,那么,收入存款的平均水平为 $\left(\frac{1}{2x}+\frac{1}{y}\right)R$,由此可知,收入存款的速度 $V_1 = \frac{2xy}{2x+y}$。

V_1在各种假设下的数值很容易计算出来。如果收入按周发放,即x=52,$\frac{R}{y}$为三周的收入,则$V_1 \approx 15$;而如果$\frac{R}{y}$是一周的收入,则$V_1=35$。如果收入按月发放,即x=12,$\frac{R}{y}$为两周的收入,则$V_1=12$;如果收入按季度发放,即x=4,$\frac{R}{y}$为一个月的收入,则$V_1 \approx 5$。读者可以任意提出自己认为合理的其他假设。很明显,发放收入的时间间隔越短,与每次发放的收入量构成比例的平均续存量就越大,因

---

[1]威廉·配第爵士在他的《献给英明人士》(*Verbum Sapienti*, 1664)一书中十分清楚地理解了这一点,霍特罗普博士在他研究流通中的货币是否充足的那一节中引用了他的话(见上引书):"假设支出是4000万英镑,如果周转时间是按周计算的短周期,比如像贫穷艺术家和工人那样每周六领一次工资,那么100万英镑的40/52就可以达到这些目的。但是,按照我们付房租和收税的习惯,如果周转时间是按季度计算,那就需要1000万英镑。因此,假如一般支付是1周至13周不等,那么在100万英镑的40/52上加上1000万英镑,除以2就有550万英镑,所以,如果我们有550万英镑,也就足够了。"

为对于既定的收入来说，更多的是支出量，其时间间隔比发放收入的时间间隔更长，比如度假支出。

通过抽样调查，不难弄清典型阶级的典型成员年均收入中活期账户或往来账户存款所占的比例。否则恕我冒昧地推测，如果收入存款的定义中包括钞票和银行结余，那么目前英国V_1的值每年可能接近12；若工资按周发放，那么V_1的值可能为17；若工资按月或按季度等发放，那么V_1的值大约为10。这意味着按周获得工资的工薪阶层将平均持有相当于3周收入的现金，社会的其他成员将持有相当于5周收入的现金和本期银行结余，而整个社会将平均持有接近一个月收入的现金[1]。这些数据是指一年平均持有的余额，并不与按季度发放工资时大大高出此数值的余额相矛盾。

当然，在缺乏统计证据的情况下，这些数据只是推测而已，目的是指出有关数量的可能量值，并促使人们今后计算出更准确的统计数据。然而，给出的数据与已知事实相当吻合。因为，如果假设按周获得工资却没有银行账户的工薪阶层的收入为每年17亿英镑，社会其他成员的收入为每年30亿英镑[2]，由上述数据可推测：工薪阶层平均持有的现金收入的钞票数额为1亿英镑，社会其他成员平均持有的钞票数额和收入存款为3亿英镑，我们假设其中有2.75亿英镑为银行存款，2500万英镑则为钞票。由于实际流通中的钞票（即非银行持有的流通中的钞票）为2.5亿英镑左右，根据上述假设，以其他方式持有的钞票则为1.25亿英镑，例如：其中的1亿可能是业务现金，剩下的2500万英镑就是储蓄现金（即没有银行账户的人持有的囤积金）；而且，由于往来账户中的银行结余每年平均大约为10.75亿英镑，根据上述假设，还会有8亿英镑用于营业存款和"伪装"的储蓄存款。所有这些数据看起来都很合理。因为，如果我们把工薪阶层收入存款的速度提高至15，则银行收入存款就会下降至1.75亿英镑（这看起来很低），而营业存款等就会提高至9亿英镑。另一方面，将按周获得收入的工薪阶层收入存款的速度降低似乎不符合已知的钞票发行情况；而工薪阶层收入存款速度的任何实质性的降低都将导致银行收入存款相对于营业存款来说提高至一个看似难以置信的数字。如果需要对此作

---

〔1〕也许这对于按周获得工资的人来说太高了，而对于其他人来说又太低了。如果是这样，用于营业目的而持有的纸币必会超过我的估计。

〔2〕这两个数字加起来比这个国家的净收入还多，因为这一计算所涉及的是总收入（未扣除国债等利息）。

出任何修正，那么很可能是为了提高工薪阶层收入存款的估计速度。这样就能改变实际流通中的钞票在工薪阶层和企业之间的平均分配量，而不影响上述有关银行货币的一般结论。

在第3章储蓄存款与收入存款的定义中，我们指出，这两者之间的界限并不十分明确。一个持有储蓄存款的人，当有必要借助这种存款时，可能会以此为由来节省收入存款量。因此，这里将提供一些有关储蓄存款数额的统计数据。据我们估计（见下页），1926年，英国的存款账户约为8.5亿英镑，但并不都由个人账户所持有。同年，邮政储蓄存款和信托储蓄银行的储蓄存款（大致相当于没有银行账户的按周获得收入的工薪阶层的存款）约为3.7亿英镑（包括爱尔兰）。于是，个人的储蓄存款总额大概可能为10亿英镑，相当于一年收入的四分之一左右。因此，如果我们的估计是正确的，那么收入存款（包括现金收入）会占年收入的十分之一至十二分之一，储蓄存款会占年收入的四分之一左右。

有些必须以存款来应付的重要支出，其时间间隔要比发放大部分工资和薪金的时间间隔长，这显然是导致流通速度低于其应有速度的原因。其中最重要的支出可能是按季支付的租金、半年支付的地方税和所得税、每年缴纳的保险费、假期和圣诞节的过度开销（根据伯吉斯先生所说，纽约和其他城市的百货公司通常仅在12月的营业额就占全年的七分之一左右）。按季度发放工资，按年支付的农产品收入，以及通常按半年支付（在英国）的利息和股息等也有降低流通速度的作用。正如已经指出的那样，普通个人的收支在日期上越同步，与收入构成比例的平均所需现金就越少，从而流通速度就越快。所以，流通速度在很大程度上是一个反映社会习惯和社会惯例的函数。

因此，尽管由于习惯的逐渐改变，它可能在较长一段时期内才会呈现出明显的趋势，但是，我们可以预计收入存款的速度逐年保持相对稳定。但这个结论有一个重要的限定条件。许多人不能或不愿迅速调整支出以适应收入的变化，特别是在收入下降的时候。于是，当货币收入发生改变时，收入续存总量在过渡到下一个收入日的时候也可能朝着相同的方向变化。也就是说，收入下降的第一个冲量将是收入余额，收入增加的第一批增益亦如此。例如，如果失业和经济不景气使工人阶级的平均现金持有量从三周半的收入减少到两周半，中产阶级的持有量从五周的收入减少到四周，则相应的流通速度将分别从15增加到20，从10增加到13，平均速度将从12增加到15。同理可知，在经济景气的时候，流通速度可能会低于正常水平。但是我们没理由预计这些反常数据会持续下去。

四、营业存款的速度

就营业存款而言，我们没有相当于与个人消费者持有收入构成比例的可能余额那种可靠的数据作为我们推测的依据。另一方面，如果我们对收入存款量和储蓄存款量的推测是可靠的，那么我们就可以通过存款总额和票据交换结算总额的统计数据推断出营业存款量及其速度。

□ 渣打银行早期在中国设立的分行

渣打银行是扎根中国历史最悠久的银行之一，总部在英国伦敦。其从1858年在上海设立首家分行开始，在华业务从未间断。1949年新中国成立后，渣打银行获准继续留在上海营业，并应新政府要求协助打开新中国的金融局面。

我们的数据有许多缺陷和很大的误差范围；但在这里，我们还是有可能对有关的量值作出适当的估计，这是我们进行一般性辩论所必备的条件。

1. 英国

首先我们将尝试计算活期存款的速度，即V_1（收入存款的速度）和V_2（营业存款的速度）的加权平均数。下表是有关英格兰和威尔士的数据[1]：

年度	票据交换结算总额*	12月31日的存款总额	往来账户存款总额的百分比（%）	数额	粗略速度（%）
1909	14215	711	52	370	38
1913	17336	836	52	435	40
1920	42151	2012	62	1247	34
1921	36717	2023	56	1133	32
1922	38958	1885	56	1056	37

[1] 英国（包括苏格兰）的数据可能会高出10%左右。

续表

年度	票据交换结算总额*	12月31日的存款总额	往来账户存款总额的百分比（%）	数额	粗略速度（%）
1923	38429	1856	57	1058	36
1924	41414	1843	56	1032	40
1925	42302	1835	55	1009	42
1926	41453	1878	54	1014	41
1927	43261	1923	54	1038	43
1928	45878	1982	53	1050	44
1929	46495	1940	52	1009	46

*包括地方票据交换结算总额（单位：百万英镑）

这些数据的价值在于说明了活期存款速度的可变性，从而说明了营业存款速度的可变性（假设收入存款的速度近似于恒量）。但在我们能估计出这个速度的绝对值之前，有必要做一些校正。首先，正如前面所解释的，票据交换结算总额并不包括支票交易总额，因为它们不包括银行与客户之间的内部票据交换，也不包括没有正式票据交换所的地区的银行之间的票据交换。由于大部分业务只由5家这样的少数银行完成，因此必定会造成严重的误差。为了达到支票交易总额，我们可能必须增加至少35%的票据交换结算总额[1]，让英格兰和威尔士在1926年至1928年的平均总额达到587.25亿英镑。其次，每年12月31日公布的存款总额肯定夸大了全年的平均数据，可能高出6%，也可能高出10%。因此，如果我们将上表中的第（1）栏数据提高35%，并将第（2）栏和第（3）栏降低6%，那么第（5）栏所示的粗略速度将增加43%。于是，我们对1924年至1929年活期存款平均速度的最佳估计值便提高到每年约60%。

这些关于整个英国银行体系的估计数据可以同我从巴克莱银行获取的一些更准确的数据做比较。这家银行每年会汇总通过账面的借方总额，即支票交易总

[1] 即使在银行数量众多的美国，据估计也只有大约三分之二的支取支票是通过票据交换结算的［参看劳伦斯（J. S. Lawrence）《借入准备金与银行扩张》（*Borrowed Reserves and Bank Expansion*）一文，摘自《经济学季刊》（1928年，第614页）］。

额，而不仅仅是通过票据交换的借方总额，这些总额可以除以往来账户上的实际平均持有量。结果如下：

英格兰往来账户存款的速度

年度	巴克莱银行（实际数据）（%）	整个银行体系*（估计数据）（%）
1924	49	57
1925	51	60
1926	55	59
1927	58	60
1928	58	63

*这一栏同上面的计算一样是"粗略"的速度，增加了43%。当这些内容正在被复印出版时，各银行作为整个银行体系已决定公布借方总额的数字

很明显，任何一家银行的速度都将受到以下两种行为不同程度的影响：其一，银行会按照惯例要求其客户在往来账户上保持最低余额以作为优先于其他方式的谋利手段；其二，银行参与证券交易和其他金融交易等高速业务。

根据上述数据和之前对收入存款的估计，我们可以推断出营业存款速度的估计值。我们之前的论证说明了以下有关英国（1926—1928年）的近似数字，以整数表示[1]：

支票交易总额	645亿英镑
往来账户存款总额	10.75亿英镑
银行活期存款的速度	60%
银行收入存款	2.75亿英镑
银行收入存款的速度	11%[2]
收入存款的支票交易量	30亿英镑
营业存款	8亿英镑

[1] 为了计入苏格兰，上述与英格兰和威尔士有关的票据交换和现金存款数据增加了10%。
[2] 如果我们把兑换纸币的支票兑现包括在收入存款的支票交易中，而把之前计算中各种货币相互兑换的数字除去，那么这一速度就与我们先前估计的现金收入的速度10是一致的。

续表

营业存款的支票交易量	615亿英镑
营业存款的速度	77%

综上所述，根据现有的统计数据，我们所能作出的最佳推测是，英国的银行收入存款量、营业存款量和储蓄存款量之间的比例大致为1∶3∶4（$M_3 = 4M_1$，$M_2 = 3M_1$），而其速度分别为（V_1）11、（V_2）70~80和零[1]。但是，这些对不同类型存款之间的正常比例的推测绝不能使读者忘记我们分析中的一个重要部分，即这些比例在一定范围内是可变的，那么$E\left(= \dfrac{M_1V_1 + M_2V_2}{M_1 + M_2 + M_3}\ \text{或}\ \dfrac{M_1V_1 + M_2V_2}{M_1 + M_2}\right)$发生变化可能不仅仅是因为$V_1$和$V_2$发生变化引起的，还可能是$M_1$、$M_2$和$M_3$之间的比例发生变化引起的。事实上，我倾向于这样一种观点，即为某一特定目的而持有的银行存款的速度，除非经过长期的变化，否则不会轻易发生很大的变化，并且，所观察到的货币效能（E）或活期存款作为一个整体的速度（V）的短期急剧波动，往往主要是由为不同目的而持有的存款比例发生变化引起的。我们将在本章第五节继续讨论这个问题。

这里应该提醒一下读者，我们在前面已经按照英国银行通常接受的意义讨论过"往来账户"的速度，因此，这与"现金账款"的速度（见第3章）不同。因为我们必须在"往来账户"中将客户与银行达成协议为支付后者报酬而保留的最低固定存款额包括在内，但另一方面，我们没有计入未使用的透支账款。也许这两个误差来源可以粗略地看作是相互抵消的。

2. 美国

美国的相应数据是建立在比上述数据更可靠的统计基础之上的。欧文·费雪教授在这方面和其他与货币统计相关的许多方面作出了开创性的贡献[2]。随后，伯吉斯博士[3]对1919年1月至1923年2月期间的数据进行了仔细的研究。在这段

---

[1] 亚当·斯密在其名著《国富论》（第二篇第二章）中有一段话总结道，业务现金的流通速度低于现金收入的流通速度。但他用以支持这一说法的论点是在后一种情况下，单个交易规模较小，而且"小额交易的流通速度远远快于大额交易"。这一论点并不具有说服力，甚至在他那个时代可能就是无效的。

[2] 费雪教授的估计数字太高了。由于我对英国估计的依据并不比25年前他对美国的估计好多少，因此它们也可能存在同样的缺点。

[3]《银行存款流通速度》（Velocity of Bank Deposits），《美国统计学会会刊》（Journal of the American Statistical Association），1923年6月。

时期内，这些数据自然地呈现出重大的季节性变动，还呈现出很大的周期性变动（最大量和最小量之间的季节性变动大约为20%，周期性变动至少为30%）。但是，关于这段时间内的平均速度，伯吉斯博士得出了这样的结论：对于整个国家来说，每年的平均速度为25至35次不等，低于30次的可能性大于超过30次。然而，这一平均数据掩盖了美国不同地区的巨大差异，比如纽约为74，芝加哥为46，布法罗和罗切斯特为20，锡拉丘兹为10。

最近，斯奈德先生做了进一步调查，将伯吉斯博士研究的时间延长了三年，涵盖了1919年至1926年。斯奈德先生的数据（他声称误差不超过5%）大体上证实了伯吉斯博士的数据。这些数据更清楚地显示出美国不同地区平均水平的巨大差异，如下表所示[1]：

美国活期存款

年度	纽约市的速度	包括纽约市的141个城市的速度	全国的速度	全国支票结算量（亿美元）	全国活期存款量（亿美元）
1919	75.2	42.3	28.8	546.8	18.99
1920	74.1	41.9	27.9	587.7	21.08
1921	68.3	38.5	24.7	484.0	19.63
1922	75.8	40.5	26.1	533.9	20.47
1923	79.1	41.4	25.8	570.3	22.11
1924	79.6	40.9	25.5	600.1	23.53
1925	87.7	44.2	25.1	653.4	25.98
1926	—	—	27.2	695.3	25.57
平均数					
1919—1925	77.1	41.4	26.3	—	—

值得注意的是，以营业存款为主的纽约的平均速度为77.1，与我的数据（即英

---

[1] 包括纽约和141个城市的数据来自斯奈德所著的《商业周期与衡量指标》，第294页。全国的数据来自韦斯利·米切尔所著的《商业周期》，第126页。据我所知，前者是每年单独计算的，而后者主要是根据1922年对持有超过存款总额五分之四的240个城市进行的一次计算得出的。随后斯奈德先生（《经济统计评论》，1928年2月）又估计1927年的支票交易额为7660亿美元，而同年全国的平均速度则为30左右。

国营业存款的速度77[1]）非常接近。此外，对纽约市各银行开出的支票占全美国所有开出支票的40%至50%[2]。

伯吉斯博士列举了一个速度随有关存款类型发生变化的例子，他指出，财政部余额的速度大约为每年300次[3]。

接下来让我们粗略地（希望能借此投砾引珠）估计一下1923年美国的收入存款和营业存款。实际流通中的硬币和纸币大约有30~70亿美元，其中我们可以假设平均有20亿美元作为现金收入（即除囤积金外公众持有的现金）持有。如果速度与英国的假设值一样为15，那么以这种方式花费的总收入将是300亿美元[4]。如果净收入为700亿美元，除了总收入的增加和各种重复支付以外，将剩下550亿美元的收入交易会以支票的方式进行[5]。假设速度与英国的一样为10，那么220亿存款总额中总共会有55亿的收入存款，这几乎和英国的比例完全一样。另外，我们应该还剩下165亿的营业存款和5150亿开出的支票，由此算出的速度只有31[6]，远低于英国的77。然而，在没有作出详细假设的情况下，根据数据普查可以明显地看出，英国营业存款的平均速度肯定比美国的快得多。可以想象，这在一定程度上可能是由于英国更多地使用了透支，但更可能是由于美国各地之间的距离更远，意味着支票邮寄的延误会导致货币效能损失更大[7]。在这种情况下，使用航空邮件可能会彻底改变处理给定业务量所需的平均余额。

如果我们把注意力集中在141个城市，那么假设四分之一的活期存款是速度为10的收入存款，则营业存款的速度就为55，这更接近英国的数据。

---

[1] 这两个数字如此接近纯属偶然。我忘了美国的数字是什么，在我算出英国的数字之前都没有去查过，以免受到影响。
[2] 斯奈德，《经济统计评论》，1928年2月，第41页。
[3] 《联邦储备银行与货币市场》，第91页。
[4] 这个数字与韦斯利·米切尔对各种用途的现金所估算的速度26相符合是合理的，因为现金收入中支付给业务现金的每笔款项都将由与业务现金中支付给现金收入的等量款项来加以抵消，所以上述的数字完全可以解释米切尔所估计的94的总数中有600亿的周转额。不管怎样，以这种方式支出300亿似乎是个相当高的比例。
[5] 我是完全独立做出以上推测的，结果发现韦斯利·米切尔也证实了这一数字。他把我所谓的收入交易计算为总额的10%，在1923年约为570亿。他作出这一估计的整个章节都很有意义，值得引用（韦斯利·米切尔，《商业周期》，第149页）："零售额在支付总额中所占的比例不超过1/20，而支付给个人的货币收入约占1/10。就连个人收入后又支出货币而形成的循环流通量在平常营业年度总支付额中似乎只占1/5。虽然这些相当精确的比例可能存在缺陷，但可以肯定的是，其他业务交易产生的支付额是个人收入所产生支付额的几倍。"
[6] 如果我们将收入存款的速度降低到6，那么根据上述假设，就应该将营业存款的速度提高到40。
[7] 当我寄出一张支票之后，就会把它从我的余额中除去，但支票未到贵行收讫，贵行不得视同己有。

有趣的是，我们推测的英国收入存款总额（包括现金和银行结余）为4亿英镑，占净收入40亿英镑的10%，而美国（1923年）的收入存款总额为50亿~70亿美元，占净收入700亿美元的11%。这些数据的合理一致性或多或少证实了这些推测的量值可能是相当准确的——这正是我所要求的。

□ 摩根财团

摩根财团是美国十大财团之一，19世纪末20世纪初形成，是垄断资本财团，其实力可以影响整个美国的经济，旗下的摩根公司是世界最大的跨国银行之一，在国内有10个子公司和许多分支行，还有1000多个通信银行。华尔街23号是摩根财团的所在地。

五、营业存款速度的可变性

我们已在上文估计了营业存款速度（V_2）的量值。但是，除了根据活期存款作为整体而观察到的可变性来推断之外，我们没有直接证据证明其可变性。

因此，我们必须首先研究英国统计数据所显示的活期存款速度的可变性。如果利用现有的统计数据，我们顶多可以获得银行票据交换结算总额的指数，然后除以往来账户量的指数[1]（根据上文估计的往来账户占账户存款总额的比例）；或者也可以取得地方和地区的票据交换结算总额的指数（因为没有地区往来账户的单独统计数据）除以相同的数字。第一组数据将为我们提供营业存款总额速度变化的指数，但由于城市金融交易的影响，这将不是一个令人满意的工业营业存款或营业存款A的速度的指数；而第二组数据更适合用来表示营业存款A的速度，如果假设地区往来账户的变化幅度与往来账户总量的变化幅度相同，那么这组数据将失去意义。就其本身的价值而言，结果如下表所示：

---

[1] 这一指数是根据九家清算银行的月度平均数据得出的，与上文根据各银行的年终数据得出的指数略有不同，但差别不大。

英格兰和威尔士（1924年=100）

年度	银行票据交换结算总额	地方和地区银行票据交换结算额*	活期存款推算水平	活期存款速度计算依据 票据交换结算总额	地方和地区票据交换结算额
1920	102	152	111	91	137
1921	88	101	108	81.5	93
1922	93	96	106	87	91
1923	92	96	102	90	94
1924	100	100	100	100	100
1925	102	101	97	105	104
1926	101	93	96	105	97
1927	105	98	99	106	99
1928	111	98	100	111	98
1929	112	98	100	112	98

（单位：百万英镑）

*地区票据交换结算到1921年为止是根据5个城市进行的，后来增加为11个城市

本表以地方和地区票据交换结算总额为依据，表中的速度提供了我们可能得到的有关工业流通速度的可变性的最佳估计；而那些以票据交换结算总额为依据计算出来的速度则表明，金融流通和工业流通的交易各自在这一总额中所占比例产生的影响。

以地方和地区票据交换结算为依据，计算出来的速度所呈现的变化的一般方向充分证实了第三、四篇的结论，即企业盈利时的速度预计会超过企业亏损时的速度。1928年选定的两个检验日计算的支票移转的平均值（如下所示）说明了地方支票交换结算额相对不受大宗金融交易影响的程度：

	1928年1月3日*		1928年8月24日※	
	宗数	平均值（百万英镑）	宗数	平均值（百万英镑）
城市票据交换结算	322000	538	116000	911

续表

	1928年1月3日*		1928年8月24日※	
	宗数	平均值（百万英镑）	宗数	平均值（百万英镑）
首都票据交换结算	234000	35	129000	34
地方票据交换结算	488000	31	297000	25

*选作典型的高移转量日　　　　　※选作典型的低移转量日

票据交换所的秘书霍兰德·马丁（Holland Martin）在其1928年的报告中证实了这一点，但须附加条件，他说：

我想提醒的是：人们为了方便计算，每笔交易都使用支票，而不按交易的余额使用支票，这一习惯使城市的统计数据日益暴增，因此，这些数据不能用作贸易往来的指标。地方和地区票据交换结算的数据提供了更可靠的指标，但如果这些数据因厂商之间营业购销移转了大额支票而暴增，就像去年年底某个地区出现的类似情况那样，这些数据也会失去说服力。

现在问题来了——所观察到的活期存款速度的变化真的反映了营业存款速度的变化吗？还是反映了营业存款和收入存款的比例变化，或者反映了不同种类的营业存款？统计数据本身不能回答这个问题。但我们可以计算：首先，如果营业存款和收入存款各自的速度是恒定不变的，那么，它们比例发生变化会产生怎样的观察结果；其次，假设两种存款之间的比例和收入存款的速度都是恒定不变的，那么营业存款的速度发生变化意味着什么。

我们先来看第一个计算。假设收入存款与营业存款的正常关系是：营业存款的数量是收入存款的3倍，速度是收入存款的7倍（速度分别为恒量77和11）。那么，因为 $V = \frac{M_1 V_1 + M_2 V_2}{M_1 + M_2}$，$V = \frac{\Pi(M_1 + 7M_2)}{M_1 + M_2}$，所以当V从60下降到55时，$\frac{M_2}{M_1}$ 会从3下降到2，而当V从60增加到64时，$\frac{M_2}{M_1}$ 大概会从3增加到4。

接下来，我们假设收入存款和营业存款的相对数额是恒定不变的。那么，如果营业存款（M_2）是收入存款（M_1）的3倍，收入存款的速度（V_1）为11，因为

$$V_2 = \frac{1}{M_2}\left[(M_1 + M_2)V - M_1 V_1\right]$$

所以 $V_2 = \frac{1}{3}(4V - 11)$。因此，如果活期存款的速度（V）从60下降到55，我

们可以根据这些假设推断营业存款的速度（V_2）会从76下降到70；而如果V从60增加到64，V_2会从76增加到82。

此外，正是因为活期存款可以被分解为具有不同速度的收入存款和营业存款，所以，营业存款也可以被分解为具有不同速度的工业存款和金融存款，在上卷我将这两种存款分别叫作营业存款A和营业存款B，前者属于工业流通，而后者属于金融流通；于是，观察到的营业存款速度的变化可能是由金融存款和工业存款的比例发生变动引起的，而各种存款相应的速度却并没有发生任何变化。金融存款的速度很可能比工业存款的速度快得多，这一点可能很重要。

我们还无法依靠现有的统计资料进一步归纳说明。但是，已经有足够的证据表明，所观察到的事实并不一定需要真实速度的大幅度变动来加以解释，因为，不同用途的存款比例的变动也可以作出解释。因此，在经济繁荣期观察到活期存款速度增加和经济萧条期速度下降，其部分原因可能仅仅是由于真实速度发生了改变，还有可能是因为营业存款B的相关交易量增加了。速度的这种变化证实了我们先前的预期，即在盈利期间，工业流通的相关交易额将相对于收入存款增加，而在亏损期间则相对减少。

六、真实速度的决定因素

因此，区分不同用途的货币"平均"速度和某一特定用途的货币"真实"速度是很重要的，后者是指某一特定类型交易的交易量对交易中所使用的货币量的比值。因为"平均"速度的变动可能不是由"真实"速度的变动引起的，而是由不同类型交易的相对重要性发生变化引起的。但是，我们现在必须进一步考虑能够引起真实速度产生变化的因素。

存款人在决定按照预期交易量的比例应持有多少余额（两者均以货币计算）时，既会受到以一定的便利程度进行交易所需余额量的影响，也会受到以这种方式冻结等量资金所引起的牺牲程度的影响。因此，某一特定类型的交易所持有的与交易量成比例的余额水平（即这种用途下的真实速度）是由所获得的便利和所遭受的牺牲之间的边际平衡关系决定的。便利和牺牲的程度都是可变的。但后者的可变性可能比前者大得多。经验表明，当牺牲大的时候，企业界能够依靠牺牲微小以至于可以尽情享受便利时持有的一小部分余额继续经营。

对便利的考虑主要是由缓慢变化的社会和商业习惯支配的。但也有一种不那么缓慢的短期影响——在营业兴旺的时候，企业界可以通过同等的现金账款进行更大数额的交易，而不致损失任何便利。

尽管如此，观察到的营业兴旺与"真实"速度的增加导致的增速之间的相关性，也可以用这样一个事实来解释：在生意兴旺的时候，以现金形式固定地支配可能转化为营运资本的实际资金意味着更大的牺牲。因此，与采用其他方式支配资金相比，我们必须探讨持有余额所遭受的牺牲程度发生变化的可能原因。我们尤其必须考虑以下因素的影响：（1）营运资本的需求量和贴现率的变化；（2）对未来物价走势的预期。

第（1）项中含有一种牺牲的成分，因为对个人储蓄者来说，持有余额一旦被冻结，就可以在其他方面支配资金，如定期存款、投资或业务扩张。当业务不景气、投资缺乏吸引力时，保持活期存款的代价仅仅是不把现金用于储蓄存款、证券或其他短期流动投资而引起的相关利息损失。同时，如果贴现率和存款利率都很低，在确定与所进行业务成比例的余额方面就可以考虑便利性。另一方面，当营业处于景气和扩张状态（企业或个人的全部资金都需要作为流动的营运资本）时，同时借贷能力已经接近极限时，以及当贷款的应付利息和可得利息很高时，将会有一种强大的动机把余额限制在任何可行的最低水平，不过，这样会在准备应对意外情况的过程中承担一些风险。因此，将以与之前相同的实际余额进行更多的交易，或者以与之前相同的货币余额（即与货币营业额成比例地降低货币余额）进行价格更高的交易。

当营运资本的需求量极大并趋于供不应求时，这些节省余额的动机所带来的压力可能会对物价产生非常重要的影响。显然，这种情况可能与交易量同时上涨有关；但另一方面，两者之间没有必要的联系。这就在一定程度上解释了：那些试图找到V和T（交易量）的可变性之间确切关系的人，当把调查方向锁定在某段时间时，能够从统计数字上证实他们所预期的情况，在另一段时间却未能证实。例如，在1920年美国的经济繁荣期，交易量的增加伴随着营运资金供应紧张，结果V和T似乎一起发生了变动。然而，在1921—1922年经济萧条之后，经济开始复苏，交易量又回到了以前的高水平，但这一次并没有出现随之而来的可贷资金供应紧张，结果V和T之间的假定相关性（前一个时期似乎已得到证实）不再成立。换句话说，严格的信贷条件往往会使速度加快。

□ 19世纪末的法国

据说苏格兰人喜欢囤积黄金，而法国人喜欢囤积纸币，这些货币存放在私人那儿，没有被好好利用，反而造成投资率降低，最终对经济发展不利。19世纪末的法国，人民生活水平较高，电灯开始普及，电话也进入了人们的生活。

因此，第（1）项下的牺牲量取决于来自其他使用资金的机会的竞争程度。然而，第（2）项下的牺牲量则取决于是预期还是担心余额的实际价值贬值，也即是取决于物价上涨的可能性。

当然，这一原因引起的实际余额下降已经达到了极限，因为欧洲在战后不再信任欧元，由此出现了所谓的"逃离"欧元现象。但是，当存款人普遍倾向于购买超出他们当前或正常需要的东西时，也会出现同样的现象，因为他们担心，如果推迟到正常时间购买，价格就会对他们不利。在某种程度上，这种现象逐渐演变成上文第（1）项所讨论的对营运资金的需求变大。但是这两种影响是可以区分的，因为对商品有额外需求是由于贸易景气，从而需要更大的供应量，或者是由于对更高物价的预期，从而购买了多于目前真正需要的商品。显然，这两种现象往往同时存在。

在解释通过增加（或减少）速度对物价产生直接影响这方面，我不清楚这一原因是否重要，对货币贬值十分恐惧的极端情况除外。它只在人们购进的商品量超过他们目前正常营业所需要的商品量并囤积所谓的现货时才发挥作用。这种情况很少大规模发生。

然而，在极端情况下，预期物价水平上升是很普遍的，因此，个人投资者在收到现金余额后会尽快将其转换为商品或证券，以免它们贬值。在这种情况下，这种影响对减少实际余额（和增加速度）从而提高物价的作用可能会造成灾难性的后果。最近，这类例子很常见，这里不再赘述[1]。警报一旦拉响，物价水平往往上升得比通货膨胀还快；当人们都感到恐慌的时候，它们往往上升得更快。当达

---

[1] 我在我所著的《货币改革论》第二章中已有所论述。

到这一地步的时候，即使限制进一步发行货币，也无助于阻止物价上涨，除非公众对物价再次恢复信心。通货紧缩、银行高利率、外汇管制、物价管制等措施的判断，必须主要参照它们对公众可能产生的影响，以便使其实际余额恢复到正常水平，而不是根据公众对其他货币元素的反应来判断。

在像法国这样的国家，货币的效率通常是相当低的（主要是因为人们乐于囤积纸币），货币的价值尤其容易受到不信任情绪的影响，因为在不给任何人带来实际不便的情况下，效率可以大大得到提高。

第25章　银行货币对准备金的比率

旧时粗略的货币数量说虽然以"其他情况相同"的说法来捍卫自己，然而却倾向于这样一种观点：货币总量（M）即使不是现金账款供应的唯一决定因素，也是主要决定因素。在战时财政和战后通货膨胀的背景下，物价发生变动并不意味着货币总量对产量的比率会紧接着发生变动，人们在这种物价变动方面的经验几乎使所有人在对待其他货币因素的相对重要性时采取更加平等的态度。然而，货币总量这一因素即使不具有主宰性，但从长远来看至少也具有主导作用，并且非常具有现实意义，因为它是最可控的因素。

那么，现在让我们转而来看一下如何确定控制货币总量的因素。关于这个问题，我们将分别在本章和后面的一章展开讨论，一共分为两个阶段：第一，货币数量与准备金数量是如何关联的；第二，支配准备金数量的因素是什么（见第七篇第32章）。

在第2章里，我们已经看到：现代银行体系中的会员银行存款总额取决于会员银行旨在保持的准备金率（也就是准备金对存款的比率）和准备金（分为现金的形式和中央银行的存款形式）的数量。如果任何一家银行发现其持有的准备金数量超过这一比率，该银行就会像第2章描述的那样，通过更自由的放贷和投资来"创造"额外的存款；这会使其他银行的准备金增加，从而导致其他银行创造额外的存款；以此类推，直到整个银行体系的准备金率恢复正常。由此可见，当第一家银行发现自己拥有盈余准备金时，尽管不能创造足够倍数（按准备金率的倒数计算）的额外存款——因为该银行一旦开始自由的放贷，其额外准备金中有一部分就会流往其他银行——但是盈余准备金在整个银行体系中的存在将带来严重影响，只有按照准备金总额的相同增长（是指从准备金总额的初始增量中减去因存款水平提高而使准备金进入实际流通所产生的任何现金损失之后的增长）比例来增加存款总额，这种影响才会消失——因为在这种情况出现之前，一些银行将发现自己的准备金率超过了正常水平。于是，额外的准备金和增加的贷款和存款最终将由整个体系的所有银行按照适当的比例共享，而具体由哪一家银行开始并不重要。一些银行家往往对这些观点提出质疑。但他们的反对意见通常是这样一种争论：任何一家发现自己拥有盈余准备金的银行，都不能将其放贷量增加到该盈余准备金量的10倍（或任何与正常准备金率相对应的倍数）。这当然是正确的。

向银行体系注入额外储备资金的准确数量的效果在一定程度上取决于与银行货币总量的给定增量相对应的实际流通中的现金增量，还取决于准备金对银行货币量的比率。举一个最简单的例子：如果流通中的现金增量为银行货币增量的10%且银行准备金通常为银行货币的10%，那么注入额外资金最终将使存款量增加五倍。因为这些额外的资金最终会有一半归入流通中的现金，另一半则留作准备金，而后者将导致存款量增加十倍。

美国曾试图估计与这种计算有关的实际统计比率。斯特朗（Benjamin Strong）总裁在美国国会货币稳定小组委员会面前做证时估计，美国流通中的现金增量约为短期存款增量的20%，而准备金为短期存款的10%。如果这些数字是正确的，注入额外资金（现金或中央银行货币）最终将导致短期存款的增量达到额外资金量的3.3倍[1]。

虽然可以预期流通中的收入现金量与收入存款量之间存在相当稳定的关系，但至少在短时间内或在不太长的时间间隔的情况下完全不能预期流通中的现金总量与活期存款总量之间存在任何稳定的关系。变化的趋势也不一定相同。例如，从1921年到1929年，美国流通的现金数量几乎保持不变，而同期的活期存款却增加了40%以上。当然，在任何变化时期造成失衡的原因有时是这样一个事实：当储备金首次增加时，经过一段时间之后，货币收入和由现金组成的那部分收入存

---

[1] 劳伦斯教授在《经济学季刊》（1928年，第593—626页）上发表了一篇有趣的文章：《借入准备金与银行扩张》，他在该文中通过复杂的论证（我还未能了解清楚）得出他的"最终扩张系数"为4.97。

款也有了相应的增长，于是银行货币的扩张程度超过了长期所保持的程度。在现行制度中，有一种令人讨厌甚至是危险的特点：以现金形式保存的收入存款和以银行货币形式保存的活期存款必须保持不同数量的准备金。所以，在两者之间进行转换具有重要的现实意义，但这也许是不应该有的。

因此，银行货币的数量，即银行存款的数量，取决于各成员银行的准备金数量，以及各成员银行按照法律或惯例或为了方便所定的准备金率。在本篇第1章，我假设各成员银行的准备金数量为既定的，并研究它们在此准备金基础上所创造的存款数量。在第七篇第32章，我们将进一步讨论决定各成员银行准备金数量的因素问题，尤其要探讨下面这两个问题：在不同的货币体系中，会员银行自身能够在多大程度上影响这些准备金的数量；这些准备金的数量在多大程度上是由中央银行或不可控的外部环境决定的。

一、准备金率的稳定性

有时，人们会说银行是根据贸易情况来调整准备金率的。例如，庇古教授（《产业波动》，第259页）指出："这个比率不是刚性的而是有弹性的。在经济繁荣期，股份制银行和其他所有人一样乐观，可能愿意降低它们的比率；在经济萧条期，它感到悲观，可能希望提高它们的比率。"庇古教授引用的支持这一结论的唯一证据要追溯到一百多年前。正如我们将在下面看到的，就英国和美国而言，现代统计数据并不能证明这一点。我们会发现，这一比率会随着银行类型的不同而变化，而且由于各种原因，这一比率也会不时发生变化。但在任何特定的时间，银行都严格遵守既定的比率，而且，正如下面将要给出的数据显示的那样，这种变动与贸易情况没有相关性。这是人们所期望的结果。让这一比率下降到低于出于谨慎和对名誉的考虑而推荐的数字属于软弱的表现，至少可以说是优柔寡断的表现；同时，让这一比率上升到超过这个数字，将意味着放弃相当不必要的利润来源，因为盈余准备金总是可以用来购买证券或投资的。

因此，统计数据（将在下文引述）显示，除特殊情况外，所有银行都会充分利用其准备金，也就是说，它们目前很少或从不将闲置准备金保持在常规或法律规定的水平之上。事实上，只要能够购买到一种产生一定利率并具有完全流动性的资产，它们为什么要那样做呢？摆在银行面前的问题不在于放贷量的多少——这个问题的答案，即其准备金的适当倍数，可以通过简单的算术计算出来——而是有多少比例的贷款可以以流动性相对较低的形式安全发放。因此，在实践中，会员银行对其存款总额并不能进行任何有效的控制，除非它们能够控制其准备金总额。就其可能性，我将在第七篇中继续探讨。

尽管如此，银行从未将闲置准备金保持在高于正常比率的水平，从这种意义上来说，银行会尽最大限度地放贷这一结论须满足两个条件：

（1）必须是可用的有息资产，且具有绝对的流动性。否则，银行有时可能不得不保留超额准备金，作为随后应对某个日期出现短缺的唯一手段。如果出现或者担心会出现意大利以前发生的类似情况那样，不能指望国库以现金支付到期的国债，而且中央银行没有针对这些国债向市场提供新的预付款，那么，就无法满足这一条件。但是，随着中央银行的现代化，这种情况（甚至是对这种情况的恐惧）都是不正常的。在美国，联邦储备银行实际上承诺会对某些特定类型的证券贴现；而在英国，英格兰银行长期以来一贯是这样做的。现代中央银行以现金购买某些特定类型的有息证券的义务，几乎同它们（如果它们的纸币本身不是法定货币）用法定货币兑换本行纸币的义务一样具有绝对性。因此，银行证券和黄金一样有价值，甚至更有价值，因为它能赚取利息。因此，银行没有理由通过持有超过成文或不成文法要求的现金而牺牲由此可获得的利息（直接或间接地通过向市场贷款）。

（2）银行根据法律或有约束力的惯例，习惯性保持的现金准备金必须超过其为方便交易而要求的最大限度。以前并非总是如此。现在也并非所有地方都是如此。但是，现金的使用率与支票相比有所下降，银行总部的交通运输更加快捷，以及银行储户严重"挤兑"的可能性很低（至少在英国的"五大"银行中是这样），这三方面的共同作用，促使与银行严格需要用作备用现金的存款成比例的现金数量减少。除了备用现金以外，银行还需要在中央银行保有一笔余款，以应对"清算"发生逆差的意外情况。但是，除了这些要求之外，如果银行有足够绝对流动的有息资产来应付所有合理的意外事件，若不是因为法律或有约束力的惯例，它们根本不需要持有任何现金准备金。

现在让我们参照英国和美国的实际情况来验证这些结论。

（一）英国

在英国，没有法律规定会员银行必须持有的现金对存款的比例。这个数字是由习惯和惯例决定的；不过，一旦确定了这个数字，将自己的准备金率降至当前水平以下将不利于银行的声誉。在这方面，英国的习惯有两个特点。

首先，由于没有法律对这个问题做出规定，按照惯例公布这些数据的日期比不公布这些数据的日期更重要。以前银行只半年公布一次，而现在它们每月公布一次。也许部分原因是由于银行从只有这些公布数据的时代幸存下来，它们仍习惯于在公历年的年底使其年度账户上的习惯数字比月度账户上的数字高得多，实际上，据公布数据，除了在年度资产负债表日以外，它们在年度账户中实际持有的以及在英格兰银行持有的现金总量比通常情况下高出50%。不管是否有意欺骗，这看起来都像是一种愚蠢的做法。类似的情况还有（但在某种程度上没有详细资料）：银行每月公布的账户数据是当月四天的平均数，也就是它们每周编制资产负债表的日子的平均数，这些数据高于它们的真实日平均水平[1]。但也有例外：遵循这一做法的"五大"银行（不包括米特兰银行）总共有四家，它们可以也确实会选择不同的日子来略施小计。也就是说，每家银行轮流从货币市场上收回一定数量的资金，从而每周在收款银行的神圣之日提高该行在英格兰银行所存的余额。这样一来，"五大"银行公布的准备金中，有一部分好比是出场了四次的群众演员。当A银行的神圣之日过去以后，它会将其在英格兰银行所存的不再需要公布的那部分余额借给货币市场，以便货币市场尽快转移到神圣之日已经到来的B银行。这样，在黎明还属于A银行准备金的英格兰银行存款余额，在日落前就会作为B银行的部分准备金公开亮相；这种情况日复一日地重复着。简而言之，正如时任威斯特敏斯特银行行长的利夫博士坦率地说道，公布的准备金"在某种程度上是伪造

□ 18世纪的英格兰银行

存款准备金制度起源于18世纪的英国，最初的主要功能是政府变相地向商业银行征收税收。英国1928年通过的《通货与银行钞票法例》(Currency and Bank Notes Act)，以法律形式规定商业银行必须向英格兰银行缴存存款准备金。后来，存款准备金制度成为中央银行调控货币的一项重要工具。

---

[1] 我想，米特兰银行不在此例。一个稳定的平均数应与各银行每日高于或低于这一数字的急剧波动相符合，这对体系的顺利运行来说当然是必不可少的。

的"[1]。通过这种方式,英国股份制银行的传统"优势"得到了安全的保护,并不断传承,为后世所艳羡。

其次,银行的准备金比例并不都是相同的数字。这些营业办法上的差异可能是由于交易业务的类别不同,或者是由于持有的次级流动资产数量不同。但它们也可能只是以前遗留下来的情况,已不再具有任何明确的含义。它们或者还可能代表着人们对准备金比例高出平均水平的广告价值或声望价值的估计不同[2]。尽管存在这些差异,但总的来说,每家银行(据数据显示)都坚持保持自己的数据。所以,就半年度的上升趋势而言,银行整体平均准备金率也相当稳定。

除了半年资产负债表中较高的准备金率(尤其是在12月份)以外,这些数据还代表了在1921年至1926年这段时期,准备金率正如人们所预期的那样近乎绝对稳定。在这动荡多变的岁月里,这些数据与贸易情况、银行利率或预付款的变动比例(见下表)等任何此类影响因素没有任何关系;从1921年到1926年,准备金对存款每年的平均比率固定在存款的千分之一以内。1927年以后,平均比率下跌,主要是因为米特兰银行的经营方式发生了变化(稍后会提到),以及在每半年末"粉饰门面"做假账的行为有所减少。

九家[3]清算银行所持有的现金
及其在英格兰银行所存现金总额对存款的比例(%)

年\月	1921*	1922	1923	1924	1925	1926	1927	1928	1929
1	11.3	11.4	12.0	11.7	11.9	11.7	11.6	11.3	10.9
2	11.0	11.5	11.5	11.6	11.8	11.7	11.6	11.0	10.5
3	11.1	11.6	11.7	11.6	11.6	11.7	11.5	11.1	10.6
4	11.7	11.7	12.0	11.6	11.8	11.7	11.7	11.1	10.8
5	11.7	11.9	11.8	11.5	11.6	11.8	11.6	11.1	10.9
6	12.3	11.8	11.9	11.9	12.2	12.1	11.8	11.2	10.9

[1]《银行业》(*Banking*),第133页。
[2] 这也许能说明米特兰银行在1927年之前一直保持的高额数字——这个数字可以追溯到爱德华·霍尔登(Edward Holden)爵士时代,他率先采用了并在很大程度上利用了这个数字。
[3] 为保证记录的连续性,现已列入票据交换结算所数据以内的国家银行不在此表之内。

续表

月\年	1921	1922	1923	1924	1925	1926	1927	1928	1929
7	11.7	11.5	11.8	11.5	11.9	11.8	11.5	11.0	10.7
8	11.7	11.7	11.8	11.6	11.8	11.8	11.5	11.1	10.7
9	11.8	11.7	11.9	11.7	11.9	11.7	11.5	11.2	10.9
10	12.0	11.6	11.7	11.6	11.6	11.7	11.4	11.0	10.7
11	11.3	11.6	11.6	11.6	11.6	11.6	11.3	11.0	10.6
12※	12.4	12.1	12.2	12.4	12.1	12.0	11.7	11.3	11.3
平均数	11.7	11.7	11.8	11.7	11.8	11.8	11.6	11.1	10.8

*1921年第一季度的数据相对较低，可能是因为这是战后每月最开始公布的数据，所以，不同银行还没有时间来确定常规比率。

※值得注意的是，年底比例激增，具有稍微提高12月的周平均水平的作用。直到最近，同样的情况也发生在较小规模的6月。然而，1927年以后的数据表明，这种情况正在消失。

然而，不同银行之间的经营方式有明显的不同。在公布月度数据的10家清算银行中，米特兰银行过去维持的准备金率往往比其他银行高得多，即从14.5%至15%，但现在已接近11%，这个数字可能比看起来要高，因为，人们认为米特兰银行的月度数据并非"粉饰门面"的假账[1]；劳埃德银行和威廉斯银行公布的准备金率为11%至11.5%；其他5家银行为10%到11%；最后是库茨银行，其业务与其他银行差别相当大，准备金比率为8%至9%。另一方面，米特兰银行通过持有比平均水平更少的"通知与短期活期存款"来部分平衡其高额现金准备金率，而库茨银行则通过持有更多的存款来平衡。

如果查看战前的统计数据，我们会发现准备金率有缓慢变化的趋势，但变化非常缓慢，与银行利率或贸易情况毫无关联。在戈申的建议下，13家银行于1891年首次公布了月度数据[2]，当时准备金的比例为13%。到1898年，这个比例上升到14%，到1908年上升到15%或16%，1914年战争爆发前仍然是这一数字。然而，就战前的数据而言，准备金中包括"联合王国其他银行的存款余额和向其收款的

---

[1] 除了"粉饰门面"的假账以外，其他银行的真实日平均数可能不会远高于9%。
[2] 这些银行当时的存款为12200万英镑，约为全国存款总额的30%。

支票"，以及库存现金和在英格兰银行的存款。如果现在将这些数据包括在内，这一比例将提高3%至3.3%左右，从而在米特兰银行改变比率之前使战后平均水平达到15%左右或接近战前数字。战前数据在这种情况下仍然超额的逾额量可能是由于现在的数据代表了每周一天的单独平均值（不同银行的情况不同），而战前的数据则是每月一天的单独平均值（不同银行的情况不同），"粉饰门面"的假账甚至可能会使这一平均值超过现在的实际平均数字。

至于银行的准备金在库存现金和英格兰银行存款之间的分配，我们可以作出估计。伦敦与史密斯联合银行战前习惯于分开列明库存现金和在英格兰银行的现金，准备金大约各占一半。就目前（1928年）看来，银行准备金总额的三分之二必须以钞票形式保持，而以现金形式存放于英格兰银行的不得超过三分之一。因为，在1928年11月[1]银行券与流通券合并发行时，首次公布的所有主要从事国内业务的英国银行（包括十家清算银行以外的几家机构）在英格兰银行的存款总额不超过6250万英镑（1928年11月），而十家银行公布的准备金总额为1.9亿至2亿英镑不等。如果我们假设公布的数字由于"粉饰门面"做假账而增加了2250万英镑，那么我们就还剩下1.725亿英镑，其中有1.15亿是以纸币形式保持，另外5750万英镑则存在英格兰银行。我们没有理由不应该知道准确的数据，但就像银行统计中的许多其他数据一样，这种数据是保密的。

九家清算银行已公布的准备金对证券发行总额（库券和银行券的总和）加上英格兰银行私人存款总额的比例如下：

最后一栏的数据显示，九家清算银行在准备金中所持有的国家货币和中央银行货币对这类货币总量的比例最近表现出稳定而相当可观的增长。由于"粉饰门面"的假账可能减少了，这些数据可能并非夸大而是不足以说明增加的情况。1929年，九家清算银行公布的准备金的绝对值与1924年相同，而第（3）栏的总额下降了8%。这表明，公众手中的证券肯定已经大幅减少，而现金存款，正如我们所见，实际上没有变动。因此，种种迹象表明，相对于支票的使用，纸币的使用仍在明显减少。表格凸显出米特兰银行调整准备金率所产生的影响。因为，尽管英格兰银行在1929年所保持的国家和中央银行的货币总量低于1926年的4%（清算

---

[1]这是指自1877年以来的情况。从1844年到1877年通过银行法起，伦敦银行家所持有的余额便作为一个单独的项目列出。

银行准备金的减少占其中1%），但会员银行的货币总量却增加了8%。

年度	英格兰银行的私人存款（1）	银行券和流通券（2）	第1栏和第2栏合计（3）	其指数（1923年=100）（4）	九家清算银行的存款（1923年=100）（5）	九家清算银行的准备金（1923年=100）（6）	第6栏对第4栏的比例（1923年=100）（7）
1921	124	435	559	113	108	107	95
1922	118	399	517	104	106	105	101
1923	110	386	496	100	100	100	100
1924	110	389	499	101	100	99	98
1925	111	383	494	100	99	99	99
1926	105	374	479	97	100	100	105
1927	101*	373	474	96	103	101	103
1928	102	372	474	96	106	99	103
1929	99	361	460	93	108	99	106

*人们认为，为了比较，因法兰西银行已向英格兰银行偿还的贷款中有某项账目消失了，以至于在1927年的春天至少有500万英镑未被计入该数字

（二）美国

美国与英国的主要区别在于准备金率是法律层面的问题，而不仅仅是习惯层面的问题。我们将看到，实际保留的准备金在实际应用中基本相同。

美国联邦储备体系的会员银行[1]必须按以下百分比在其储备银行以存款账户的形式保存准备金：[2]

---

[1] 1926年底，会员银行共有9260家，非会员银行不少于17824家，但会员银行的资产约占总资产的60%。
[2] 库存现金未算入规定的比例以内。因此，其数量已调整到库存现金所需的最低限度。1928年12月31日，各储备银行所在城市和中央储备银行所在城市的会员银行以此种方式持有的活期存款比例不足2%，乡镇银行则为5%。所以，储备银行所在城市和乡镇之间的法定准备比的差异因后者持有的较大数额的现金而抵消。

	短期存款（可在29日或更短的时间内付款）	定期存款*（可在30日或更长的时间内付款）
	（百分比）	（百分比）
中央储备银行所在城市（纽约和芝加哥）	13	3
63个储备银行所在城市	10	3
市镇	7	3

*1914年以前，对短期存款和定期存款的准备金要求没有区别。在美国联邦储备体系建立之初，针对后者的准备金定在5%，并在1917年通过对该法案的修正后降至3%。

根据公布的短期存款和定期存款数据来计算法定准备金数量在实际操作中会比上表所显示的还要复杂。（至于为什么，我不需要另加解释。）但是，法定准备金的数量与实际准备金的数量相比，是由通货主计长不定期编制的，以便令其本人相信银行是充分遵守了法律规定的。短期存款净额的平均法定准备金率一般在10%到11%之间。由于定期存款的准备金率仅为3%，因此，当定期存款相对增加时，存款总额的法定准备金率就会下降，这使其从1918年的9%左右下降到1922年的8%，1927年下降至7.2%。然而，由于库存现金在美国不被计入法定准备金，我们必须在上述数字基础上再增加约2%，以使这些数字与英国的数字具有可比性。如果允许英国伪造数据，那么两国根据法律或惯例要求各会员银行按其存款总额的比例持有的现金和中央银行存款目前似乎已非常接近，大概为9%至9.5%。

此外，在美国实际持有的准备金的百分比，通常与法律最低限额没有任何实质性的差别。在动荡不安的战争时期，实际准备金有时会超过最低限额，达存款的1%；但在战后，它们很少超过最低限额（12月31日除外），超过存款的0.5%，而且往往只比最低限额高出0.1%或0.2%。例如，在1926年年中，国家银行（代表80%以上会员银行）实际持有的准备金率为7.5%，而规定的法定最低限额为7.4%。这意味着各会员银行实际上已经在最大限度地使用它们的储备银行存款。

美国联邦储备局在1924年的年度报告中的明确声明证实了上述结果：

"虽然储备银行信贷余额对各会员银行贷款和投资的比例仅为1920年的一小部分，但是各会员银行在储备银行保存的准备金余额对其存款鱼债之间的比率实际上保持不变，约为10%[1]，这代表了法律所规定的最低比率的平均数。"

从会员银行压低非营利资产的自然动机可以看出，它们希望尽可能地接近其法律最低限额。它们能够这样做，是因为存在某些特殊的便利条件。首先，只要周平均准备金足够，法律是允许银行的准备金在特定的某一天低于规定数字的。在任何储备不足的情况下都可以通过在联邦储备银行贴现迅速加以弥补。对于任何超额资金，都可以立即在活期存款市场上借款，并在期票到期的时候用来还债。因此，几乎所有银行（尤其是在纽约，短期贷款市场近在咫尺）都习惯把准备金削减到接近法定最低限额的水平，这并不稀奇[2]。

事实表明，在英国和美国现存的银行条件下，银行存款总额（在我们的货币方程中用M表示）是会员银行的"准备金"的数倍，其倍数几乎是一个常数[3]。

（三）其他国家

伯吉斯博士（参见上述引书，第36页）引用的数字表明，其他几个国家的准备金（包括现金）对存款的百分比与英国和美国的没有太大的差别。他对1925年和1926年所作的估计如下：

典型准备金率	
美国的会员银行	9.5%
十家伦敦的清算银行	11.5%
四家法国的信贷公司	11.5%
瑞士私人银行	8.0%
加拿大特许银行	11.0%

然而，德国这方面的情况既不受法律保护也不受习惯保护。柏林几家主要银行，它们以现金和发行银行的余额作储备的存款的百分比如下表所示：

1900年末	12.5%
1913年末	7.4%

---

[1] 我认为，这一定是指对活期存款净额所保持的准备金。

[2] 关于美国目前在上述方面的做法，我要感谢贝克哈特（B. H. Beckhart）教授提供的有用信息。伯吉斯博士也提供了一些与上述结论相同的有意义的数字（《联邦储备银行与货币市场》，第152—155页）。

[3] 当然，如果对定期存款和活期存款分别保持不同的准备比以及存款总额被划分为两项时，额比例有所变动，必须对计算进行适当的修正。

续表

1924年末	6.1%
1925年末	5.0%
1926年末	4.4%

在一年的其他时候情况更糟。例如，1928年3月31日，柏林6家主要银行持有的现金、外币、息票以及发行银行和清算银行的余额总共不超过其存款总额的2.5%，这也是德国83家主要信贷银行（包括6家柏林银行）对存款总额5.28亿英镑所保持的百分比。诚然，通知存款的百分数要比英国低，但是这种低比例的主要原因似乎是获取现金的便捷性：当需要现金时，可以通过在德国国家银行最近的分行重新贴现期票来获得。因此，德国银行可再贴现的合格有价证券构成了其实际准备金，而该有价证券对债务的比例能够有效扼制膨胀。然而，这意味着：当贸易复苏，合格票据的供应随之扩大时，在德国的制度之下，可能很容易地就能使德国国家银行相应地创造额外信贷。换句话说，德国的银行体系与其他国家相比，在某种程度上是缺乏保护的，因为利润不断膨胀的情况与中央银行的愿望是相反的。德国国家银行的有关部门意识到了这种危险，近年来偶尔会对柏林的银行施加一些压力，要求它们改革经营方式[1]。在紧急情况下，德国国家银行的最后手段是采取信贷限额配给的方法，也就是说，它对某一特定机构将贴现的合格票据的数量设置为任意限额。在局外人看来，德国银行法在要求会员银行提供最低准备金（最好是德国国家银行的存款形式）方面迫切需要修改。

二、非储备银行资产的可互换性

人们常说，各会员银行持有的投资、贴现和预付款等的总额，在相当广泛的范围内，是通过它们精明判断后决定的。在做出这一决定时，银行应该注意贸易的需求，基础业务状况是否健全，客户账户的一般情况，以及投机活动的流行程度等等。

然而，上面给出的统计数据表明这是一个"低级错误"。除了1927年米特兰

---

[1] 参看《国家银行检察官报告书》（*Report of the Commissioner of the Reichsbank*）1927年12月，第37页："国家银行反对这种发展（即准备金百分比下降），并认为最好敦促银行保持足够的准备金。"

银行故意改变传统比率这类少数情况，以及会员银行有可能影响其自身准备金数量的情形（第七篇再讨论这一问题）之外，银行家们通常决定的不是他们总共将放出多少贷（这主要是由他们的准备金状况决定的）而是他们将以何种形式放贷：他们将以何种比例把资源分配给对他们开放的不同种类的投资。大体说来，有三种类型可供选择：（1）向货币市场提供承兑汇票和短期贷款；（2）投资；（3）给客户的预付款。一般来说，给客户的预付款比投资更有利可图，投资比票据和短期贷款更有利可图；但是这个顺序不是一成不变的。另一方面，票据和短期贷款比投资更具"流动性"，也就是说，短期贷款更容易变现，不会出现亏损，而投资又比预付款更具"流动性"。因此，银行家们面临着一个需要不断权衡利弊的问题；在这三个范畴之间资源分配的比例有很大的变动；在决定其方针时，他们会受到上述各种考虑的影响。例如，当他们觉得投机活动或贸易繁荣可能达到危险阶段时，他们会更严格地审查流动性较差资产背后的安全性，并试图尽可能地转移到流动性更强的资产上。另一方面，当银行认为贸易客户对预付款的需求增加是合情合理的时候，它们就会尽力减少投资，也许还会减少期票来满足这些需求；同时，如果对预付款的需求下降，它们就会通过再次投资来利用由此释放的资金。

为了说明这一点，只要给出英国主要银行的"预付款"比例，即它们向客户发放的贷款对存款的比例，就足够了。

很明显，银行预付给客户的存款比例能够根据贸易的需要大幅度变动，但这并不意味着银行放贷总量会增加或减少。

九家英国清算银行的预付款对其所持存款的百分比[1]

年月	1921	1922	1923	1924	1925	1926	1927	1928	1929
1	46.7	41.2	42.9	45.5	49.5	52.4	53.0	52.8	52.9
2	48.1	41.5	44.8	47.2	50.0	53.8	54.6	54.1	54.5

[1]即利物浦银行、巴克莱银行、库茨银行、格林·米尔斯银行、劳埃德银行、米特兰银行、国家地方银行、威斯敏斯特银行和威廉斯银行。目前每月公布数据的国家银行不包括在本章的各表格之内，因为在整个这一时期无法获得该行的数据。

续表

年月	1921	1922	1923	1924	1925	1926	1927	1928	1929
3	50.3	42.7	46.5	49.0	52.4	55.2	55.8	55.6	56.4
4	49.8	42.9	46.3	49.0	52.8	55.0	55.6	55.3	56.6
5	48.6	42.2	46.2	48.7	53.1	55.2	55.3	55.5	56.4
6	46.0	41.2	46.0	47.9	52.4	53.6	54.3	53.7	55.3
7	45.5	41.7	45.6	48.2	53.1	53.1	54.6	53.3	55.4
8	45.3	42.3	46.1	49.0	51.1	53.4	55.0	53.8	55.7
9	44.4	42.8	46.2	49.3	51.7	54.1	55.2	52.7	55.4
10	43.7	42.9	45.2	49.4	51.5	53.7	53.7	53.6	55.0
11	43.2	43.9	46.0	49.8	51.7	53.8	54.0	53.8	55.4
12	41.9	43.5	45.2	49.0	51.4	52.7	52.9	52.4	54.9
平均数	46.1	42.4	45.6	48.5	51.7	53.8	54.5	53.9	55.3

三、如何确定准备金率

在英国，由银行保持的准备金率从不受法律规定限制。在英国股份制银行的早期，银行出于谨慎和方便的考虑，必须按照规定自行保持一定数量的准备金。由于所保持的数量仅在与正常情况关系不大的半年资产负债表上公布过，因此，它们没理由再保留更多的数额。然而，在1891年2月，时任英国财政大臣的戈申爵士在利兹发表了著名的演讲，他利用了前一年爆发的"巴林危机"（The Baring Crisis）及其附带情况相继带来的不安，辩称银行习惯保持的准备金数量不足以保证银行体系的安全。这引发了舆论哗然，以至于银行觉得它们必须做点什么。此外，戈申爵士还暗示，他已经准备好了一项货币改革计划并打算将其提交议会。正如《经济学人》（The Economist）当时所言，"由于银行家们的敌对情绪和格莱斯顿党的阻挠态度"，该计划没有取得任何成果，但银行在一定程度上增加了准备金，并开始公布月报表。由于这些月报表主要是面向公众，而且没有法律对此作出规定，因此，采用"粉饰门面"做假账的做法不幸延续至今。随着时间的推移，日常业务中现金使用的减少以及银行间不断的合并[1]（大规模的合并可以说是在1896年巴克莱银行成立后开始的）使银行为应对意外事件而真正需要的准备金数量减少，但惯例准备金数额略有增加，这是因为银行为了做广告和创声望力图保持当初只有实力较强的银行才保持的那种比率。到了1926年，这种情况使利夫博士以威斯敏斯特银行董事长的身份写文章时把这个比例描述成"完全任意的"[2]。

正如我们所看到的，美国的情况却截然不同。准备金率是由法律规定的，不同类型的银行，其比率也略有不同。此外，定期存款的准备金率比短期存款的低得多。而且，由于库存现金根本不被计入法定准备金的一部分，于是，在美国，银行根据应对意外事件的实际需要来决定准备金数量的一切主张都已经被放弃。

我们肯定会问：那么，法律或惯例为什么要强制银行保持超出实际需要的准备金呢？毫无疑问，就像我们的通货和信贷中的许多其他手段一样，部分原因是：这种做法仅仅是对过去事态的一种延续，是我们在处理表征货币体系时将其当成了商品货币体系的结果。但这背后还有一个合理的实际原因，要求银行保持的准备金超过其库存现金和用于清算目的而严格要求的准备金数额，这是使银行担负中央银行保持通货所产生的费用的一种手段。

在可想象的货币体系下，这可能是不必要的。但在有国际标准的地方，中央银行必须以金属或其他准备金的形式，采取不计息或少计息的方式保持一定数量的闲置资金。如果通过中央银行采取承认某种票据或某些类型的证券为"合格"的做法，就会存在完全流动的有息投资，那么从理论上讲，这些会员银行能够非常精细地削减它们的准备金，实际上是将准备金限制到满足库存现金和日常清算所需的数额。因此，在这种情况下，各会员银行被迫分担维持整个体系最终准备量所需的部分费用是合情合理的，不然的话，"合格"票据和"合格"抵押品的便利做法也就行不通了。这是由于它们被迫在中央银行保持一定比例的无息存款或无息票据。

诚然，现代银行体系的大部分中央银行黄金储备的供应源仍是公众手中实际发

---

〔1〕1891年只有四家股份制银行存款超过1000万英镑，即大伦敦银行持有3700万英镑，伦敦西方银行持有2700万英镑，联合银行持有1600万英镑，伦敦股份制银行持有1300万英镑。

〔2〕《银行业》，第130页。

□ 1920年瑞士联合银行在巴塞尔的办公室

瑞士银行在私人业务方面享誉全球，连续多年被评为全球最佳私人银行。因为瑞士银行严格的保密制度，世界上的许多富人都愿意把钱存在瑞士银行。1998年，瑞士联合银行及瑞士银行集团合并成瑞银集团。

行并流通的纸币，但我认为，这种无声的演变趋势是朝着这样的方向发展的：政府将发行纸币视为一种合法的收入来源[1]，并要求各会员银行提供保持中央银行准备金所需的配额。

只要会员银行所预期保持的现金准备金率完全由其满足自身的安全和便利来决定，英国由银行自行决定合适的数字的传统做法（特别是在到达某个阶段的时候，就像现在的英国，蘑菇式迅速发展的银行业已经荡然无存）便行之成理了。但是，一旦进一步的考虑被认为是相关的，比如上述的考虑——当影响到整个银行体系的安全和效率而不是单个银行的利益的时候——这绝对不是最好的做法。战后中央银行管理技术的发展（这种发展是不可避免的也是可取的，我们将在后文第七篇中更详细地加以解释）使我们处于两种准备金率标准之间的过渡阶段。中央银行实施控制的现代方法——特别是采用"公开市场业务"——要求中央银行能够掌握一笔符合整个银行体系规模的资金；同时，会员银行应以它们在中央银行持有的无息存款的形式，担负保障使其稳定盈利的系统经济且高效运行所需的大部分资金，这才是正确和合理的。保证英格兰银行在任何情况下都具有适当的盈利应变能力，从而能将其意志施加于市场所需的银行的正常存款水平高于会员银行安全、方便进行业务交易所需要的严格水平。如果这是真的，那么，根据人们的观察结果和预期结果可以提出一个疑问：是否应该继续完全交由会员银行自行决定准备金？

如果我们回过头去看50年前的情况，可能会发现或许除了资产负债表日期以外，会员银行当时的准备金并不比它们满足自身安全和便利所需的准备金高。在

[1]自上文写出以来，英国新颁布的"银行纸币法"在1928年规定：将信用发行的全部利润划归国库，将会员银行无息存款的全部利润划归英格兰银行。由于信用发行不等于公众手中的实际货币流通量，而会员银行在英格兰银行的存款也并非其全部常规准备金，因此这种方法并不像看上去那么合乎逻辑。不过，这些数字实际上与上述方法提出的相差不大。

资产负债表日期之间，确实没有足够的理由封存不必要的资金。在此期间，合并的增多、公众现金使用的减少，以及银行机器设备的速度和效率的整体进步，都促使严格需要的准备金比例变少。然而，由于银行的保守主义，以及没有任何一家银行愿意成为将准备金比率降低到邻国水平以下的领头羊，各银行并没有对此加以充分利用。结果，我们陷入了一种相当人为的现状，即银行出于连自己都可能不十分清楚的原因，自愿保持比实际需要更多的准备金。然而，银行这种在不损害其安全和体面的情况下，尽可能多地获取利润的自然欲望使其采用了一种非常不受欢迎的伎俩，即上文所述的"粉饰门面"做假账。因此，它们的实际准备金率明显低于其表面的准备金率。事实上，由于它们会在一段时期内慢慢采取协调一致的行动或惺惺相惜的行为，所以，没有任何实质性的障碍会妨碍它们蚕食其习惯比率。

□ 亚历山大·巴林

1815年，亚历山大·巴林（Alexander Baring）控制的巴林银行，掌握了英美跨大西洋的贸易和金融命脉，建立起一个横跨欧洲和美洲的金融帝国。但在1890年，因大量贷款给阿根廷政府，而后阿根廷爆发革命，巴林银行亏损巨大，陷入危机，即凯恩斯说的"巴林危机"。

1927至1929年发生的一段有趣的插曲可以说明这种情况是有可能的。正如上文所指出的，米特兰银行在过去几年里一直保持着比竞争对手高得多的准备金率。它自己也不清楚这是否值得。因此，从1926年下半年开始，米特兰银行的准备金率从1926年的14.5%左右逐渐下降到1929年的11.5%左右。其存款总额在此期间至少达到3.7亿英镑，这相当于释放了1100多万英镑的现金，从而在不增加准备金总额的情况下，使整个银行体系的存款（及其预付款）实际增加了约1亿英镑。于是，整个营运方式会出现两种结果：要么英格兰银行默许在不增加准备金量的情况下大幅增加银行货币量；要么英格兰银行折耗1100万英镑的资金，由米特兰银行获得、英格兰银行亏损这笔钱的利息。

正如所发生的那样，这种放松信贷的现状在特殊情况下极大地符合了公共利益。因为增加会员银行存款总额是为了对其增加的定期存款加以抵消，而如果对英格兰银行放任自流，它可能不会允许这种增加达到足够的程度。因此，米特兰银行实际上不仅是在按照任何人都不能批评的路线（因为它的准备金比率仍然高于其他银行的平均水平）为自己的利益行事，而且在很大程度上推动了整体形势。然而，在任何健全的现代体系中，会员银行这种资金的扩大不应依赖于个别会员银行的行动，尽管它仍然在中央银行的权力范围内，可以通过适当措施抵消其影响。因为，我们应该能够认为，中央银行至少会和会员银行一样精明，而在为一般利益行事方面更值得信赖。

因此，我的结论是：美国的法律监管会员银行准备金数量的制度要优于英国的制度，后者依赖的是一种定义不清、有些不稳定的惯例。

此外，"五大"银行可能全部或部分蚕食自身准备金率并不是规范现有体系以使英格兰银行获取至高无上控制权的唯一原因。如上文所述，目前会员银行的准备金不仅包括它们在英格兰银行的存款，还包括它们所谓的"现金"，它们可以自由改变其准备金总额在这两类准备金中所占的比例。通常情况下，"现金"由银行（或以前的国库）票据组成，但它也可能由保存在海外中央银行的存款中的黄金组成（据我所知，英国银行可能从未实际使用过黄金）。现在，这些选择中的每一个都可能给英格兰银行带来意外和不便，如下所示：

1. 只要英格兰银行按照目前的公式计算其准备金"比例"，如果会员银行将其"现金"存入英格兰银行，这一情况就会在很大范围内受到人为影响，反之亦然。事实上，现有的信用发行对银行自由准备金的影响是否充分，很大程度上取决于会员银行在上述方面的政策。

2. 如果会员银行持有的准备金中一部分是黄金，其影响可能是将英格兰银行的利润或自由黄金减少到安全点以下。事实上，《通货和银行钞票法例》（1928）明智地加入了一项条款来应对这种意外情况。根据该条款，英格兰银行有权强制购买在英国境内持有的任何黄金。但是，该条款并不妨碍会员银行将其持有的在国外或过境的黄金作为其准备金的一部分进行结算。最近发生了一些银行利用这种自由的案例。

3. 没有什么能阻止一家英国会员银行持有纽约联邦储备银行"指定的"部分准备金。从安全甚至是方便的角度来看，这些存款实际上"和黄金一样坚挺"。但很明显，这种做法将极大地削弱英格兰银行支配英国银行货币量的能力，因为它将丧失必要的资金和利润。我不知道是否有会员银行已经运用过这种选择权，但这确实是有风险的，因为对于欧洲大陆的会员银行来说，将部分准备金存放在外国金融中心的做法非常普遍。有时这种做法甚至严重损害了中央银行的权威，据我所知，瑞士就是一个例子。目前在德国，主要会员银行在外国金融中心持有的大量流动资金能够严重威胁到德国国家银行的领导地位。

此外，除了十家清算银行以外，还有很多银行，包括海外银行在伦敦的支行，没有公布月度或平均数据，从而为伦敦货币市场提供了便利条件，使其可以不一定按比例承担英格兰银行的一部分资金。

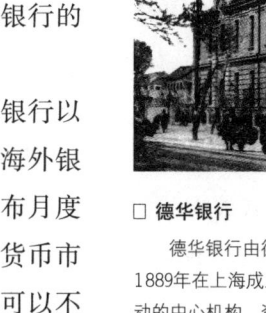

□ 德华银行

德华银行由德国国家银行等几家大银行联合投资组成，于1889年在上海成立，属德国海外银行系统，为德国资本在华活动的中心机构，资本总额为白银五百万两。1914年"一战"爆发后，德华银行的钱钞已不能在市面流通。1917年，我国对德正式宣战，该行即停业清理。

最后，还有一些只有具备法定准备金比例才行得通的重要技术优势——法定准备金比例的全部意义将在以后几页中呈现——即短期存款和定期存款所需准备金的区别，以及英格兰银行在规定范围内不时改变法定准备金比例的权力。

为所有银行确定法定准备金比例的原则问题与这些规定应该是什么内容的问题，其性质是不一样的。然而，我建议以下几点：

（1）规定比例应包括英国所有以英镑支付的银行存款[1]。

（2）通知30天（或14天）以后支付的存款按定期存款计算。

（3）规定的比例应按每月的日平均数计算。

（4）现金准备金包括英格兰银行的纸币或英格兰银行的存款余额，但不少于以后者形式持有的总额的40%。

（5）现金准备金对存款的正常规定比例如下：短期存款，5%；定期存款，3%。

（6）英格兰银行有权在接到30天的通知后将规定的比例调整为：短期存款为10%至20%，定期存款为0%至6%。

这些规定将大大增强英格兰银行手中的控制权（实际上将几乎完全控制银行的货

---

[1] 给"银行"下法律定义有些困难，但这并不是不可克服的困难，其性质是法律层面的而不是经济层面的。

币总量）而不以任何方式妨碍股份制银行的合法经营。第32章第6节将更充分地阐明上述六项的重要性。

因此，对于在法律或习惯上把准备金对存款的百分比所做出的规定显得有些刻板的国家，我们不得不回到决定这些准备金数量的因素上，从而最终确定银行货币量M。由于会员银行的行为必然或多或少是被动的，那么，在多大程度上是由中央银行决定的呢？如果存在这种情况，那么准备金的数量会在多大程度上受到会员银行自身主动行为的影响呢？只有在后一种情况下，我们才需要修改以下声明：会员银行只决定以何种形式放贷，而不决定放贷总量。

我们在第七篇再来揭晓这些问题的答案。

第26章　营业活动

一、营业活动对营业存款流通速度的影响

长期以来，人们一直认为生意兴旺的时候现金周转更快。事实上，在这种情况下，速度可能不止与交易成比例地增长。因此，在商界人士的心目中，交易的增加实际上经常与物价上涨联系在一起，而不是像"其他因素保持不变"那样与物价下跌联系在一起。第24章已经提到有明显的理由说明这个结论是合理的。当生意兴旺的时候，整个兑换过程就会加速，而这种加速减少了交易中必须或方便保持现金的平均时间：收入和支出紧随其后。此外，当市场状况良好时，可以更有信心地预测令人满意的销售额。因此，至少在商业界看来，不需要为冻结的库存或无法收回的贷款等意外情况做准备。还有一个更深层次的原因是：当生意兴旺时，交易员提供营运资本的资金可能会受到更大的压力，从而使他们尽可能地节省现金持有量。然而，这种观点可能过于依赖这样一个事实：在实际经验中，更兴旺的业务通常伴随着物价上涨而不是物价下跌。因为能够更好地解释这个事实的是导致基本方程第二项增加的过度投资，而不是直接影响真实速度的因素。

人们通常认为，实际交易量的扩大往往伴随着速度的增加，而不是比例的增加。但有一类作者认为，这两个因素的变化往往是相等的，也就是说它们的变动几乎具有严格的比例关系。安吉尔（James W. Angell）教授曾将维塞尔（Friedrich von Wieser）援引为这一学说的早期奉行者，巴伦·查尔斯·莫恩（Baron Charles Mlourne）则是法国近代的倡导者[1]。然而，现代学者[2]最熟悉的则是纽约联邦储备银行的卡尔·斯奈德的论述[3]。

斯奈德先生的结论是经验性的，是基于对过去几年美国银行借方（即银行票据交换结算总额）对短期存款的比率的可变性的计算，或者用我的术语来说，是对活期存款速度的可变性的计算。他没有将这一数字与"交易"量进行比较，而是与"贸易"量进行了比较。由于斯奈德先生的表格代表了迄今为止对活期存款速度可变性所做的最全面的调查，因此，无论我们是否接受他基于这些表格所作出的概括，再现这些表格是有用的。

下表列出了141个城市（包括纽约市）偏离正常速度［定义为票据交换结算额（或借方）对短期存款的比率］的可变性年平均百分比，并与"贸易"量进行了比较。

年度	流通速度 （1919—1925年的平均数=100）	美国贸易量 （1919—1925年的平均数=100）
1919	102	104
1920	102	101
1921	94	92
1922	98	102
1923	99	108
1924	99	105
1925	105	111

即使我们从这张表的表面价值来看，除了在1921年的经济萧条中两者都有所

---

［1］《国际价格理论》（The Theory of International Prices），第327页和第279页。这本书是货币学说史上最有价值的资料来源。

［2］安吉尔（James W. Angell）教授（见上述引书第180页）引用沃金（H. Working）教授［《价格与流通手段的数量》（Prices and the Quantity of Circulating Medium），摘自《经济学季刊》，1923年］，说他是在这些方面的第一个美国近代作家。

［3］参看他以下的各篇论文：《交换方程式的新衡量》（New Measures in the Equation of Exchange）［摘自《美国经济评论》（American Economic Review），1924年］，《商业活动的新指数》（A New Index of Business Activity）（摘自《美国统计学会会刊》，1924年）和《关于1875年以来的一般物价水平的新指数》（A New Index of the General Price Level from 1875）（摘自《美国统计学会会刊》，1924年），以及他的著作：《商业周期与商业测量》（其中第七章总结了这些论文）。斯奈德先生在他书中得出的结论中所主张的速度似乎比在他之前的论文中所提出的略小。

下降，这种所谓的相关性似乎并不大。如果我们以全国的活期存款速度而不是141个城市的速度来计算，所谓的相关性就更不显著了。

如下表所示，1922年以后没有出现任何明显的相关性。另一方面，如果我们以纽约市的数字为例（如下表所示），就变动的方向而言，有相当程度的对应关系：

活期存款的速度（1919—1925年的平均数=100）			
年度	全国	纽约市	美国贸易量
1919	110	98	104
1920	106	96	101
1921	94	89	92
1922	99	98	102
1923	98	103	108
1924	97	103	105
1925	96	114	111

因此，如果斯奈德先生声称营业存款的速度（而不是活期存款的速度）与贸易量之间存在对应关系，他可能更接近事实。另一方面，这种说法也可能不太严谨。因为，正如我们所看到的，营业存款不仅用于"贸易"，而且还用于金融和证券交易，而其真实交易量有时可能随真实的贸易量而变动，但却不是经常这样[1]。因此，这一统计基础不足以支持该理论。

二、银行票据交换结算总额与贸易量之间的关系

我们能否从银行票据交换结算总额中得到一个令人满意的贸易量指数或产出指数？这取决于我们能否将与工业流通有关的交易和与金融流通有关的交易分离开来，或者至少能得到前者变化的近似指数。

---

[1]斯奈德先生指出，即使在纽约，证券交易所的交易对票据交换结算额的影响也没有人们想象的那么大，因为纽约证券交易所80%或80%以上的交易是由证券交易所自己的清算公司进行清算的（《经济统计评论》，1928年2月，第41页）。然而，如果计入经纪人和客户之间互开的支票，其影响必然非常大。

我们可以这样书写：

B（银行票据交换结算额）= $Q_1R_1 + Q_2R_2$

其中，R_1=工资量和当期生产商品（包括成品和半成品）的贸易量，R_2=债券、股票、不动产和其他金融债务交易量，两项分别根据其使用现金的重要性按比例加权；Q_1和Q_2为R_1和R_2的价格水平，按同样的方式加权。

只要Q_2R_2与Q_1R_1相比数值很小或以相同的方式变化，那么B就是Q_1R_1唯一可靠的指数。对于整个国家的银行票据交换结算总额来说，没有理由认为Q_2R_2的数值很小。但是，有时有可能将银行票据交换结算总额的某一特定部分分离出来，这样的话，上述假设便更加合理。例如：过去的惯例是把伦敦证券交易所的结算日排除在全部结算之外，以便得到一个可能表明英国贸易状况的有用数字。但由于伦敦金边证券市场目前没有特别的结算日，这种校正已不再具有充分作用。目前在英国将Q_1R_1部分分离出来的最有效的方法是采用地方票据交换结算额和地区票据交换结算额（即主要地方城镇的行际票据交换结算额），通过这种方式，大部分纯粹的金融交易就有可能被排除在外，因为它们要经过伦敦。

Q_1R_1也不会以同于Q_2R_2的方式变化。从长远来看，股票价格指数可能会随着Q_1（工资和商品的价格指数）的变动而变动，股票市场的异常活动往往会伴随着异常的贸易活动。但在物价水平迅速变化的时期，金边证券指数的走势往往与Q_1不仅不同还是相反的。这可以从战后英国的物价和银行业统计数据中得到说明。下表中A为定息证券的价格，B为工业普通股的价格（由伦敦和剑桥经济服务所计算），C为英国的消费品物价指数，D为贸易部批发物价指数：

年度	A	B	C	D
（1913年=100）				
1919	73	168	215	258
1920	64	169	257	308
1921	66	116	223	198
1922	79	132	181	159
1923	82	162	170	159
1924	81	158	172	165
1925	80	180	172	159

续表

年度	A	B	C	D
（1913年=100）				
1926	79	187	169	148
1927	79	201	166	141
1928	81	237	164	139

此外，由于金融交易活动要比工业交易活动多变得多，如果我们排除证券交易所的交易，那么将银行的票据交换结算总额看作当期生产和消费产生的贸易交易量的指数明显是没有多少价值的。这一结论从票据交换结算总额的数字得到证实。银行票据交换结算总额（B）在物价方面根据贸易部批发物价指数（D）修正后的结果如下：

年度	B	D	B/D
（1923年=100）			
1913	45	63	71
1920	110	194	57
1921	96	125	77
1922	101	194	57
1923	100	100	100
1924	108	104	104
1925	110	100	110
1926	109	93	117
1927	113	89	127
1928	120	88	136

我们现在如果从费雪的方程式MV=PT来论证，那么，由于B=MV，B/D是贸易量的指数，我们应该会得到荒谬的结果。因为我们应该发现：在1921—1922年的经济萧条期，所谓的"贸易量"比1919—1920年的经济繁荣期高出50%至100%；在1925—1926年，比战前高出近50%；出现大罢工的1926年比1925年高出7%；而现在又几乎是战前的两倍。这是对这方面计算的一种归谬论证法。显然，各种金融交易的纳入以及参照批发标准调整物价水平已经产生了足够大的影响，以至于

结果已经完全无效。

但是，让我们试想一下，如果我们把计算局限于证券交易所交易不发挥重要作用的地方票据交换结算额和地区票据交换结算额，用适当的物价指数来校正货币数量的结果将符合我们从其他来源所知道的有关贸易量变动的情况。

什么是最适用于这一目的的物价指数呢？

我认为，主要由三个月前的批发物价和当期工资组成的指数是有用的，不过，有全部政府统计资料做后盾，贸易部可以制定出更好的东西。但是，为了当前的目的，我们可以采用上面已经解释过的编制方法制定出的消费品物价指数，然后用地方票据交换结算额和地区票据交换结算额除以该消费品物价指数，得到产量的"票据交换结算额指数"。

如果现在我们将由此得出的票据交换结算额指数的年平均值与娄韦（J. W. F. Rowe）先生主要根据原材料的消耗情况为伦敦和剑桥经济服务所编制的生产指数，以及罗克林（G. D. Rokeling）先生[1]的就业指数进行比较，结果如下表所示。

年度	票据交换结算额指数（凯恩斯）	就业指数*（罗克林）	原材料指数（娄韦）	综合生产指数（前三项的平均值）
（1924年=100）			
1920	111.5	103	104.5	103
1921	78	89.5	75.5	81
1922	91.5	93.5	89.5	91.5
1923	97	97	91	95
1924	100	100	100	100
1925	101	101	101	101
1926	95	95.5	90	93.5
1927	101.5	104.5	110	105
1928	102.5	104.5	108.5	105
1929	104	106	116.2	108.7

[1] 该指数是罗克林先生编制的英国生产指数的一部分（《经济学人》，1928年10月6日），内容如下：

年度	1920	1921	1922	1923	1924	1925	1926	1927
英国生产指数	101	75	88	93	100	99	90	105

*这些数据是罗克林先生好心提供给我的,与他在《经济学人》上发表的数据略有出入。这些数据代表A+B-C-D-E,其中A=农业劳动者人数,B=16~64岁参保职工人数,C=失业参保职工人数,D=因病、事故等原因缺勤的参保职工人数,E=直接牵涉贸易纠纷的人数。这些数据既没有计入效能的增加,也没有计入工时的缩短。

一般来说,这些完全独立计算出来的变动具有显著的一致性,它们没有一个直接的组成成分是相同的。我认为,英国最全面的生产指数可能是取这三个指数的平均值,正如下表中最后一栏所示。与其他两个指数相比,票据交换结算额指数最近的增长速度稍慢,因此,在我们研究整个国家的经济活动时,更纯正的工业指数可能是必要的校正数,而最近原材料指数超过就业指数的趋势可能反映了效能的增长。以地方票据交换结算额和地区票据交换结算额为依据的贸易量指数,按物价校正后,在某些方面可能确实优于以生产和产出统计数据为依据的指数。正如斯奈德先生在处理美国的类似统计数据[1]时所指出的那样,由于大多数生产指数都在基本商品做了过细的加权,而支票交易量提供了更全面的解释,包括各种各样的杂项活动。这些活动虽然单独来说太小,无法被统计员的网捕捉到,但总的来说却是非常重要的。这种指数的另一个优点是可以迅速得到这些数据,而不需要做任何特别的计算。

斯奈德先生对美国的计算,证实了根据物价校正后除主要金融中心以外的银行票据交换结算额作为贸易量指数是有价值的(然而,正如上述我自己的计算一样,"物价"不是指批发物价指数,而是消费品物价指数)。下表的依据是斯奈德先生的"总体物价水平"修正后除纽约市以外140个城市的银行借方3个月的平均变动值[2],以及他独立编制的贸易总量指数。

年度	根据物价校正后除纽约市以外的140个城市的银行借方	贸易量
1919	105	104
1920	102	101
1921	92	92

[1]《商业周期与商业测量》,第79页。
[2]哈佛经济研究所为了编制旨在反映商业状况的B曲线,在除去纽约市以外还排除了其他七个重要城市的借方,这些城市在或多或少的程度上属于金融中心和商业中心。

续表

年度	根据物价校正后除纽约市以外的140个城市的银行借方	贸易量
1922	101	102
1923	105	108
1924	102	105
1925	110	111

三、统计概要

下表对前几章的估计结果进行了汇总。英国银行业和其他统计数据目前的境况很糟糕，所以读者不应忽视这张表所包含的大量猜测、近似值和可能的误差。但是，尽管如此，我认为这张表具有一定的价值，可以综合衡量有关的不同因素的可变性。

几年之后，这种推测将显得相当业余和不准确，并将被科学的估计所取代，我对此毫不怀疑。但是，通过指出哪些数据是值得了解的，并不确定地尝试指出其数值，我可以激励那些能够获得更好数据的人纠正我的错误。在英国，官方数据的汇编一般都是由个人完成的，这显得草率和不完善。

年度	存款总额 M	活期存款对存款总额的比例 w	活期存款 Mw	速度 V	工业现金周转额 MVw *	生产量 O[1]（娄韦和罗克林）
（1924年=100）							
1920	100	111	111	137	152	104
1921	108	100	108	93	101	82
1922	106	100	106	91	96	91.5
1923	100	102	102	94	96	94
1924	100	100	100	100	100	100

[1] 我采用了娄韦指数和罗克林指数的平均值，因为在这段语境中引入票据交换结算额指数虽然不会对结果产生太大的影响，但也是以未经证实的假定作为依据的。

续表

年度	存款总额 M	活期存款对存款总额的比例 w	活期存款 Mw	速度 V	工业现金周转额 MVw*	生产量O（娄韦和罗克林）
（1924年=100）							
1925	99	98	97	104	101	101
1926	100	96	96	97	93	93
1927	103	96	99	99	98	107
1928	106	94.5	100	98	98	106.5
1929	108	93	100	98	98	111

*这使我们又回到了地方票据交换结算额和地区票据交换结算额，因为我们是用这个指数除以Mw而得出V的

如果我们假定，除金融交易外，适用于收入交易和当期业务的活期存款的数量和速度的变化分别用Mw和V来进行近似的计算，也就是用地方票据交换结算额和地区票据交换结算额来计算工业流通周转额，那么，如果没有利润膨胀或紧缩，MVw应该提供给我们一个关于当期产品总成本的指数，MVw/O应该给我们一个关于当期产品物价水平的指数。因此，如果我们的统计数据可靠的话，MVw/O与实际产品物价水平之间的差额将部分反映成本与价值之间的差额，也就是利润膨胀或紧缩的程度。由于存在利润膨胀（或紧缩）的情况，我们应该预计实际物价水平将高于（或低于）MVw/O所表示的物价水平。因此，作为推导利润膨胀（或紧缩）程度的第一个近似值，我们把MVw/O给出的理论物价水平、消费物价指数和批发物价指数（贸易部指数）一并列出来：

年度	MVw/O	消费物价指数	批发物价指数	利润膨胀或紧缩*
（1924年=100）				
1920	146	150	186	127
1921	123	132	120	98
1922	105	106	96	91
1923	102	99	96	94
1924	100	100	100	100

续表

年度	MVw/O	消费物价指数	批发物价指数	利润膨胀或紧缩*
1925	100	101	96	96
1926	100	98	89	89
1927	91	96	86	94.5
1928	92	95	85	94.5
1929	88	94	82	93

*用批发物价指数除以 MVw/O 计算出的数字。

遗憾的是，消费物价指数在这里并不适用，因为我们的产出指数不包括劳务[1]，而我们已经明确地对消费物价指数进行了加权，从而将其包括在内。另一方面，批发物价指数过度重视进口原材料，而对成品关注太少。然而，如果没有更好的办法，我们将后者作为不包括劳务的产品物价水平的指数，那么用该指数除以MVw/O来表示利润膨胀（或紧缩）的程度将显得非常粗糙，如上表所示。必须指出的是，我们以1924年为基准年，默认这是一个平衡年，在这一年里，利润膨胀和紧缩的程度都不显著。

到目前为止，可能产生错误的原因已经堆积如山，我几乎没有资格对上表的最后一栏给予任何严肃的评价。但至少它并不与第三篇基本论点的结论相矛盾。因为这里提出的利润膨胀或紧缩的程度完全符合我们的合理预期。1920年的繁荣持续到1921年上半年，但被1921年下半年的萧条抵消了，1922年至1923年持续萧条，1926年严重萧条，以及1927年至1929年长期利润紧缩等都得到了适当的说明。

---

[1]这也在一定程度上使上述用途下的MVw/O失去意义；但程度不算太大，因为相当于劳务报酬的货币周转量相对较小。

第六篇　投资率及其变动

第27章　投资率的变动之一——固定资本

当储蓄和投资之间出现不平衡时，这往往是由于投资率的变动，而不是储蓄率的突然变化，因为储蓄率在正常情况下是相当稳定的。因此，为了理解我们在上卷中分析的不平衡的成因和严重程度，需要主要考虑的是导致投资率变动的原因，并估计这种变动的量值。在这一章和接下来的两章中，我们将依次讨论固定资本、营运资本和流动资本投资变动的原因和程度。这几章属于题外性话题，不知道这对于货币的论述是否恰当，但必须包括在内，因为投资率的变动在其他地方的说明并不充分，不足以达到我的目的。

就固定资本而言，很容易理解为什么投资率会出现变动。企业家对盈利的欲望引诱或阻碍他们从事固定资本的生产。除了变动应该发生在不断变化的世界中等种种次要原因外，熊彼特教授对主要变动的解释也许会被毫无保留地接受。他指出："少数精力充沛的商人不时地进行创新——他们将科学发现和机械发明投入实际应用，他们发展工商业组织新形式、他们引进不熟悉的产品，征服新市场，开发新资源，改变贸易路线等等。这种类型的改变，如果大规模地进行，就会改变大多数普通商人制订计划所依据的数据。但是，当少数极具天赋的人取得成功时，一群模仿者便会更容易以他们为榜样进行效仿。因此，一波创新浪潮一旦开始，就会势如破竹。"[1]

唯有必要补充的是，创新的企业家能够牺牲对他们影响不大的利益来执行项目的速度取决于对银行体系负责人的顺从程度。因此，尽管对信用膨胀的刺激来自银行体系以外，但它仍是一种货币现象，因为，只有在允许货币机构对刺激作出反应的情况下，这种现象才会发生。

---

[1] 此处有关熊彼特教授观点的简要总结摘自韦斯利·米切尔的《商业周期》，第21页。

像刚才所讨论的那些变动，是由按照给定利率进行投资的意愿发生了变化。除此之外，由于利率方面的变化，我们的投资率也有变动。正如我们在第13章中讨论过的方式一样，只要某一固定资本所产生的收入保持不变，利率的变化将影响拥有这一固定资本的优势。但在固定资本的供应相对于需求发生变化之前，这种收入是没有理由改变的。然而，改变固定资本供应直到从中获得的收入再次与利率保持平衡的过程，与投资率的变化是一样的。

因此，每当利率并非因使用或享用固定资本的需求计划发生改变而变动，就有理由预计投资率会发生变化。

值得顺便指出的是，除了所需的变化很小的情况外，这种过渡在增加固定资本供应方面可能比减少固定资本供应方面更容易。因为，现有固定资本的报废率对其总供应量的减少率有一定的限制；由于不同种类的固定资本受到的影响是不平等的（因为对所有资本的需求弹性是不同的），实际最大减少率将在更小的范围内确定。

一、统计指标

当我们为了找到一些准确衡量这些变动程度的方法而翻查有关的统计数据时，我们发现这些数据很少，而且并不令人满意。社会固定资本投资增加率本来能够被相当精确地度量，但却没有一组数据能够做到这一点。因此，我们最好是采用一些部分指标，并从它们的综合结果中尽我们所能地作出最好的判断。

人们可能认为，投资市场上的新发行额将提供一个相当准确的指数。但这一总额并不能充分代表住房投资率，因为住房投资主要是通过新发行市场以外的其他方式获得资金。然而，房建工程方面的投资可能比其他任何一种投资都要大。另一方面，许多所谓的新的发行仅仅是将现有资产从一方转移到另一方，而在控股、金融和投资公司方面，可能存在很大的重复元素。此外，即使是那些主要由债券发行提供资金的投资类别，债券上市日期与相应投资发生日期之间也不同步。因此，债券发行并不能很好地反映它们所资助的投资类型的短期变动。所以，投资率的变动可能大于或小于发行率的变动。然而，新发行额的变动是我们必须考虑的部分指标之一。

现代世界固定资本的大部分（可能不少于四分之三）由土地、建筑、公路和铁

□ 熊彼特

约瑟夫·熊彼特（1883—1950年），美籍奥地利政治经济学家，被誉为"创新理论"的鼻祖。1912年，其发表的《经济发展理论》（*Theory of Economic Development*）一书，提出了"创新"及其在经济发展中的作用，认为经济发展是创新的结果。

路组成。因此，从金融方面到物质方面，任何与这些方面的生产活动直接有关的统计数据都将有所帮助。在美国，有一组这方面的统计数据对我们的目标非常重要，即每月营建许可证的价值。由于"营建"一词一般包括建筑和承包工程（我认为包括道路、下水道等），这些数据大大地有助于我们实现目标。在英国，我们没有可比的数据，但建筑和承建业的就业量，以及刊登在《劳工公报》（*Labour Gazette*）上不完整的建筑季度申报表都说明了这些方面的投资额。

由于目前固定资本投资中不需要一定数量钢铁的较为少见，于是，一些作家尤其是赫尔（G. H. Hull）和斯皮特霍夫（Arthur Spiethoff）认为，这些材料的消费（长期以来可以得到这些材料相当准确的数据）是衡量固定投资率的可靠标准。然而，由于技术方法的变化和投资类型的不同，即使在需要消耗钢铁的地方，其消耗比例也大相径庭（例如，可以比较房建工程和船舶建造），所以最好不要夸大这个指标本身的价值，而应仅把它作为几个指标中的一个。

不幸的是，这些不同方面的统计调查结果［汇总结果请参看韦斯利·米切尔所著的《商业周期》各页］不能列成表格，以致我们不能够对固定资产投资率的逐年变动量值作出令人满意的数值估计。然而，这些结果是足够明确的，足以表明变动是巨大的，而且它们与信贷周期各个阶段之间的相关性正如我们的理论所预期的那样高。

二、基于固定资本投资变动的信贷周期理论

事实上，固定投资量的变动及其与信贷周期的相关性早已为人们所熟悉，并被许多作者作为解决信贷周期问题的依据。如果我的理论是正确的，那么这些解决方案即使是不完整的——特别是由于它们忽视了营运资本的变动，在我看来，其中大多数解决方案看似取得了相反的结果——但似乎仍然反映了部分事实。一些作家将这种循环归因于储蓄不足，而另一些作者则将其归因于过度投资。以

韦斯利·米切尔教授所作的如下对比为例（见上引书第151页）："杜冈-巴拉诺夫斯基（Mikhail Tugan-Baranovski）教授认为，危机的到来是因为人们没有足够的存款来满足繁荣的巨大资本需求。斯皮特霍夫教授认为，危机的到来是因为人们对工业设备投入了太多的储蓄，而用于消费品的储蓄则不足。"如果我们把这些表述中的第一个解释为储蓄赶不上投资，第二个解释为投资超过储蓄，那么我们就会发现，这两位权威基本上是指的同一件事情，这正是我所指的那个问题。

□ 智利的铜矿

智利被称为"铜矿王国"，因为它是世界上铜矿资源最丰富的国家，又是世界上产铜和出口铜最多的国家。2011年，智利铜的探明储量达1.7亿吨左右，世界排名第一位。

因此，我对杜冈-巴拉诺夫斯基、赫尔、斯皮特霍夫和熊彼特等作者的学派[1]产生了强烈的共鸣，而杜冈-巴拉诺夫斯基[2]是这一学派的第一人，也是最具独创性的人。我尤其欣赏杜冈-巴拉诺夫斯基在其著作中以及两位美国业余经济学家（有些人可能会说他们是怪人）罗蒂（Malcolm C. Rorty）[3]和约翰森（N. Johannsen）[4]的著作中采用的理论形式。杜冈-巴拉诺夫斯基的错误在于，他认为或者至少是暗示储蓄可以在萧条时期以一种未投资的形式积累起来，而这种积累的资金在繁荣时期会逐渐消耗完；他的错误还在于，他认为储蓄未能以稳定的速度转化为投资是因为财富分配不均，而不是因为熊彼特有关如下方面的"创

---

[1] 有关这一学派各种观点最好的简短总结可参看韦斯利·米切尔的《商业周期》，第20—31页。

[2] 他的学说最初是在1894年用俄文发表的。

[3] 罗蒂上校的"过度投资"理论可以更直接应用于营运资本的增长率超过储蓄率而形成的循环。其优点在于认识到，在这些情况下，问题的本质在于购买力是在扩张开始时就产生的，而商品则是在较晚的时候才会出现，这取决于生产过程持续的时间。

[4] 约翰森先生最初是在《关于危机的一个被忽略之点（1908）》[A Neglected Point in Connection with Crises (1908)]中发表了他的理论，然后在1925年、1926年和1928年连续出版了小册子。他的"亏损储蓄"理论，即从消费支出中保留出来但没有实现为资本支出的储蓄，从而导致生产消费品的企业家亏本销售这些产品。在我看来这一理论非常接近于真理。但约翰森认为，在现代世界，当期储蓄不能实现为资本支出多或少是一种永久性的状态，这是由于资本市场饱和，而不是由于银行体系暂时但经常不把全部储蓄转交给企业家所造成的。并且他还忽略了这样一个事实：如果这是他诊断出来的病症，那么降低利率将是治愈这种病症的良方。

新"之说，即银行体系未能以某种方式做出反应以便保持理想的稳定程度。但这些作者都没有清楚地认识到储蓄与投资之间的失衡以及银行体系所起的作用对物价的直接影响。这一方面的先驱者要属罗伯逊先生（见《银行政策和物价水平》）。此外，由于缺乏适用于信贷周期问题的货币数量论，他们没有触及问题的根源，也没有认识到由于营运资本增长而引起的循环至少与主要由固定资本增长引起的循环一样具有"典型"性。

第28章 投资率的变动之二——营运资本

在满足必要条件的情况下（这将在本章后面几节加以说明），增加就业量通常需要按比例或多或少地增加营运资本。因此，营运资本投资的变动将与就业量的变动密切相关。就业量的增加可能是由于非正常活动，例如投资热潮，也可能是由于经济从萧条中复苏。无论如何，正如我们所见，与信贷周期有关的往往是对营运资本增加投资（如果不是在初级阶段，那就是在中级阶段）。此外，除非按同一比例增加营运资本投资额是可行的，否则一般不可能增加就业量（即使就业量远低于最佳水平）。

现在，由于这些情况而造成的营运资本周转金额变动，其实际重要性取决于它们的量值。如果相对于时间变化率（可以通过新的储蓄或减少对流动资本的投资量来提供新的投资，以补充营运资本的速率）来说变动很大，那么摆在我们面前的问题就具有重大的现实意义；我们的分析可能为解释繁荣和萧条中的时间要素提供了重要的线索。繁荣的现象可能代表着一种隐藏在信贷系统面纱之下的斗争，即以比物价稳定的体制下可行速度更快的速度补充营运资本。

另一方面，如果与其他要素相比，营运资本需求量的变化可能非常小，那么任何不足之处都可以迅速从流动资本存量[1]和活期储蓄中得到补偿，那么上述分析的实际意义就不重要了。

---

[1] 这是霍特里先生所主张的观点，参看《贸易与信用》（*Trade and Credit*），第126和156页。

因此，让我们继续努力对各种因素进行定量估计。例如，要全速运行英国的工业体系需要多少营运资本？在繁荣时期和萧条时期之间有多大的变动？这种变动与流动资本存量、活期储蓄和总投资的流量以及固定资本投资的可变性有什么关系？

一、统计指标

为了接近英国正常情况下营运资本的量值（即在制品的价值），我们必须主要考虑产出的价值和生产过程中占用的平均时间长度。例如，如果生产过程平均持续6个月，产品的价值以稳定的速度增长以使其在这6个月的平均价值为其最终价值的一半，那么就可以得出所需的营运资本等于3个月的产量。

显然，对于不同的产品，每单位产出价值所需的营运资本量差别很大。相当于进程长度的变化，在个人服务方面，从几乎没有增长到相当于一年的产出，在某些情况下甚至更多。

当我们计算一个国家所需的营运资本时，我们还必须考虑该国在贸易和制造过程的哪个阶段必须为其进口支付费用，以及在哪个阶段必须为其出口支付费用。前者是该国在进口的时候对营运资本需求的开始日期，后者是在出口的时候需求的终止日期。对英国来说，开始日期一般在实际进口日期之前，而终止日期一般在出口日期之后。中国人衬衫的"生产过程"是从准备棉田播种开始到中国人上街购买时结束。第一阶段的营运资本由美国提供；从原棉购买之日起或不久之后，营运资本由兰开夏郡提供；当在上海叫卖时或者在此前后不久，营运资本由中国提供。整个过程平均需要一年半到两年，其中兰开夏郡可能需要六到九个月，而在兰开夏郡接手之前，产品已经获得了相当大的价值。但三方之间寻找营运资本的负担可能会有很大的分配差异，这取决于中国商人是否及时支付款项，以及在此期间，棉花期票在纽约的货币市场或伦敦的货币市场流转时间的长短——这主要受相对利率支配。这个例子说明了对贸易国进行精确计算是很困难的。此处提供一个更简单的例子：每年在国内种植并在国内匀速消费的农产品。经计算，一个生产各种谷物的混合农场所需的营运资本大约等于一年的产值，而一个生产牧草和乳制品的农场所需的营运资本则等于半年的产值[1]。

另一个可以提供相当具体的数据的例子是铜的生产。铜在到达消费者手中以前的连续五个阶段的过手量是有统计数据的：冶炼厂的粗铜、精炼厂的粗铜、提炼过程中的金属以及精炼厂手中的精炼铜总共为全年纯铜产量的三分之一至二分之一。这只是指冶金系统。美国金属统计局局长英格尔斯（W. R. Ingalls）博士认为，包括运输中的铜、制造商使用的铜和废铜在内，"美国正常的铜储量相当于6个月至12个月的产量，而事实上，其更接近12个月的产量"[2]。

对每个主要行业的营运资本作出准确的统计估计将是一项有趣而有用的任务，我无法做到这一点。但是，如果我们能得到营运资本量值的粗略近似值，那么，对于目前的讨论也就足够了。

我建议从英国1924年的生产活动、物价和工资等水平的统计数据着手。我们必须主要以外贸数据、工资总额和生产普查结果为依据。

请研究一下以下以整数表示的有关1924年英国物价水平和贸易活动的统计数据[3]：

1924年生产普查	百万英镑
普查涵盖的全部工业的净生产额其中包括：	1719
采矿	236
金属和机器制造业	380
纺织、皮革和服装行业	305

---

[1]这些数据是根据惠特哈姆（W. C. D. Whetham）先生在1925年12月的《经济学报》上发表的计算得出的。在混合农场的情况下，他按月计算的数据如下：

混合农场所需营运资本（单位：英镑）		乳制品农场所需营运资本（单位：英镑）	
谷类	13.6—14.5	乳制品	7.65
牲畜	17.7	肥猪	3.9
乳制品	8.3	家禽和蛋	3.0
羊和羊毛	15.0		
猪	8.6		
加权平均数	13.77	加权平均数	7.01

[2]英格尔斯：《美国人民的财富与收入》（Wealth and Income of the American People），1923年，第150页。转引自韦斯利·米切尔《商业周期》，第96页。

[3]参看弗勒克斯（A. W. Flux）《论国民收入》（The National Income），摘自《统计学报》（Statistical Journal），1929年，第Ⅰ部和第Ⅱ部。

续表

1924年生产普查	百万英镑
营建和承包工程的总生产额	189
农业的净生产额	300
个人劳务与消费资本（房屋）使用情况	650
运输和分配的成本	1000
进口额	1280
出口额	795
工资总额	（约）2000
银行预付款和贴现（9家银行）	1030
国民收入	4000

我认为，这些数据表明英国在1924年的营运资本可能为15亿至20亿英镑。工业和农业的净生产额加上进口额共计33亿英镑。为此提供六个月的资金将需要16.5亿英镑，不计运输和分配的成本。上述限值也充分符合上述引用的其他指标。尤其值得一提的是，这两个数字占全年收入的40%至50%左右。在得到更好的估计之前，我建议暂且采用这些数据作为英国营运资本的量值。

美国的相应计算表明，这种估计不太可能过高。在人口普查和联邦贸易委员会对1922年美国财富的估计中，在制品和向消费转移的货品的估计价值为360亿美元，相当于当年国民收入的一半。纽约的标准统计服务处汇编了一些有趣的数据，如美国工业企业的"盘存"量（与上述定义的营运资本非常类似）。调查发现，代表三分之一美国工业资本的500多家最大企业的盘存总计达其资本总额的17%，全年净收入的125%。在此基础上，1927年，美国工业营运资本总额约为90亿美元。农业营运资本和大部分的贸易和零售业营运资本（一些贸易和零售业公司包括在标准的统计清单中）不得不被添加进来。然而，在我看来，标准的统计数据表明，无论1922年是什么情况，1927年的营运资本总额可能还不到国民收入的一半。

由于采矿业和农业（两者都是生产过程漫长的工业）相对于制造业在美国比在英国更重要，人们可能会预计，营运资本在美国的收入中所占的比例会比英国的略高一些。对于英国在遥远的市场上进行相对大规模的买卖这一事实，情况又恰恰相反。

因此，我们所能得出的结论是，营运资本的价值可能相当于一个国家年收入的40%至50%。

其次，我们必须考虑，与繁荣时的最高峰相比，营运资本在萧条最低谷时损失了多少。娄韦先生[1]的英国生产量指数和斯奈德先生[2]的美国生产量指数如下：

年度	英国娄韦 1907—1913年的平均值=100	美国斯奈德 1910—1914年的平均值=100
1907	100.1	91.48
1908	93.2	81.75
1909	96.8	90.94
1910	97.1	96.28
1911	101.4	94.66
1912	103.5	101.93
1913	107.5	105.28
1914	—	102.20
1915	—	109.84
1916	—	124.53
1917	—	131.39
1918	—	125.49
1919	—	121.67
1920	97.2	128.66
1921	73.7	110.91
1922	88.7	128.66
1923	92.3	144.10
1924	97.5	141.22
1925	96.4	149.69
1926	79.8	—
1927	99.9	—

---

[1] 由伦敦和剑桥经济研究所发表。为了保持记录的连续性，这里照搬了娄韦先生原来发表的数据。此后，他对以后几年的数字做过重大的修改。该指数并未根据长期趋势进行校正。

[2] 斯奈德：《商业周期与商业测量》，第239页。该指数以87个项目为依据，没有根据长期趋势进行校正。

另一个衡量美国实际生产量的指数是由弗洛伊德·马克斯韦尔（Floyd Maxwell）先生在哈佛经济研究所主办下编制的最新指数（《经济统计评论》，1927年7月，第142页）：

年度	农业 根据趋势校正的指数	农业 未经校正的指数 1899年=100	采矿业 根据趋势校正的指数	采矿业 未经校正的指数 1899年=100	制造业 根据趋势校正的指数	制造业 未经校正的指数 1899年=100
1899	102	100	101	100	98	100
1900	100	101	97	106	93	101
1901	88	89	97	115	99	112
1902	108	114	98	123	105	122
1903	98	105	100	135	101	124
1904	106	116	94	136	95	122
1905	105	118	105	162	106	143
1906	109	125	105	170	110	152
1907	96	112	109	186	106	151
1908	100	119	87	154	87	126
1909	98	118	101	189	103	155
1910	100	122	102	208	101	159
1911	94	115	95	207	93	153
1912	108	137	102	221	102	177
1913	94	121	102	237	102	184
1914	106	137	95	225	91	169
1915	110	144	99	239	98	189
1916	96	126	108	269	112	225
1917	101	134	112	288	109	227
1918	100	135	110	289	104	223
1919	101	137	95	257	98	218
1920	110	150	105	293	101	231

续表

	农业		采矿业		制造业	
年度	根据趋势校正的指数	未经校正的指数 1899年=100	根据趋势校正的指数	未经校正的指数 1899年=100	根据趋势校正的指数	未经校正的指数 1899年=100
1921	90	124	82	233	76	179
1922	99	138	87	254	97	237
1923	98	138	116	349	112	281
1924	96	136	106	324	101	259
1925	97	140	106	333	110	290
1926	99	144	113	361	111	301

实际生产量指数的研究还处于初级阶段，以上任何一项数据都不能保证较高的准确性。然而，就我们目前的目的而言，这些数据也许已经足够了——尤其是当它们表现出相当程度的一致性时。数据表明，在严峻的情况下，繁荣的那年与接下来萧条的那年之间的变动在15%至25%之间。

由于这些数据是一年的平均值，因此繁荣最高峰和萧条最低谷之间的变动与此相比还要大得多。韦斯利·米切尔教授在《商业周期》（第343—354页）中已经对1878年至1923年商业周期的幅度进行了较为全面的论述，其中包括13个主要的变动。营业活动的五种不同指数的一般情况相当一致地表明：在大萧条的低谷期，营业活动平均比正常水平低13%左右，在繁荣的高峰期比正常水平高13%左右。上述两种情况的最大数字分别为小于25%和大于25%。

在英国以工会百分比（1921年和1922年为13.5%，低于1920年）为依据的就业量变动的数据正如人所料，大大低于上述数据。因为这些百分比不能充分反映部分就业情况和下降的雇佣强度。在美国，就业量从1920年的峰值下降到1921—1922年大萧条期的谷值，整体就业量下降了16.5%，其中，工厂、铁路和矿井的就业量下降了大约30%，而农业、零售贸易、国内和个人服务下降了3%至4%，拉低了平均水平。

当然，营业活动的变动不是用来衡量国民收入的变动，而是远远超过了后者。因为国民收入还包括个人服务和固定消费资本的使用，这两者都比上述两项稳定得多，而且就英国而言，还包括外国投资收入。它更不能用来衡量国民消费的变动，因为在经济景气的时候投资会增加，在经济不景气的时候投资会减少[1]。例如，从金先生在美国实际零售贸易量方面的数据看不出繁荣时期与萧条时期之间有超过7%的差额。这与其他指标相一致。我们对繁荣时期和萧条时期消费变化量值的估计不应超过10%。

因此，假设在程度最大的情况下，"营业活动"的峰值比正常水平高出25%，以及一般程度的信贷周期中高出13%，而谷值低于正常水平的数字与此相应。但是营运资本的需求量变动幅度绝不会如此大，因为它是由一段时间——这段时间等于生产过程的长度——内生产要素的平均雇佣率所决定的，它还包括正常和季节性库存（没有就业量减少得严重）的资金筹措。综合考虑的话，至少为了说明，我们也许可以假定，营运资本的需求量变动幅度大约是"营业活动"变动幅度的三分之一，也就是说，在程度最大的情况下，从峰值到谷值的变动幅度为15%，较常见的情况下为10%。此外，还应指出，对营运资本的最大和最小需求的日期将与最大和最小"营业活动"的日期不一致，但一般来说前者紧随后者。

如果可以接受这些粗略的指标，那么按1924年的物价来计算，假设繁荣期的营运资本为17.5亿英镑，萧条期为15亿英镑，则1920年至1922年从繁荣期到萧条期英国营运资本资金损失的量级就是2.5亿英镑，即16.5亿英镑的15%。和以前一样，我不要求这些统计数据的准确性。但它们将有助于阐明我的论点，作为我们所讨论的极端情况下的量值指标。

2.5亿英镑与一年同一日期的正常储蓄之间有什么关系呢？对英国目前的储蓄水平最可靠的估计数字为每年约5亿英镑。1922年至1923年的数据可能有点低，比如4亿至4.5亿。因此，在这种情况下，从繁荣期到萧条期损失的营运资本可能相当于整整半年的储蓄。

一般来说，国民收入储蓄的正常比例为12%至15%。因此，如果营运资本通常占国民收入的40%至50%，且变动幅度为10%至15%，那么，营运资本的变动量就相当于全年储蓄量的三分之一至一半。

但是，我们不能假定全部甚至大部分当期储蓄都可以用来补充营运资本。因为在均衡状态下，除了营运资本的正常增长外，所有的当期储蓄都可以用来补充

---

〔1〕英格尔斯博士认为（转引自上述韦斯利·米切尔的著作第154页），在1920年间，美国的储蓄量（大概意味着我所说的投资量）缩减到正常数量的一半左右，大约从国民收入的14%至15%缩减为7%至8%。

固定资本，而投资市场的组织也主要考虑到了这一情况。此外，还有一些从未间断过的对外投资和新建建筑，在这些方面和其他方面，相当大一部分的新储蓄一直被引入到固定资本中。另外，一些已经在生产中的商品，注定会以固定资本的形式出现。

因此，当补充营运资本的时候，如果不打破物价和收入的平衡，就不可能迅速实现这一目标。即使及时采取适当措施，也可能需要两年或更长时间才能恢复营运资本；如果不采取这些措施，将需要更长的时间[1]。

在就业量减少的情况下，通过增加其他方面的投资来弥补营运资本的损失，这同样是不可能的。因此，雇佣率下降这一事实几乎必然会降低投资率，虽然在这种情况下净投资下降的幅度可能会被我们完全掩盖，因为我们习惯于主要通过发行新资本量和以房屋等形式（没有明显下降趋势）增加固定资本存量来衡量投资。例如，《经济学人》有关伦敦市场新发行的资本（不包括英国政府用来投资短期债券而发行的资本）总量的数据如下：

年度	票面额总计（百万英镑）	物价水平*	按物价水平校正后的资本总量（百万英镑）
1919	211	162	130
1920	330	194	170
1921	186	125	149
1922	204	100	204
1923	194	100	194

*批发物价指数

因此，如果新发行资本是投资率的准确指标，那么在1921年的萧条时期，投资率实际上会比1919年更高。但是，当我们想起战后——1919年和1920年的部分时期——营运资本资金在迅速增加，而1921年，营运资本也在迅速减少时，情况就不同了。下面的计算不是基于统计数据，而是对可能发生的事情的一种大体上

---

[1] 韦斯利·米切尔教授的统计表（《商业周期》，第338页）表明，上升时期的平均持续时间略少于2年，最长持续时间约为3年。

合理的猜测，其目的是说明我的论点，而不是陈述一个历史事实：

年度	固定资本净增额（包括对外投资）	营运资本	净投资总额
根据1923年的物价水平（百万英镑）			
1919	280	+120	400
1920	370	+120	490
1921	275	−250	25
1922	330	+75	405
1923	370	+50	420
1924	390	+100	490

由于繁荣最高峰出现在1920年中期，萧条最低谷出现在1921年中期，所以1921年上半年的净投资额很可能是微不足道的。1924年底可能仍然需要至少5000万英镑的额外营运资本才能充分利用当日可用的生产要素。1921年以后，由于种种原因，美国的营运资本库存的补充速度要快得多。

让我们对照《经济学人》对1924年10月4日的国民净收入的粗略估计——同样只是为了说明：

年度	《经济学人》刊载的净收入额	净投资额（同上表）	消费额
（1923年的物价，单位：百万英镑）			
1920	3480	490	2990
1921	2816	25	2791
1922	3140	405	2735
1923	3470	420	3050

这些数据可能会受到许多批评（我相信《经济学人》上的所有数据绝对过低，而1921年的收入数据相对过高），但是它们显示了两年之间变动的可能量值，就这点来说，这些数据是有价值的。

这些直观数据的要点如下。1922年初的生产量和就业量不可能恢复到1920年春天的水平，除非能够恢复部分营运资本的周转资金，或者实际工资大幅度

□ 1909年通车的京张铁路

在万吨货轮出现之前，铁路一直是货运的主要方式，快速、廉价、安全。1909年建成通车的京张铁路是中国第一条没有使用外国投资和人员，自主设计运营的铁路，由詹天佑主持修建。京张铁路从北京丰台，经八达岭、居庸关、沙城、宣化等地至河北张家口，全长约200公里，有力地促进了京张地区运输业和制造业的发展。

下降[1]。但是，一旦该资金因1920年至1921年的事件而受损，除非大幅度增加总投资或大幅度减少以固定形式出现的收入比例，否则就不可能迅速恢复营运资本。

第一种方法是行不通的，除非经过整段时间去实现，不然就会引发严重的通货膨胀。第二种方法因为种种原因也是行不通的——例如，不可能放弃新建建筑；此外，当时在制品的常规比例注定会以固定的形式出现，而要改变这一状况，可能需要一些时间（可能是一年中最好的时间）；最后，有一定比例的生产要素是专门用于生产固定资本的，如果试图过于大幅度地减少固定投资，在某方面会对就业量产生消极影响，而在另一方面则会对就业量产生相应的积极影响。此外，由于萧条期的世界性特点，美国当时很难像1925年的德国那样，以原材料和半成品的形式从国外吸引新的营运资本。因此，一项旨在促进生产和就业速度迅速增长的货币政策几乎肯定会导致投资大于储蓄。显而易见的是，营运资本数额的变动很大，以致它们有时可以成为造成储蓄率和投资率不平衡的一个重要因素。

上述讨论主要涉及营运资本的统计和数量方面。然而，营运资本理论在一般方面却受到了忽视。在构思这本书的论点时，我发现我必须对这个问题进行相当多的思考，哪怕只是为了理清自己的思路。在本章的后续部分，我将冒昧地介绍一下汇总结果。

二、营运资本理论

现在我们需要对上卷第9章中"营运资本"的定义进行扩充。我将营运资本定义为生产、制造、运输和零售过程中的商品总量（营运资本成本为商品总量的成

---

[1]事实上，英国实际工资的下降有一大部分被推迟到1922年年中才实现。

本），包括原材料或制成品的最低存货，以避免工序中断的风险，或应付季节性的不规律情况（例如两季收成的间隔或单季收成在平均值附近的变动等）。它不包括构成流动资本的剩余存货。而两种不同的在制品则等量齐观，如食品和纺织品，它们将以流动收入的形式出现并在短期内实现消费，还包括如房屋和铁路等，它们将以固定资本的形式出现并在很长的时间内实现消费，而不是立即可以消费。

这样定义的营运资本数量取决于：

（1）在过去一段时间内，与生产持续时间相等的投入率（即产品投入生产机器加工的速率）。

（2）在生产过程的每个阶段，生产要素现在和以往在单位产品上的使用强度。

（3）使用生产要素的生产过程持续时间。

（4）单位时间的生产成本率，即生产要素应用于产品的单位有效工作报酬率；我们可以把它简称为工资率[1]。

（5）为度过季节的不规律情况而必须存储的存货价值。

由此不难得出计算一般情况下的营运资本[2]总额的公式。如果我们把任何时候的"雇佣率"定义为每一生产阶段单位产品的数量之和与每一阶段的雇佣（这里的"雇佣"，是指对所有生产要素的雇佣）强度的乘积，那么通过把所有尚未完成的生产过程推算回初始阶段，用雇佣率乘以工资率，再按时间进行积分就可以得出营运资本总额。然而，用最简单的例子来说明可能更容易理解。例如：假设产品的投入率和生产要素的雇佣强度率都是恒定不变的，在这种情况下，所需的营运资本量等于雇佣率乘以生产持续时间的一半再乘以生产成本率（营运资本=雇佣率×生产持续时间×工资率）。于是，由于单位时间的工资总额等于该时间内的雇佣量乘以工资率，我们也可以这样表示，营运资本量是任何时候的工资总额乘以生产持续时间的一半（营运资本=工资总额×生产持续时间）。此外，在最简单的情况下，投入率和雇佣强度在每个过程阶段都是稳定的，由于工资总额等于投入率乘以工资率，再乘以生产持续时间，则营运资本=投入率×工资率×生产持续时间平方的一半。上述算式中引入了因数的1/2，因为，如果生产过程的速率在所有阶段都是恒定的，那么任何时候的在制品总体来说平均都只是半成品。但这一特

---

[1] 这里的"工资"包括所有生产要素的报酬。
[2] 后面几节未计入存储季节性存货的营运资本。

殊数字只是为了说明情况。如果雇佣率在这一生产过程的某些阶段比在其他阶段得到更广泛的应用（这很可能是事实），或者投入率不稳定，那么其他数字才会适当。

让我们对这些因素依次进行讨论。

（1）当产品以稳定的速度进入生产过程，雇佣强度和生产持续时间没有变化以使投入率和产出率稳定时，雇佣率则相当于产出率，雇佣量乘以工资率则等于当前产出的生产成本，从而使收益等于产出成本。但是，如果投入率不稳定，雇佣率变动的话，情况就没那么简单了，"生产量"这个表达就不明确了，到底是指雇佣量还是产出量有时并不清楚。从"长期"来看，平均产出量显然必须由平均雇佣量来决定。但在变动期间，会暂时把它们分开来看。因为在经济萧条期，雇佣量将比产出量下降得更快、更早；在经济繁荣期，它恢复得也更快。同样，对营运资本的总需求在萧条期会下降，在繁荣期会回升，比产出量快，但比雇佣量慢。产出统计数字说明了迄今为止的雇佣情况；雇佣量的统计数字说明了未来的产出将是多少；而营运资本的需求量则取决于过去但尚未体现在产出量中的雇佣量数据。最好使用"生产量"而不是当前的产出量来表示生产要素的雇佣量。因此，为了说明情况，以六个月的生产持续时间为例，可以从六个月期间平均日产量的统计数据推断六个月生产持续时间开始时的雇佣水平；为了在六个月生产持续时间开始时获取营运资本量，我们必须取六个月期间的平均日产量，每日数字要根据当日到六个月结束时总共的天数进行加权[1]。

无论是试图解释过去事件的人，还是试图预测未来事件的人，都经常犯错误，因为他们没有充分注意到三种表现形式——产出、营运资本的需求量和雇佣率之间的时间差。下面是一个示例。英国的原材料进口可被视为投入率的粗略指标，而制成品出口可被视为产出率的粗略指标。因此，在经济萧条的初期，当投入减少，但产出尚未减少时，我们应该预期会出现贸易顺差。另一方面，在经济繁荣的初期，当投入增加，但产出尚未增加时，我们应该预期会出现贸易逆差。

（2）当贸易景气时，特别是在一段萧条期后刚开始复苏时，雇佣强度——每单位时间对单位在制品所应用的生产要素的数量——可能会增加，从而生产速度

---

[1] 在这个例子中，虽然我不再假定投入率是稳定的，但为了简化，我仍然假设雇佣强度在生产过程中的每个阶段都是稳定的。

会加快，生产持续时间会缩短。如果复苏的需求是"提前交付"，以便获得因加快速度而产生的额外收益，那么对企业家来说，这确实是一个很大的诱惑，他们会通过增加雇佣强度来加快生产速度。因此，与增加的就业量相对应的对营运资本的额外需求，可能会部分地被更快的生产速度所抵消。如果通过增加一倍的雇佣强度使生产持续时间减半，那么在其他条件相同的情况下，营运资本的需求量（最终）将减半。

另一方面，当在制品的数量接近现有生产工具所能提供的最大限度时，往往会出现速率减慢，因为由于不同生产工具的相对供应不完全平衡，速率受到供应最不充足的一种工具的容限的限制。换句话说，在生产过程的某个阶段会发生"拥塞"现象。

（3）生产平均持续时间可能会因以下三种原因增加：雇佣强度降低（我们刚刚讨论了这一点）；技术过程的变化（很可能是缓慢地而不是突然地发生）；由于技术上的原因，相对于生产持续时间较短的商品生产规模，生产持续时间较长的商品生产规模会扩大。最后这一点有时可能在短期内很重要，但并不总是如此。例如：纺织品急速增加的时候，其最终产品的单位价值要比钢轨急速增加时需要更多的营运资本，而中国茶叶畅销时要比本地黑莓畅销时需要更多的营运资本。

（4）生产要素工资率的提高对以货币衡量的营运资本成本的影响可能是极为重要的。例如，如果工资随着对劳动力的需求增加而上涨，那么每一个生产单位的工资总额就需要比以前更多的支出。

工资相对上涨如果发生在需要较多营运资本的行业而不是需要较少营运资本的行业，那么可能会对相当重要的营运资本成本产生影响。对营运资本的正常需求可能大部分来自建筑业、纺织业，以及按季节收成但全年消费率保持稳定的农业等，其比例远远大于许多批发物价指数中对这些产品的重视程度。纺织品价格暴跌和农产品价格相对下跌（除去丰收造成的情况）必然大大减少对营运资本的需求量，就像1921年至1923年发生的那样，这意味着这些行业的生产要素的工资总的来说较低。而1924年小麦价格（和一般谷物价格）的回升又必然大大增加对营运资本的需求量。

不同行业的生产要素相对工资的变化和生产量的变化通常可能是导致营运资本成本大幅变动的两个主要原因。但是，还有些变动是由于季节性存货数量的变化而引起的，我们现在必须对此加以考虑。

（5）根据本章的定义，营运资本必须在两季收成之间存储季节性存货（因为这种存储是"生产过程"的一种形式），并为两季收成之间的"续存量"变动做准备，由于单季收成不可避免地会在平均收成量之上发生变动，所以这种续存量是必需的。另一方面，由于生产相对过剩的错误，各季的净预期盈余应归入流动资本。

然而，由于良好的收成往往会减少受影响作物的相对价格，而歉收则会增加受影响作物的相对价格，因此，存储作物所需的营运资本总值可能与作物的收获量走向相同，也可能不同。为了说明这一点，让我们假设正常的小麦收成是100，正常的续存量是20，消耗的小麦数量平均需要存储6个月，续存需要12个月。在正常结转和正常收成为100的情况下，物价为p，收成为110时用p_1表示，收成为90时用p_2表示。假设所有这些情况下，消耗都是100。那么所需的营运资本量（单位：英镑/月）为：

正常收成	$6 \times 100 \times p + 12 \times 20 \times p = 840p$
正常情况下收成良好	$6 \times 100 \times p_1 + 12 \times 30 \times p_1 = 960p_1$
正常情况下收成歉收	$6 \times 100 \times p_2 + 12 \times 10 \times p_2 = 720p_2$

假设$p_1 = p$，$p_2 = p$，在这种情况下，营运资本的需求量在每种情况下都是相同的；如果物价相对于供应的可变性较小，那么好收成需要的资本最多（无论是营运资本的还是流动资本）；如果物价的可变性较大，那么歉收需要的资本最多。为了方便说明，这里假设物价p、p_1和p_2适用于整个季节。然而，在收获之前，生产成本（这三种情况之间可能相差不大）实际上将支配营运资本成本，而假定的三种物价将主要影响收成和消费之间所需的营运资本的价值。此外，所需营运资本价值的变动可能部分来自农民相应的意外利润或亏损。

加州斯坦福食品研究所汇编了一些有关美国小麦的有趣统计数据，这些数据对上述结论具有意义[《小麦研究》（Wheat Studies），1928年2月，《论1896年以来美国小麦的处理，关于年终存货的变动》（Disposition of American Wheat since 1896, with Special Reference to Changes in Year-end Stocks）]。在30年的时间里，该研究所发现，在平均产量超过8000万蒲式耳的13个丰收年里，有3800万蒲式耳用于增加出口量，400万蒲式耳用于增加消耗，3800万蒲式耳用于增加存储量；在17个歉收年里，平均减产额为6300万蒲式耳，其中3000万蒲式耳是由于出口减少，400万蒲式耳是由于消费减少[1]，2900万蒲式耳是由于存储减少。由于这段期间的平均收成量为7.77亿蒲式耳，年底平均存储量为1.66亿蒲式耳，因此，丰收年平均收成量为113%，歉收年平均收成量为92%，年底平均存储量为平均收成量的21%。除了战争年代的异常情况外，30年期间的最高年终存储量为平均收成量的25%，最低库存为平均收成量的8%[2]。

三、生产性消费和非生产性消费

固定资本生产替代消费品生产需要投资；之前导致固定资本的增加（因为它们以不可得的形式使生产过程产生了更多的收入，而以可得的形式产生的收入却比以其他方式产生的收入少）的决定要求将当前的消费水平降低到所需的水平以下。

生产量和就业量增加（而不是生产过程延长）所造成的营运资本增加也需要投资，但在这种情况下，投资并不需要将消费水平降低到没有增加生产的水平以下。

也就是说，就业量增加引起营运资本增加的情况，并不像增加固定资本时那样节制或减少整个社会的当前消费，而主要是将消费从社会其他部分重新分配给新就业人群。投资需要重新分配当前消费，但不需要减少其总量，可以说它是生产性消费对非生产性消费的代替。

因此，我们可以把"非生产性消费"定义为消费者在不对其生产劳动量作出反应的情况下可以放弃的消费，而把"生产性消费"定义为没有这种反应就不能放弃的消费。此外，只要减少消费的生产者所受到的不利反应小于增加消费的生产者所受到的有利反应，就可能以增加生产的方式重新分配消费。

所以，当可得收入从一个非生产性或相对非生产性消费者转移到一个生产性或相对生产性消费者时，就可以得出生产数量增加的结论，反之亦然。因此，当

---

[1]这一数字附带说明了消费者的需求非常缺乏弹性，尽管物价变动很大，但最高消费仅比最低消费高出1%。

[2]那些注意到收成与信用循环之间具有相关性的人可能对以下内容感兴趣。如果把7月份不足1亿蒲式耳的小麦存量视为反常的小数量，超过1.5亿蒲式耳的小麦存量视为反常的大数量，那么最低存货量就分布在1898年、1905年、1908年和1909年的7月份，而最高存货量就分布在1896年、1899年、1900年、1907年和1923年的7月份（不计战争年份）。前一类的所有年月都处于信用循环的上升阶段，而后一类的所有年月，除1899年以外，则都处于信用循环的下降阶段。这样的结论是矛盾的，如果有结论的话，我不知道从中能得出什么结论。但是也许可以看出：由于必须把出口货品的价格降低到对世界市场具有吸引力的程度，从而丰收年的收成会使物价出现比例失衡的现象，于是农村的购买力在存储量小的年份具有明显的优势。

□ 收获景象

小麦是世界上最重要的粮食作物，在国际贸易还不发达的时代，如果小麦大丰收，农民并不一定会增加收入，因为市场上小麦供给过多，导致价格下跌。大米、大豆等农作物也是一样，叶圣陶先生的小说《多收了三五斗》对此有具体的描述。

这种转移发生时，尽管可用收入的消费没有减少，但社会的财富仍会以一种不可用的形式增加，以增加净投资量（这种增加是由增加生产而不是减少消费所产生的）。

然而，这也需要某些个人（那些消费新受雇的生产要素的现有实际消费物资的人）减少消费。这种非生产性消费的减少和生产性消费的替代，正如我们所看到的，可能的原因也许是个人自愿地把一部分货币收入存起来，也许是由于物价上涨导致这些货币的购买力下降，因为物价上涨使一部分实际收入转移到个人手中，个人又把这些收入用于生产性消费。

因此，一个社会在任何时候都要做出两套决定：其一是关于未来收入中可以用于消费和应该由固定资本构成的部分分别占多大的比例；其二是关于在目前收入中，生产性消费和非生产性消费分别占多大的比例。第一组决定是当我们想到储蓄和投资时通常会想到的。但就业和失业取决于第二组决定。充分利用生产要素需要重新分配，而不是减少消费总量。很明显，如果没有任何其他重新分配消费的方法，通过利润膨胀（注意：收入膨胀对于这一目的是毫无用处的，除非它是为了向某一特定工业或地区提供直接的失业救济金，以便向生产性劳工支付高于产品边际价值的工资）而不是对失业状况放任不管来重新分配消费会更好。也就是说，在上述情况下，不创造财富的弊端要大于财富被创造出来后不归给那些做出牺牲的人（即那些由于利润膨胀导致物价上涨因而抑制消费的人）的弊端。

只有让整个社会在工作的负效用日期至实际享有收入的日期之间有一段时间间隔，才能使固定资本、流动资本和营运资本增加。但是，由于生产要素的额外就业没有立即为整个社会增加消费而产生的投资形式并不在于社会对可用收入的消费有所节制，而在于允许从事生产过程的人对其进行消费，这种生产过程在经过一定的时间之后才会产生收入作为回报。

只要允许失业和非生产性消费并存，目前的净收入总额和未来的可得收入就会低于可能的水平；除了一种将消费从一组人转移到另一组人的方法之外，不需要其他方法去改善这种状况。

四、真正的工资资金

在生产的静态平衡中，营运资本不需要增加净额。因为营运资本是一种流转资金，它一旦在必要的水平上建立起来，它的维持就不需要新的储蓄或投资。即使年复一年地需要稳定地增加营运资本，以供增加的人口或较长期的生产技术之用，这种逐渐增加的资本也不太可能吸收大量的当期储蓄[1]。在生产与消费之间完全平衡的状态下也不需要任何流动资本。因此，衡量新投资自然是依据固定资本净增额。

在这个问题上，众所周知，古典经济学家发生过混乱的情况，后人察觉到这种混乱，但未能认识到真理就在这种混乱思想的核心中，这使得这一问题更加错乱。古典经济学家强调固定资本和他们所谓的"流通资本"[2]之间的区别。但他们并没有明确区分我的第三类资本，即"在制品"或营运资本，这与他们的"流通资本"并不相同。他们认识到有必要建立一笔资金来维持生产期间的劳动力，但是他们忽视了生产和产品的连续性，将营运资本（通过不断地将可用收入流回生产机构而得以供应）与流动资本（在任何生产过程开始时的存货）混为一谈。他们没有清楚地认识到，维持就业中的劳动力的资本不是从已经可用的存货中获得的，也不是从可用收入的消费中节约获得的，而是从（a）决定从生产机构中产生的货品中，固定资本和流动资本各占多少比例；（b）决定以一种方式而不是另一种方式使用可用收入流的，即用来维持生产性消费者而不是非生产性消费者。

根据他们关于一般所谓的"工资资金"的学说[3]，安排工人从事"在制品"的处理工作，或者更确切地说，向从事这种工作的工人支付的工资不能超过"流通资本"或现货资金。这笔资金由于是原先储蓄的，因此在制品以收入的形

---

[1] 如果营运资本每年增长3%，这可能不会超过年储蓄量的10%。见上文第277页。
[2] 亚当·斯密、李嘉图和穆勒等人分别赋予这一术语的确切含义可参看马歇尔的《经济学原理》(*Principles of Economics*)，第95页。
[3] 关于这一学说的历史评述，请参看马歇尔的《经济学原理》，附录十。

式出现至可供使用之前的这段时间，就可以用这笔工资资金来维持劳动力[1]。

穆勒曾说：工资主要取决于"为雇佣而工作的劳动阶级人数"与"由直接雇佣劳动者的流动资本组成的工资资金的总额"之间的比例。这一说法是错误的，主要是因为：用马歇尔的话来说[2]，"这一说法暗示了资本存量与工资流之间的相关性，而不是资本支持的劳动产品流与工资流之间的实际相关性"。但事实证明，不采取任何措施就推翻这一学说会妨碍思路的清晰。

因为如果"流通资本"不仅仅是指流动资本或"存货"，而是指流动存货加上在这一生产过程中所累积的可用收入流，那么工资资金理论体现了一个重要的真理，没有这个真理，就无法理解生产过程的性质及其与资本和储蓄的关系。可供生产要素消费的收入流构成了真正的工资资金；这笔资金在相对生产性消费和相对非生产性消费之间的分配决定了就业量和生产量。

第29章　投资率的变动之三——流动资本

在萧条期，如果营运资本的亏损被相应种类的流动资本的增加抵消，那么在经济繁荣期，流动资本的高额存储量就可以对营运资本进行补充。企业永远不会缺少对生产全力以赴的手段，而经济复苏的问题只是为企业提供对生产全力以赴的动力。但是，这方面的研究得出的结论，与我们在营运资本问题上得出的结论相反。我们会发现流动资本量的变动不是比人们预期的大，而是比预期的要小，我们也有充分理由相信，不能指望从这方面得到许多帮助来稳定固定资本投资量的变动。

流动商品存储量变动的实际量值问题是相当重要的，因为人们不会预先明显地看出：这些变动可能无法提供一个能够在不改变总投资率的情况下应付固定资本和营运资本投资率短期增减的抵消因素。事实上，霍特里先生关于信贷周期的

---

[1]这一学说除了将"营运资本"与"流动存储"混为一谈外，还有一个次要的错误，就是将可用来维持和酬劳所有生产要素的资金与专门用来支付工资的资金混为一谈。他们忽略了这样一个事实：尽管资金保持不变，但它在若干生产要素之间的分配比例是可以变动的。当然，最终导致穆勒放弃工资金说的正是对这一错误的批判，而不是对其更根本的错误的批判。

[2]《经济学原理》，第545页。

理论很大程度上就是基于这种假设。对这一观点作一个简短的评论也许能引导我们更好地理解本章的意义。

一、霍特里的流动存储论

在论证信贷周期是"一种纯粹的货币现象"方面，霍特里的观点比我更有见地。他写道："生产活动中所有变动的原因都受货币因素的制约。只有在货币条件暂时有利的情况下才能取得成果。"[1]我同意他的观点。但我认为，他没有充分区分金融刺激（由货币因素决定）和物质手段（由生产性消费的可用实际收入的供应量决定）。有时，他似乎完全忽视了后者，在他的文字中把可用收入的支出与完成的工作写成是同时进行的事情，因而根本不需要营运资本。例如："如果所有生产商的开工量都不足，那么所有生产商就都愿意接受额外的订单，而不会抬高价格。投入流通的额外货币，将用于购买由此生产出来的额外商品，并且在生产商和消费者之间的任何阶段，都没有普遍提高物价的理由。"[2]

但当被问及有关上述方面的困难时，他回答说，适当的货币政策一般能够从流动资本存储量中提取所需的实际资金。他认为，用借款购买部分待销存货的大宗商品交易商，对银行利率的变化非常敏感，他们很容易受到更高的银行利率的诱惑，从而减少存货量。相反，如果是更低的银行利率，就会增加存货量："交易商的待销存货量是有弹性和可变的。他很容易根据市场状况和信用情况增减其持有量。当市场变得有利，他将努力增加持有量；当信用变得更贵，他将试图减少持有量。"[3]这些存货提供了贸易复苏的原料："在生产过程中以货品形式增加的营运资本，在这个阶段不是通过物价上涨给予生产商的'意外之财'提供的，而是通过能够使消费者利用存储成品的货币供应提供的。只要这些存货足以承受压力而不使物价上涨，那么，任何人都不会因此而有所损失。以前闲置的货品投入消费，并作为一项营运资本被生产过程中的货品暂时替代。"[4]但是，霍特里先生随后补充道："必须指出的是，存储品的变动不一定总是与经济繁荣和

---

[1]《贸易与信用》，第169页。
[2]《贸易与信用》，第74页。
[3] 参看《贸易与信用》，第126页和第10页；《通货与信用》（Currency and Credit），第24—26页。
[4]《贸易与信用》，第156页。

经济萧条的更替相一致。交易者愿意在繁荣时持有比生产受限时更多的存货，而当这两种情况中任意一种持续了一段时间后，他们往往会通过以下方式调整自己的存货：在前一种情况下，他们会让售价高于代偿价值，在后一种情况下则让售价低于代偿价值。"[1]

事态的发展可能不会像霍特里所设想的那样：营运资本的变动会因流动资本的相反变动而加以抵消。现在从表面上还不能明显地看出这种倾向。然而，如果更深入地研究这个问题，我们会发现，无论在事实上还是在理论上，都有充分的理由支持相反的观点。有三个理由（其中最后一个是最根本的，也是最必然的原因）可以说明：尽管在萧条的早期阶段，流动资本的囤积量可能会有相当大的增加，但在萧条尚未达到最低谷之前，营运资本的减少远远超过了流动资本的增加，从而在萧条最低谷时，留存的流动存货仅够满足经济复苏最早期阶段的需求。

二、流动资本积累的障碍

（一）第一个论点基于这样一个事实：在经济萧条期间，生产下降的幅度远远大于消费下降的幅度，也就是说，经济萧条不仅导致生产减少，还会导致消费相应减少，而且还导致非生产性消费被生产性消费所取代。尤其在失业救济被维持在高水平的时候，情况更是如此。但事实并不能说明这种过度消费可以通过减少的固定资本投资额完全加以抵消。如果这些观点正确，那么营运资本的减少必然会超过流动资本的任何增加。

（二）第二个论点是对不同日期的商品存量进行直接调查所得出的结论。我曾经认为，通过对流动存货量的变动进行仔细研究，可能会发现信贷周期的某些线索。就这一问题而言，可用的统计数据并不令人十分满意。但是，通过对可用材料加以研究能看出：在任何时候，留存的流动资本的实际剩余存量是很小的，并不会对营运资本的补充产生任何决定性的影响。关于主要原料的存储量，请参阅我关于"主要商品存储量"的备忘录[2]和美国商务部收集并在其月刊《商业现

---

[1]《贸易与信用》，第160页。
[2] 伦敦和剑桥经济研究处关于"主要商品存储量"的专题备忘录分别发表于1923年4月、1924年6月、1925年7月、1926年2月、1927年3月和9月以及1929年8月。

况概览》(Survey of Current Business)中发表的材料。阅读这些数据时，读者须谨记：在我对流动资本的定义范围内，并非任何时候存在的所有原材料存储量都包含其中。其中有相当大一部分构成了营运资本的部分。对于那些运输过程中或两季收成之间的存储货品，或者对于那些需要平衡收成量变动或保障生产不致中断所需的存储货品等，都必须被视作营运资本而不是流动资本的一部分。真正不为上述各种目的所需要的流动货品的剩余量，即使是个别商品，最多也就等于少数几个月的消费量；至于多种商品的平均数，其最大剩余量当然会更小[1]。

此外，这些数字证实了这样一种预期：在由固定资本过度投资以外的其他原因引起经济萧条的情况下，存储量往往在经济刚开始萧条的时候达到最大限额，并在贸易状况明显开始好转的时候降至一个低点。例如：英国和美国的数据都显示，主要商品存储量在1921年达到最高点，在1922年和1923年期间稳步下降至令人头疼的低额数字。于是，1924年和1925年的经济复苏，便不能通过提取流动资本的剩余存储量来加速其进程。这证实了我们的预期，因为当经济萧条开始时，生产的下降并不会在生产机构完工时立即显现出来，而是立即显现在该机构的回供量上，流动存货量便因之而增加了。但是，后来生产的减少导致可用产品减少，而当期消费量的下降幅度不像生产量的下降幅度那么大，结果流动存货量不可能增加，反而恰恰相反。正是这种可用产品和流动资本的短缺，即使在最初导致经济萧条的因素早已停止产生影响的情况下，也会阻碍经济复苏的进程。在经济萧条期间我们吃老本的程度，以及在经济萧条的进程中流动资本和营运资本存储量的减少，会被主要根据固定资本的增长来衡量净投资的常规做法所掩盖。

（三）第三个论点（将在下文展开论述）认为，在经济萧条结束时，流动货品的存储量不足以为经济复苏提供实质性的帮助。这一论点是根据货品的巨额存储费用而得出的。霍特里先生十分重视存储费中利息开支的变动，但这也许是无足轻重的。

---

[1]据计算[《橡胶季刊》(Rubber Quarterly)，1928年11月]，美国棉花的全球存储量在过去一年里，平均约为两个月的供应量，包括工厂存货的话平均则为两个半月的供应量；食糖存储量为一个半月的供应量；茶叶存储量为三个半月的供应量；锡不到两个月的供应量；铜为三个月的供应量。只有超过这些正常存储量的部分才是真正多余的剩余量。

三、"贮存"费

在一段时间内贮存多余的存储品所需的费用，由以下各项组成：

（1）质量劣化或适应性劣化（由于需求恢复时无法预测所需的精确规格而导致的）的补贴费；

（2）仓库费及保险费；

（3）利息开支；

（4）为防止在贮存期间商品货币价值发生改变的风险以借款方式进行补偿的费用。

第一种因素严重妨碍了许多种商品的存储。易变质商品、时装用品（其中包括很大比例的服装用品），甚至许多钢铁和机器制造业的半成品，除非冒着损失惨重的风险，否则都不能被贮存，因此，在可能的情况下，最好完全停止进一步的生产，直到存储品被出清为止。然而，在某些主要原材料中，这一因素并不重要。

第二种因素总是有所花费的，对于某些存储品有时也很重要，比如石油和煤炭。在需求恢复之前，缺乏存储设施往往是贮存石油的一个限制因素；而对煤炭来说，这一困难更为重要，如果不把囤积的存货出清，很快就不可能在矿井中进一步进行采煤。

第三种因素不需要特别说明。

这三种因素是人们通常考虑到的因素。就适合存储的商品而言，它们的总花费每年很少低于6%，而每年10%的话，可以看作是一个正常数字。

如果我们假设由于对供求关系估计错误，而使囤积的多余存储品等于六个月的消费量，那就必须压低价格，使其降低到预期的正常水平以下，使其足以提供多余存储品预计被完全出清前的那段时间的贮存费。例如：如果使物价比预期的正常水平低17%，就可以充分削减新增生产量，使其在两年内将存储品出清，也就是，削减两年平均产量的25%[1]，假定按每年10%的费率计算，那么上述讨论的费用就刚好抵消。

但我们还没有讨论第四种因素。关于预期的正常价格以及存储品需要多长

---

[1] 由于在这两年中价格会逐渐上涨，新增生产量也会相应地逐渐恢复，因此，对新增生产的初步削减量必须大于25%。

时间才会被完全出清等问题,其性质都不是确定的而是猜测的。因此,必须有人承担其中存在的风险。在上面的例子中,必须使价格比预期的正常价格低17%以上,这样才能吸引投机商承担以下风险:贮存期可能比预期的长,而最终价格可能比预期的低。

利润率是促使人们长期以投机的方式大规模囤积商品的必要条件,但是要衡量究竟需要多少利润率是很困难的,不过我相信肯定很高。一种重要商品六个月的存储量,意味着一笔巨额款项,而这类投机活动的可用资本量是有限的。当存储品由于对供求关系的错误估计而被囤积起来,并且经济正处于萧条过程中时,局外投机商就会因沮丧和胆怯而踌躇不前,而专业的商品交易商则会艰难竭蹶。此外,经纪人佣金和其他交易费用也相当可观。因此,我认为,即使在最广大和最稳定的市场上,也不可能让投机商在经济萧条的情况下,每年以不到10%的预期利润率进行大规模的交易。对于某些商品来说,还需要更高的报酬率。[1]如果我们把这10%(最低限额)加到先前抵消其他费用的10%上去,那么有两年内无法出清的剩余存储品的存在,将会使价格低于预期正常价格的30%。[2]

我来举两个数值的案例:

(1)1920—1921年间,美国棉花的剩余存储量约为700万包,大约相当于七个月的供应量。如果当时的正常价格为每磅24美分,按此计算,除了在本年度必须贮存的正常存储品以外,剩余的存储品价值将为8.4亿美元。[3]实际上,价格降到了每磅16美分左右,经过三年剩余存储品才被出清,在第三年末价格上涨到了28美分左右。因此,一种基本商品价格的这种巨大变动,意味着保存存储品三年的所有贮存费(包括风险补偿费)每年不超过20%。鉴于在1920年秋,很有把握地预测三年后生产足量棉花的正常货币价格是很难的,因此这种变动的幅度便可以得到合理的解释了。从另一个角度来看,这三年的棉花平均产量比正常需求低20%左右。如果棉花的价格从未跌至20美分以下,那么棉花产量可能更大,而剩余存储品也许要经过四年才会被出清。在这种情况下,20美分和24美分之间的

---

[1]米尔斯在《物价的性状》中收集的证据说明了许多个别商品价格通常会受到变动强度的影响,并说明短期投机商索取相应报酬的风险是相当大的。

[2](1+0.4)×(1−0.3)≈1

[3]1920年刚刚收获棉花时其棉花总存量约为1700万包,若按每磅24美分计算,其价值达20亿美元,要找到愿意承担价格变动风险的人。而这可是一笔巨款。

差额仅够支付利息。因此,棉价必须下跌到足够低的水平才能充分削减生产量,以便出清剩余存储品的时间不至于太长,而不是单纯地浪费宝贵的光阴使投机商预期毛利消耗太多。对于七个月的多余存储量,把棉价压低到正常价格的三分之二、把产量压低到正常产量的五分之四并不过分,也完全符合当代商业游戏规则。可以看出,供应条件越没有弹性,产生高额租金的生产所占的比例就越大,而多余存储品所造成的价格下跌幅度也会越大。

□ 新奥尔良棉花交易公司

美国、中国、印度是世界上最重要的棉花出口国。棉花原产地在印度和阿拉伯地区,大约在宋朝才广泛传入中国内地。工业革命后,美国也大面积种植棉花,南方的种植园使用奴隶,而北方使用机器,据说这也是南北战争的一个起因。

(2)1920年底,铜的多余存储量达到70万吨左右,相当于八个多月的消费量。[1]据估计,当时的正常价格大约为每磅14.5美分,而在1921年实际价格下跌到每磅11.7美分。但是,如果不采取一致的行动,价格就会跌到更低的水平。铜的生产是在采掘量变化很大的条件下进行的。如果平均价格下跌至12美分,可能会导致当时的产量减少25%左右,而如果价格跌至10美分,产量就会再减少25%。从这些假设(计算细节不作赘述)可以得出这样的结论:考虑到不同价格水平的产量不同(如果生产没有限制),以及由此产生的存储品被出清所需要的时长,1921年的价格必须至少降至10美分才能达到平衡状态。事实上,美国的生产商采取了一致的行动。1921年4月,美国的大部分矿山都关闭了,直到1922年才逐渐复工。这样一来,世界产量便减少到正常产量的50%以下,大部分存储品在1921年和1922年被出清,到1922年年底,铜价又回升至正常数字[2]。从1921年初的最低价格11.7美分,上涨到1922年后半年的最高价格14.7美分,考虑到投机商在动荡时期所冒的风险,这一价格的变化过

〔1〕一年前的存储量更高。但是,由于政府当时尚未释放战时存货,这些存货的分量在市场上并不为人所知,也没有产生任何影响。

〔2〕我忽略了随后1923年春季价格上涨超过正常水平的情况,以及由此导致的中等程度的生产过剩现象。

程对他们来说算不上什么不同寻常的净利润。

四、表示价格变动与"贮存"费用关系的方程式

事实上，目前存在的短期组织机制，必然导致多余的存储品对价格和新增生产量产生比例失衡的影响：这些存储品给市场带来了巨大的压力，让市场尽快将其出清。如果x是按正常价格的比例计算出来的每年贮存存储品的总费用，y是多余存储量对全年消费量的比例，p是与价格成比例的低于正常价格以下的最大下跌量，q是因与价格成比例的下跌量而引起新增生产量低于正常产量以下（即低于假定生产量和消费量以正常价格相平衡时的数字）的最大下跌量，那么在某些简化的假设下，价格最初的下跌量p便可由以下方程式求出：

$$pq = xy$$

由此可以很容易看出，这个方程式在最简单形式下的有效性（更一般的假设会让这一方程式变得复杂，但并不会改变其本质）需要以下几方面的假设：（1）价格应该从最初的最低价格稳步回升到正常价格；（2）由于一定量价格下跌到正常价格以下而引起的消费增量等于由同一原因而引起的生产减量（由此可以很容易地推出，生产率低于正常生产率的最大降幅，等于存储品的平均出清率）。[1] 短期物价理论对人们来说如此无足轻重——据我所知，这个简单的方程式还不为人所熟悉——即便它有助于解释主要商品相对价格的变动强度。[2]

这个方程式还说明了：在某些情况下，通过一致的行动，安排存储品贮存方面的价格维持方案是必然的，也是合理的，同时还能保护这种方案的组织团体免受损失。在生产缺乏弹性，或某一特定产品在国家实业中所占的比例极大，以至于找不到其他替代行业的情况下，如果因估计错误而产生大量多余存储品，并且允许事情按照放任自流的原则发展的话，就可能产生毁灭性的后果。战后负责贮存澳大利亚和南非羊毛的B.A.W.R.A.组织，对羊毛生产商的好处不可估量，其实对

---

[1] 因为，如果a衡量的是出清多余存储品并使价格恢复正常所花的时间，那么投机商在这段时间开始时买进货品，在这段时间结束时卖出货品，就必须有足够的利润来支付他的贮存开支，即 $a \cdot x = p$。此外，由于从一开始存储品就以2q的速度减少（削减产量而产生的q，增加消费量而产生的q），价格稳步上升，所以存储量的平均削减率是q，即 $a \cdot q = y$，由此得出上述结论。

[2] 米尔斯先生所著的《物价的性状》一书中包含了大量的数据，用于研究在上文已从理论方面论述过的现象事实。

整个世界都是如此，因为它阻止了羊毛工业的崩溃，而这种崩溃紧接着可能会导致羊毛紧缺。战后的麻烦和1920年至1921年的经济萧条，导致了巴西政府对咖啡采取物价稳定措施，马来联邦政府也对锡采取了物价稳定措施，这两种情况都完全基于同样的理由。同样，美国对铜的限制与海峡殖民地和锡兰对橡胶的限制，虽然路线不同，但却是以不同的方式来解决同样的问题（这些措施旨在大力限制产量，以便在合理的期限内出清存储品）。在有大量存储品的情况下，必须以某种方式限制新增产量：要么通过大幅压低价格进行强行限制，要么通过有组织的自愿限制来实现同样的结果，而不至于使价格下跌太多。在这种情况下，有组织的限制政策对生产商无疑是有利的。只有当目标价格水平高于正常生产成本，或者加入限制计划的生产商在总生产能力中所占比例不足时，这种政策才会变得危险（对橡胶的限制就是这种情况）。[1]

五、"期货市场"理论

我将从"期货市场"的角度重申这个论点。在有组织的主要原材料市场，任何时候都存在两种挂牌价：一种是即时交货的挂牌价，另一种是在未来某个日期（比如六个月后）交货的挂牌价。[2] 假设生产期限为六个月，生产商在考虑是否扩大或者缩小经营范围时，后一种挂牌价是关系生产商利益的价格，因为这个价格是他在交货日期立即将货物按期货方式出售的价格。如果这个价格显示了生产成本之外的利润，那么他可以快马加鞭，按期货出售他的产品而不承担任何风险。但是，如果这个价格无法抵消他的成本（即使考虑到他暂时搁置工厂所造成的损失），那么这个价格根本无法支付他的生产成本。

假如没有多余的流动存货，现货价格可能会超过期货价格（用市场的话来说就叫"现货溢价"）。如果供应不足，在六个月内可以得到补充，但不能立即得到补充，那么可以抬高现货价格使其高于期货价格，但其抬高的程度要受限于买方不愿意支付更高的现货价格，而宁愿推迟其购买日期这一情况。买方由于先前错误估计了供应状况而签订了期货合同，他可能迫于无奈会支付一大笔溢价金额。

---

[1] 另一方面，橡胶提供了严格限制的初步理由，因为一旦栽种树木并开始开花结果，商品就会在高度非弹性供应的条件下生产出来。

[2] "期货"价格是指未来交货和付款的价格，而不是现金支付的价格。

我们可以很容易地引用这样的例子：三个月的现货溢价已经上升到了每年30%的水平。

但是，没有必要为了创造现货溢价而制造异常的供应短缺。如果供求平衡，现货价格必须比期货价格高出生产商为"对冲"（也就是在生产期间避免价格变动的风险）而准备牺牲的数额。于是，在正常情况下，现货价格就超过了期货价格，也就是现货溢价。换句话说，正常的现货供应价格包括生产期间价格变动风险的报酬，而期货价格不包括这部分。有组织的市场统计数据显示，对于季节性作物而言，每年10%的现货溢价只是一个适度的估计，因为季节性作物的生产周期接近一年，并且会受到各种天气的影响。在组织较为松散的市场中，费用要高得多，对于大多数生产商来说，可以说高得令人望而却步，他们宁愿自己承担价格风险，也不愿支付如此高的费用。可以看出，在目前个别商品价格变动非常大的情况下，除了利息开支和仓储费以外，价格变动的保险费用也非常高。

□ 芝加哥期货交易所

芝加哥期货交易所是世界上最大的农产品交易所，成立于1848年。19世纪初，芝加哥是美国最大的谷物集散地，82位谷物交易商发起组建了芝加哥期货交易所，该交易所成立后，对交易规则不断加以完善，于1865年用标准的期货合约取代了远期合同，并实行了保证金制度。

对本章的论点来说，什么才是重要的呢？那就是多余的流动存货存在的条件。在这种情况下，不可能产生现货溢价，因为如果产生，那就总是出售存储现货并将其按期货买回，而不负担这些货物在贮存期间产生的仓储费和利息开支。事实上，剩余存储品的存在，必然导致期货价格高于现货价格，按市场的话来说，必然会产生"期货溢价"；这种期货溢价必须等于仓储、货品贬值和贮存存储品的利息开支等费用。但期货溢价的存在，并不意味着生产商可以在不支付价格变动的一般保险费用的情况下对冲风险。相反，存储品的存在所带来的额外不确定因素，及其所需要的额外承担风险的能力，意味着该生产商必须支付比平时更多的费用。换句话说，期货挂牌价虽然高于目前的现货价格，但必须比预期的未来现货价格至少低出正常现货溢价的数额；而目前的现货价格，由于低于期货挂牌价，必然会比预期的未来现货价格低得多。如果预计这些存储品将在一年内被出清，目前的现货价格必须比预期的未来现货价格低20%左右；但是，如果这些存储品看上去能持续两年，那么，目前的现货价格必须下跌40%左右。

六、结论

　　这使我们又回到了之前的论点。由于各种高额贮存费用的存在，我们目前的经济措施，没有为管理剩余的流动资本作出一般规定。如果这些存储品是由于先前的错误估计而得以存在，那么商品的价格就会继续下跌，直到消费量增加或生产量下降到足以出清这些存储品为止。在任何情况下，剩余的存储品都不能与正常生产量同时存在。一般来说，在存储品被出清之前，经济是不可能开始复苏的，因此，存储品的存在并不能有力地促进经济复苏的进程。

　　这一节的结论可以总结为：流动商品的存货并不受现行经济体制的欢迎。一旦出现这种存货，就会立即产生强大的力量来将其清除。努力清除剩余存储品会使经济萧条加剧，而成功地清除剩余存储品又会阻碍经济复苏。

　　顺便说明一下：银行利率1%至2%的变动，在总贮存费用中只占很小的一部分，因此，认为高银行利率的费用对存储品交易商的思想有很大的影响是不合理的。至于银行利率的高低被交易商视为价格即将上涨或下跌的征兆，那就是另一回事了。但这种因素往往会以错误的方式产生影响：在贸易复苏时诱导交易商增加存储量，在贸易不景气时减少存储量。

　　因此，流动资本理论在经济迅速萧条时提供给我们的信息，与营运资本理论在经济逐渐繁荣时提供给我们的信息相对应。正如生产量因重新建立营运资本需要花费时间只能逐步提高一样，当流动资本过剩时，由于必须在短时间内吸收流动资本，生产量必须骤然下落。

　　于是，一个重要的不稳定因素被引入到我们的经济生活中。工业对随时返还给生产过程的可用产品的任何过剩或不足都极为敏感，即使这些过剩或不足是微不足道的。如果可用产品存在不足，那么以现有的实际工资水平，实现充分就业是不可能的；如果可用产品存在过剩，尽管出于完全不同的原因，以现有的实际工资水平，同样是不可能实现充分就业的。在可用产品不足的情况下就会缺乏充分就业的手段；在可用产品过剩的情况下就会缺乏激励手段。

　　上述因素对我们信贷周期理论的影响是显而易见的。当储蓄率超过投资率时，商品的进货速度要快于以与其生产成本相对应的价格购买商品的速度。在这种情况下，价格非常缓和地下跌可能以通过增加对流动资本的投资来恢复平衡，这将使多余的商品从市场上消失，同时使储蓄和投资重回正轨。但上述论点证明，价格下跌必须是实质性的，并且必须持续下去直到随之而来的产量下降。然而，由于生产周期的长短，投入率开始下降将使事态加剧，因为这会导致就业率和报酬率在产量下降之前下跌。因此，除非经济萧条的影响会导致储蓄比收入下降得更快（这是不可靠的缓解措施），否则营运资本的存储量将会减少，储蓄与投资之间的差距将会进一步拉大。于是，一旦经济开始萧条，我们便对其强度和速度都作出了充分的理论解释。

第30章　历史上的例证

要更好地说明本书的论点，就需要根据这些论点从物价史上简要地研究某些著名的事例，而不是把这些论点应用到假设的事件中。

人们通常认为，世界积累的财富是由个人自愿节制、不享受即刻的消费（也就是我们所谓的节约）所带来的痛苦累积起来的。但显而易见的是，就节制本身而言，它还不足以建造城市或排干沼泽。个人的节制不一定会增加积累的财富；相反，它可能会增加其他人的现时消费。因此，一个人的节约可以使资本财富增加，也可以使消费者的货币获得更大的价值。到底是哪种情况，在我们考察另一个经济因素之前很难有所定论。

这一经济因素就是企业。正是企业创造并增加了世界财富。正如节约的成果可以为消费者提供资本积累，也可以为消费者提供货币收入增值，同样地，企业的开支可以来自节约，也可以来自普通消费者在消费方面的牺牲。更糟糕的是，节约不仅可以在没有企业的情况下存在，而且，一旦节约的影响超过了企业生产的影响，它就会对企业的复苏产生积极的抑制作用，从而对利润产生不利影响，形成恶性循环。如果企业在发展，无论节约的情况如何，财富都会积累起来；如果企业处于中断状态，无论怎样进行节约，财富都会缩减。

因此，节约可以既是企业的女仆，又是企业的保姆。但也可能不是，甚至通常情况下就不是。因为企业与节约并不是直接联系在一起的，而是有一步之遥的，它们彼此之间往往不存在连接的成分，因为推动企业的引擎不是节约，而是利润。

企业要活跃起来，必须满足下面两个条件：其一，必须有望盈利；其二，企业家必须有可以支配的足够的资金来实施其计划。他们的期望在一定程度上取决于非货币因素：和平与战争、发明、法律、种族、教育、人口，等等。但本书上卷的论点已经表明，企业家按他们认为有吸引力的条件实施计划的能力，几乎完全取决于银行和货币体系的行为表现。

因此，世界财富积累的速度远比节约习惯多变。事实上，在为现代世界奠定基础的16和17世纪，一般人的储蓄倾向并不一定比中世纪的人高；在19世纪铁路运输业繁荣时期，构建上层建筑的时候，一般人的储蓄倾向也不一定比19世纪90年代的"死寂"时期高。

如果一个社会的储蓄对收入的比例高达15%，那么对当期收入来说就是高比例"储蓄"。相反，如果是5%，则是低比例储蓄。我认为这是一个合理的结论。假设现代社会的平均储蓄率为10%，如果商品发生通货膨胀，从当期收入的实际价值中扣除5%，那么资本财富的当期增量，就会四倍于商品发生通货紧缩使当期收入的实际价值增加5%的情况。此外，如果在利润刺激下的就业率比在亏损阻碍下的就业率大10%，那么收入总额在前一种情况下与在后一种情况下相等：增加的这笔财富完全来自活动的增加，而不是来自消费的减少；更不用说的是，在接下来的几年里，这一增加的资本会导致实际收入有所增进。世界七大奇迹是依靠节约建造起来的吗？我对此持怀疑态度。

根据这些观点，将经济史自远古初期进行重写，对下列事件进行忖度将是一项令人着迷的任务：对索马里文明和埃及文明产生刺激的是否是阿拉伯的黄金和非洲的铜[1]，这些黄金和铜是铸币用的金属，它们在地中海和波斯湾之间甚至在更远的地方，在分配过程中留下了利润的痕迹；雅典的伟大在多大程度上取决于劳里恩的银矿——不是因为铸币金属比其他东西更象征着真正的财富，而是因为它们

---

[1] 在古代，铜不值钱而且极为丰富，鉴于冶炼的成本和困难，必定只能从纯度非常高的矿石中获得。也许埃及支配了一条异常丰富的铜矿层〔现在正在被刚果和北罗得西亚（现名为赞比亚）发掘〕，并在此基础上建造了强大的底比斯城。

中国的总储蓄及国民总储蓄率

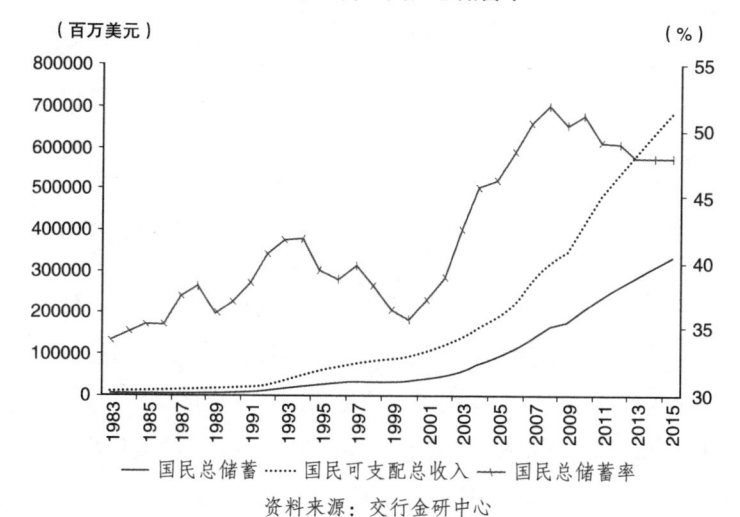

（百万美元）　　　　　　　　　　　　　　　　（%）

横轴：1983—2015

图例：—— 国民总储蓄　……国民可支配总收入　—— 国民总储蓄率

资料来源：交行金研中心

□ 国民储蓄率

中国人喜欢存钱是举世皆知的，因此，中国的国民总储蓄率大大高于其他国家的平均值。改革开放以来，中国居民储蓄率高达42%，是世界上储蓄率最高的国家之一。有学者指出，社会保障不足是居民喜爱储蓄的原因，但高储蓄率带来的高投资，也对经济的发展有促进作用。

通过对物价产生影响刺激了利润；亚历山大将波斯的银行黄金储备（这是前几个世纪里归入历代帝国国库的财富积累）分散到各地，这能在多大的程度上解释地中海盆地经济发展爆发这一现象（迦太基人曾试图获取其成果，但最终由罗马成功获得）[1]；罗马的衰落与有史以来最持久和最严重的通货紧缩同时出现，这是否是一个巧合[2]；欧洲铸币金属供应不足，是否比僧侣主义或哥特式狂暴行为[3]更加肯定、更加不可避免地引致中世纪的长期停滞；光荣革命在多大程度上归功于菲普斯（W. Phipps）先生[4]。

---

[1] 在罗马从汉尼拔手中夺走摩勒纳山脉之后，从西班牙矿山掌握的大量金银条供应当然也是罗马经济体系中的一个重要组成部分。据波利比乌斯所报，在他那个时代，被雇用的矿工达4万名之多。

[2] 古代欧洲世界的贵金属供应在奥古斯都时期达到了最高水平。据估计［参看雅各布（William Jacob）的《贵金属的生产和消费》（The Production and Consumption of the Precious Metals）］，到公元800年，贵金属的存储量已经下降到了原来的十一分之一。我不知道这一估计是否可靠。据我所知，最受认可的现代历史学家，例如罗斯托夫采夫（M. I. Rostovtzeff）［参看《罗马帝国的社会和经济史》（The Social and Economic History of the Roman Empire）］、坦尼·弗兰克（Tenney Frank）［参看《罗马经济史》（An Economic History of Rome）（第二版），第504页］、道普希（Aifons Dopsch）［参看《自然经济与货币经济》（Naturalwirtsehafi und Geldwirtschaft），第88页］等都不认为贵金属的缺乏在罗马的衰落中起到了任何实质性的作用。但是这个问题值得重新考查。

[3] 摩尔人重新开发了西班牙的矿山，并在此基础上建立了他们著名的文明。从那时起，在萨克森、哈兹和奥地利的矿山的帮助下，原来的现状可能得以维持下去。

[4] 菲普斯先生（后来的菲普斯爵士）曾带领一支远征队前往打捞一艘被认为大约在50年前在西班牙海岸沉没的运载财宝的西班牙海船，在这个不可能成功的事件中，这次远征创造了非凡的纪录。他从海上捞起了大约价值25万英镑至30万英镑的财宝之后于1688年回到伦敦，并向股东支付了10000%的股息［就连德雷克（Francis Drake）也只发放了4700%的股息而已］。这一事件所引起的兴奋和刺激是证券交易所极度繁荣的近因，这一繁（接下页注释）

我没有足够的知识和时间，来让读者品味财富兴衰的漫长历史；在大多数情况下，也没有足够的统计资料可以让我的揣测性分析接受彻底检验。但是，如果我们来到现代，就可以选择一些事例来说明这些理论，并通过详细的统计数据来加以检验。

一、西班牙的财宝

我选择的第一个事例是：16和17世纪由于美洲的贵金属流入所导致的物价上涨。有关这个事例，我掌握的资料很有限。虽然我对这一时期的拙见相当肤浅，但却具有启发意义，因此我禁不住把它们提出来，请专家们给予指正。

据汉密尔顿（Earl J. Hamilton）教授[1]所说，在1503年，少量黄金开始从西印度群岛流入西班牙；1519年，在墨西哥掠夺阿兹特克人获得的第一批战利品被运到西班牙；而皮萨罗（F. Pizarro）从秘鲁抢掠印加人获得的战利品要追溯到1534年。但这些分散的古老宝藏，其数量与两千年前亚历山大的劫掠品相比可以说是微不足道的，而比起波多西和其他地方的新矿产产量更是沧海一粟，这种新矿产是以改良的方法开采的，并于1545年至1560年开始出产。1630年以后，黄金和白银的新供应量相对需求而言大大减少。因此，大概在1550年至1600年这段时期，物价发生了翻天覆地的变化，到1630年，货币史上的这一特殊阶段就结束了。

在秘鲁时期以前的供应量，虽然不足以扰乱整个欧洲的物价水平，但足以在

（接上页注释）荣在1692年至1695年达到顶峰，并以英格兰银行的成立、现代证券交易所牌价的公布（包括137份证券），以及洛克和牛顿的货币改革而告终。这对国内投资的刺激抵消了威廉三世（William Ⅲ）对法国发动战争而造成的外贸损失，并创造了一种乐观和繁荣的气氛，这对新政权的稳定必然具有无可估量的价值。这一投资热潮具有特别的历史意义，因为它一马当先成为了后来各个时期非常典型的公共事业繁荣（例如19世纪的铁路繁荣）的"开门红"，其特点是发行了大量的水利工程债券。[对于这一事件以及本节提到的其他许多事件的细节，可参看斯考特（W. R. Scott）的《1720年之前的股份公司》（Joint-Stock Companies to 1720）各处。]

[1] 汉密尔顿教授最近在各种学术期刊上发表了关于他对西班牙财富史的研究，其序言为下文内容提供了不少帮助。他在《经济学期刊》（1929年11月）发表的文章［《美洲的财宝与资本主义的兴起（1500—1700）》（American Treasure and the Rise of Capitalism, 1500—1700）］中，对这些研究做了最好的总结。但也可以参阅他的以下论文：［《美洲宝藏和安达卢西亚的物价（1503—1660）》（American Treasure and Andalusian Prices, 1503—1660）］（《经济史和商业史杂志》（Journal of Economic and Business History），1928年11月）；［《美洲金银向西班牙的输入（1503—1660）》（Imports of American Gold and Silver into Spain, 1503—1660）］（《经济学期刊》，1929年5月）；以及［《西班牙财宝船上的工资和生计（1503—1660）》（Wages and Subsistence on Spanish Treasure Ships, 1503—1660）］［《政治经济学报》（Journal of Political Economy），1929年8月］。这些调查具有重要的历史意义。下文引用他的材料不再特别注明。

最初接受该供应量的地方使物价呈必然上涨的趋势；在那一世纪的头20年，物价稍有涨跌，总体上出现温和的上涨趋势，在此之后，物价的主要变动早在1519年便始于西班牙。正是在那一年，安达卢西亚的物价开始猛烈上涨，在接下来的80年里[1]，这种上涨一直持续着，没有真正中断过，在临近该世纪末叶（大约在1596年）时达到顶峰，当时的物价是该世纪初的五倍[2]。在接下来的70年里，出现了一系列剧烈的周期性变动，在主要的繁荣时期，物价水平恢复到1596年的五倍，但实质上从未超过这一数字，平均值也远低于此数。

□ 西班牙无敌舰队

无敌舰队是西班牙16世纪晚期著名的海上舰队，舰队有150艘以上的大战舰，3000余门大炮。这支舰队横行于地中海和大西洋，在世界各地掠夺金银财宝运回西班牙。正是因为黄金的大量涌入，造成了西班牙国内物价大涨。

这是西班牙的情况。几年后，法国也跟着出现了这种变动，并在同一年达到顶峰，但其比率只有西班牙的一半，在该世纪末，物价水平是世纪初的2.5倍。在英国，这一事态出现得还要晚些，轰动一时的物价上涨直到1550年，甚至可能1560年以后才真正开始[3]，到1650年才达到顶峰，当时的物价是15世纪末的三

---

[1] 汉密尔顿教授的"口粮货币津贴统计表"是由塞维尔贸易局的会计师根据当时的实际物价计算得出的数字，该表提供了一个令人非常满意的总结：（见右表）

1505—1525	10至12
1530	15
1532—1537	17
1539—1544	20至25
1552—1563	25至30
1565—1580	26至34
1581—1623	51

[2] 与欧洲其他国家相比，西班牙的物价上涨得非常高，部分原因可能是西班牙政府竭力阻止金银出口，对于这种政策不可避免的后果，他们无疑是盲目的。

[3] 在德雷克和其他人的功绩（见下文）之前，新的财宝只能零星地通过安特卫普货币市场流入英国来影响英国的物价。

倍多。如果证据可靠的话，英国躲过了17世纪前20年重创法国和西班牙的物价惨跌[1]。我们的经济能力刚好负担得起莎士比亚初露锋芒时的开销[2]。

这是物价发展过程的大致轮廓。但本书的重点是：国家的财富不是在收入膨胀的时候，而是在利润膨胀的时候（也就是在物价超越成本的时候）积累起来的。因此，我们必须转向工资的发展过程，将其作为成本变动的唯一可用指标，但在这方面，我们的统计资料必然比物价方面的可用统计资料逊色。在我看来，汉密尔顿教授自己编制的西班牙工资指数是可靠的。但他从威伯（Georg Wiebe）的《论16、17世纪物价巨变的过程》（*Zur Gesxhichte der Preisrevolution des xvi. und xvii. jfahrhundert*）一书中引用的数据显然是夸大其辞，其中英国的数据主要来源于索罗尔德·罗杰斯（Thorold Rogers），而法国的数据则主要来源于达佛奈（Georges d' Avenel）。

西班牙的利润膨胀看起来开始于1519年（阿兹特克的战利品运到的那一年），并且早早地在1588年（西班牙无敌舰队远征的那一年）就结束了[3]。在这70年时间里，物价和工资都在急剧上涨，但物价总能轻松地超过工资，特别是在头40年。在1520年至1560年期间，西班牙具备了迅速积累财富的条件。但是1588年以后，除了两三年的繁荣期外，在西班牙几乎无利可图；到了17世纪的前30年，西班牙的工资（根据汉密尔顿教授的数据）不仅高于物价，从而导致了利润紧缩，而且相比欧洲其他国家的工资而言，甚至达到了惊人的高水平。西班牙的货币工资同法国、英国的货币工资之间的关系，在西班牙政治黑暗时代与现在同英国、法国的

---

[1] 根据斯科特（见前引书，第一卷，第465页）所说，1603年至1620年是贸易景气的年份，直到1620年至1621年以后市场才开始转向萧条。

[2] 莎士比亚像牛顿和达尔文一样，死时很富有。据传说，在他的晚年，"他每年的开销达一千英镑"，这在17世纪初算是相当奢侈的生活了。波普（Alexander Pope）是这样赞美莎士比亚的：

For gain not glory winged his roving flight,

And grew immortal in his own despite,

大致的意思是：他之所以展翅飞翔不是为了辉煌的荣耀，而是为了有利可图。尽管如此，他还是流芳百世。不管波普的这种说法是否得当，莎士比亚的事业生涯确实恰逢充满机遇的盛世，英国任何冷静明智的人只要想赚钱都会这么做。1575年至1620年是利润丰厚的黄金时代，出现了美国近代以前有史以来最大的"牛市"动态之一（由于收成情况、瘟疫、商业危机和战争事件等的影响，当然也有一些经济不景气的年份：1587年、1596年以及1603年）。莎士比亚在1575年是11岁，逝于1616年。以下论点可供喜欢轻率下结论的人研究：到目前为止，世界上最伟大的作家和艺术家中的大部分都是在轻松愉快、欢欣鼓舞和没有统治阶级所导致的经济忧虑的氛围中蓬勃发展的，而这种氛围则是由利润膨胀引起的。

[3] 参看汉密尔顿教授的《安达卢西亚的物价与工资统计图》（*Chart of Prices and Wages in Andalusia*），原载于《经济学期刊》，1929年11月，第354页。

货币工资之间的关系，基本相同[1]。

　　法国和英国的工资发展过程与西班牙的大相径庭。在西班牙，新的购买力显然是直接由贵族和统治阶级掌握的，并很快被他们用来抬高劳务费，在16世纪中叶，从美洲新运来的财富充分体现在工资水平的提高（即收入膨胀）上，而不再体现在资本积累（即利润膨胀）上。但在欧洲其他地区，新的购买力是通过不同的渠道来实现的，也就是私营商业的渠道[2]。那些受新财富影响最小的国家的商人，能够向受影响更大的国家出售商品，以获取巨大的利润；尤其是那些与近东和亚洲建立了贸易关系的国家，更加能够在非常有利的条件下出口由此获得的财宝。在17世纪，是英国和法国的资本家，而不是西班牙的资本家，使自己国家的财富巨额上涨。

　　诚然，德雷克在金鹿号上带回的战利品可以被认为是英国对外投资的源泉。伊丽莎白一世（Elizabeth I）凭借其中的收入还清了全部外债，并将一部分余额（约42000英镑）投资于近东公司；而近东公司的大部分利润被用来建立东印度公司，其利润在17世纪和18世纪又构成了英国对外关系的主要基础，如此云云。有鉴于此，下面的计算可能会让好奇的人感到有趣。目前，我们的对外投资在计入亏损后（按整数计算），可能净收入约6.5%，其中约一半用于国外再投资，也就是3.25%左右。如果平均来看，这可以作为说明1580年以来发展情况的非常好的范例，那么，伊丽莎白在1580年从德雷克的战利品中提取出来进行投资的42000英镑，到1930年就已经累积到接近我们目前对外投资的实际总额，也就是42亿英

---

[1] 1540年到1600年间西班牙工资的极端上涨，与欧洲其他地区的情况完全不一致，人口因流入军队和美洲而减少（在较小的程度上是由于大量的独身主义者和摩里斯科人被驱逐而减少），以及农民进城加入海外冒险家的队伍或为个人劳务赚取高薪，这两件事无疑加剧了这一趋势。所有这一切，以及随之而来的维持耕地的困难，长期以来一直是历史学家的老生常谈。但我知道在汉密尔顿教授的研究之前是没有统计数据的；历史学家一如既往地把这些事情归因于道德和政治原因，如懒惰、迷信和奢侈等等，他们在很大程度上忽视了货币的影响。正如现在把英国的麻烦归因于工人的懒惰，工会的蒙昧主义和雇主的无能等，这些因素如果能被证明是现代所特有的，就更值得作为解释理由了。

[2] 包括掳获商船！因为，就英国而言，进口金银条的很大一部分是由于德雷克捕获了西班牙的财宝船，以及其他人的许多类似行为而得到的。这些远征队是由辛迪加联合组织和公司资助的，象征着商业投机，其成功和成果对各种企业产生了刺激影响。英国的繁荣时期无疑始于1573年德雷克第一次重要远征（他的第三次航海）归来的时候，1580年他第二次远征的丰厚收获证实了这一点，而1586年的第三次远征也不容忽视。在金鹿号上被带回的金银财宝的价值当时是秘而不宣的，历史学家所做出的估计各不相同，从30万英镑到150万英镑不等。斯科特教授特别倾向于较高的数额，并提供证据说明这笔财宝的价值至少超过60万英镑。这些货币的大量流入在建立1575年到1587年的"十一年的大繁荣"中起到了主导作用。对于这些经济因素塑造了伊丽莎白时代并成就了它的伟大，我们的历史学家连只言片语都没有提及，比如《剑桥近代史》（Cambridge Modern History）。

镑，或者说大约是最初投资的10万倍。我们确实可以在大约120年后检验这个假定的累积率的准确性。因为在17世纪末，三个大型的贸易公司东印度公司、皇家非洲公司和哈德逊湾公司，构成了英国对外投资的主要部分，共有资本约215万英镑。如果我们当时的对外投资总额为250万英镑，那么这就是42000英镑按3.25%的增长率在120年后的量值[1]。

回顾英国在16世纪的最后25年的情况，读者须谨记，重要的并不是输入英国的金银条的绝对价值（可能自始至终都不超过300万英镑），而是其对利润和企业产生的间接影响，英国的财富在营建和改善方面的增量可能是上述数字的若干倍。另一方面的情况也不容忽视，即农业人口所遭受的困难，在伊丽莎白的晚年，由于物价超过工资，这变成了一个严重的问题；正是由于这种生活水平的下降和经济活动的增加（被周期性危机和失业所冲淡），才产生了一部分资本积累。

法国和英国的工资，并没有像西班牙那样出现能与物价相比的上涨趋势，这是本质上的问题。的确，如果可以接受威伯引用的统计数据的表面值，那么法国和英国利润膨胀的猛烈程度是相当大、持续时间也是非常久的，以至于1600年的实际工资只有1500年的一半。汉密尔顿教授是接受这些数据的，但如果这些数据意味着普通工人的生活水平在一个空前进步的世纪中下降到了一百年前的一半，那就不可靠了[2]。从这些数据中我们只能相信，伊丽莎白时代和雅各宾时代的经济进步和资本积累，大部分成果都归入了暴发户手中而不是归给工薪阶层。这足以说明我们的论点。简而言之，我们可以认为，西班牙的利润膨胀从1520年持续到了1590年，英国的从1550年持续到了1650年[3]，法国的从1530年持续到了1700年（其间，1600年到1625年出现了严重的经济萧条）。1680年至1700年这段时期，英国的实际工资迅速增长，而法国却没有类似的证据。在近代世界史，对商人、投机商以及投机倒把的人来说，从来没有出现过持续时间如此长久的致富契机。近代资本主义就诞生在这些黄金时代里。顺便提一下，还有另外一种结论，

---

[1] 以上的计算都不是精确的，只是大概的量值而已。

[2] 另一方面，须要谨记的一点是：在16世纪初，英国的实际工资高得不正常，远远高于维持生计所需的水平，因此便有很大的下降余地。克拉潘（John Clapham）教授告诉我，仅以小麦工资比率为基础，这些数字表明，就其价值而言，英国实际工资的大致变动趋势可以用以下比例来表示：1340，1；1450—1510，2+；1540—1570，2；下降到1570—1600，1；1600—1650，1+；1650—1700，1。

[3] 我们应该记住，亚当·斯密在《国富论》中指出，1570年是英国物价首次受到影响的年份，1636年是物价全面受到影响的年份。

即经济学家的"短期"长度。"短期"看起来并不会被认为比一个人的寿命长。"短期"的持续时间足以见证（抑或谋划）一个国家的兴衰历程[1]。

汉密尔顿教授曾修正过威伯教授编制的英国和法国的物价及工资数据。如果我们对这些修正过的数据再次加以修正，达到这样一种程度：我们假定所谓的货币工资（可能甚至不能完全说明工人的实际经济报酬）只代表生产成本的一半，而另一半的变动则与物价的变动平行，那么我们可以得出英国和法国的物价对成本的比率，如下两表所示：

英国（假定物价和成本在1500年至1550年平均来说处于平衡状态）

年度	物价/成本	年度	物价/成本
1500—1550	100	1620—1630	141
1550—1560	116	1630—1640	134
1560—1570	112	1640—1650	133
1570—1580	116	1650—1660	122
1580—1590	120	1660—1670	125
1590—1600	137	1670—1680	124
1600—1610	139	1680—1690	115
1610—1620	135	1690—1700	114

1550—1590年间的物价/成本均值为116，1590—1650年间的物价/成本均值为136.5，1650—1680年间的物价/成本均值为124，1680—1700年间的物价/成本均值则为114.5。

这些数据非常粗略，在细节上无疑是不准确的。但是，它们可能有助于表明什么时候是"投机倒把"的最佳时期，因此（假设节约的习惯不变）能够表明什么时候是资本以异常速度积累的最佳时期。

法国的统计数据差不多反映了同样的情况，只是晚到1700年工资都还未能提高起来。

---

[1] 亚当·斯密没有低估短期的长度。他写道："90年的时间足以将任何一种没有垄断的商品降至自然价格。"

法国（假定物价和成本在1500年至1525年平均来说处于平衡状态）

年度	物价/成本	年度	物价/成本
1500—1525	100	1600—1625	118
1525—1550	103	1625—1650	128
1550—1575	110	1650—1675	123
1575—1600	139	1675—1700	124

在西班牙，利润膨胀的程度从来没有如此严重，到16世纪末就已经再三衰竭了。下表是以汉密尔顿教授的安达卢西亚物价和工资的统计图为依据，并没有做任何修正[1]。

西班牙（假定物价和成本在1500年至1520年平均来说处于平衡状态）

年度	物价/成本	年度	物价/成本
1500—1520	100	1570—1580	112
1520—1530	111	1580—1590	115
1530—1540	122	1590—1600	106
1540—1550	125	1600—1610	94
1550—1560	126	1610—1620	84
1560—1570	106	1620—1630	84

在上述三个表格中，应该注意从一个十年到下一个十年的变动，而不必注意绝对数字。

我要请历史学家们特别注意的一般结论是：利润膨胀时期和利润紧缩时期，与国家兴衰时期之间有着非同寻常的对应关系。在1520年至1600年，西班牙国势兴盛，利润正好出现膨胀，而在1600年至1630年，西班牙国势衰落，利润正好出现紧缩。英国的崛起较晚，相隔的时间正好与新货币供应量对经济体系所产生的影响晚出现时间相同，在1585年至1630年期间，这种影响达到了最高峰。

---

[1] 这个表格是根据汉密尔顿教授在《经济学期刊》（1929年11月第354页）的内容和他好心提供给我的一张数据表格汇编而成的。

在无敌舰队出征的那一年，费利佩二世（Philip of Spain）的利润膨胀恰逢结束，而伊丽莎白女皇的利润膨胀才刚刚开始。如果我们将法国和英国作比较，可以认为路易十四财政实力的强大与詹姆斯二世财政实力的虚弱之间，二者形成的对比归咎于这个事实：在17世纪最后二十年里，法国的工资相对于物价而言，并没有出现像英国那样的上涨趋势[1]。事实上，这种情况与当前的情况有着惊人的相似之处，与英国政府的财政实力相比，法国政府的财政实力之所以强大，主要是由于（其他对法国有利的唯一因素是降低战争债务的账面价值）自两国恢复金本位制度以来，法国的货币工资水平一直处于极低水平。战后，法国重建，对外投资大大增加，这既不是由特高的效率造成，也不是由极其节约造成，而是由已经持续了整整十年的利润急剧膨胀造成的。

□ 南非金矿里的劳工

在金本位制度下，黄金的开采量不足导致供应下降，造成物价下跌，引起通货紧缩。因此，当黄金的产量不足以与经济发展同步时，金本位不可避免地遇到困难。实际上，主要资本主义国家在1886年发现南非金矿之前，其国内的黄金供应经常遭遇不足。

这里提醒一下读者，我并没有把全部经济福利都包括在这次调查中。相对较低的实际工资水平，必然是利润膨胀时期的特征，因为随利润膨胀而衍生出的资本财富异常增长，有一部分是以牺牲当前消费为代价的。因此，我们不能得出利润膨胀是可取的结论，更适当的结论是：应该避免利润紧缩。

由此可见，利润膨胀几乎肯定会导致财富分配更加不平均，除非对富人征收其他地方或时期没有的，现代英国所特有的直接税以抵消其影响。可以在另一方面作为抵消因素的还有利润膨胀所产生的乐观精神和企业精神，以及良好的就业状况，但主要还是资本财富的迅速增长以及随后几年从中获得的利益。在我们为任何时代或国家断定优势在哪里之前，我们必须权衡这些优势和劣势。现在，拉姆塞（F. P. Ramsey）先生在他的论文《储蓄的数学理论》（*Mathematical Theory of*

---

[1] 在17世纪的最后十年，由于上文提到的种种特殊原因，伦敦的投资热潮挽救了荷兰威廉的命运。

Saving）（《经济学报》，1928年12月）中所指出的理想中正确的积累率，几乎肯定比我上面提到的典型现代社会的年收入的10%至15%的积累率要快得多。因此，如果我们考虑的是一个长久时期，工人阶级从利润膨胀而强迫他们节制的情况中所得到的好处，远远超过他们在消费减少时最初遭受的损失。此外，与资本财富的一定增量相对应的当期消费的减量，如果以这种方式出现，并不会比自愿储蓄的方式所造成的减量大；唯一受影响的只是由此而产生的财富分配方式，而且只要财富及其果实不是由名义上的拥有者所消费，而是积累起来的，那么不公正分配的弊端可能不会像表面上看起来那么严重。

毋庸置疑，所有这一切是可以适用于一个财富积累极其贫乏的社会的，如15世纪末的欧洲。很难想象，法国和英国在1700年和1500年的财富差额仅靠节约就能创造出来。如果从长远来看，在这期间创造了现代世界的利润膨胀肯定是有价值的。即使在今天，适度的利润膨胀的趋势，与适度的利润紧缩的结果相比，更能加快我们朝着拉姆塞先生的"理论B"发展（B代表"Bliss"，意思是"福佑"），这一点有利于在考虑到我们的后代时，使这个"福佑"更接近于它应有的状态。

然而，在考虑到一切因素之后，我还是没有转变自己的看法，认为现今最需要的是采取一种政策，这种政策一方面会不惜一切代价避免通货紧缩，同时又要以稳定的购买力作为其理想目标。也许最终的解决办法在于：使资本发展的速度在很大程度上成为依靠集思广益和长远目光来决定的国家事务。若积累的工作不那么依靠个人变幻莫测的想法，从而不再任由个人"精打细算"（这种精打细算一部分是以如今在世的某个凡人对寿命的预期为根据的），那么对于社会总财富最理想的增长速度到底是通过节约来实现还是通过利润来实现，这样的两难境地将不复存在。

二、19世纪90年代的经济萧条

我们现在必须向前迈进一大步。上述有关投资超过储蓄时是如何产生繁荣的理论，显然与19世纪中叶随着铁路行业的过速投资而出现的信贷周期相关。撇开这一点，也撇开拿破仑战争后出现的极具启发意义的紧缩政策，现在让我们来看看19世纪90年代著名而奇特的经济萧条。

1890年至1896年间，英国的事态发展似乎一直是老式的货币数量论难以解释的。的确，这一时期发生的事件使人们对当时流行的各种货币理论的充分性一知半解，而没有产生更多的怀疑，这确实有些令人吃惊。当时只有最不可信的怪人才会提出异议。人们不光不怀疑这些理论，反而对这一时期的实际情况杜撰了一种多少有些神秘的说法。

我们所受的教育中一直有这么个说法：物价在1896年因黄金短缺而下跌至最低点的，而黄金短缺是由于（在南非矿山开发之前）新的采矿量未能满足许多国家采用金本位所产生的需求量。如果这指的是截止至1886年的十年里，这个解释可能是准确的。但是，从1886年到1890年，物价水平有了一定的回升，而在1896年物价进一步下跌，达到了最低点。我所关注的是1886年到1896年这十年，尤其是1890年至1896年物价下跌的这几年。在1890年至1896年期间，索尔贝克的批发物价指数下跌了约18%，而《经济学人》杂志的指数则下跌了约14%。

因此，物价是跌得很厉害的。然而，如果我们研究一下这些数据就会发现，把物价下跌归咎于黄金的短缺似乎有些荒谬，至少就英国而言是这样的。1890年至1896年间，英格兰银行的黄金存储总量翻了一番，银行的准备金几乎增加了两倍，存款也几乎翻了一番。在两年半的时间里（1894年2月至1896年9月），英格兰银行的银行利率保持在2%不变。在此期间，英格兰银行以外的其他银行存款也增加了20%。简而言之，这一时期的特点是黄金极其丰富，信贷极为宽松，与此同时却出现了贸易停滞，就业状况不佳，物价下跌等现象。

因此，很明显，物价相对于货币一定出现过异常大的下跌。相对于批发物价指数（如果有的话，我更愿意采用更合适的指数），银行存款余额上升了近50%。但并没有任何收入紧缩的证据。相反，货币工资率略有上升，其他货币收入除了1892至1893年因非常严重的失业而导致轻微下降以外也在上升，如下面鲍利博士的统计表所示[1]：

年度	货币工资率指数	工资总支出 （单位：百万英镑）	免征点以上的收入 （单位：百万英镑）
1889	82	530	640
1890	84	550	640
1891	86	555	635

---

[1]《经济学报》，1904年，第459页。

续表

年度	货币工资率指数	工资总支出（单位：百万英镑）	免征点以上的收入（单位：百万英镑）
1892	87	545	625
1893	87	545	630
1894	88	560	645
1895	87	580	660
1896	88	595	680

因此，从前几章的理论来看，这些年里肯定出现过非常严重的商品紧缩。也就是说，储蓄率严重超过了投资成本。如果我们看一下《经济学人》杂志的新投资表[1]，我们会发现这一点的有力佐证：

年度	新发行额（单位：百万英镑）	国内产品出口量（逐年变动百分比）
1880—1889（年平均数）	102	—
1889	168	+3.71
1890	141	−0.51
1891	76	−5.30
1892	59	−3.43
1893	42	−2.10
1894	74	+3.35
1895	84	+8.57
1896	84	—

从1888年到1890年，出现了投资热潮，在那些年里，新的资本发行异常高。但1891年至1896年，新投资的减少使投资活动远低于正常水平。1892年的新发行额下降到1880年至1889年这10年的年平均数的六成，而1893年的总数比统计数据

---

[1] 表中列出的数字是有关新发行资本的实际取款通知额，因此不包括证券转换和资本重组等。包括在内的是英国发行的债券，其中有一部分，有时一大部分是在国外认购了的。在这一栏的旁边，我还列出了国内产品的出口价值的变化。在那段时期，我国的海外客户的购买似乎很快地受到了我们对他们的贷款量的影响。

显示（回溯至1870年）的任何一年都要低。在1891年至1896年的6年中，每年通过新发行市场进行的新投资比1885年至1890年的6年中减少了40%。而且，与1880至1889年的10年相比，下降了32%[1]。我们没有理由认为，通过新发行市场减少的投资由其他方面投资的增加得到了补偿。相反，据估计，1894年美国从伦敦市场回购了约6000万美元的美国证券。

关于投资率，我要说的就这么多。就储蓄率而言，我们没有理由认为它会下降。鲍利博士估计，1891年至1896年的货币收入总额比80年代高出15%至20%，当然，实际收入的提高还要更大。如果说1880年全国按货币计算的储蓄总额为1.5亿英镑的话，那么到1896年，这一数字可能已接近2亿英镑。其他迹象表明，90年代初的英国，正处于一个极其节约的时期。尽管货币价值大幅上升，但在1888年至1897年期间，邮政储蓄银行的存款按货币计算增加了一倍，普通银行的存款增加了30%[2]。此外，通过偿债基金偿还国债的操作也很盛行。

造成投资率下降和投资率即使在空前绝后低利率下也无法恢复的原因是错综复杂的。但它们的一般特征，对于任何读了这一时期金融史的人来说都是相当明显的。1888年至1890年的投资热潮以1890年的巴林危机而告终。这不仅严重地打击了南美洲证券投资者的信心，还严重地打击了投资信托公司的股票投资者的信心，这些投资信托公司在过去几年里一直非常活跃，实际上作为公司的发起人行事，后来在某些情况下却遭受了严重的失败[3]。在印度和美国，货币的未来受到了严重的质疑，印度直到1893年铸币厂关闭才逐渐恢复了信心，而美国的怀疑情绪则一直持续到1896年"健全"货币党的胜利；澳大利亚则被1893年的银行业大危机所压垮。因此，英国对外投资几乎陷于停顿，没有专门的活动或新的发明来吸收国内多余的储蓄[4]。

---

[1] 新发行额的年平均量为：

1880—1889	1.02亿英镑
1885—1890	1.17亿英镑
1891—1896	7000万英镑

[2] 如果我们能把储蓄存款和活期存款区别开来，我想前者会翻一番。

[3]《经济学人》杂志在其1892年的《商业史》（Commercial History）中写道："信托公司融资方式被披露比任何其他事情都更容易传播和延续不信任情绪，恐怕这种不信任情绪在今后一段时间内会继续产生这种有害的影响。因此，无论怎样劝诱，公众都已经拒绝参加新的工业或其他事业了。"

[4] 回想起来有趣的是，1896年经济开始复苏与商业周期的繁荣有关。

□ 第一次世界大战

1914年爆发的第一次世界大战（凯恩斯称为"欧战"），实际上是帝国主义为争夺利益而爆发的冲突。普通人在战争中陷于水深火热的境地，但战争客观上促进了工业，尤其是军工业的发展，坦克、飞机首次投入战场，战后的科技水平也上了一个台阶。

因此，我们可以信心十足地得出如下结论：从1891年到1896年，英国的储蓄率大大超过了投资率，而且个人储蓄中无效的数额每年大约达到5000万英镑之多。也就是说，个人从其货币收入中储蓄的款项，每年总共比国家财富的增量多5000万英镑，生产要素因单位产量的消费量增加，而享有这笔款项的等价物。而生产者，例如农民，由于物价连续下跌而生产成本又没有相应地下降来加以补偿，于是遭受了严重的损失。那些继续被雇佣的生产要素享受了比原先收入更高的实际收入，但另一方面，他们当中失业的比例也异常的高。

在整个这段时期，存入银行的实际存款（可能主要是定期储蓄存款）比货币余额增长得快，而只有通过大幅扩充银行货币量才能避免物价下跌。

因此，我认为，这一时期的历史是商品长期紧缩的一个完美例证——尽管银行货币总量已大幅度增加，但商品紧缩仍在发展和持续。有史以来没有任何例证可以使我们如此清楚地追溯企业家以当前储蓄量的规模，长期停止生产新固定资本所产生的影响。

从数量上看，对物价水平的最终影响，似乎超过了单纯依靠无效储蓄这种方式所能合理解释的程度。但就上文讨论过的长期紧缩所产生的累积效应和次级反应而言，这便是意料之中的事了。我们也可以预料，前面引用的批发物价指数所受到的影响，比消费物价指数（我们并不能准确地知道这一指数是如何变动的）所受到的影响大，因为后者包括许多前者排除在外的模糊项目。如果英国是一个封闭的经济体系，那么储蓄超过投资的金额，本身就足以说明消费物价指数在初级阶段下降了4%到5%。但事实上，这种现象是国际性的——同样的事情也发生在其他地方，在初级和次级阶段，都对国际批发物价产生了复杂的相互影响。此外，在后面的阶段，由于英国停止对外投资而使黄金流入伦敦，可能导致了国外收入紧缩以及利润紧缩，从而对国际物价进一步产生了抑制作用。就像在1929年底的情况一样，法国和美国的物价水平，受到了年初黄金流入这些国家所造成的国际紧缩的影响。

英格兰银行能阻止这种紧缩吗？在银行利率问题上，它已经尽其所能地使信贷变得容易。在"公开市场"政策还未被人们所知的那些日子里，它还可以进一步采取什么样的行动，这一点并不明显。事实上，该银行的"准备金率"在1893年和1894年都上升到了70%。在那些年里，购买证券可能会更快地扭转局势。但是，统一公债的价格已经很高了，英格兰银行购买统一公债是否会对刺激投资起到任何实质性的作用，这是值得怀疑的。在这种情况下，政府只有采取强有力的措施，才能取得成功。政府和其他公共机构，通过借款来为各种公用事业的大规模兴建计划提供资金，或者由政府按照最近的贸易账款和出口信用法案出面担保，或者是吸收当期储蓄，从而避免1892年至1895年的严重失业。但是，在那个时期的思想和正统观念下，任何这样的政策自然是极不相容的。

三、1914年至1918年的战时繁荣景象

关于战时金融史，甚至连导论都还没有写出来，也许我们永远都无法将这段历史完整地记录下来。因为当时有太多的重要统计资料被封锁了，而且至今仍然很难获得，甚至不可能获得；我们对数字的量值和事件的顺序的记忆越来越模糊。但是回过头来看，我深深地感到，当时我们对那些事件所持的理论太肤浅了，对货币数量论的应用也太粗糙了。我不记得有人明确地提到过我现在对当时情况的主要特征的看法。但是，如果我们知道投资超过储蓄时对物价产生的影响，我们肯定会看出这一特征。我不打算对这一时期进行统计研究，而只是简单地概括一下所发生的事情的一般性质。

战争不可避免地使所有国家的资金大量转向投入生产形式，而这种生产形式，由于没有增加可供收入获得者购买和消费的流动消费品的数量，从而产生的作用与平时增加固定资本投资所产生的作用一样。由此所需要的投资——特别是在初级阶段之后——即使把停止大多数其他种类的投资（包括损耗抵补）计算在内，其规模也超过了自愿储蓄预计可能达到的最大限额。因此，强制转移某种形式的购买力，是投资于所需规模的战争物资的必要条件。当时有待解决的一个问题是：如何使社会产生的摩擦和烦扰减少到最低程度才能实现这种转移。

所以，我们的前提是：单位产量的生产要素的消费量必须减少[1]，而且这种减少不能通过来自其收入的自愿储蓄来充分实现。于是，各生产要素的单位产量的实际收入必须减少。有三种方法可以做到这一点：（1）削减货币工资，同时保持物价稳定；（2）让物价上涨的幅度大于货币工资，从而降低实际工资；（3）对生产要素的收入征税。

纯粹财政主义者提倡采用第三种方法，也就是说，通过征税来满足自愿储蓄所不能满足的全部或几乎全部的需求。但我认为，他们没有意识到如果物价没有随之上涨的话，这在实践中会有何意义。其目的是减少一般消费，而减少相对富裕的人的过度消费是不够的，因为他们的消费，特别是在战争时期，在总消费中所占的比例并不够大。因此，征税必须直接针对相对贫困的人，因为他们的消费总量很大，所以首先应该以某种方式或其他方式削减他们的消费。换句话说，这意味着对所有工资按每镑征收5先令或更多的税。没有任何一个卷入战争的政府会愿意在其本身所遭受的困难之上，再多扛上一个这种税收所引发的政治问题。

如此一来，就只能在剩下的两个选择中做抉择了——要么降低货币工资，要么让物价上涨。这两种办法的主要初步效果是相同的——释放出来的资金首先不会归入政府（除非政府单纯使用货币扩张的方式来运作），而是以丰厚的利润形式归企业家所有。无论采用哪种办法，都将出现同样的情况，因为产品的货币收入与货币成本之间的差额会扩大。因此，假设采取上述两种办法中的任何一种，可以说企业家都会成为从收入获得者那里所抽取资金的代收人。战利品一旦落入企业家手中，政府将要么通过贷款，要么通过征税的方式从他们手中取回。应该注意的是：战利品一旦从收入获得者转移到企业家手中，即使这种税主要以所得税、附加税和超额利润税的形式加在富人阶级身上，征税这种方法也足以应付这种情况了。

在降低货币工资或让物价上涨的两种政策之间，选择后者是自然的，也是明智的。首先，强制压低货币工资的政策，在政治和心理上所引起的抵触情绪，与征税所引起的抵触情绪程度相当。另外，许多形式的收入，特别是资本方面的收

---

[1] 1915年初，贸易局大臣朗西曼（Watler Runciman）发表的一篇演讲［参看贝弗里奇《英国的食品管制》（*British Food Control*），第9页］说明了当时各当局远远没有认识到这一点，其中他指出：必须从提高工资中找到阻止物价上涨的办法，而当时的普遍观点是应该压低物价，而使消费不受控制。

入，都是受到合同保护的，除非赖账，否则不可能推翻合同。因此，全面削减货币收入将是困难的，甚至是不可能的。但是，在支持物价上涨方面还有一个比政治和公平的论点更重要的实际理由，这对一个处于战争中的政府来说应该是十分重要的。在这种情况下，必须尽快大规模地把各种生产资源从一种用途转移成另一种用途。如果不借助物价机制，几乎不可能实现这一目标，也就是向新用途方提供信贷融资，允许他们对旧用途方的生产资源进行竞标，从而容许一定程度的收入膨胀。任何政府如果为了"纯粹财政主义"的利益而不采取这种措施就会输掉这场战争[1]。

□ 1920年的上海九江路

九江路位于现在的上海黄浦区，当年是上海公共租界的一条街道，这里外资银行和洋行云集，金融业非常发达，被称为中国的华尔街。20世纪上半叶，美资花旗银行、大通银行，日资三井银行、三菱银行、住友银行，荷资安达银行，德资德华银行均开设在九江路东段。

因此，我的结论是：在战争时期，通过利润膨胀而使物价上涨，这是不可避免的，也是明智的。但是，我们必须记住，我们的目标是让物价上涨超过收入上涨。换句话说，我们主要期望利润膨胀，而不是收入膨胀。必须允许一定程度的收入膨胀，以帮助生产资源像上文所提到的那样，在不同用途之间重新分配。但是，我们的主要目标是将实际收入从消费者手中转移到政府手中，如果我们的利润膨胀变成收入膨胀的话，这一目标就无法实现了。那么，这部分论证的结论现在已经很清楚了。我们的目标是物价上涨要高于收入上涨。因此，我们应该更严格地控制收入而不是物价。

由此可见，由于摒弃了战争时期不可行或不明智的政策，我们只能在战时财政的"恶性"与"良性"之间做出实际抉择。利用企业家作为代收人是适宜的。但只能让他们做代理人而不是委托人。政府有充分的理由采取一种政策把战利品收归囊中，我们应该确保他们是以纳税的形式把这些囊中之物交出来，而且不得

---

[1] 对于军需品工人方面每次提出的不满最后几乎都是通过增加工资来解决的。（"工资给他们，我们要实物。"）[参看温斯顿·丘吉尔（Winston Churchill）《战后余波》（The Aftermath），第33页］。

允许他们把由此获得的东西"贷给"国家，从而对社会的未来收入取得债权。让物价相对于收入上涨，然后最大限度地对企业家征税，这是进行"良性"战时财政的正确方法。对利润和超过免税限额的收入征收高额税款并不能代替利润膨胀，而是利润膨胀的一种附加手段。

虽然我不知道有关这一问题的理论曾经是否完全以这种方式提出过，但这与英国财政部在战争结束时通过反复试错法所发展出来的体系相差无几。他们的方法意外地与理想的正确方法非常接近。他们唯一值得批评的地方只是没有尽早地应用这个方法，以及1919年在其他赋税之后没有继续征收资本税。因此，企业家们仍然能够对社会的未来收入获得债权，其数额大得很不合理，但也不是完全无法容忍，其结果是我们仍然承担着这些债权。事实上，在1919年，我们并没有通过资本税减少这些债权，而是在后来的几年一直到1925年，通过提高这些债权在订立契约时所依据的货币价值，来使之更重地压在我们的脖子上。

其他欧洲国家的战时财政如果按上述"良性"标准来衡量的话，远没有那么"良性"——并不是因为利润膨胀的成分要大得多，而是因为企业家们能够（在理论和实际的证券上）保留更大比例的战利品。但这些"恶性"的做法最终的结果反倒比英国的中庸之道好，这就是天意弄人。因为这样的结果使负担变得无法忍受，以至于仅凭事件本身的力量，这些债权就会因其契约依据的货币发生贬值，从而全部或大部分被抹去。没有什么比中庸之恶更糟糕的了！如果黄蜂和老鼠是胡蜂和老虎，我们早该消灭它们了。英国因战争而对拆息食利阶级承担的义务也是如此。

"稳健"的投资家过分关注银行货币的总量，这是战争时期的另一个特点。我们在上文已经说过了，当时人们竟然普遍认为，如果能以爱国为由去劝诱老妇人们，让她们将银行里存了好几年的定期存款上交给财政部，以换取战时公债，那么通货膨胀是可以避免的。因为这样的话，就可以避免银行货币总量的任何增加！一旦我们从这些收入存款、收入之流，以及通过这些存款而产生的消费支出的角度来考虑，这种粗浅的思维错误就可以避免了。还有其他的爱国者绞尽脑汁，想用更少的通货票据来实现同样的货币周转量！

四、1919年至1920年的战后繁荣景象

战争结束时，全世界在和平时期正常生产过程中的营运资本都已耗尽，其

程度可能是前所未有的。在制品中有一部分突然变得对原来的目的毫无用处，消费品存储量到处都下降到远低于正常水平的程度。因此，只要有购买力，对货物的预期需求量是很大的，而且复员的军队也能提供大量的劳动力。这样一来，如果按照当时的货币工资雇用劳工，同时取消各种战时限制，物价的上涨便势不可挡。此外，对于工具品和住房等其他固定资本，也存在各种迟迟未满足的投资需求。

于是，推动投资使其速度超过储蓄率的动力是极其强大的。同时，为以前服役的军人或从事军需品制造的人找到令其满意的货币工资率的工作，在这方面所承受的压力几乎没有减弱，原因是不言而喻的。所以，利润膨胀无法避免，除非继续保留甚至加强战时限制，同时拖延吸收复员军人就业的过程，使其持续相当长的时间。在当时的情况下，银行当局充分阻止利润膨胀是完全不可能的。即使可行，但整体观之，谁又会说这是可取的呢？依我在事后写作时的判断，在后来的阶段，银行当局在以下三个方面应大受指摘：第一，任凭利润膨胀发展成猛烈的收入膨胀；第二，不及早采取措施遏制循环的第二阶段；第三，在它们为害已久之后，仍然继续采用原来的措施。

因此，当回顾过去时，人们会认为，战争似乎必然伴随着利润膨胀，而且利润膨胀还会前仆后继地接踵而至。战后的繁荣虽然在各个方面都很复杂，但主要原因是迫切需要迅速补充营运资本，而导致投资超过储蓄。虽然在第二阶段刺激产生了非常强劲的收入膨胀，但从1919年春至1920年年中，物价上涨超过工资的程度，以及1920年年中到1921年年底之后，工资上涨超过物价的程度，可以清楚地看出利润膨胀和随后的利润紧缩所达到的程度。

不幸的是，现有的统计数据不适合准确地说明这种变动。1919年，生活费用指数仍然受到物价管制的影响，没有真正的消费指数足以表明制成消费品在1919年秋和1920年春的价格上涨情况。此外，当时的这种现象具有突出的世界性特点，但由于制成品的价格非常高，像英国这样的工业国家都是靠牺牲世界其他国家的利益来牟利的。其结果是，这些国家的物价相对工资上涨的幅度，可能比世界整体情况要小。如果这是正确的，那么把英国的统计数据应用于整个世界时，将会低估利润膨胀的程度。在权衡考虑各种情况之后，我认为，与鲍利教授的英国工资指数相比，贸易部批发物价指数的变动，至少会从侧面为我们提供一些有意义的看法。这些变动如下表所示：

年度	季度	贸易部批发指数	鲍利工资指数	第（1）栏对第（2）栏之比	根据增加的劳动效率校正的第（1）栏对第（2）栏之比
1919	第一季度	249	207	120	120
	第二季度	242	209	116	116
	第三季度	255	217	118	118
	第四季度	288	221	130	130
1920	第一季度	309	231	134	135
	第二季度	324	250	130	131
	第三季度	314	267	118	119
	第四季度	284	273	104	106
1921	第一季度	227	276	82	84
	第二季度	202	268	75	77
	第三季度	190	244	78	80
	第四季度	174	228	76	78
1922	第一季度	162	215	75	78
	第二季度	160	202	79	82
	第三季度	157	189	83	86
	第四季度	156	179	87	90
1923	第一季度	158	177	89	93
	第二季度	160	174	92	96
	第三季度	157	174	90	94
	第四季度	161	173	93	97
1924	第一季度	166	174	95	100
	第二季度	164	164	93	98
	第三季度	165	179	92	97
	第四季度	170	179	95	100

鲍利的工资指数是实际支付的工资指数，而不是效能工资指数。我建议可以对此作一个粗略的修正，假设1919年的效能与战前水平相同，并且在那之后每年以1%的速度增长。基于这一假设，批发物价指数因战时利润膨胀相对英国的效能

工资上涨了18%（按1919年前三个季度的平均数计算）。到1920年上半年，战后繁荣时期的利润膨胀，使这种差距增加到33%（按1920年前两个季度的平均数计算）[1]。在1920年年中以后，出现了利润紧缩，短短几个月的时间里就消除了之前的利润膨胀，并产生了真正的利润紧缩，这种紧缩在最严重的情况下（即在1921年和1922年的第一季度）其程度不逊于之前的利润膨胀。与此同时，收入紧缩（正如我们前面的论点所提到的那样，如果不采取相反的特殊措施，那这就是预料之中的事情）又接踵而至，但直到利润紧缩已经持续了一年左右才出现（即从1921年年中到1922年年底）。到1922年年中，收入紧缩已经结束，利润紧缩逐渐逆转，直到1924年，如上表第（4）栏所示，才恢复平衡[2]。下面的示意图展示了这些情况的具体过程。

年度	季度	收入状态	利润状态
1919	第一季度	收入膨胀	利润膨胀
	第二季度		
	第三季度		
	第四季度		
1920	第一季度		
	第二季度		
	第三季度		
	第四季度		利润膨胀逐渐减弱
1921	第一季度	停滞状态	平衡状态
	第二季度		
	第三季度	收入紧缩	利润紧缩
	第四季度		
1922	第一季度		
	第二季度		
	第三季度		利润紧缩逐渐减弱
	第四季度		

[1] 也就是说，当时出现了大约相当于战前水平150%的收入膨胀，除此之外，还出现了33%的利润膨胀率。
[2] 在此之后又出现了因恢复金本位制度而引起的紧缩现象，本章下一节将对此加以说明。

续表

年度	季度	收入状态	利润状态
1923	第一季度	停滞状态	利润紧缩逐渐减弱
1923	第二季度	停滞状态	利润紧缩逐渐减弱
1923	第三季度	停滞状态	利润紧缩逐渐减弱
1923	第四季度	停滞状态	利润紧缩逐渐减弱
1924	第一季度	停滞状态	平衡状态
1924	第二季度	停滞状态	平衡状态
1924	第三季度	停滞状态	平衡状态
1924	第四季度	停滞状态	平衡状态

应该补充的是，上述一切观点有必要经详细研究战后史的人加以修正。恕我冒昧地提出假设，也望更勤勉的统计学家和历史学家加以指正。但是，如果上文对当时的事件描述正确，上述说法就符合前几章的理论预测。当然，1919年的收入膨胀和利润膨胀，是战争时期的延续。除此之外，我们看到银行政策是人们根据具体情况通过引发利润膨胀或利润紧缩来实施的，这种膨胀或紧缩在6到9个月后就会演变成收入膨胀或收入紧缩[1]。因为银行体系几乎没有能力直接影响收入状态，它只能通过利润状态才能做到这点。

回顾过去，我们看到经济萧条的极度延长是由于1921年上半年发生的利润紧缩。这无疑是为了抵消战争时期和战后时期的一部分收入膨胀——从1921年年中到1922年年底，接着再到1924年，确实都实现了这个目的。但从国家繁荣的角度来看，这是一个错误。如果我们在1920年年底的收入膨胀程度（即与战前相比大约高出175%）的基础上竭力稳定货币状况，也许能够避免过去十年的大部分麻烦，甚至可能像美国那样富裕。这样做还会有附加作用，即让战时债务的实际负担低于目前数额的三分之二。但实际采取的政策使债务严重程度增加了50%，还让我们遭受了十年的失业，从而可能使财富的生产减少了10多亿英镑。

---

[1] 当时的工资率的变动是相当大的。在英国恢复战前的金本位制后继而发生的利润紧缩并未在五年后导致收入紧缩。

五、英国恢复金本位制度

在英国于1925年4月回归金本位的前六个月和后六个月，黄金本身未贬值时，有必要将英镑的黄金价值提高10%左右[1]。这意味着单位产品的货币收入之流（即一般报酬率）必须减少10%——除非黄金本身贬值——来帮助这个时期的过渡。换句话说，必须出现严格意义上的收入紧缩。

□ 英国1925年的金币

第一次世界大战后，资本主义各国迎来了经济复苏，但因金币本位制遭到破坏，除美国外，多数国家实行金块本位或金汇兑本位制。1925年是金币在英国大规模发行的最后一年。图为英国发行的"圣乔治屠龙"金币。

在战前至少五十年——也许是一百多年里，我们还没有经历过如此大规模的迅速而残酷的收入紧缩。1921年至1922年的收入紧缩，由于某些原因，并不是一个令人满意的先例。相反，我们曾多次经历的是利润紧缩，其通常在某种程度上是伴随着收入紧缩的，这种利润紧缩发生在繁荣之后，并代表着恢复到先前的平衡状态。我们有理由认为，在1924年有过一次温和利润膨胀的轻微趋势，并伴随着更加温和的收入膨胀，但回归金本位所需要的紧缩，远不止抵消这种趋势所需要的程度。但是，财政部当局和英格兰银行当局，对收入紧缩和利润紧缩的区别一无所知，结果大大高估了信用限制和银行利率这两大武器的效力。这两种武器是为了产生突如其来的冷酷的收入紧缩，以有效抵制利润膨胀。

英格兰银行从企业家那里收回信用时，后者提供就业的能力就被削弱了；由于信用成本增加，批发物价随着英镑在外汇市场上的升值而出现下跌，国内购买力也下降，因而导致利润减少了，生产动力也减少了。因此，英格兰银行使用"传统武器"首先带来了利润紧缩。物价自然下跌了。英格兰银行总裁自认为能够向财政大臣汇报这项任务已经完成了。

但事实却远非如此。要建立平衡状态，就需要适当减少货币收入之流和单位产品的货币报酬率。但物价下跌首先减少的不是成本和报酬率而是利润。企业

---

[1] 在截至1925年5月的一年里，以国际指数衡量，黄金大约贬值5%，但在接下来的两年里，它又恢复了全部下跌的价值。

家首当其冲，而英格兰银行恢复平衡的唯一方法，就是让它自己变得足够聪明，把压力转移到适当的方面去。面对物价下跌得比成本快，企业家有三种选择：尽可能忍受损失；退出利润较低的活动，从而减少产量和就业；与他的雇员展开斗争，减少他们单位产品的收入。从国家的角度来看，只有最后一种选择能够恢复真正的平衡。然而，从长远来看，如果能够充分提高效能，这三种方法可能并不会与维持单位生产要素的货币收入的方法相矛盾。

企业家把这三种方法都尝试了一遍。他们屈从于第一个方法，即削减或放弃利润，其所及程度极深，持续时间极长，令人始料不及。主导产业——老式纺织业、煤炭、钢铁、铁路等重工业以及农民——只是忍受了它们的损失，而且不仅是若干月而是若干年地继续忍受着。这些产业平时的利润减少了数千万英镑。在股份制组织形式中，管理权主要交付给受薪人，相比全部损失落在实际经营者身上的情况，这种形式可能使这种无利润的时期持续得更加长久。

这样一来，失业的全面发展也被推迟到比预期的晚。但是企业家开始也利用了第二种方法——减少利润较低的活动，在完成恢复金本位工作之后的五年，仍在对就业人数进行削减，其程度有增无减。

剩下的是第三种方法——降低单位产品的货币报酬率。也许在早期，利润低于正常水平和生产要素失业的压力，两者在推进收入紧缩方面产生的作用比现在更大。严重的收入紧缩不仅仅是抵制最近发生膨胀而产生的反作用，我相信人们对这种严重收入紧缩的抵抗一直都是很大的。但是，在存在着有组织的工会和无产阶级选民的现代世界里，这种反抗的程度便具有了压倒之势。

企业家们曾试图践行这种方法，最终导致了1926年的大罢工。但是，出于政治方面和社会方面的考虑，人们不能充分利用罢工失败所获得的好处。某些行业的工资率已经大幅下跌，但鲍利博士的每周工资率总指数在1930年几乎和1924年一样高。因此，人们只能希望提高效能，使单位产品的货币收益降低的情况，与单位生产要素的货币收入保持不变的情况相一致。也许这才是最后的出路。

与此同时，试图通过导致利润紧缩这一武器去促成收入紧缩的做法，会造成国家财富遭受巨大损失。如果我们假定，只有一半的失业量是不正常的，那么国家的产量所遭受的损失，估计每年可能超过一亿英镑，这种损失已经持续好几年了。

六、英国恢复金本位后的国内和国外投资

上文提到，英国自1925年起，一直遭遇的困难因另一个因素变得更加复杂，更加严重。由于这一因素能够很好地说明上卷第21章的论点，那么就在这里谈一谈这个因素。

我们在第21章中看到，平衡状态下的利率是这样的：按该利率提供的对外投资贷付额，正好等于由国内外相对货币生产成本决定的对外贸易顺差；且按该利率提供的国内投资额，正好等于国家储蓄总额超过对外投资贷付额的逾额部分。恢复战前的黄金价格，对外贸易差额产生了不利影响，因为，这样使英国的黄金生产成本相对其他地方有所增加。但除此之外还有另一个趋势在起作用：对外投资对投资者的吸引力比国内投资有所增加，这意味着我们为了达到平衡状态，需要的对外贸易差额不仅同1925年前一样大，而且还要更大。于是，一直以来有两种独立的力量在促使对外贸易差额L（超过自然利率的人为利率未能发挥阻碍作用的情况下）超过对外贸易差额B。因为L（如果任其发展）一直在努力增加，与此同时B则在减少。

在这种情况下，如果事实证明充分提高B是不可行的，那么除了通过将市场利率提高到超过自然利率来降低L之外，没有任何补救办法。这不可避免会造成国内投资额和投资总额被迫下跌至平衡状态的水平以下。

由此可见，利润紧缩和失业的出现是有双重原因的。而且，第二种原因还出现了恶性循环。因为利润紧缩造成的实业损失，进一步增加了对外投资的相对吸引力，这样就更有必要维持高得反常的利率，于是总投资相对于储蓄不足所引起的利润紧缩，以及利润紧缩造成的失业，就更加死死地套在我们脖子上了。

一旦放弃实质性地减少货币工资的做法后，仍然有四种办法来摆脱僵局：

（一）第一种方法也是最有吸引力的方法，是通过降低货币生产成本（不是靠削减货币工资，而是靠提高效能）来增加对外贸易差额B。这被称为"合理化"。显然，在这种意义下，越是"合理化"，情况就越好，这是不言而喻的。但是，这种性质的改善，充其量只能是一个缓慢的过程；为了促进对外贸易，国内的效能相对于货币工资的提高必须比在国外成熟得快；国外关税是一个严重的障碍；而在1930年，世界范围的循环性萧条又形成了一个障碍。

（二）第二种方法在实业界颇受欢迎，理由显而易见。这个方法也就是通过

征收关税或采取类似措施减少进口量，从而增加B。就目前的情况而言，采用这一补救办法，可能既不会导致英国的出口量减少到与进口量减少相当的程度，也不会导致国内投资减少，而是会导致对外投资有所增加，这种增加将主要成为社会财富的净增加。这种与没有关税的情况下会发生的情况所做的比较，当然是基于这样的假设：削减货币工资（其流动性对自由贸易的状况是至关重要）的补救办法不可利用。

（三）第三种方法，是通过实际上相当于某种补贴的方式来增加国内投资，以便弥合市场利率（是指为了限制对外投资贷付额而必须实行的利率）和自然利率之间（是指总储蓄额超过由B决定的对外投资额的逾额部分在国内能够找到有利出路的利率）的差额。因为，这一储蓄逾额成为某种投资，显然要比以实业损失的形式浪费掉更好。但是，有关人士却很难理解这一点。如果市场利率为5%左右，投资于收益只有4%的资本发展自然是浪费了，这就好比是按5%的收益投资还是按4%的收益投资，两者应该如何抉择的问题一样。但事实上，对整个社会来说，真正需要选择的是，增加收益只有4%的资本财富，还是完全不增加财富。应当指出，这一补救办法实际上等同于通过补贴或其他同等措施，为国内投资设立一种相对于对外投资而言的差别利率。

（四）第四种方法是通过国际低息贷款政策，在国内和国外促进全世界的投资。这一政策通过提高世界物价，或至少避免物价进一步下跌来推动我们的出口，从而增加我们的对外投资；同时，利率的下跌将增加我们的国内投资。因此，从这两个方面来看，这将使投资总额接近储蓄额，从而有可能结束实业损失和失业的时代。然而，这种方法需要国际合作，这种合作直到1929年年底华尔街萧条之后才开始。此外，在短期贷款利率的下降对可用长期贷款的数量和价格发生反应之前，预期不会有充分的结果，而这种反应由于各种特殊原因，并没有迅速出现。最后，就英国而言，只能依靠这种补救办法来阻止1930年全球循环性萧条带来的更深层的麻烦加剧，想要得到更多就欠妥了。

所有这些方法都有其价值，其中一些方法在读者阅读这些文字的时候，可能已经产生了有用的结果。但是，不管怎样，我对英国在自由放任制度下的经济前景怀有更深更持久的关切之心。

英国是一个古老的国家，工人阶级的生活水平比世界上其他大多数国家的都要高。人口将很快停止增长。尽管反对的声音很多，但由于我们的习惯和制度，我们向来是厉行节俭的民族，我们约10%的收入会留作储蓄。在这样的条件下，人们可以满怀信心地预料，如果英国是一个封闭式经济体，那它的自然利率将迅速下降。然而，在世界的其他地区（美国可能比它自己预期的更快达到和英国同样的状况），利率下降的速度可能要慢得多。因此，在自由放任制度下的平衡状态中，我们要在对外投资中为储蓄中比例很大且日益增加的部分找到出路。如果我们先前的对外投资收入增长得比我们的当期储蓄快，那么这种状况到时候会自行调整而不必增加我们的出口。因为根据这一假设，在一段时间内，先前投资中增加的利息有可能会为新投资"提供资金"。但看来这其中可能还存在一个过渡时期。假设我们的储蓄总额在国内投资和对外投资之间自由分配，那么要在此过渡时期保持平衡状态，又不使我们的出口相对于进口有较大的增长是不可能的。在我写这本书的时候，存在着国际性经济萧条，这可能使我夸大了这一问题的难度。但鉴于我们正遭受的关税壁垒，鉴于在大规模生产和普遍采用现代技术的世界中，我们过去在生产制造方面享有的特殊优势正在逐渐消失，鉴于我们的工人一贯享有的实际工资（包括各种社会服务的价值）比我们的欧洲竞争对手要高，人们不得不怀疑，在不断扩大贸易盈余的基础上，实现平衡状态的做法实际上是否可行。

也许，按照我们的传统原则，实现平衡状态是最好的解决办法（如果我们能做到的话）。但是，如果社会和政治力量阻碍了我们实现这一目标，那么，通过诸如对国内投资和对外投资采取差别条件，用这样的手段来达到平衡状态将更好，甚至对国内产品和国外产品采取差别条件，这种有失体面的做法也比无限期遭受实业损失和失业要好，因为不平衡状态正是意味着这些。在上面提到的两种方式中，相对于对国内和国外产品采取差别价格的方法，我更倾向于对国内和国外的投资采取差别利率；因为我相信这个方法有更大的作用范围，且不至于在其他方面存在发生有害反应的风险，而且，在某些情况下确实会产生积极的社会利益。但是，我现在逐渐转向于这样一种观点：也可以采用一些方法来对国内产品和国外产品制定差别价格，并且这些方法会产生一些作用。

七、1925年至1930年的美国

这一时期是有意义的，因为在这一时期（直到1928年春）出现了货币史上的一个罕见例子，即在储蓄率不落后的情况下，还能出现高速度的生产活动和投资。然而，到1928年年中，有证据表明，利润膨胀已经开始，到1929年春的繁荣状况下达到顶峰，而后又在1929年秋的一次经济崩溃中迅速告终。下表提供了一些截至经济崩溃以前的主要统计数字：

年度 年平均数 （1926=100）	提供报表的会员银行			劳动局批发物价指数	统计机构的工业生产率指数	标准统计机构的普通股票价格
	贷款与投资	活期存款	定期存款			
1926	100	100	100	100	100	100
1927	103.5	102.5	109.5	95	97.5	118
1928	111	104.5	121	98	100.5	150
1929 （1—9月）	114	102.5	121.5	97	110	198

由于两个原因，这些统计数字特别难以解释。任何只看物价指数的人，都看不出有什么理由怀疑存在任何严重程度的膨胀；而对于只看银行信用总量和普通股票价格的人，就会相信膨胀是实际存在的或即将出现的。就我个人而言，我当时的看法是，我所指那种的意义下的膨胀是不存在的。现在的统计资料比当时可用的统计资料更加完整了，根据这些资料回顾过去，我认为，虽然1927年年底之前可能不存在严重的膨胀，但在那个时期和1929年夏之间的某段时间却出现了真正的利润膨胀。

批发物价指数具有误导性，因为这一指数受国际物价水平的影响很大，从1926年起，世界其他地区出现的是紧缩，而不是其他情况。1928年美国指数的上涨是逆势而起的，因为那一年世界其他地区的物价略有下跌。此外，由于效率比工资增长得快，制成品的生产成本可能正在降低，于是，即使物价水平稳定，也可能代表着某种程度的商品价格膨胀。同时，由于金融流通的需求空前的大，银行统计数据具有误导性，而活期存款几乎跟不上产品的价值。因此，为了获得确凿的证据，有必要审查关于净投资率的直接证据。为此，我在下面列出了（1）国内固定资本和（2）营运资本的净投资年率的一些指标。我之所以忽略不计对外投资的数据，是因为与这两项的变动相比，对外投资的变动无疑是很小的；同时我还略去了流动资本的投资额，部分原因是由于缺乏统计数据，还有部分原因是由于这些变动也可能相对较小。另外，我没有对物价的变化做出任何校正，幸好物价的变化在有关时期还不够大，不足以对我目前所作的这种粗略计算产生很大的影响。我希望美国有经验的统计人员，能编制一个比我下面给出的数据更准确的净投资指数。

以下是道奇公司提供的已审定的建筑合同价值的统计数据（1928年=100）：

年度	净投资指数	年度	净投资指数
1919	44	1925	94
1920	47	1926	98
1921	43	1927	96
1922	61	1928	100
1923	67	1929	88
1924	74	1930[1]	74

据估计，这些统计数字（不包括5000美元以下的项目）至少占公营和私营建筑、公用事业和其他建筑等固定资本投资总额的60%。道奇数字与所能编制的最佳总额数字之间的关系如下所示：[2]

年度	道奇数字 （单位：百万美元）	美国公私营建筑工程估计总额 （单位：百万美元）	（1928年=100）
1923	4768	6368	64
1924	5237	7305	74
1925	6623	8911	90
1926	6901	9350	94
1927	6787	9542	96
1928	7065	9936	100

根据本书的理论，1925年至1928年[3]的巨大建筑量可以对美国在1928年至1929年间的巨大繁荣作出充分的解释。然而，1925年至1927年的高速度的资本构成，似乎并没有在那些年里导致明显的利润膨胀。这其中的原因部分是储蓄率比

---

〔1〕37个州在1930年头8个月的数字与1928年头8个月的相应数字做比较。

〔2〕最近由国家经济研究局汇编的《公共工程的规划和管理》（Planning and Control of Public Works）一书中收集的材料对评估道奇统计数字非常有用。上面引用的更全面的估计摘自该书第126页。

〔3〕上述数字可能把实际施工时间全部提前了大约6个月。

前几年更高。但我认为，这也是由于这些年营运资本的流转基金所需的净增加额很小。假设我们的固定资本指数有六个月的滞后期，那么为了在全年时期（7月—次年6月）进行比较，我们需要知道营运资本在某一年的半年时期（1月—6月）同比增加了多少。各日历年上半年标准统计工业生产指数如下所示：

年度	工业生产指数	年度	工业生产指数
1923	116	1927	120
1924	107	1928	118
1925	116	1929	132
1926	120	1930	113

可以看出，从1925年到1928年年中，营运资本需求的增加并不多；但从1928年年中到1929年年中，营运资本的增加就很可观了；而从1929年年中到1930年年中，减少额却更加大。

现在，让我们试着对固定资本投资和营运资本投资总和在一起之后的变动量值编制一个综合指数，但是这一指数必然会非常粗略。我们之前的计算表明，上述生产指数的每一点可能代表大约1亿美元的营运资本；而上述资本构成指数的每一点刚好也代表着大约1亿美元。因此，让我们把前者的增量（衡量该年所需营运资本的净增量）加到后者的绝对值上（滞后六个月）：

年度	固定资本投资	营运资本净投资	总计
1923—1924	64	-9	55
1924—1925	74	+9	83
1925—1926	90	+4	94
1926—1927	94	—	94
1927—1928	96	-2	94
1928—1929	100	+14	114
1929—1930	88	-19	69

由此可见，这一表格提供了一些证据，使我们得出以下结论：虽然这些数字所涵盖的投资额在1925—1926年至1927—1928年的三年期间极为稳定，但在1928—1929年期间却增加了20%（价值20亿美元），在1929—1930年期间减少了

45%[1]（价值45亿美元）。1930—1931年第一季度的初步数据显示，存在进一步的下降，固定投资指数约为75，工业生产指数再度下跌13点，大约达到100。因此，美国1928—1929年的繁荣和1929—1930年的萧条分别对应投资的过剩和不足，从而看起来似乎与我们根据本书的理论所作的预期相当吻合。

从1925年到1928年，投资和储蓄保持平衡状态。在此期间，投资的规模相当大，据说公众普遍处于一种奢侈消费而非储蓄的心理状态中。这样

□ 大萧条时买面包的人们

1930年代美国大萧条，证券市场几乎崩溃，生产极度低迷，投资受到强烈抑制，经济陷于停顿，人们连必要的生活物资都非常缺乏。图为纽约时代广场排队买面包的美国民众。

一种平衡状态之所以维持，部分是因为企业储蓄的大量扩充，即股份制企业通过在股东中分配远低于其利润总额的金额来获得的储蓄。据估计，在英国和美国，大约五分之二的总储蓄量都是用这种方法产生的。在美国，当这些股份制企业正在积累内部资金的时候，所需的营运资本由于经营方式的改变不但没有增加，反而一直在减少，同时固定设备的扩充一直以温和的速度进行着。因此，实业界有大量的流动准备金可供其他发展项目使用，例如直接或通过银行体系进行营建和分期付款的购买。这种情况还有另一个特有的特征。有人可能会认为，联邦储备银行采用非常高的短期借款利率会更快地阻碍投资，从而提前结束企业繁荣期。但事实并非如此，部分原因是由于这样一个事实：较高的短期借款利率对债券利率的作用不像平时那样大。但主要还是因为普通股相对于股息收益率而言价格极高，这为股份制企业提供了一种异常廉价的融资方式。因此，在短期借款利率非常高，而债券利率略高的时候，通过发行普通股为新投资筹集资金比以往任何时期都要便宜。到1929年春，这已成为主要的融资方式。这样一来，尽管出现了非常昂贵的短期借款资金，但某些类型的投资却保持了宽松的条件。

---

〔1〕这一数字可能被流动资本投资的增加（即存储品的增加）部分抵消。

1929年秋华尔街经济崩溃，随后，证券交易所历史上最大的"多头"动态也就此告终。但我们要指出，此前，有"两种看法"曾大规模盛行。当一部分人仍然热衷于购买证券，甚至不惜代价以极高的利率依靠借款来囤购时，另一部分人在当时的情况下则成了"空头"（根据我使用这个词的意义），他们更愿意持有货币而不是证券。如果我们以纽约证券交易所经纪人的借款数量来衡量"多头—空头"的状况，也就是"两种看法"发展到何种程度，我们会发现借款总额在1929年9月底达到顶峰时，已上升到85.49亿美元。三个月后，证券价格崩溃让"两种看法"在达到了双方能够更接近于达成一致的价值水平上走到了一起，经纪人的借款总量下降，低于上述借款总量的一半，总计39.9亿美元。[1] 我们以前从来都没有过如此完善的统计检验：当证券价格上涨超过某一点时，"两种看法"的机制是如何运作的。但是，纽约市场的技术允许"空头"方面的大部分资金直接借给"多头"，而不需要银行体系的干预，再加上会员银行对定期存款的法定准备金很低，这就使得"多头"资金的量值可以出现巨大的变动，而不至于妨碍工业流通。但在英国经济体系这种典型的情况下，这又几乎是不可避免的。然而，联邦储备体系为了控制投机人士的狂热，于崩溃之前在美国强制执行高市场利率，并且世界其他地方由于共鸣性的自我保护行动，也执行了这种高利率，这在经济迅速崩溃过程中起了关键作用。因为这种惩罚性的利率难免会对美国乃至世界各地的新投资率产生消极影响，从而在各地奏响物价下跌和企业亏损的序曲。

由此看来，我认为1930年经济萧条的原因，主要是证券市场崩溃之前的长时间高利息贷款对投资产生的阻碍作用，而崩溃本身则是次要的。但是崩溃发生后，营运资本出现负投资，使情况严重恶化，特别是在美国。此外，它还以另外两种方式促进了利润紧缩的发展：抑制投资和鼓励储蓄。证券市场崩溃所造成的悲观情绪和失望气氛使企业数量减少，自然利率下降；与此同时，证券价值的崩溃带来的"心理"上的空虚可能增加了储蓄。

最后一点很重要，我们可以仔细地讨论一下。这其中所包含的结论可能具有永久价值。对于一个国家而言，在其公民相互之间交换预期收益的权利时，并不会因为他们选择以二十年的购买价值来对未来收益估值，比选择以十年的购买价

---

[1] 通过经纪人和直接从银行获得的证券贷款总额为（单位：百万美元）：1929年6月29日，15055；1929年10月4日，16660；1930年6月30日，12170［罗尔齐（H. V. Roelze），《经济统计评论》，1930年8月］。

值来估值而更加富有，但公民自己却毫无疑问地感到更富有了。如果一个人的投资在过去一年中翻了一番，而不是减半，谁能怀疑他更有可能买一辆新车呢？他觉得没多大必要从正常收入中省钱，他的整体支出水平也提高了。因为他们的证券利润和从当前收入中节省出来的储蓄，并没有被大多数人区分看待（也许应该这样）。

在我们面前的实际例子中，这些证券在纽约证券交易所列出的市场价值，从1929年4月的700亿美元上升至1929年9月的900亿美元，而到1929年12月[1]则回落到640亿美元。公众看到他们的名义财富在6个月之内增加了200亿美元，然后又在3个月之内亏损了260亿美元，所以，我们不能指望他们在第二阶段的生活方式与第一阶段的一样。我的结论是：他们在每周"亏"数亿美元的时候比每周"赚"数亿美元的时候更有可能"储蓄"（根据我所指的意义），也更有可能避免新的奢侈消费，并还清以前以分期付款方式购买的账款。

八、"吉布森悖论"

在过去几年里，吉布森先生发表了一系列的文章［主要发表在《银行家杂志》（*Banker Magazine*）］[2]，强调利率（以统一公债的收益率来衡量）与物价水平（以批发指数来衡量）之间在一百多年来存在着异常密切的相关性。长期以来，我一直对吉布森先生的数据感兴趣，并常常努力建立一些理论上的假说来解释这些数据。有一段时间，我的失败让我试着相信，吉布森先生那些异乎寻常的结果，无非是由于一种公认确证且容易解释的趋势，也就是在信贷周期的上升阶段，物价和利息一并上涨；在信贷周期的下降阶段，物价和利息一并下跌，而且还要考虑到纯属巧合的情况。但要维持这种观点绝非易事。因为奇特的地方是："吉布森悖论"——我们可以这样恰当地称呼它——是整个计量经济学领域中完整确立了的经验事实之一，只是理论经济学家大多忽略了它。这确实不太可能是偶然现象，因此，是可以对其做出某种普遍性的解释[3]。然而，前几章的分析可以为我们提供一种假设性的解释，这里值得一提。

---

[1] 12月份的上市股票数量大于9月份，9月份的上市股票数量大于4月份，但这对论点没有实质性的影响。

[2] 特别参看《银行家杂志》，1923年1月和1926年11月。

[3] 吉布森先生自己是这样解释的："这显然是由于生活成本越低，投资的余地就必然越大这一事实。"对于这一解释，恐怕必须毫无保留地予以摒弃。他忘记了，货币报酬加上利润的变动程度与物价的变动程度是相同的。

实际数据已在下表中列出。

年度	批发指数[1]	基数经校正的批发指数	统一公债的收益[2]（3镑4先令6便士=100）
1791—1794	108	119	121
1795—1799	137	151	159
1800—1804	145	145	147
1805—1809	158	158	148
1810—1814	144	144	149
1815—1819	128	128	133
1820—1824	106	117	119
1825—1829	101	111	110
1830—1834	91	100	109
1835—1839	98	108	102
1840—1844	92	101	100
1845—1849	85	93	101
1850—1854	85	93	96
1855—1859	98	98	100
1860—1864	101	101	101
1865—1869	100	100	102
1870—1874	103	103	100
1875—1879	91	100	98
1880—1884	83	91	93
1885—1889	70	84	92
1890—1894	68	82	88
1895—1899	63	76	82
1900—1904	71	85	88
1905—1909	75	90	90
1910—1914	82	98	101

[1] 1820年以后的指数是《统计学家》（*Statist*）杂志续编的索尔贝克指数，而1791年至1819年的指数则是杰文斯指数 $\times \frac{8}{7}$，该乘数表示1820年至1829年索尔贝克指数与杰文斯指数之比。

[2] 直到1839年为止，每年的数字是本年最高数值和最低数值的平均数；自1840年起，则是全年数值的平均数。

续表

年度	批发指数	基数经校正的批发指数	统一公债的收益 （3镑4先令6便士=100）
1915—1919	163	130	135[1]
1920	251	201	165
1921	155	155	162
1922	131	131	137
1923	129	129	134
1924	139	139	136
1925	136	136	137
1926	126	139	141
1927	122	134	141
1928	120	132	138

该表的第一栏和第三栏是完全未经校正的普通事实。第二栏中的批发指数做过一些校正（表中已标明），具有减缓其较剧烈变动的效果。如果在130年的时间里不发生任何货币事件，要求改变指数的基数，以清楚地显示出这两栏的变动趋势只是大体一致，而不是以正好相等的数量发生变动，那是完全不可能的。令人惊讶的是，这些校正是那样微小，我们最终只是回到了起点。它们包括基数上下10%至20%的长期变动，在多数情况下是与货币史上众所周知的事件相符合的。

那一栏的数据经过了校正，虽然问题看起来更清楚，但完全没有必要建立相关联系。科茨（W. H. Coates）先生[2]采用未经校正的数字，计算出1825年至1924年这一百年和1908年至1924年现代时期的皮尔逊相关系数，如下所示：

相对数			
《统计学家》指数	统一公债的毛收益	相关系数	概差
1825—1924	同一年	+0.893	0.014
1824—1923	后一年	+0.903	0.012
1908—1924	同一年	+0.90	0.03

〔1〕1915年的大部分时间里，统一公债都维持着人为的价格。
〔2〕《科尔温关于国家债务及赋税的报告》（*Colwyn Report on National Debt and Taxation*），附录XI，第101页。

续表

相对数			
《统计学家》指数	统一公债的毛收益	相关系数	概差
1907—1923	后一年	+0.91	0.03

　　1820年以来的统计数据大致可归纳如下：物价和利息从1820年到1850年一同下跌，从1851年到1856年一同上升，从1857年到1888年一同下跌，从1858年到1864年一同上升，从1866年到1869年一同下跌，从1873年到1896年一同下跌，从1896年到1900年一同上升，从1901年到1903年一同下跌，从1905年到1907年一同上升，从1907年到1908年一同下跌，从1908年到1914年、1914年再到1920年一同上升，从1920年到1923年一同下跌。除了这些一般趋势以外，这两者之间存在的一些微小摆动，也是在同一个方向上[1]。此外，科茨先生对相关系数的计算值充分证明了这些表面关联的实质。

　　正如我在上面所指出的，最明显的解释是个众所周知的事实：当贸易在信贷周期的上升阶段扩展时，批发价格和利率都有上升的趋势。然而，这种解释是不充分的。因为这种相关性是一种长期或中期的现象，而不是严格意义上的短期现象。即使完全不考虑与信贷周期相关联的批发指数会剧烈摆动，这种相关性也不会因此而减弱。事实上，统一公债的收益并非总是与信贷周期的各个阶段相对应。此外，皮克（E. G. Peake）先生在其发表的一篇文章（《银行家杂志》，1928年5月，第720页）中使用了与吉布森先生不同的统计数据，但却有力地证实了吉布森先生得出的结果，文章说明了长期利率的相关性高于短期利率。皮克先生使用伦敦和西北铁路公司的借款股份收益来代替统一公债的收益（以避免后者转换时出现的各种复杂情况），他还绘制了统计图，说明伦敦流动货币的利率和为期三个月的银行汇票的贴现率。虽然后者的短期走势与批发指数的短期走势相同，但他却发现，就整体而言，两者的相关性并不紧密，如下表所示：

---

[1] 吉布森先生在1923年1月的《银行家杂志》上分别发表了每年的数据。

1882年至1913年的相关系数

	前一年	同一年	后一年
《统计学家》指数和流动资金的平均年利息率	+0.681	+0.801	+0.564
《统计学家》指数和三个月银行汇票的贴现率	+0.630	+0.724	+0.512
《统计学家》指数和伦敦、西北借款股份的收益率	+0.788	+0.880	+0.888

关于利率与货币的增值（或贬值）之间的关系，欧文·费雪教授有一个著名的定理，但我们不能把这些实际数据作为这一定理例证，事实上这只会背道而驰。因为费雪教授假设的补偿性变动，与一年后对今日贷款应偿还的货币金额（包括利息加上或减去该年货币价值变动的补贴）有关。因此，如果实际利息为每年5%，而货币价值每年下降2%，那么以一年之后的钱，偿还今日贷出的100元，贷款方就会要求每年偿还107元。但吉布森先生提醒我们，这些变动对借贷双方的关系所产生的影响非但不是补偿性的，反而加重了这一影响。因为他向我们说明了：如果物价每年上涨，例如2%，那么这通常与长期证券的资本价值每年下降2%的趋势有关。因此，长期证券的购买者在一年后所拥有的款项就减少了2%，其间，货币本身的价值也减少了2%，从而他就亏损了4%，这两个变动的因素不是相互抵消的而是相互加重的，而这一年所赚利息的利率变动太小，无法产生很大的影响。

我对这一现象的初步解释如下：

（一）我认为，以长期证券收益衡量的市场利率与自然利率的关系是很"黏结牢固的"（自然利率在第11章下了定义，并在第13章中进一步解释，它是指储蓄量和投资量完全平衡的利率）。也就是说，当自然利率下降（或上升）时，银行界不会很快发现或对此作出反应，于是，市场利率就会呈现落后的趋势，其下降（或上升）往往小于与自然利率保持关联时应有的程度。换言之，在原有的利率水平上，储蓄量相对投资需求过剩或不足时，利率就无法迅速适应新情况，从而维持储蓄量和投资量之间的平衡状态。在19世纪早期，高利贷法可能在这方面起过一些作用。如今，伦敦的银行贷款并非完全按照自由市场的原则进行，也许和这有关。此外，新的储蓄量必须在对外投资中找到主要出路，这种情况下，一种因素对另一种因素如此缺乏敏感性的情形将特别明显，个中缘由已在第21章中说明。

（二）由于资本总额在任何一年的年增量，相对总额来说都是很小的，所以自然利率的变动是长期动态，可长达数十年之久，但会受到战争等因素的影响而中断。

（三）在自然利率处于长期变动的过程中，下降时，会出现投资长期滞后储蓄的趋势，因为市场利率不能以同样快的速度下降；而上升时，则会出现投资长期超过储蓄的趋势，因为市场利率不能以同样快的速度上升。由于市场利率落后于自然利率，因此投资率便无法得到适当程度的刺激或抑制。

（四）作出这些假设之后，从我们的基本方程中可以推出：当自然利率下降时，物价水平就会出现长期的滞后现象，并且方向相反。这种现象的规模不像信贷周期那样大，性质也没有那么显著。这是一种轻微的、长期持续的，并且沿着某个特定方向发展的滞后现象。每发生一次利润紧缩（或膨胀）就会逐渐转化为一次收入紧缩（或膨胀），继而又发生一次新的利润紧缩（或膨胀）；只要投资滞后于（或超过）储蓄一定数额（两者之间的差额没有必要日益增大），物价将继续无限制地下跌（或上升）（参见上卷第13章）。

（五）这一解释，明显会遭到如下反对：在较长的时期内，物价水平受货币供应量的支配（当然也会受到银行营业方法、流通速度等的校正），而货币供应量又是由完全与利率无关的原因所支配的。我对这一反对意见的答复是：过去一百年来旨在根据现状调整货币供应量的"管理"程度通常被人们低估了；此外，在基本方程式中还有另一个"黏性"因素，即货币效能报酬率。事实上，各国中央银行表现出的对黄金供求关系变化的适应能力，比人们有时想象的要强得多。它们都是天生的黄金囤积者，每当它们发现自己有能力这样做而又不会给企业界造成不便时，它们总是热衷于增加黄金的存储量。因此，过剩的黄金供应量通常可以被吸收，而对物价产生的影响没有预期那么大。另一方面，当黄金短缺时，它们不愿意对企业界施加强大的压力，迫使其降低货币报酬率。这方面的小动作已经很令人不快了，所以各中央银行总是力求（如果可以的话）避免更大的动作，于是它们会找到某些方法，例如：渐渐地改变准备方法或流通中黄金的使用量，使较少的黄金"起到"较多的黄金在旧习惯、旧方法下所起的作用。此外，以前不采用金本位的国家，部分或全部采用金本位的速度，仍然依赖于可用于满足其需要的自由黄金的充裕程度。最后，东方国家关于黄金相对白银的估价，一直起到抑制极端变动的调节作用，在长期中尤其如此。换言之，各中央银行在一定程度上参照黄金的相对充裕程度，对黄金的贪求程度进行了调控，而且它们倾向于默默接受新黄金供应量加上上述影响物价水平的因素，使其黄金储备水平刚刚好。

（六）我的结论是：即使是物价水平的长期变动，所受基本方程式第二项影响的程度也远远超出预期。如果这是正确的，就能解释吉布森悖论了。如果市场利率与自然利率的变动方向相同，但又总是滞后，那么物价水平即使在较长的时期内，其变动趋势也往往与利率的变动方向一致。参看上文的统计表，货币的影响不同于利润膨胀和利润紧缩的影响，只限于基数上下10%到20%的周期性变化，此表的第二栏对此作出了大致说明。

□ 布尔战争期间的民兵团

布尔战争一般指1899—1902年英国同荷兰移民后裔布尔人所建立的德兰士瓦共和国和奥兰治自由邦为争夺南非领土和资源而进行的一场战争，又称南非战争。最终英国在战争带来的巨大损失与国际舆论压力下，与布尔人签订和约，结束了战争。

总的来说，我倾向于将物价下跌和贸易不景气之间众所周知的关联归因于利润紧缩的影响，而不是归因于严格意义上的货币影响。我的意思是，市场利率的下降速度赶不上自然利率的下降速度，这比黄金供应不足更为重要。我们的表格说明了：在拿破仑战争时期，布尔战争时期，以及此后（1901—1914年）对外投资大规模扩张时期，以及大战时期，利率的上升速度不足以使储蓄量赶上投资量。另一方面，在1820年至1900年间，利率的下降速度不足以使投资量赶上储蓄量，19世纪中叶（也就是1855—1875年）的巨大投资热潮除外。自1920年以来，一直保持着这样的局势。

况且，弊端是累积性的。因为超过投资量的那部分储蓄量被浪费了，不会实现为世界财富的任何净增长。因此，利润紧缩不仅使市场利率高于自然利率，而且还通过阻碍财富的增长，使自然利率本身保持在没有阻碍时的水平之上。

这几段文字要求我们对当前局势再作一个评论。我重申一下，当前最大的弊端和近期经济发展的最大危险在于：世界各国中央银行不愿意让市场利率迅速下降。战争结束已经过去十年了，储蓄量达到了前所未有的规模，但其中一部分却由于各国中央银行不愿意让市场利率降低至使储蓄量能够完全被投资需求吸收的水平。从而储蓄量被浪费了，白白洒在地面上。在欧洲回归金本位的同时，采取了将利率维持在人为的高水平之上的政策，以促进紧缩的产生。1929年，联邦储备局和华尔街之间的斗争，在一定程度上是前者为阻止利率达到自然水平而误入了歧途。

特别是在英国，有一个学派认为，为了转换战时债务而长期降低利率的方法是：通过厉行节约的运动来刺激储蓄，同时通过"经济"运动来阻碍投资。但他们忽略了这样一个事实：不用来投资的储蓄会被浪费掉，对国民财富没有任何增补。只有投资（即以资本货物的形式增加物质财富的生产）才能增加国家财富，才能长期降低自然利率。

然而，展望未来，在我看来，未来二十年的前景将会出现这种强大的趋势：自然利率下降。与此同时，还存在一种危险：中央银行阻止市场利率全速下降的政策将推迟这一趋势的实现，并且会不必要地造成大量浪费和萧条状况。我在第37章第四节中会回头来讨论这个问题。

第七篇 货币管理

第31章 货币管理问题

一、通过投资率控制物价

银行体系不能直接控制个别商品的价格，也不能控制生产要素的货币报酬率。在现实中，它也不能直接控制货币数量，因为现代银行制度的特点是：中央银行随时愿意按照规定的贴现率，不限数量地以货币购买某种被认可的有价证券。

由此可见，尽管我们稍后会对中央银行所谓的"公开市场"业务提出一些限定条件，但大体可以这么说：整个银行体系的控制因素是贴现率。因为这是唯一直接受中央银行当局意志和命令所支配的因素，因此，所有其他因素的变化都必须从这一因素中产生。

这实际上意味着，在当代世界，物价的控制是通过控制投资率来实现的。无论是通过银行利率来发生作用，还是通过公开市场交易来发生作用，中央银行当局除了影响投资率之外无能为力。但是我们的基本方程式表明：如果可以任意影响投资率，那么这就可以用作平衡因素。在任何必要的程度中，首先影响产品的整体物价水平，最终作为物价对利润的效应的反应，影响生产要素的货币报酬率。

因此，货币管理的艺术一部分在于设计技术方法，使中央银行当局能够对投资率实行既迅速灵敏又有效的控制；另一部分则在于拥有足够的知识和预测能力，使这些技术方法能够在适当的时候应用到适当的程度，以便为达到受管理的货币体系所规定的最终目标，而对物价和报酬产生积极的影响。

这部分将主要探讨控制的技术方法。首先讨论的是中央银行与会员银行的关系问题，以及如何对鼓励或阻碍当期投资率的全部行为建立一种不可挑战的集中控制额问题，这是第32章的主题。其次是我们已经在本书的前面部分谈论过的许多问题：鉴于中央银行机构已经对会员银行建立了有效控制，它是否确实有能力像我们所设想的那样完全控制投资率，这是第37章的主题。随后，我们将在第33章研究中央银行本身的自由裁量权，它所受或应受的法律限制；在第35章，我们会简要介绍国际金本位制；在第34章和第36章，我们将研究中央银行在与国外类似机构的关系中可能遇到的困难和疑难情况。最后，我们将在第38章讨论，是否有对整个世界的货币事务进行超国家管理的可能性，并在结论中提出几点思考。

但在我们探讨这些问题之前，暂且先谈论一下货币管理方面的错误看法。在我看来，这类看法几乎是所有异端学派货币改革者的共有特点，他们真正充分认识到了现行货币制度的缺点，但当他们提出补救措施的时候，却忽略了某些基本原则。我认为，这一错误看法的根本原因是没有认识到货币制度与利率的关系，及其与资本投资率之间的深远关系。

二、银行家的双重职能

银行家可用于放贷或投资的资金，相当于存款人账户内贷方存款总额的一大部分（接近90%）。如果所存款项是储蓄存款，那么他只是转移借贷资本的中间人；如果所存款项是活期存款，那么他既是存款人的货币供应者，也是借款人的资金供应者。所以，现代银行家便提供了两套截然不同的服务。他能发挥票据交换的作用，并在不同的客户之间，通过贷方和借方的账面记录来来回回地转移当期支付，从而提供国家货币的替代品。但当他从公众那里收取存款，用于购买证券，或向工业和商业发放贷款，主要应付营运资本的需求时，他又在某种特殊投资贷付方面充当中间人。

这种职能的双重性是现代货币和信用理论中诸多难点的线索，也是一些严重思想混乱的根源。

当商品货币通行时，货币单位的供应和某种特殊投资贷付之间就没有这种密切的联系。但是，一旦表征货币进入市场，无论怎样迫使表征货币模仿商品货币的行为都会产生问题。因为制造表征货币不会消耗任何实际资金，因此，当公众持有更多的表征货币单位时，这种货币的发行者就会有一笔货币可以借贷出去，其价值等于公众为了方便获得更多的现金而作为代价自愿放弃的实际资金价值。

一位表征货币（以银行货币的形式）的发行者，当他将这种发行职能与借贷资本中间人所具有的职能结合在一起，并把他们充当中间人时所获得的资金，与他们充当表征货币供应者时所获得的资金结合在一起，再继而把这两种不同业务所产生的总收益作为一笔资金借贷出去时，货币发展便进入下一阶段。

在过去，区分储蓄存款和活期存款可能比现在容易。首先，银行存款主要是储蓄存款，而银行钞票则大部分用作现在的活期存款。在一些国家，这种区分仍然有相当大的有效性。但在英国，1844年的《英国银行法》（*The British Bank Act*）压制了银行钞票的发行，模糊了两者之间的界限，使其无法辨认。最后，到了近代，银行控制了非常庞大的资金，并建立了影响深远的组织，它们因而成为了迄今为止最大的专业短期放款人。因此，它们自然而然地感到，自己有责任满足社会对这种特殊借款不断变化的需求，而其重要性不亚于提供货币的责任。

将这两种职能有机地结合起来，是近代银行业的困境。作为表征货币的供应者，银行体系有责任维持这种货币已经规定好的客观标准；作为按照特定类型的条款和条件提供放款的供应者，银行体系有责任根据平衡利率（即自然利率）尽其所能地调整这种贷款的供应，使其供求均衡。此外，正如我们所看到的，客观标准的维持是在一种特殊的方式（其确切性质一般为人们所忽视）下，与银行体系以放款人的身份为促进新资本投资而采用的利率联系在一起的由于这个原因，完全履行其中一项职责有时与完全履行另一项职责是不相容的，银行体系的控制者必须决定哪一项职责是优先的；如果两者不分先后的话，则必须在两者之间采取一种合理的折中方案。

在这些真理中，有些人以偏概全地选择其中一部分，而对另一些真理则选择盲从，这就导致大量非经典学派货币文献的作者之间产生了特有的对立观点。一方面是银行家，他们严格遵守从经验中学到的粗略经验法则，在行为上保持了起码的理智。另一方面是世界上那一群最客观公正的异端学派和思想怪客，其人数和热情异乎寻常。本书的作者由于写了一部《货币改革论》并反对恢复金本位制度，被他们奉为富有慈悲之心的人。我几乎每个星期都会收到来自世界各地用各种语言写来的书、小册子、文章或书信，其内容都大同小异，论据也如出一辙[1]。对于任何研究货币理论的学者来说，如何应对这场洪流，应对此表现出多少尊重和礼貌，以及在这方面应花费多少时间，都是一个问题——特别是当他觉得

---

〔1〕有关当代货币理论的主要异端学派作家的记述，德文版请参看哈伯所著的《对于近代货币改革者的错误的研究》（*Untersuchungcn uber Irrliimer moderner Celdverbesserer*，1926年版）。

这些异端学派的强烈不满远比银行家的自鸣得意更为可取的时候尤其如此。不管怎样，我们都不能漠然置之。因为，就像在这种情况下一样，异端学派以丝毫不减的活力，已经蓬勃发展了两百年（实际上自表征货币出现以来），我们可以肯定的是，正统学派的论据不可能完全令人满意。异端派学者是老实的知性论者，只要他们得出结论的思路没有被自己的理解所驳倒，哪怕这些结论是令人咋舌的，他们也有勇气坚持自己的结论。当他们惊世骇俗的结论像这样的情形时：如果是正确的，就能解决人类苦难带来的许多经济弊病——他们心中的道德热情就会油然而生，使他们顽固的精神更加强烈。他们就像苏格拉底一样，在争论中昂首阔步。他们是值得尊重的；任何写这方面文章的人，都有责任试图澄清这一问题，并使异端学派和银行家在共同的理解下得到调和。因此，让我们看看，我们的分析是否能使我们得出一个使双方冰释前嫌的论点。

几乎所有货币异端学派的理论都有一个共同点。他们在货币和信用方面的理论假说在以下方面是类似的：银行可以以某种方式向工商业界提供其需要的所有合理资金，而不需要任何人花费真正的成本。如果它们对自己的债权提出限定条件，那也是根据借款人用款目的的某种标准提出的。

因为他们是这样辩论的：货币（即贷款）是工业的生命线。如果可以以宽厚的条件获得足够数量的货币（即贷款），我们将轻而易举地充分利用一切可用的生产要素供应量。对于个体工商业者而言，"银行信用"就意味着"营运资本"；从银行的借款使他有能力支付工资、购买材料和贮存存储品。因此，如果能够自由获得足够的银行信用，就绝不会出现失业现象。那么，问题就来了：既然银行能够创造信用，它们为什么要拒绝任何合理的需求呢？为什么它们要对那些花费很少甚至完全不需要花费的东西收费呢？在他们看来，我们的麻烦似乎要归咎于这样一个因素：银行垄断了这种创造信用的权力，通过人为地限制信用供应，使它们能够对信用收取费用而从中谋利。如果他们拥有这种魔法的力量，为什么它们会如此吝啬呢？为什么实业家拥有的营运资本比他们希望的要少，或者被迫为此支付5%的利息？答案只有一个：垄断这种魔法的银行家们，为了提高价格，会有限地行使自己的权力。如果面包商是一家可以用石头做面包的封闭型公司，这并不意味着他们会按照四磅石头的成本降低面包的价格。在魔法发挥作用的地方，除非将其国有化，否则公众无法获得全部利益。我们的异端学派确实承认，我们必须小心避免"膨胀"，但这只发生在创造的信用不能适应任何生产过程的时候。创造的信用如果满足营运资本的真正需求，是绝不可能造成膨胀的，因为这样的信用是"自清自偿"的，在生产过程结束时会自动偿还。异端学派总结道，货币改革在于调整信用的创造，以满足营运资本的所有真正需求。如果信用的创造被严格限制在这种范围之内，那就永远不会出现膨胀。此外，除了应付坏账和管理开支所需要的费用之外，没有理由对此类信用收取任何费用。每一个星期，抑或每一天，甚至每一个小时，都会有一些人类的祈福者豁然开朗，发现这就是通往乌托邦的钥匙。

□ 安德鲁·梅隆

安德鲁·梅隆（Andrew W. Mellon），美国大银行家、金融家、财政部长，梅隆家族重要人物。20世纪初，梅隆家族逐渐形成了一个垄断资本集团，1910年后，梅隆财团控制了美国不少生产钢铁、石油的工矿企业。大萧条时期，纽约流行一首儿歌："梅隆拉响汽笛，胡佛敲起钟。华尔街发出信号，美国往地狱里冲！"可见梅隆家族当时对美国的影响力。

银行家们对上述全部论据所作出的一贯回答是令人难以信服的。银行家并不否认在某种意义上他们能够创造信用。他们对这种创造行为所唯一需要的是一块适当比例的"黄金"（或其他形式的准备金）。当一家银行在英格兰银行的余额超过其通常的需要时，它就能向工商界提供额外的贷款，这笔额外的贷款在它或其他银行的资产负债表上的另一面，便创造了一笔额外的存款（记入借款人的贷方或他选定的转移账户的贷方）。对于整个银行体系来说，只有当以这种方式"创造"的信用导致了黄金的损失，减少了银行的准备金，从而说明有必要"缩减"信用量时，这种"创造"才是"过多的"。但是，如果黄金供应充足，那么就不需要阻碍这种创造行为。我们经常在金融报刊上读到的一句话是："联邦储备体系充足的黄金存量表明，银行将毫不费力地为工商界一切的合理需求提供资金。"因此，如果我们相信银行家的话，那么工业可用的营运资本量，在某种程度上似乎取决于英格兰银行或联邦储备体系中储存的黄金数量。

这种关于黄金的看法，异端学派自然会反驳，这确实带有欺骗性质。很明显，英格兰银行的黄金不可能让工业活跃起来。因为其中大部分黄金都是年复一年原封不动地放在那里，如果这些黄金化为乌有，只要我们蒙在鼓里，其他一切事物照样可以依然如故地继续进行着。如果认为英国工业可用的营运资金量取决于英格兰银行金库中的黄金数量，那就太荒谬了。

尽管如此，银行家们还是努力将这些论点往回拉——拉回到对他们至关重要的准备金上——即使他们不把这些事实当作事情的原因，至少也把它们当作一种象征。尽管是他们创造了信用，但他们创造的信用数量不是任意的，也不是无限的。这种数量一方面取决于贸易需求，另一方面取决于他们的准备金状况。如果他们不顾自己的准备金状况而创造信用，黄金就会流向国外，危及货币的可兑现性；或者，如果没有实行金本位制的话，外汇就会贬值，从而提高所有进口商品的成本。对于有常识的旁观者来说，这似乎是正确而有说服力的。甚至异端学派也开始感到不安，但他并不信服，他的论点并没有得到论证。制造商所需要的信用额度，怎么可能取决于封存在"针线街"地下金库的金属量呢？他很快又回到原来的信念：银行家们唯利是图地编造出一套诡辩来欺骗他。信用是生产运营的道路。银行家们，如果知道自己的职责，就会根据社会刚好充分运用其生产力所需的程度提供必要的运输设施。

本书的一个主要目标就是明确地解答这些疑难问题。非膨胀性（即不受利润膨胀的影响；收入膨胀又是另一回事）信用创造的真正标准是什么？我们发现，解决办法在于保持储蓄率和新投资价值之间的平衡。也就是说，如果这样的信用创造对新投资价值产生的净效应，并不会提高这种新投资的价值，使其超过公众的当期储蓄量，那么，银行家们才能创造信用，而不至成为膨胀倾向的众矢之的；同样，除非他们创造足够的信用，来防止新投资价值下跌到当期储蓄量之下，否则，他们将招致紧缩的非难。需要创造多少信用来维持平衡状态，是一个复杂的问题，因为这取决于信用的使用方式，以及其他货币因素的情况。答案虽不简单，但却是明确的；而这种平衡状态实际上是否能够得以维持，取决于整个产量的物价水平是否稳定。

因此，异端学派所犯的错误就在于，他们没有考虑到利润膨胀的可能性。他们承认收入膨胀的本质和弊端。他们认识到，为企业家垫付信用，如果不是为了增加生产要素的报酬，而是使他能够增加生产要素的雇佣量，从而增加产量，那就与收入膨胀不是一回事。因为新创造的财富量与新信用是相适应的，但收入膨胀却并非如此。但是他们忽略了基本方程式的最后一项，他们没有考虑到投资超过储蓄的可能性，也没有考虑到以下这一可能性：当新消费力分配给生产要素作为报酬时，新创造出来的财富不一定具有可消费的形式。而且，他们没有认识到，即使生产要素的单位产品的报酬率不变，物价仍然会上涨。

然而，银行家的准备金标准是什么呢？我们也许已经给了异端学派一个令人信服的答案，但从表面上看，这似乎与他们的敌对方——银行家——提供给他们的答案不同。答案确实是不一样的。事实上，银行家的准备金，状况是一种象征——他们正确地把现金准备金的损失视为一种象征：购买力的供应超过了国内物质手段所能满足的程度。这是他们准备金的唯一意义。但是，这一标准的特点在于，它不是检验利润膨胀是否存在，而是检验膨胀或紧缩的程度是否与外部世界的事件存在适当的关系。一个国家的外汇和黄金储备在金本位制下处于平衡状态，并不是在当它不受利润膨胀或紧缩影响的时候，而是当总膨胀或紧缩的程度——如第21章所解释的那样——导致国际收支平衡，从而总的说来没有产生黄金流入或流出的趋势的时候。正是这个原因，当金本位制正常运行时，信贷周期通常被认为是一种国际性的现象，而在暂停使用金本位制时，情形则此一时彼一时了。因为，国际金本位制通常是将利润膨胀或紧缩现象从一个国家传播到另一个国家的一种手段。

因此，无论是异端学派的原理还是银行家的原理，都无法实现物价稳定的理想。前者的做法可能产生利润膨胀，而后者的做法不但会产生利润膨胀，还有可能带来附加的不利影响，即在其他情况下可能产生利润紧缩。他们都没有注意到物价稳定的真正标准，即储蓄与投资的平衡。银行根据准备金的数量来决定贷款的数量（不过这种做法当然是现行货币体系强迫它们采用的），而异端学派则让它们根据可雇佣的生产要素的数量来决定。但双方都不打算按照储蓄和投资之间的平衡来决定，尽管这是维持物价稳定的唯一标准。不过，当异端学派抱怨银行在现行制度下的贷款政策基本上没有受到（也不可能受到）维持最佳就业水平这一目标的影响时，他们提醒人们要注意现行制度中的真正缺陷。

所以，银行家们甚至没有试图维持物价和就业的稳定性，于是在出现不稳定现象时，他们也不会因失败而遭受指责了。在金本位制度下，他们的目标是：与全世界银行体系的一般行为保持一致。他们的观念不是保持清醒，而是按照完美的行为标准，刚好享受所有同伴特有的那种程度的醉意（或头昏脑涨）。

另一方面，异端学派都主张严格的清醒状态和正常的体温，以最大限度地实现经济主体的活动和效率。但是他们对生理学的了解是不足的，他们没有意识到一个人保持健康的唯一方法，就是给自己服用一剂恰好可以适应体温、血压和其他附带条件的利率。

如果我继续用医学来打比方的话，那么在不稳定现象已经切切实实地发展，并且正在救治的时候，由于忽略了这样一个事实而产生了进一步的误解：治疗措施的最终疗效是毋庸置疑的，但除非经过一段时间，否则不能产生所需的反应。

例如，生产类型从投资性产品向消费性产品转变时（或调转过来），由于生产过程要占用一段时间，没有经过相当长的时间，是不会在市场上产生效果的。因此，正如我们所看到的，对这种转变的物价刺激很可能会持续一段时间，直到采取必要的措施后。结果往往是补救措施使用过头了，这就好像某一家人给孩子服用蓖麻油，在第一剂发挥作用之前，每隔十分钟接连不断地给他服用一剂；或者打一个更恰当的比喻：这就好像不同的家庭成员相继给这个孩子服用蓖麻油，但每个人都不知道别人给的剂量。结果，这孩子的病情加重了。接着他们又按照同样的原则给孩子服用铋。科学家将宣称，儿童易患腹泻——便秘循环症。他们还补充道，这种循环症是由于天气所致，不然的话就是由于家庭成员之间或喜或悲的情绪所致。如果第一剂药物发挥效用的时间是恒定不变的，那么他们就会发现，这种循环是一种时期恒定不变的真正循环。也许他们会建议，治疗方法在于，当孩子便秘时，给他服用铋，而在另一种极端的时候则服用蓖麻油。但更有可能的情况是，父母们会分成使用铋和使用蓖麻油两派，其中一派会因为腹泻的可怕而放弃使用蓖麻油，而另一派则会因为便秘的苦恼而放弃使用铋。

因此，保持使健康处于常态的中庸之道并非易事。

第32章　国家管理方法之一——对会员银行的控制

负责管理整个货币体系的中央银行，其首要任务是确保对会员银行创造的银行货币总量拥有不可挑战的控制权。我们在第2章和第25章中看到，这一总量严格由会员银行的准备资金数额决定，或是在某种规定的范围内由会员银行的准备资金数额决定。因此，第一个问题就是：中央银行该如何控制会员银行的准备金数额。

为了方便论述，我们假设中央银行同时也是钞票发行当局。（如果情况并非如此，为了下文的讨论，则必须假定中央银行和钞票发行当局的资产负债表是合并在一起的。）在这种假设下，公众手中流通的货币，加上会员银行的准备资金，就等于中央银行的总资产减去本身的资本和准备金，再减去政府的存款以及会员银行以外的任何其他存款。因此，一般来说，如果中央银行能够控制其资产总额，它就能够控制现金和流通中的银行货币的数量。会员银行只能通过影响中央银行来增加其资产总额，从而增加自身的准备资金（除非流通中的现金量在减少）；如果中央银行能够控制其资产总额，它便能间接地控制现金和银行货币的总量。所以，中央银行以符合客观标准的方式管理表征货币的力量，主要取决于它通过一项专门制定的政策，来决定自身资产总额的能力。因此，我们首先要研究的就是决定这些资产额的因素。

这些资产是什么呢？将中央银行的可变资产（即除去银行房产的资产）分为三类是比较简便的划分法，即（1）黄金，（2）投资，（3）垫付款。我所说的"黄金"是指中央银行不能自行创造，但必须依照法律规定以此与法定货币相互兑换的任何东西。我所说的"投资"是指除黄金以外，中央银行主动购买的任何资产，因此，它可能包括在公开市场上购买的票据。我所说的"垫付款"是指在特定条件下提供的，由中央银行按照法律或惯例有义务购买的、除黄金以外的任何资产。我所说的"银行利率"是指中央银行提供此类垫付款时所必须或习惯采用的条件[1]。

中央银行的投资由于是自己主动购买和出售的，所以投资量完全在自己的掌控范围之内。旨在改变投资量的做法，现在通常被称为"公开市场政策"。一般认为，通过银行利率的变动，即通过提高或降低提供垫付款的条件，其垫付款的数额至少应部分地（我们稍后再讨论这部分的量值）在其控制之内。在"可兑换"的国际体系中，黄金量进一步脱离中央银行的控制。因为，黄金量直接取决于国民对国外银行体系的债权，是超过还是低于国外人民对本国银行体系的债权。然而，一般认为，同样通过银行利率的方法——间接来说至少部分是可控的，因为银行利率由于众所周知的原因，会影响国际债权的平衡。

正如我们所看到的，理论上，中央银行还可以采取许多其他的做法。然而在

---

[1] 银行可能会为各种各样的"合格"资产制定相差甚微的利率。

实践中，以英格兰银行和美国联邦储备体系为代表的现代中央银行，除了采用心理压力的方法（这一方法在英格兰银行是暗地里实行的，而在联邦储备银行则是通过建议、劝告或威胁的方式公开实行的）外，就只能采取"公开市场政策"和银行利率这两种方法。

一、英国体系

人们通常没有认识到，传统的英国体系与其他地方流行的体系，特别是美国联邦储备体系，有一个至关重要的差别。而后者的创始人认为，这一体系与战前的英国体系极其相似，这种说法是不切实际的。因为英国体系设法做到其他体系做不到的事：英格兰银行的"垫付款"（如上述定义）数额通常为零（须符合下文列出的条件）。这种垫付款只能临时存在，且只能用于短期应付季节性和每半年结束时的结账日，或者货币市场的意外状况等其他紧急情况，另外就只能用于应付非常短暂的状况，或者在银行利率预计就快提高的时候存在。对此的主要限定条件是：首先，该银行是政府的银行，并按照"岁入"的方式对政府贷款；其次，除股份制银行外，它还像其他银行一样，对一定数量的金融界和商业界提供借款来应付它们的需求，只是规模相对较小。

这种情况可归因于伦敦体系的两个特点，这是其他地方所没有的。银行利率通常是根据公开市场上三个月的期票贴现率规定的，这使得此类票据的持有者无法在英格兰银行再贴现时获利；其次，一种有点奇怪的习俗或惯例已经悄然形成，根据这种惯例，股份制银行被禁止直接向英格兰银行出售票据。如果英国股份制银行打算补充其准备资金，唯有以下三种方法可以实现：（1）将资产出售给其他银行的客户，从而获得其他银行的部分余额，这显然无助于缓解整个银行的压力；（2）放出国库券，从而迫使财政部以"岁入"方式向英格兰银行借款；（3）通过收回先前借给票据经纪人的短期贷款，或者停止购买票据，从而迫使他们通过贴现或其他方式从英格兰银行借款，以减少票据经纪人的资金。但是，只要英格兰银行的官方利率高于市场利率，票据经纪人就不会向英格兰银行借款，除非短期借款以度过特殊时期，或争取时间重新进行安排；但另一方面，票据经纪人会试图通过降低票据的购买价格来补充资金。同样，财政部通常会接受较低的国库券投标价格，以避免负担英格兰银行除短期债款以外的债务。因此，只要英格兰银行在市场利率逼近或快要超过银行利率时，通过提高银行利率来与市场状况保持联系，那么股份制银行增加其在英格兰银行的总准备金的能力实际上为零。不管任何一家银行试图这样做，到头来都将损害其他银行的利益；而如果所有银行都这么做的话，没有一家银行能够改善其原有状况。但在战前，英国体系的运作还有一个简化之处。会员银行实际上不仅无法通过向英格兰银行贴现来增加准备资金，而且现代意义下的"公开市场政策"实际上也是个未知数。英格兰银行偶尔也会出售统一公债来获取"现金"，同时又以"记账"的方式回购这种公债（一个月后的任何时期偿还），这是一种间接使货币市场减少一笔资金的方式，数额相当于证券交易所未到期账款。当市场利率远远落后于银行利率，以致对外汇交易和黄金的流通产生不利影响时，英格兰银行就会采取这种权宜之计。但这种做法并不常见，也不是银行控制市场的重要武器。因此，除了某些众所周知的季节性变动，例如每半年结束时向货币市场提供临时贷款，以及在财政年的某些时期，以"岁入"的方式对财政部垫付款项等，英格兰银行的投资量实际上是不变的。多年来，这一投资量也随着银行业务的一般发展而缓慢增长。例如，在布尔战争和第一次世界大战之间的大部分时期，这一投资量除了极短期的变动外，大约都在4000万英镑到4500万英镑之间。

由此可见，既然垫付款通常为零，投资实际上是不变的，那么英国会员银行准备金的变动，就主要取决于英格兰银行持有的黄金量的变动，这是由流通过程的流入和流出，以及全国黄金的流入和流出情况决定的。这就是旧式"自动"体系可爱的简单之处，守旧的人因缅怀这一体系而喟然长叹，而新式的人几乎遗忘了它的特点。在战前，有关"健全的"银行业方面的问题，从未涉及稳定物价水平或避免利润膨胀和紧缩方面的事项，而只涉及一个极其精确的技术问题，即尽可能地预见一个近乎机械系统的运行原理，以及怎样适应季节性变化和类似变化的问题。

回顾过去，值得注意的是：过去从未采用过"公开市场政策"这一方法来减轻惯常发生和众所周知的季节性黄金流入和流出的影响。英格兰银行在每年的春季会增加约1000万英镑的黄金，而在秋季又会减少大约相应的数额。而且在没有"公开市场政策"的情况下，英格兰银行的存款也会大幅上升或下降——有时接近20%。通常情况下，每年秋季的黄金外流会使英格兰银行的准备金减少25%至30%，而不会引起任何人的严重担忧。但是，由于所得税收入，财政部的短期负

□ 国库券

公开市场政策是中央银行一般性货币政策工具的一种，也是传统的"三大法宝"之一。它是指中央银行在证券市场上公开买卖各种政府证券以控制货币供给量及影响利率水平的行为。国库券就是政府债券的一种，多由国家财政当局为弥补国库收支不平衡而发行。

债通常在春季达到最低点，这一事实的后果部分抵消了这些变动的影响。各种暂时和混乱不清的影响，可能会在个别年份稍微扰乱这些过程，但总的来说，这就是实际情况的特性。

因此，英国的信用创造率是由一种简单的机制形成的，这种机制切切实实地反映了黄金流入和流出的动态过程。此外，由于票据的面值对批发物价水平的变动十分敏感，因此批发物价下跌往往会直接使货币贬值，其效果立竿见影，反之亦然。所以，由于伦敦在国际贸易和金融方面占据着主导地位，这一体系便非常适合以相对较少的黄金储备维持英镑与黄金的平价，同时在一定范围内也适合促进批发物价的稳定。

战后新的"管理"因素在于习惯性地采用一种"公开市场政策"，通过这种政策，英格兰银行买卖投资，以便使会员银行的准备资金保持在其所希望的水平。这种方法——作为一种方法而言——在我看来最理想。结合前面所描述的英国货币体系的特点，它使英格兰银行能够对会员银行的信用创造保持绝对的控制，其程度是其他货币体系无法企及的。英格兰银行已经发展出一种完美的方法，将国家银行体系中会员银行的完全控制权移交给中央当局。可以毫不夸张地说，个别会员银行实际上没有能力影响银行货币的总量，除非它们违背了自己的准备金率惯例。即便如此，如果英格兰银行出售相应数额的投资，就能恢复原来的状况。这一体系中唯一的缺点是（上文已经提出过补救措施）：会员银行的准备金率由于不受法律的约束，容易发生变动；银行体系中不属于清算银行的会员银行的准备方式太含糊不清。

战前的体系在稳定世界物价或阻止信贷周期中断方面没有起到多大作用——它认为这是天意的安排，与自己没多大的关系。但它有一个很大的优势：每个人都非常清楚地知道，哪种原则支配着英格兰银行的行动，以及在特定的情况下他们应该预期什么。战后的体系已经用最有效的"管理"取代了旧式的"自动"体系，这一切都是好的。但是，目前还没有人确切地知道"管理"的目标是什么，以及它应遵循什么样的原则。迄今为止，还很难说它已经公开地在专家的讨论和批评的帮助下，尝试应用科学原理来实现最佳经济状态，它只是以伦敦金融区所谓的"幕后之手"的方法向未知的目的地前进。英格兰银行的做法与美国联邦储备体系的那种全面公开的高调做法形成了鲜明对比。我们大概知道，英格兰银行本来和其他银行一样是一家股份制银行，但现在它不光与会员银行有业务往来，还像其他银行一样与私人客户有业务往来；它与外国银行也有重要的业务往来；它还不时地与外国政府进行私密的交易；此外，尽管自大战以来，纯私人业务可能在下滑，但与外国银行的业务却更巩固和扩展了。但我们没有关于这些问题的数字信息；1928年以前，我们甚至不知道英格兰银行公布的存款中到底有多少代表会员银行的余额，多少属于其他类别的客户。

然而，在控制会员银行创造银行货币方面，英格兰银行掌握了迄今为止发展起来的最佳方法，这一点一直是不争的事实；我们有理由希望，随着知识的进步，这些方法终有一天会得以善用。

二、欧洲大陆体系

在大多数战前的欧洲货币体系中，例如法国或德国，中央银行所发挥的作用与英格兰银行大不相同：相对于支票，银行钞票的重要性大得多；中央银行的资金相对会员银行的资金也大得多（特别是当我们考虑到能够应付营运资本需求变动的资金时）；在增加中央银行的"垫付款"方面没有任何障碍；而会员银行在维持严格的准备金率方面也不受法律或惯例的约束。

由于会员银行不受准备金率的约束，当它们想扩充资金时，能够自由地向中央银行再贴现，因此，中央银行对它们的控制是非常不完全的。会员银行对信用扩充的主要限制，是它们提供的符合再贴现条件的票据供应量。然而，如果会员银行整体倾向于增加投资贷付额，那么它们就会以存款的形式收回比例小得多的贷款，因为更多的新贷款将以钞票的形式贷出。这一事实可以抵消上述缺陷。因此，与英国相比，欧洲其他国家会员银行在创造信用方面的权力要小得多，它们需要的控制也就小得多。其结果是，商界借款的扩充将很快表现为中央银行有价证券保存额的扩充，及其钞票发行额几乎相应的扩充。于是，主管当局的注意力便主要集中在这些征兆上。

显然，为了解释这类体系的行为，需要进行与上述讨论略有不同的分析，这样做并不困难。但是，由于对所涉具体事实（以及对篇幅大小的考虑）的了解不足，使我望而却步。然而，我预见到，随着支票存款制度的发展，欧洲银行体系表现出更多的英美制度特点的趋势，为了充分巩固中央银行的地位，可能需要进行重大改革，尤其是德国国家银行。据我所知，这是一种正在快速但非正式发展的体系。它对会员银行的控制是完全不充分的，而且，整个商业界出现的任何通货膨胀的强大压力，它都很容易受到影响。德国国家银行不得不过分依赖银行利率，这不仅是为了吸引外国资金，也是为了限制国内借贷。其结果是：当利率高到足以限制国内借贷时，可能对国外可贷资金产生过度的吸引力。

三、美国联邦储备体系

当联邦储备体系在战前不久就开始进行规划时，人们不明白"伦敦方法"——保证中央银行对会员银行的"垫付款"在正常情况下为零——对控制中央银行有多重要。因此，联邦储备体系便融合了英国的方法和欧洲大陆的方法。它在以下两方面与英国体系的对应特点是相似的，即银行货币具有根本的重要性，以及会员银行必须保持严格的准备金率。但会员银行又有充分的余地可以进行再贴现，这种便利通常会被会员银行加以利用（这一假设蕴含在许多规定当中），它们还将为期三个月的银行承兑票据的买入利率维持在等于或低于市场利率的水平，这些都是按照欧洲大陆的模式形成的特点，与英国的情况截然不同。联邦储备银行为会员银行贴现票据或买入银行承兑票据的法定利率，通常与市场利率有关，这使得某些票据无论以哪种利率卖给联邦储备银行都有利可图，唯一的问题是：这在任意特定时期以多大的规模出现。采用伦敦的说法，当市场在某种程度上通常存在于银行"以内"时，这好比美国的体系。而当市场只是暂时存在于银行"以内"，或者是在发生意外风险时作为最后的应对手段，这就好比伦敦的体系。

在美国联邦储备体系开始实施时，人们当然讨论了这一点，但没有充分认识到其根本的重要性。问题是以下面这种形式提出来的：联邦储备银行是通过对会员银行进行票据再贴现，或通过公开市场的业务而持续营业呢？还是其活动仅限于应付紧急情况？……当时得出的结论是：银行经营的目的不仅仅在于应付紧急情况,联邦储备银行法案创设了一个奢华的常设机构,该机构应不断地为共同利益服务,使其自身"适应工业、商业和农业的各种需要,包括所有的季节性变动和意外事件"[1]。就公开市场的业务而言,这些都是可以的。然而,我认为实际问题的意义,并没有被美国联邦储备体系的创始人清楚地理解。就会员银行主动进行再贴现的便利性而言,联邦储备银行到底是属于像英格兰银行那样的应急机构,还是应该成为正常和惯常的资金供应来源。结果,联邦储备体系正如它在实践中发展的那样,最终必定会沿着与伦敦体系截然不同的路线发展。

无论如何,该决定赞成把再贴现作为会员银行可经常利用的一种便利条件,以至于连法律都规定:联邦储备体系钞票发行的信用部分(即不包括黄金的那部分)的准备,应当只由票据构成。因此,如果联邦储备银行遵循英格兰银行的做法,它们就会发现,自己并不总是持有合适的资产来为它们的钞票发行提供法律保护。此外,为了发展纽约票据市场和鼓励票据经纪业的发展(这两方面被认为是纽约体系按照伦敦模式经营的必要先决条件),尤其在一开始的时候,就使银行承兑票据的经纪人将票据交给联邦储备银行进行贴现,变得特别容易和有利。[2]

就在1924年,美国联邦储备局本身在处理"联邦储备银行的贴现率,必须高于商业贷款的当期利率才能达到"有效利率"这一论点时[参看该局发表的《1923年联邦储备局第十次年度报告》(*The Tenth Annual Report of the Federal Reserve Board for the Year 1923*),其内容相当全面],显示出该局还没有意识到真正的问题。美国联邦储备局提请人们注意:伦敦银行以高于银行的利率向客户放贷,并"采用透支和垫付款的形式,这不能产生可转让的票据,因此不能转换成英格兰银行的余额",但这不是重点。有大量的流动票据(国库券更不用说了)可以在英格兰银

---

[1]《联邦储备局第一次年度报告书》(*First Annual Report of the Federal Reserve Board*),第17页。参看贝克哈特:《联邦储备体系的贴现政策》(*Discount Policy of the Federal Reserve System*),第199页。

[2] 在联邦储备银行的调查报告中,这些票据被描述为"在公开市场上购买的票据",这一事实导致人们将这种票据的购买行为(像联邦储备银行的再贴现一样,不是根据联邦储备银行的指示购买的)与投资的购买行为(构成了所谓的"公开市场"业务)相混淆。以下节选自斯特朗总裁在货币稳定小组委员会(美国国会报告,1927年)面前作证时所提供的证据,阐明了这一情况:"在公开市场上购票据的利率比再贴现率变化得更频繁。但是我们对提供给我们的票据规定了一种几乎和贴现率完全一样的利率。我们不会主动去市场购买票据。事实上,这并不是联邦储备银行主动购买政府债券的那种自愿购买。'公开市场购买'完全与商业票据一样,是会员银行向我们提供贴现的;只是我们这类票据的贴现率比商业票据的低。我认为,如果我们现在把外国银行购买的票据排除在外的话,那么我们持有的所有银行承兑票据中可能有85%至90%来自会员银行。"(以上内容是我将原报告中第315、317、328、457、458页断开的文字整理汇编到一起的。)

行转换成余额，如果这些票据在市场上的贴现率通常不能低于银行的话，那么就肯定会转换成余额。该报告还指出，1923年，美国联邦储备银行的贴现率与伦敦一样，超过一级大银行承兑票据的市场利率和财政部的短期债权的市场利率。但它没有指出，联邦储备银行买入承兑票据的利率通常低于它们的贴现率，而市场实际上在1923年就向联邦储备银行出售了大量的承兑票据。联邦储备银行往往持有大量的银行承兑票据，这一事实本身就足以证明，它们买入这种票据的利率必定通常高于市场利率。此外，会员银行对符合条件的票据进行再贴现，利率总是低于这些银行自己对客户进行贴现的利率。引用戈登威泽（E. A. Goldenweiser）[《联邦储备体系的实施》(Federal Reserve System in Operation)，第46页］的话说："事实是这样的：尽管引用的这句英国格言'银行利率应该高于市场利率'在美国银行业的实际讨论中得到了普遍赞同，但联邦储备银行的贴现政策已经根据美国的具体情况进行了调整，这一格言并不适用了。"

因此，联邦储备体系和伦敦体系表现出不同行为，其根本原因在于：首先，会员银行直接向联邦储备银行进行再贴现的能力；其次，在短期贷款、一级票据和银行利率之间的相对水平。在伦敦，这是呈递增的水平，所以通常是用短期贷款和活期贷款来购买一级票据，而很少把这些票据交给英格兰银行。另一方面，在纽约，这可能是一个递减的水平。在我写这些文字的时候（1926年7月底），利率如下：

	伦敦	纽约
活期贷款利率（%）	3.75	4
银行票据利率（%）	4.25	3.375
中央银行对为期90天的票据买入利率（%）	5	3.25
中央银行的再贴现率（%）	5	3.5

毫无疑问，纽约证券交易所竞争活期贷款是一部分原因，这意味着，除非联邦储备银行允许对票据经纪人提供宽松的条件，否则票据经纪业将无利可图。但不管原因是什么，结果都是显而易见的：联邦储备银行对会员银行的准备资金量没有英格兰银行那样的控制权。自战争以来，联邦储备体系首先经历了滥用会员银行获得的增加联邦储备银行"垫付款"的自由一事，随后，联邦储备当局又进行了一系列的努力，在没有对法律进行任何明显修改的情况下，创造了赋予他们

更接近英格兰银行权力的策略和惯例。

在发现联邦储备体系的上述缺点之前，上述事件第一阶段于1920年的大通货膨胀中就已经清楚地被看到了。在1920年，那些负责管理联邦储备体系的人，还没有意识到通货膨胀的巨大潜在可能性，因为它未能在一个重要的方面模仿英格兰银行体系，而且，似乎没有人注意到，英格兰银行所依赖的主要工具是在联邦储备体系中不存在的。联邦储备体系持有的贴现票据在1920年1月底已经达到了2174357000美元的巨大数字，到1920年10月又增加了30%，达到了2801297000美元（5.6亿英镑）。试想一下，要是货币市场向英格兰银行借出这笔钱的十分之一，会是怎样的一种情形！后来，随着大规模的通货紧缩，到1922年8月，这一数字下降了85%，降至397448000美元。

许多批评这一时期的人士，将这种结果归咎于联邦储备银行未能根据公认的伦敦模式提高贴现率。当然，这一失败使情况更加恶化。但我怀疑在美国的体系下，贴现率的任何合理或实际的变动，是否真的阻止了雪崩——市场利率会适度地超前，而且只要物价上涨，没有人会介意支付这些利率。我不明白的是，如何能够预期美国体系下的贴现率会与英国体系下的贴现率产生同样的影响。

从那时起，美国联邦储备局基本上根据经验制定了自己的控制方法，而不是参照伦敦的方法。首先，对会员银行施加压力，来限制它们使用对联邦储备银行进行再贴现的便利，这些方法包括：批评，不当的质疑和创造舆论。这种舆论大致的内容是：如果一家会员银行比其他会员银行更多地使用联邦储备银行的资金，这是不太体面的，也不利于其信用。同时，银行承兑票据的供应量对于联邦储备银行根据出售这些票据而产生的信用膨胀数额设定了上限。[1]

以下摘自《联邦储备局1925年年度报告》（*Annual Report of the Federal Reserve Board for 1925*）第15页中的段落很好地说明了目前的做法，也说明了该局当时就其体系如何运作这一问题的迷茫状态：

在1925年的整个下半年，短期贷款利率水平大大高于纽约联邦储备银行的贴现率。最近的经验表明，一般而言，不必将贴现率维持在短期贷款的现行水平之上来防止会员银行为了增加证券贷款而在联邦储备银行借款。会员银行普遍认识

---

〔1〕在1929年的一段时间里，当联邦储备银行希望收紧信用条件时，暂时放弃以低于官方再贴现率的利率购买银行承兑票据的做法。

□ 纽约证券交易所

纽约证券交易所是全球上市公司总市值第一、IPO数量第一的证券交易所，约2800家公司在此上市。交易所在"一战"爆发后不久（1914年7月）就被关闭了，但是于这一年的11月28日又重新开市。1929年10月21日，纽约证券交易所开市便出现大量抛售，之后的股市崩溃，又引起了大萧条。

到，在联邦储备银行借款的适当时机，是在满足客户超出会员银行自身资金所能提供金额的临时及季节性需要的时候；为了扩大自己的业务而从联邦储备银行借款，无论在会员银行看来还是在联邦储备银行的工作人员看来，这都是对联邦储备银行信用的不适当使用。一般来说，无法判定会员银行是如何使用从联邦储备银行获得的信用的。会员银行一般会通过借款来弥补其所有业务最终所产生的准备金余额的不足，并且很少能够追溯会员银行在联邦储备银行的借款与导致必须借款的具体交易之间的联系。在极少的情况下，会有证据表明会员银行在联邦储备银行借了款，同时还增加了它们的抵押贷款，联邦储备银行工作人员向它们指出，它们可以无须求助于联邦储备银行，而通过短期贷款账户的变动就能调整其准备状况。

该报告继而承认，贴现率对借款量的影响不大，特别是在农村地区。"会员银行的大部分资金被用来向老客户提供贷款，贷款利率相对一般信用状况的利率变动更慢。"该报告还承认，"合格票据的各种规定"，鉴于始终存在着大量的此类票据，"尽管在某些情况下可能影响到个别会员银行的借款量，但并不是限制会员银行整体借贷能力的重要因素"。因此，该报告再次指出，必须采用对个人施压与和平说服的方法："所以，金融中心以外地区的联邦储备银行，在审批会员银行的贷款申请时，不仅要从信用的角度考虑它们提交再贴现或作为垫付款抵押品的票据的合法性和可靠性，而且要考虑借款银行的一般情况、其未偿贷款、投资的数量和性质，以及在某种程度上还要考虑该银行的管理性质。"

简而言之，联邦储备银行利用了任何一家会员银行都没有绝对借款权利这一事实（所有关于联邦储备银行为会员银行提供贴现和垫付款的规定，对联邦储备银行来说是许可性的，而非强制性的），尽力避免个别银行滥用联邦储备体系的情况。

这一点被戈登威泽明确地指出来了（《联邦储备体系的实施》，第8页和第9页），他对联邦储备银行贴现票据的"合格性"和其"可接受性"进行了区分:"合格性是法律和法规层面的问题。票据要合格,必须符合出票业务和到期日的明确标准,而其可接受性则完全与这些事项无关,取决于签署人的信用状况、可用资金、有关会员银行是否已用尽其法定信用额、经验是否表明该银行将联邦储备银行的借款用于不正当或不可取的目的,以及其他一些考虑因素。"这些因素虽然没有明确加以表述,但完全属于各贷款委员会和董事会在以下法律限制内的自由裁量的范围:联邦储备银行应"适当顾及其他会员银行的权利"并着眼于"提供商业和实业贷款"的原则,为各会员银行提供贷款。正如戈登威泽在上述引书后面的一页中所解释的,联邦储备银行保留了一份它们认为各会员银行有权要求的信用额的记录。虽然这一理论数额不断地被超越,但当会员银行试图打破这一数额而提出要求时,可能会受到更严厉的批评。[1]

自1925年以来,除相当短的时期外[2],各会员银行不得申请再贴现的惯例日益盛行,特别是在纽约的大型银行中[3]。联邦储备银行试图执行的政策受到会员银行的抵制,这个惯例是否能经受住它们之间这场剧烈斗争的压力,还有待观察。很明显,各会员银行不太可能为了购买投资或在短期贷款市场上放款,或向客户放贷进行证券交易所的投机交易而申请再贴现。但是,甜言柔语的劝诱和责罚从宽的措施,可能不足以应对所谓的"合法"贸易需求产生的大规模扩张运动。这种需求与所谓的"非法"金融需求一样具有膨胀效应,且其程度可能较后者更甚。

总的结果是:联邦储备体系相比最初实施的时候,更加接近于英格兰银行体系了,而且"公开市场政策"在决定银行货币量方面已变得至关重要。

---

〔1〕在1929年的后期,这一方法由于下面这种做法的兴起而变得没那么奏效了:借款量未达上限的会员银行增加贴现额的目的仅仅是把贴现获得的准备资金借给其他会员银行,而后者已经铆足了胆量从联邦储备银行借贷了足够多的钱,由于其利率高于它原来向联邦储备银行贴现的利率而获得了一笔丰厚的利润。这种方式从一个会员银行转移到另一个会员银行的资金被称为"联邦基金"。

〔2〕再贴现的票据平均期限大概不到8天这一事实说明不了什么。有关该情况的最新解释,请参阅里夫勒(W.W. Riefler)的《美国的货币利率》(*Money Rates in the United States*)一书,第30—32页。

〔3〕地方银行并不认为为了满足季节性需求而申请再贴现的做法有什么不妥之处。

四、会员银行是否会以高于市场水平的利率从中央银行借款？

我们在前面曾作出假设：当中央银行的官方利率与市场利率具有适当关系时，如果中央银行可以使前者在此意义下发生效力，那么对于不得不支付的借款利率与对客户的放款利率之间的关系，会员银行就不会几乎放任不管，而继续通过贴现或其他方式向中央银行借款。然而，有些人对银行利率可作为控制会员银行创造银行货币的手段持怀疑态度，他们倾向于否定这一观点。劳伦斯教授在他的《物价稳定》（Stabilization of Prices）一书中[1]对这些人的论点作了最有力的阐述，他的理由是：由于会员银行能够将他们从中央银行的借款翻倍放贷出去，所以中央银行必须将其利息提高到一个不可思议的数字，才能超过会员银行的所得利润。如果不是从他所列举的美国实例入手，而是从我自己的假设例证入手[2]，那他的这一论点的实质就说得清楚了。

我们假设有这样一家中央银行，它不直接面向公众营业，而只与会员银行有业务往来，而会员银行经过合并之后只有一家存在。我们进一步假设，该会员银行总是可以自由地按照中央银行不时规定的官方银行利率向中央银行贴现票据，但必须在中央银行保持相当于其存款的（假如）10%的余额。最后我们假设，会员银行的目标是在遵守上述规则的前提下，尽可能多地赚取利润，而不让自己受到向客户收取过高费用的指责。在这种情况下，如果假设中央银行没有实行"公开市场政策"，仅依赖于银行利率的变化，那它将如何决定会员银行申请贴现的金额，从而同时决定中央银行的垫付款金额？

我们可以假定这家银行同其他银行一样，可以按照适当不同的利率以各种典型的方式使用其资产，大致情况如下（假设银行利率为5%）：

资产总额的50%按6%的利率用于垫付款；

资产总额的35%按4.5%的利率用于投资和票据；

资产总额的5%按4%的利率用于短期贷款；

资产总额的10%不计利率用于现金和中央银行存款；

平均收益率为：4.775%。

---

[1] 请特别参看第二十三章。
[2] 这个例证是在劳伦斯教授的著作出版之前就构想出了的，但它仍然可以用来说明其大致观点。

相对而言，边际管理开支（扣除利息以外的客户收入）可以被假定为其资产总额增量的0.75%[1]，我们还要假设银行存款中有50%的平均付息率为3.5%，也就是说，银行的支出占其资产总额的2.5%。因此，其边际净利润占资产总额的2.275%[2]。

我们要讨论的问题是：到底要达到何种程度，这家银行才不需要通过向中央银行申请额外贴现，以及根据由此产生的准备金进行额外放贷来扩大其业务规模？假设所有贷款都以存款的形式返还给该银行，那么该行只能（以这种或那种形式）贷出额外准备金9倍整的数额。目前，我们假设没有其他会员银行，也就是说，没有其他会员银行来分享由整个银行体系额外放贷而增加的存款，并且存款人不会以现金形式提走任何一部分新贷款。既然没有必要假定所有的业务都是用支票进行的，那么让我们假设10%的业务是用现金进行的，因此10%的新垫付款是用现金支付，而没有作为存款返回。这意味着，该行可以放心发放的贷款量约为其在中央银行额外贴现的5.25倍，最终将获得相当于4.75倍额外贴现的额外存款。很明显，只要该行能够继续以上述假设的利率放贷和投资，这将会带来巨大的回报，而且多多益善。

让我们用更一般的形式、更明确地来说明利润在什么情况下会成为银行利率的函数：银行利率为x，垫付款利率为$1.2x$，投资和票据利率为$0.9x$；短期贷款利率为$0.8x$，存款利率为$0.7x$，那么，扣除开支费用前的额外业务利润为$0.6x$，扣除开支费用准备后的利润大约为$0.6x \sim 0.75x$。

现在很清楚的是，不仅银行贴现越多越好，而且只要银行的资产收益对银行利率的比率保持不变，银行利率越高，会员银行向中央银行增加贴现，以及根据由此产生的额外准备金来增加其贷款的动机就越大。换句话说，只要银行利率在

---

〔1〕公布的经常开支远高于此，例如1925年巴克莱银行的经常开支为1.6%。但这是平均开支的数字。由于大部分开支是固定的，不会随短期周转的变动而变动，所以在额外业务开支方面，0.75%可能就够了。

〔2〕一般来说，银行不可能从整个业务的平均情况中获得这么多的利润，一部分是由于它们的平均经常开支可能比上述假设的边际开支高出1%，还有一部分是由于上述数字没有考虑到各种可能损耗金钱的情况，例如，在太多的房产上花费过多，做坏账，购买的投资贬值等。1928年，五大银行公布的利润，在除去缴纳的所得税、拨备坏账和可疑债务以及其他未披露的准备金后，约占其存款总额的0.75%，这与上述情况相符。博蒙特·皮斯（Beaumont Pease）先生估计，在劳埃德银行从1926年至1928年这三年的平均数字为：银行总收益的三分之一用于支付存款人的利息，三分之一用于支付员工工资、养老金等，剩下三分之一用于应付其他开支，包括租金、特殊拨款、坏账和净利润。这些数字与上述数字相当一致。

这种意义下是"有效的":银行可以投资,同时贷出其资产的利率能够与银行利率同步增长,并能够经常与其保持关系,那么提高银行利率不仅不会阻止会员银行申请贴现,反而会成为它这样做的额外诱因。

如果会员银行无法以与银行利率相当的利率为其垫付款找到出路,这是否能阻止会员银行为了自身利益而无限地扩大经营规模呢?答案是否定的。市场利率的增长与官方利率的增长远构不成比例,但当会员银行按照远高于其购买票据时的市场利率的贴现率向中央银行贴现时,市场利率的这种增长就能弥补会员银行因此而遭受的损失[1]。即使市场利率在下降,这仍然使会员银行愿意继续将其资产增加到一个可以估计的点。

简而言之,按照这一论点,会员银行对10%的现金准备的盈利能力是如此之大,以至于它有一种内在的趋势,在不受控制的情况下以能够导致通货膨胀的方式来扩大业务规模;此外,一般而言,银行利率本身并不能充分遏制这一趋势,除非是在通货膨胀的过晚阶段,特别是在这一趋势保持在足够缓和的范围内,且不影响银行利率的效力的时候。

当然,到目前为止,我们所看到的情况都是想象出来的,与实际情况相去甚远。但它有助于使我们思考这样一个重要问题:到底什么才能阻止这种内在趋势?

答案就在于会员银行数量众多这一事实。在我们假设的例子中,只有一家会员银行,因此对于它的额外贷款收益,除了增加钞票流通量以外,全部以额外存款的形式返回给自己。如果会员银行数量众多,那么这种论点就会发生很大的变化。像美国那样,会员银行的数量有数千家,情况尤其如此。

根据银行准备金总额的一定增加额计算的银行扩张系数,可以按它在整个银行体系的存款业务中所占的份额来计算。如果增加的准备金首先进入该银行,那些与该行客户有业务往来的人,比普通人有更大的机会成为该行客户,那么这一扩张系数可以按更多的数额来计算,至少在短时间内是这样,因为一家银行的业务并不是均匀地分散在整个国家的。因此,如果有很多银行,银行的系数就会小,但是没有银行数量少的时候那么小。于是,以高于市场利率的费用从中央银行借款,这家银行便支付了信用扩张的全部费用,但只获得了一部分,甚至只是

---

[1] 劳伦斯教授根据他的数字假设计算出,联邦储备银行的利率从4.5%提高至9%的增量可以由会员银行的利率从5.66%提高至5.9%的增量抵消,如果前者提高至90%,那么后者只需要略高于10%(参看上述引书第312页)。

一小部分的利润。这种做法的效果是，减少个别银行在中央银行借款的基础上来扩大业务规模的刺激，有时能但未必一定能达到消灭这种刺激的效果。尽管如此，如果像英国目前的情况那样，主要会员银行的数量减少到5家，那么个别银行仍可能支付高于市场利率的费用，并从单独的扩张行为中获得一些利益。正如劳伦斯教授所指出的——为了反驳菲利普斯教授所持的反对（我无法断言其准确性如何）：即使在美国，会员银行自身的存款由于其本身的贷款而有所增加，其增加的幅度也可能大到足以使其值得以略高于市场水平的利率，从联邦储备银行借款[1]。此外，如果所有的银行都对同样的刺激措施采取一致行动，那么最终的结果就和单家银行的情况相同。

因此，这并没有给我们一个完整的答案来解释劳伦斯教授的异说；因为菲利普斯教授的回答在英国的情况下是极度缺乏说服力的。然而，还有一个原因，这个原因实际产生的影响，可能比严格计算得出的影响更大。也就是说，只要市场利率低于官方利率，对于一家希望增加准备余额的银行来说，从其他会员银行"窃取"准备余额比向中央银行借款更划算。我想几乎所有实用的银行家都会问：如果一家会员银行可以通过从短期贷款市场中撤回资金，或出售承兑汇票，或投资产品等方法来降低花费，增加其准备资金，那么它为什么要再贴现呢？由此可见，个别银行通常会倾向于出售部分资产（这种资产的减少不会反映在存款中），而不愿以高于市场水平的利率向中央银行申请再贴现。也就是说，它的收缩系数（我发明的一个与劳伦斯教授的"扩张系数"相反的术语）保持在尽可能低的水平（即尽可能接近1），从而增加了准备余额，在此基础上就可以增加其扩张系数高的资产额（例如贷款给本行客户和附近居民）[2]。当然，如果每家会员银行都这么做的话，总的来说，没有一家银行会得到任何好处。

---

[1] 菲利普斯教授认为［摘自《美国政治学会学报》(*ANNLS of the American Academy of Political and Social Science*)，1922年1月，第195页至第199页］，在美国，一家单独行动的银行的扩张系数（银行自身的放款对其借入准备金的系数）大约为1.25，由此可以得出结论：通常情况下，当大致等于市场利率的再贴现率（如果把经营银行业务的开支考虑在内的话）很高时，就足以抑制会员银行借款。另一方面，劳伦斯教授则认为该系数大约为1.8（参看上述引书第363页）。有关菲利普斯教授的论点是如何全面展开的，请参看他的著作《银行信用》［(*Bank Credits*)，第115页及其他各处］。

[2] 上述论点所基于的假设是：银行的某些资产的"紧缩系数"小于其他资产的"紧缩系数"。如果某家银行的客户与其他银行的客户之间存在完全对称的情况，这种假设便站不住脚。因为在这种情况下，用一种资产代替另一种资产并不会使它增加其资产总额。然而，文本中的假设通常可以代表事实。

因此，我们的结论是：在会员银行数目众多的情况下，以明显高于此类贷款市场水平的利率从中央银行借款是不可能的。也就是说，除非会员银行整体经过深思熟虑达成协议，一致对中央银行反其道而行，各会员国银行联合起来反对中央银行特意制定的政策，是一种纯粹的理论上的风险，实际上并不会出现。

但是，即使采取了这种协调一致的行动，或者由于任何其他原因，上述阻碍方法全部发挥效用，中央银行仍然可以使用以公开市场政策为表现形式的武器，只要它拥有适当的"弹药"就可以了。因为，如果会员银行开始以高于市场水平的利率向中央银行借款，中央银行可以通过以市场价格出售其所有的公开市场资产，来赚取令其不快的利润，从而迫使会员银行以高于市场水平的利率，从中央银行借回与该行资产出售额相等的款项。

因此，如果官方利率与市场利率挂钩，那么这种假设是"有效的"，而且没必要将其推翻。

五、进一步分析公开市场政策

一些作者认为，银行利率和"公开市场政策"的方法，在理论上可以真正归结为一种方法，即银行利率；没有银行利率变化的"公开市场政策"，实际适用范围是很有局限的。根据这一论点（正如我们将看到的那样，这是一个不能完全站得住脚的论点），中央银行除非适当配合改变银行利率，否则如果要改变其"投资"量，就必然会导致其"垫付款"量出现相反的、互相补偿的变化。人们承认，由于中央银行主动购买的投资，与客户主动要求的垫付款是不同类型的证券，前者发生一些变动时，不会立即或大量地影响垫付款量。此外，"公开市场政策"的作用，即改变投资量的作用，可在银行利率发生较突然和不连续的变化范围内产生逐渐和持续的变动。然而，根据这种观点，公开市场政策只能由中央银行用来使银行利率政策发挥效力而得以加强，不能替代银行利率政策。换句话说，除了在反常和异常的情况下以外，中央银行的资产总额是银行利率的函数，因此，通过适当改变银行利率就可以控制整个局面。直到最近，这一直是英国的正统学说，只是在国外还没有被如此普遍地接受。

最后，可以肯定的是，银行利率政策和公开市场政策除了在一定的范围内，是不能沿着不同的路线进行的。然而，这两种方法之间差异的意义不受此影响。

这是由于，这两种方法所产生的效果在性质上是极其不同的。除其他因素外，银行利率的变动可能也是影响中央银行的"垫付款"量的因素之一。这些变动还有很多其他作用，而且它们对中央银行垫付款的影响是一种不确定的、偶然的结果，这是由银行利率的变动而产生的更广泛且复杂的后果所引起的。另一方面，公开市场业务通过直接作用而非间接作用，对会员银行的准备金产生直接影响，从而对存款量和信用量产生普遍的直接影响。此外，银行利率的变动主要影响短期利率，而公开市场业务由于涉及中央银行持有的长期证券，所以影响的是长期利率。这两者之间的区别在某些情况下可能具有重大意义，这将是第37章的探讨主题。我们将在那里看到，当中央银行的目标是保持国际平衡状态时，银行利率可能是最适合使用的武器；而当目标是影响投资率时，公开市场出售或购买证券可能更有效。

公开市场业务的经营方式，在英国和在美国是不一样的。因此，我们将分别对它们进行探讨。

就英国而言，我们必须区分公开市场业务中买入和卖出的效用。英格兰银行购买政府证券在增加股份制银行准备金总额方面的效用几乎是绝对的。由于货币市场通常很少或根本不欠英格兰银行的钱，资金更为充裕，市场向英格兰银行偿还款项的影响可能并不重要。因此，英格兰银行增加投资的第一个直接影响，就是增加股份制银行的准备金，并在此基础上相应地增加贷款和垫付款。这可能会对市场贴现率产生影响，使其比其他情况下略低一些。但是，股份制银行在非大幅度降低利率的情况下增加贷款和垫付款，这通常是可能的，尽管并非总是如此。只要市场利率低于银行利率，出售政府证券在降低银行准备金方面的效用，可能同样是绝对的。但如果会员银行对信用限制的抵制导致市场利率接近银行利率，那么，货币市场将出现一种通过增加贴现额来抵消公开市场业务的趋势，这一趋势只有通过提高银行利率才能得以阻止。事实上，引起通货膨胀总是比引起通货紧缩容易，因为前者适合银行，能够激发会员银行体系固有的通货膨胀偏差，而后者激起了银行为了自身利益和避免惹恼客户而进行抵制。然而，在任何情况下，都有一个时间差，在此期间，中央银行业务的累积效应，可能朝着所希望的方向在商业界和金融界建立一种总趋势。

最后一项考虑因素，即任何变动都可能开始进一步发展的趋势，将我们引向公开市场政策的另一个重要方面，这个方面在美国比在英国更适用。因为，中央银行故意改变"投资"量是否会引起"垫付款"量发生相反的变动,从而在改变银行货币量方面无法发挥效用,这个问题暂且不说,但这种故意改变倒是会影响会员银行,使其按照中央银行的指示和希望的方向步调一致地行动。读者可以从前面的讨论中回忆起:一家会员银行的行为如何部分地受到其他会员银行行为的影响,而且使许多会员银行朝同一方向同时行动的偶然事件,可能使整个体系朝着这个方向持久地发展,而全体银行并没有刻意地希望这样做,或者认为这样做符合它们的利益。我认为,中央银行精心经营的公开市场业务,其中相当大一部分价值可能在于它对会员银行的隐性影响,使其朝着预期的方向发展。例如,在任何特定的时候,某一银行都可能会发现自己有少量的盈余准备金,在此基础上,它将按平常的做法购买一些额外的资产,这些资产的购买将会略微改善其他银行的准备金状况等。此时,如果中央银行通过在公开市场上出售部分资产来削减少量盈余,会员银行就不会顽固地坚持从货币市场撤回资金,来进行计划好的额外购买,它索性不购买。类似地,其他某家银行发现准备金因中央银行的行动而过度减少,它们不会通过从货币市场收回资金来完全填补赤字,从而推动货币市场向英格兰银行借款;它将通过不填补一些在日常业务中每天消耗的资产来重新建立平衡。这样,中央银行一系列渐进式的小规模紧缩性的公开市场出售,就能诱使银行逐步缩小经营规模。毫无疑问,中央银行一系列渐进式的小规模膨胀性公开市场的购买,无论是以向政府提供额外贷款的形式,还是以其他形式,都能有力地诱导会员银行进行效仿,而且几乎总是有效的。这样,在不改变银行利率的情况下,中央银行就可以取得很大的成效。由于信用限制而无法从银行贷款的公众,即使愿意支付高于市场价格的利率,一般也没有办法在公开市场上通过抬高贷款价格来获得所需的资金,至少在英国是这样。简而言之,公开市场业务为中央银行提供了一种手段,使其利用该体系固有的不稳定性来达到自己的目的。特别是在会员银行数量众多的情况下,比如美国。

事实上,美国联邦储备银行大规模经营的公开市场业务,是从1922年春天开始的,并从1923年4月开始成为一项系统化的政策[1]。它们的初衷不是控制或

---

[1] 关于公开市场政策的起源,最详细的叙述可以参看1924年发行的《1923年联邦储备局第十次年度报告》,我在下文对此加以利用。亦可参看斯特朗总裁《在货币稳定小组委员会前的证词》(*Evidence before the Stabilisation Committee*)(美国国会报告,1927年)第207页至第332页。有关公开市场营业的统计数据,请参看此文第426页。

影响会员银行的行动，而是防止联邦储备银行自身的盈利资产进一步减少。1921年，美国黄金净进口量约为6.6亿美元。这些收益被支付给联邦储备银行，主要用于偿还会员银行的债务，结果，到1922年春天，联邦储备银行发现它们的生息资产减少到无法应付开支和支付股息的水平。因此，在1922年期间，联邦储备银行便各自为政，没有统筹的政策或深远的计划，便在公开市场上购买了大量的美国政府债券。在大量进口黄金的基础上，这些做法引发通货膨胀的可能性很快便初现端倪。1923年4月，联邦储备局着手处理这一问题——或许是为了及时防止1920年的通胀历史重演。该局制定的公开原则如下："联邦储备银行所购买的公开市场投资的时间、方式、性质和数量，应主要考虑商业和企业的资金融通情况，以及这种购买或销售对一般信用情况的影响。"这种说法故意含糊不清，但它至少规定，不能仅仅为了增加联邦储备银行的收益而购买证券。然而，比这一抽象的意向声明更重要的是，任命了一个"联邦储备银行官员委员会，在联邦储备局的全面监督下处理公开市场的问题和业务"。从这一点来看，我们可以确定，联邦储备局已通过经验发现：伦敦方法是依靠贴现政策管理国家货币体系的，本身不足以控制一个建立在美国模式之上的体系，但直接触及问题根源并直接影响会员银行准备金量的公开市场政策，却为它们提供了一种更适合其任务的工具。

只要公开市场业务的目标既不是改变现有的平衡状态，也不是阻止会员银行偏离这一平衡状态的趋势，而是保护现有的平衡状态不受干扰，这种权宜之计就完全适合这种目的。然而，当这变成一个诱使会员银行调整其业务规模的问题时，美国体系由于上述性质，不可避免地比伦敦更容易受到"垫付款"相反变动的对抗。由于美国银行通常整体欠联邦储备银行债款，如果它们发现自己在联邦储备银行的余额超出了它们的需要，那么偿还部分债务便很容易，也是很自然的。相反，联邦储备银行的再贴现率和购买承兑汇票的价格，相对于市场利率而言，并没有如此大的禁止性，甚至惩戒性，来阻止会员银行在发现存款余额低于其需要时进行补充。

由于这些原因，在公开市场政策实行初期，一些权威人士往往怀疑，这项政策尽管表面上看起来有用，但是否真的有用呢？1925年3月，钱德勒（A. E. Chandler）博士在《纽约国家商业银行杂志》（*Journal of the New York National Bank of Commerce*）上撰文如下：

随着联邦储备银行出售其投资，会员银行在该体系的再贴现量也有相应增加的

□ **本杰明·斯特朗**

本杰明·斯特朗生于1872年，18岁进入华尔街一家银行工作，随后他在华尔街平步青云。1914年美联储成立时，他被委任为第一任主席。斯特朗精通金融业务，深谙现代金融的全球性本质，但他在1928年10月就去世了。后世有经济学家评论：如果斯特朗能多活几个月，或许能让1929年那场举世闻名的股灾得以避免。

趋势。因此，只要会员银行可以自由地向联邦储备银行借款，那么，联邦储备银行的公开市场业务似乎对会员银行可动用的信用量影响不大。诚然，由于通过出售联邦储备银行公开市场投资，而从市场上撤回资金迫使会员银行借款，会员银行方面可能不愿意扩充信用……然而，这并不意味着，公开市场业务在较长时期内的净效果对可用信用量会产生任何永久性的影响，它们是截然不同的。

伯吉斯博士（《联邦储备银行与货币市场》，第十二章）还说，"当直接（自愿）购买的政府证券持有量增加或减少时，贴现票据和持有的银行承兑汇票等也几乎（被动地）随之发生相应的变化"。但他的统计数据仅仅说明了，当前者的变动较大时，这种变动往往会部分被后者的变动所抵消。此外，前者的变动有时是刻意为了补偿后者的变动。

斯特朗总裁对公开市场政策的发展所承担的责任比任何人都多，他对这一问题的观点如下：

我应该说，公开市场业务的经营是为利率的变化铺路的。不幸的是，在我看来，国家一直在情感上夸大了贴现率变化的重要性。其中的危险在于，利率的提高将有力地打击美国对信用的信任感和安全感，而这种反应在一定程度上已被这些公开市场业务所改变……如果联邦储备银行考虑到各种因素，而要稍微收紧它们对信用的使用，那么我们根据实际经验发现，着手出售政府债券是一个更有效的方案……对美国来说，这种方案所产生的效果不那么引人注目，也不那么令人担忧。[1]

在我看来，这些权威人士低估了公开市场政策的效用。但斯特朗总裁在上述引文中表明，他在一定程度上意识到了公开市场政策和银行利率政策有本质上的差别。后来的经验表明，公开市场业务可以非常有效地管理货币。1923年至1928

---

[1]《物价稳定小组委员会报告书》（*Report of Stabilisation Committee*）（美国国会报告，1927年），第307页和第332页。

年，联邦储备局成功地管住了美元，这从以下观点来看是一场胜利：货币管理在几乎与黄金变化动态不相关的情况下是可行的。但1929年至1930年的事件减弱了这种胜利的势头。

然而，若非联邦储备局在此期间并未因黄金的变动而陷入严重的尴尬境地，这些年来的政策可能并不可行。因为，公开市场政策的成功与否，取决于中央银行是否始终拥有足够的"弹药"——也就是可供出售的公开市场证券。联邦储备银行只能用它们在抵御暴跌的时候，用"捡到"的"弹药"对发轫之始的暴涨开火。然而，如果大量的黄金源源不断地流入，就会不断地"窃取"它们的"弹药"，并且通过用不可交易的黄金替代可交易的有价证券。它们迟早会发现，自己的"弹药"储备已降至应对下一轮暴涨所需的水平。在金本位制度下，当不断流入的黄金量远远超过整个银行体系所需的余额增长量时，任何管理体系都不可能无限期地坚持下去。黄金的流入迟早会导致通货膨胀。1921年以及随后几年，黄金流入美国的规模如此之大，以至于人们预计，这可能会耗尽联邦储备银行的大量"弹药"，以避免其原本会产生的通货膨胀的后果，从而无力应对1923年及随后发端的信用交易热潮。事实上，当时大多数观察人士都预计到了情况会是这样。但事实并非如此，这是由于美国公众同期所需要的银行货币出现了显著增长。因为，在现有物价水平上，联邦储备银行需要更多的银行货币，以使得新流入的黄金可以被吸收到准备金中，而不会对物价造成任何通货膨胀的后果，也不需要动用联邦储备银行的"弹药"。如果在黄金大量流入的同时，银行对货币的需求也在减少，而不是增加，那么联邦储备银行以可出售的有价证券形式持有的"弹药"是否足以应对美元管理，这一方面将面临考验。

如果说1922年至1928年，美国货币事件的发展过程是管理方面的一个成功例子，那么1920年的通货膨胀就是一个极其低效的管理范例了。当时没有尝试公开市场业务，是因为还没有发现这项政策的原理。与此同时，那段时期的统计数据让人产生这样一种疑虑：在1919年和1920年，联邦储备银行能在多大程度上掌握足够的"弹药"。

六、改变会员银行准备金率的方法

"弹药"不足可能在特殊情况下会干扰公开市场业务的效用，这使我们有必要进一步提出一种从未付诸实施的权宜之计，也就是，中央银行按照适时的通知，在较小程度上酌情改变会员银行必须持有的法定准备金比例。

联邦储备局在1917年就这些问题提出了一项建议。会员银行规定准备金的上调幅度不得超过会员银行存在联邦银行的准备金的20%，且有效期不得超过30天。联邦储备银行顾问委员会反对这项提议，理由是它不适用于非会员银行，而且从未付诸实施。无论如何，这对规定准备金只会产生极微的影响[1]。钱德勒博士评论说："毫无疑问，这样的权力本可以使联邦储备体系有效地清除多余的黄金，但这一建议太具有革命性了，根本不可能被采用。"[2]

虽然现在看来这似乎是革命性的，但我认为，这样的规定，如果能保证得到适当的应用，应该被添加到未来理想的中央银行权力中。它直接触及问题的根源，而不依赖于我们在经验式的货币管理体系中自己逐步探索出的各种间接和迂回因素。如果会员银行放贷过多，没有适当考虑客户在现有平衡状态中的要求就增加现金余额，或者反过来说，如果它们放贷太少，准备金率的变动则给它们施加了向预期方向发展的最直接压力。因此，我建议（请参看下卷相关内容）将这一特殊方法引入到英国体系中去。

第33章　国家管理方法之二——中央准备金的管理

在前一章中，我们已经讨论过中央银行控制会员银行准备资金量的各种方法。我们集中探讨了中央银行是如何管理"垫付款"和"投资量"的，同时提出，如果这两方面能够得到有效控制，那么由中央银行持有的"黄金""垫付款"和"投资"总量，减去公众持有的钞票总额而得到的会员银行的准备资金总额，也可以得到控制。在这一章中，我们必须处理一个可能已经不存在，或许不应该存在的问题——中央银行本身需要遵守，并在其权限范围内履行职能的规章条例。

---

[1] 参看贝克哈特所著的《联邦储备体系的贴现政策》第190页，原载于《联邦储备银行公报》，1917年。
[2] 参看钱德勒的论文《联邦储备政策的国际状况》，原载于《美国经济评论》附录，1926年3月。

人们可能会认为，在任何设计精密的会员银行货币体系中，擅自行动、不顾公共利益的会员银行会受到中央银行的纪律处分，并且认为该体系中自由裁量权的要素主要由中央银行支配。由于中央银行所面临的问题错综复杂，在不同情况下又表现出不同的性质，人们也不会期望有关中央银行明智行为的准则能够简单地通过议会法案制定出来。但由于历史原因（这些原因从来都不可靠，现在已经过时了），我们发现在大多数近代货币体系中，情况恰恰相反。会员银行的管理通常是不明确的，而中央银行的管理则是非常严密的——尤其是在某一点上特别严密，即它负债方面的某一项（钞票的发行）和资产方面的某一项（黄金）之间的关系。

这些规章（我们一会儿将详细讨论它们的性质）源于两种因素。第一个是历史因素。在早期的表征货币中，其主要形式不是银行存款而是银行钞票。在一百年前的英国，二十五年前的德国，甚至可能在现今的某些国家，任何想要控制表征货币量的人，都会适当地把注意力集中在银行钞票的管理上，而且在大多数国家，晚至1914年，银行钞票一般都还和金币一起作为流通手段使用。所以，除了银行钞票以外，流通货币的总量并不取决于银行钞票的数量，而是取决于银行钞票的数量加上流通中的黄金数量；这就要求流通中黄金数量的变动应与流通中钞票数量的相对变动相抵消，以此作为流通中货币总量保持稳定的一个条件。因此，为了保证这一结果，有的国家便设计了管理方法。

第二个是政治因素。人们认为，限制中央银行自由裁量权的做法是可取的，因为中央银行有可能屈从于政府的鲁莽要求，从而对财政部垫款，而这必然会导致钞票发行出现通货膨胀。毫无疑问，在某些国家和某些情况下，这种顾虑是合情合理的。但不幸的是，议会法案在削减政府权力方面是非常无效的；在几乎所有已知的紧急事例中，如果有关钞票的法规与政府的愿望背道而驰的话，让步的必然是前者。

就历史因素所适用的范围而言，能够说明这些因素的条件几乎完全消失了——尤其是在英国。通过控制银行钞票量来控制银行货币量是一种非常笨拙、耗时、间接而低效的方法。因为，虽然银行钞票量在任何时候都或多或少地与银行货币量有着某种确定的关系，但随着货币习惯和习俗发生改变，这种关系在长时间内就量的方面而言，也不断发生着变化；但在短时间内存在着一个严重的时间滞后现象，一般来说，银行货币量先发生改变，所以对钞票数量的控制会太过延迟（银行货币量可能在几个月前就已发生变动，而酿成恶果之后才采取控制）。

不只是试图控制中央银行钞票量而非中央银行存款量（或中央银行钞票加上存款量）[1]的原则已经过时，就连一般使用的管理方法，也因为战争结束后普遍停止使用实际黄金作为流通手段而失去了曾经拥有的所有意义。因为这些规章条例通常规定，中央银行应始终持有最低数量的黄金，其数量由流通中的钞票数量决定。既然中央黄金储备不再像过去那样，被部分用来应付黄金流入国内流通的需求（这部分的减少，按理来说一般通过减少钞票流通量来加以抵消），那么这些规章条例的效用仅仅是把一大部分，有时甚至是把绝大部分的黄金储备冻结起来，使之永无用武之地，这就导致中央银行使实际可用的应付意外事件的有效准备金减少到极低的水平，以致严重妨碍中央银行合理行使其自由裁量权。为了说明这一切，我们现在对各国的现行法律规定作一个简短的总结。

一、钞票发行的现行管理方法

大体来说，应用于实践的有下列四种方法：

（一）法国在1928年以前是没有规定钞票流通量与黄金（及白银）准备额之间的关系的。它采用的管理方法是规定一个最高限额，不论准备金数额是多少，钞票流通量不得超过这一限额。这一最高限额一般超过钞票流通量在正常情况下的预期数额，并不时予以上调。然而，按照1928年货币改革的部分内容要求，这一方法被废弃，取而代之的是下文第（三）点讲到的通用百分准备金率法。

固定最高限额法有一个极大的优势：通过立法保障在不发生任何严重的通货膨胀的同时，使中央银行尽可能多地享有自由裁量权，特别是在有需要时提供全部准备金以供使用（不过，法国银行几乎从未利用过这种权力）。如果钞票发行量要由法律来作出规定，这也许是最好的制度。

（二）1844年的《英国银行法》规定了一种管理方法，这种方法在引入时具有一定的合理性，即所谓的"定额信用发行法"。该方法规定钞票发行量不得超过黄金储备的法定限额（当然可以不时加以修改）。其目的在于用黄金来填补钞票发

---

[1]我们在下文将看到，有几个国家的中央银行现在必须对钞票加上存款保持准备金，而不再仅仅对钞票保持准备金。但在这些例子中，人们对所采取的管理方法仍然存有异议。

行的变动边际，这样就总有黄金来兑换所有正常情况下可能要求兑现的钞票；它还保证了，一旦钞票发行量超过了正常的最低限额，除非有黄金边际来填补，否则就不可能进一步扩充发行量。这种方法可以追溯到黄金和钞票同时作为流通手段使用的时期，以及近来熟练地滥用职权的时期，这是由于英格兰银行允许额外的黄金和额外的钞票同时进入流通过程，导致国内货币不合理增加。

在近代，如果信用发行额定得够高，足以让中央银行不受约束地控制其大部分黄金储备，"定额信用发行法"就可能会实行得相当好。在这种情况下，当中的规定只是作为遏制中央银行极端扩张的措施而已。否则，这种方法会以某种方式冻结过多的黄金。而这种方式在金币不再流通的国家已经失去了存在的意义。

这种制度目前在英国（1928年，英国重新确定了信用发行额，但数额极低，以致不合理地束缚了英格兰银行的自由裁量权）、挪威和日本得到了应用。瑞典的制度与此类似，但黄金储备不得低于最低限额，而超过信用发行额的钞票准备金率只需50%而非100%。所有这些国家都有紧急应变权，可在非常情况下增加信用发行额。

（三）目前最盛行的制度是"百分准备金率制"，其规定黄金储备不得低于钞票发行量的固定百分比，这一比例通常在30%到40%之间。百分准备金率制有时适用于中央银行存款额以及银行钞票发行额，虽然两者的百分比并不总是相同。如果这个方法合理的话，在近代的情况下就会更合理。下表总结了目前的情况。

国家	对钞票发行额（百分比）	对存款额（百分比）
澳大利亚	25	−
比利时	30	30
丹麦	30	−
法国	35	35
德国	40[1]	−
荷兰和爪哇	40	40
波兰	30	30
南非	40	40
西班牙	37[2]	−

[1] 其中有的能以外汇形式保持。
[2] 西班牙的体系很复杂，当钞票发行额超过一定数字时，规定的百分比就会上升到47。

续表

国家	对钞票发行额（百分比）	对存款额（百分比）
瑞士	40	—
美国	40[1]	35
乌拉圭	40	—

在上述表格中，有一两个国家的部分法定准备金可以包括银。

在我看来，"百分准备金率制"不管在逻辑上还是在常识上，都没有坚实的基础。尽管它被引入相当近代化的美国联邦储备体系，以及欧洲恢复金本位制的大多数货币改革中，但我从未在出版物上看到任何人对其规章条例进行过合理辩护。它似乎综合了钞票管理制度可能存在的所有缺点。因为它在冻结黄金方面是非常过分的，甚至连钞票发行的最低不可兑现额都难以幸免，但"定额信用发行"制是免除了这一数额的。除非中央银行采取非法律要求的额外谨慎态度，否则这种方法会导致新流入的黄金使信用状况过度放松[2]。然而，如果中央银行这种谨慎的态度是可以信赖的，那么法律本身便没必要了，而且可能会造成阻碍。最后，在黄金储备下降的紧急和困难时刻，它要求按照黄金的损失程度按比例大幅削减货币发行量，这是极其危险的。的确，一个实行百分准备金率制度的国家，无法幸免于严重的币制紊乱问题，除非它能像战后的美国那样，将准备金通常维持在超过法定最低限额的水平，这样一来，中央银行在实践中就不需要认真考虑法定准备金的问题。但这自然会导致更加过分地冻结黄金。事实上，这是一项非常危险的法律，除非一个国家（如法国和美国）拥有足够的准备金，使该法律完全不具有影响中央银行政策的效力。因此，在恢复金本位制时，大多数货币法还在大熔炉里炮制，这种制度却成了一种时髦流行、受人推崇的制度，这真是大大的不幸。

（四）根据上卷第1章的定义，第四种方法相当于汇兑管理法，但一般来说不是指汇兑本位法，而是第三种方法的变体。根据这种方法，钞票发行所需的全部或部分百分比准备金，可以以存在外国银行的票据或现金的形式持有，而不

---

[1] 联邦储备钞票。由于历史遗留现象，美国体系存在其他的复杂情况，这是众所周知的，这里不再赘述。

[2] 如果中央银行的百分准备比为33%，而会员银行的准备比为10%，那么新黄金的流入将使银行资金增加到相当于新黄金量的30倍。

以实际的黄金形式持有。在国际联盟财政委员会的协助下，恢复金本位的国家通常会采用这种方法，这是依照1922年热那亚会议的建议实行的，而且许多国家就是在这些建议的影响下采取这种方法的。

就法律所适用的范围而言，有权将外汇结存和国外汇票用作其全部准备金的国家包括：阿尔巴尼亚、奥地利、智利、捷克斯洛伐克、但泽、厄瓜多尔、埃及、爱沙尼亚、希腊、匈牙利、意大利、拉脱维亚、秘鲁和俄国；比利时、哥伦比亚、丹麦、德国、波兰、西班牙和乌拉圭等一些其他国家。

这种方法在节省黄金方面有很大的优势，但要受到上卷第21章所讨论的各种因素的限制。但是，作为管理钞票发行量或银行货币量的一种手段，它在其他方面也受到与"百分准备金率制"相同的反对意见。而且，是否节省黄金是任人选择的，而且出于潮流和声望的考虑，上述名单中的一些国家可能不会行使其选择权而是保持实际的黄金量，因为目前唯一采用这种方法的大国只有意大利。例如，1929年底，奥地利国家银行以黄金形式持有的法定准备金约为五分之二，意大利银行以黄金形式持有的法定准备金有一半以上，捷克斯洛伐克国家银行以黄金形式持有的法定准备金约五分之二，波兰银行以黄金形式持有的法定准备金为四分之三，匈牙利国家银行持有的准备金几乎全部都是黄金。

目前，两个最重要的国家——法国和日本——的大部分逾额准备金都是外汇结存和国外汇票。就日本而言，这是一种由来已久的做法，可以追溯到战前。但就法国而言，这可能只是个意外，这是向金本位制过渡的遗留方法，我们不能依赖于这种延续。的确，在不久的将来，黄金供应的充足程度在很大程度上取决于：法国决定在多大程度上将其外汇结余形式的准备金转化为实际黄金形式的准备金。

这些不同方法的结果是：在减少国内钞票流通量（在采用"百分准备金率制"的情况下则大幅减少）的条件下，释放一部分中央银行的准备金。但是，由于在近代条件下，钞票主要用于支付工资和小额现金，它们的数量取决于工资水平和就业量。由于迅速实现工资水平明显下降是不可能的，而且只可能因为失业才会发生，因此，除非减少就业量，否则不可能迅速减少钞票发行量。此外，将正常的钞票发行量减少10%是一种非常粗暴的手段，但即便如此，按照"百分准备金率制"，释放的黄金数量也只相当于该行钞票发行量的3%。

因此，实际上，中央银行的黄金储备被分为两部分：一部分是法定的最低准备金，它在实际操作中是被冻结的，毫无用武之地，审慎的中央银行是不会将其计算在内的；另一部分则是逾额准备金，这是唯一可以用来应付紧急情况的准备金。

现在，黄金长期短缺导致信用紧缩和物价下降等风险，但并不取决于中央银行持有的黄金总量（这一总量极其庞大），而是取决于它们的逾额准备金（其数量小得令人不安）。全世界的货币黄金中因被归为中央银行的法定最低准备金而不生利的有关情况如下表所示：

国家	回报日期（1928年）	法定准备金	逾额准备金	逾额准备金占准备金总额的百分比
单位：百万英镑					
英国	10月24日	108	59	35
美国[1]	10月25日	311	233	43
法国	10月19日	222	26	10
德国	10月15日	63	60	49
西班牙[2]	10月20日	55	32	37
荷兰[3]	10月22日	14	22	61
爪哇	10月20日	6	9	60
瑞典	10月20日	10	3	23
南非	9月28日	6	2	25
合计		795	446	36

当然，这份表格的信息并不完整，但它涵盖了持有全世界约四分之三黄金储备的国家。上表说明，全世界近三分之二的货币黄金都被冻结起来不再使用，既无法满足中央银行的实际需求，也无法缓解它们的担忧。法国新货币法所产生的影响尤为突出。

[1] 不包括金券。
[2] 按30比塞塔折合成1英镑来计算。
[3] 从这一天起，荷兰的法定准备金翻了一番，从而恢复了战前的比例。

二、正确的管理原则

我相信在任何一个文明国家，只要政府负责，中央银行够强大，让中央银行自己对其准备金进行自由管理，比试图用法律规定它应该做什么，或在什么范围内行动要好得多。法律（如果没有法律，则是具有约束力的惯例）应该关注的是对会员银行准备金的管理，以确保未清偿的银行货币总额的决定权应当集中在一个机构的手中，这个机构的职责是根据社会经济的总体利益，而不是根据金钱利益来做决定。此外，为会员银行规定的法定准备金，很可能在实际准备金接近法定准备金的意义上是有效的，因为，会员银行在任何设计精密的体系中，都能从中央银行获得应付紧急情况的便利。然而，中央银行自己却没有这样的便利可以依靠，它必须维持超过其法定准备金的逾额准备金来应付紧急情况。会员银行的法定准备金也是一种让它们承担维持中央准备金的手段。但是，中央银行的法定准备金仅仅是把资金冻结于无用武之地罢了，其有效实力实际上完全取决于逾额准备金的数量。因此，我们就有了这样一个悖论：法律对中央银行的黄金储备规定得越严格、越保守，该行的实力就越弱，一旦出现任何风吹草动，就更容易受到灾难性的干扰。被迫将黄金作为其100%资产的中央银行，不会比完全没有准备金的中央银行好多少。

但是，即使承认百分百准备金率和最高信用发行额的原则，也最好用于会员银行持有的中央银行货币，而不要将其用于公众手中流通的钞票总额。因为如果出现通货膨胀发展的情况，钞票发行量在近代条件下就时间上来说，是表现出经济体系发生紊乱的最后现象。试图通过控制钞票发行量来维持货币体系的健康，就像试图在病入膏肓、出现坏疽之后通过大型手术或截肢来维持身体健康一样。一般来说，在通货膨胀所产生的影响达到提高生产要素的货币报酬率的效果之前，钞票发行量是不会增加的（因就业量增加除外），而生产要素的货币报酬率一旦提高，将很难在不发生有害作用的情况下再次降低。

因此，我建议，法律只能在两个方面有效地限制中央银行的自由裁量权。第一，在一个动荡不安的世界里，谨慎的做法可能是有意留出一定数量的黄金，在一般情况下都不使用，而是将其作为准备金用来应付最终的紧急情况。由此看来，一个国家的黄金储备应分为两部分，一部分可以说是战争基金，另一部分则用来应付一般的意外情况和变动。但没有理由要求第一部分必须与钞票发行量或银行货币量有任何严格的关系。这样的话，法律可能会合理地要求黄金储备不得低于规定的最低数字，在大多数情况下，这个数字肯定会比现行的法定准备金低得多。

第二，如果可以按照法国原来的法律，规定钞票发行量不得超过的最高限额，就有助于建立心理上的信任，并可以证明它至少能够保障对紧急情况产生延缓作用。既然没有理由认为钞票发行量会突然或剧烈地变化，那么如果这一最高限额能超过贸易景气时期所预期的季节性最高流通额，在它们之间留有一个充裕但不过分的差额，那就足够了。

如果法律规定了黄金储备额的最小绝对数和钞票流通量的最大绝对数，那么就须要对这两个数字不时地作出合理的修正，而且，之所以选择这些数字，是为了使中央银行在日常和年度政策中具有广泛的自由裁量权。我认为，任何进一步的保障措施，无论多么地以谨慎为原则，都将使本国的货币体系更加不稳定，而不是更加稳定，有时甚至迫使中央银行采取自己认为是不明智和可能危险的措施。

在这一点上可以提出另一件完全属于法律的事情，即银行货币以外的流通现金的形式。对于哪一种形式最好，现在已经形成了相当一致的意见。首先，鉴于货币黄金短缺的风险，当然不应允许金币或其等价金券流通，而应专门用于应付国际债务的问题。其次，应该只有一种形式的钞票，并由中央银行管理，而国库券和私人银行钞票应全部废除。

世界正迅速接近这种情况。只有两个国家的货币体系改革是值得的。在美国，各种钞票，包括金券甚至金币，仍然在流通。如果联邦储备银行发行的钞票能够取代其他所有形式的货币，这将为世界其他国家树立一个好榜样。在法国，法律规定在实际流通中可以重新引入金币，人们确实担心某些方面企图在以后利用这一规定。如果是这样，不管对法国本身，还是对作为一个榜样而言，这都将是一种真正的不幸。

□ 1912年意大利100里拉金币

意大利银行是意大利的中央银行，1893年由托斯卡纳国民银行、托斯卡纳信贷银行和国民银行合并而成。早期意大利的货币由意大利银行和政府分别发行，第二次世界大战后，意大利战败，战前发行的货币全部作废。

抛开法律不谈，中央银行应该根据怎样的一般原则，来决定其自由准备的适当数额呢？黄金储备的目的是什么呢？部分目的是在最终的紧急情况下提供流动资金——就这一点来说，我们可以用规定的最低限额来应付。另一部分目的则仅仅是从心理方面提升信任度，但是这个目的很容易被夸大。因为公众舆论总是满足于它所习惯的状态，例如战前，英格兰银行极少的准备金所提升的信任度，不亚于法兰西银行极高的准备金所提升的信任度，所以，让公众习惯于期待长期、持续地维持巨额自由准备金，实际上是一种经济疲软的根源。但黄金储备主要是为了应付国际负债差额的短期变动，或应付过去所谓的外流现象。

因此，我们必须解决的问题是，要确定应付外流现象应持有的适当准备额的标准。当然，从长期来看，国际负债的逆差只能由中央银行按照第21章所讨论的方式采取措施，即通过影响对外投资贷付额和对外贸易差额来加以补偿。但是，除非这些措施过于严厉，否则产生效果需要时间。此外，由于季节性或其他暂时性的原因，经常会出现暂时的逆差，这种逆差在一段适当时期之后会自行弥补，因此，应在不扰乱基本经济因素的情况下作出规定。最后，如果对货币状况进行跨国管理的计划有任何成果的话，那么释放黄金，使准备金降低到先前数字以下，在很多时候是符合公众利益的。

因此，中央银行必须在确定其自由准备金的正常水平时，考虑以下两方面可能出现的最高限度：（a）国际负债差额的突然变动，这一变动可能在有时间实施其他保障措施之前就发生；（b）临时变动，对这种变动不需要作出任何根本性的调整。这两方面都不可能与一部分取决于国民收入，另一部分取决于国民习惯的国内货币量存有任何稳定的关系。相反，它们是由该国的国际性商业、投资业和金融业的规模和可变性所控制的。

从经典经济学入手，根据上述各方面来确定一个国家应付外流现象所具备的适当自由准备额的研究，正是二十年前印度事务局财政局秘书莱昂内尔·亚伯拉罕（Lionel Abrahams）爵士的备忘录主题。他当时正面临保持卢比汇率稳定的技术难题，经过艰苦的实践，得出了真正的理论解决方案。他建立了金本位准备金，并将其与通货钞票准备金分开保持，以便当局可以不受限制地使用，来应付外汇的紧急情况。在决定这笔准备金的适当数额时，他努力对印度可能必须应付的外流规模作出合理的估计。而导致这些外流现象的原因有两方面：第一，国外资金的突然撤回；第二，由于歉收或价格低廉而造成印度出口货物价值骤跌，尤其是

□ 1925年的一美元

在1925年的美国，因为实行的是金币本位制，所以纸币、金币、银币一起在市面上流通，纸币和银币可以随时兑换成金币。当时美国能依旧保持金币本位，与其丰裕的黄金储备密不可分。

黄麻，其次是小麦[1]。

这是每个中央银行都应该做的计算。一个国家的出口在很大程度上取决于种类少但价格和数量高度可变的几种作物，例如巴西，其银行要比一个贸易多样化而进出口总额相当稳定的国家需要更多的自由准备金。一个从事大型国际金融和银行业务的国家，例如英国，其银行比一个不太关心此类业务的国家，比如西班牙，需要更多的自由准备金。

从表面上看，按照国内货币总量的比例，英格兰银行比法兰西银行或美国联邦储备体系需要更多的自由准备金。事实上，英格兰银行的自由准备金少得惊人。以前这种情况是合理的，那是因为伦敦金融城从国际票据市场上的贷款量比外国存款的借入量大，所以，它总是有能力立即修改贷款条件，以改善这样的状况。自战争结束以来，伦敦的外国存款额大幅增加，因此，伦敦从国际上借入的短期资金是否通常多于借出的资金，这不免令人生疑。但是，上述微小的准备金边际的调整理由也许可以改写为：伦敦金融城能够通过修改借款条款立即改善现状。

然而，在本章中，我的目的不是讨论具体国家的实际问题。结论是，当一个国家目前持有的准备金为黄金和外币时，如果它的目的只是将其用作战时基金和一种保障，以防止对直接国际债务的意外或暂时变动过于敏感，那么，为后一目的而持有的准备金应当由中央银行自由支配；其正常数额应参照它可能必须满足的要求的概算数额来确定，但这一数额无法按照可以立即从流通过程撤回的钞票发行量的某一比例（例如35%）来计算。

[1] 参看本书作者所著的《印度的通货和财政》，第157页。

第34章　国际管理的问题之一——各国中央银行相互之间的关系

在第2章和第25章中，我们研究了货币体系中的会员银行"创造"银行货币的自由裁量权的局限性。我们发现，任何个别银行除非有意上调或下调准备金率，否则就必须与银行体系中的其他银行（包括中央银行）"保持步调一致"。它们可以共同进退。一家银行单枪匹马地朝某一方向的临时行动，可以巩固、加强或刺激其他银行产生朝同一方向行动的倾向。但是，除非其他银行也采取行动，否则单独一家银行不可能走得太远；因为如果这样，准备资金的损益将破坏其准备金率。因此，银行创造的货币总量，是由一切决定会员银行整体准备金总额的因素严密控制着的。

由各会员银行围绕中央银行形成的若干国家体系，与一个统一的货币本位共同构成的国际体系的行为，从原则上来说与一个封闭的国家体系的行为，在本质上是相同的。中央银行在贷款政策方面的自由裁量权，要受这些政策对准备金的影响的限制，即这些政策是否导致它们从邻近的中央银行提取准备金，或使其准备金被这些银行所吸纳。除非它们打算调整自己的准备金率，否则，它们也会面临要求它们"保持步调一致"的类似压力。因为，根据我们对国际体系的假设，这家中央银行的客户与其他中央银行的客户存在买卖和借贷关系，前一家银行"创造"的信用将对其自身产生一定比例的债权，而由此发生的债权将落入其他银行的客户手中。

中央银行管理准备金所依据的法律和惯例在实践中的几个重要方面，与我们在讨论会员银行时所假定的法律和惯例有所不同，我们将在下文看到这点。但是，我们先思考这个问题：如果它们在所有方面都是相同的（以下方面除外：中央银行是"没有银行家的银行"，因此它们必须将所有准备金以现金形式保存在自己的金库中），将会是怎样的情形呢？在这种情况下，假设采用金本位制，每个中央银行都有严格的准备金率，因此，全世界中央银行的货币总量将严格由中央银行的黄金储备总量决定。如果黄金没有投入流通过程，任何变动都只取决于每年新开采的黄金数量和工艺消耗的黄金数量之间的差额。反之，如果黄金投入了流通过程，流通

□ 东印度公司

17至19世纪，包括英国、丹麦、荷兰在内的一些资本主义国家，都在印度开设了"东印度公司"，以便在印度开展贸易。实际上，这些公司带有垄断和殖民性质，不仅疯狂掠夺资源而且血腥镇压当地人民。图为英国东印度公司在伦敦的大楼。

中的黄金数量与黄金储备量之间存在某种比例，这一比例从长期来看基本上是稳定的，它是所有有关国家各种国内准备金率（例如斯特朗总裁为美国制定的准备金率）的加权平均数。

但是，让我们假设，黄金每年的新增量大约相当于世界商品和劳务产出的年增量，从这个意义上来说，就准备金总额中新增的黄金供应量而言，情况是稳定的。我们的基本方程式表明：即便如此，这肯定也无法确保稳定的物价水平。整个世界的货币体系，仍将受到全世界新投资价值与全世界储蓄总额之间可能出现的每一种不平等的影响。因此，即使对新增黄金供应量实施适当的管理，每当信用风暴来临时，我们仍然会受到全面冲击，除非中央银行目标明确地采取一致行动，来进一步缓和这一局势。一两家单独行动的中央银行，除非在规模上占绝对优势，否则是无法改变天气或控制风暴的，也就是说，仅凭单独一家会员银行的一己之力，是无法控制国家体系的行为的。如果一家中央银行在繁荣时期单独地落在后面，它将被过剩的准备资金压垮；如果它在萧条时期领先，它的准备资金将很快被动用。即使它愿意脱离自己的正常准备金率，它的能力极限也将取决于盈余准备金占所有中央银行盈余准备金总额的比例。

事实上，战前国际金本位制的作用，与在黄金相对稀少或充裕的影响下通行准备金率会逐渐发生改变（如前文第30章所述）的会员银行的严格准备金率制的作用，并无太大不同。长期的物价水平取决于准备可用的新黄金的增长速度是否快于或慢于金本位国家的贸易增长速度，而金本位国家的贸易增长速度又取决于金矿的发现速度，流通中黄金的适当使用情况和金本位国家的数目，以及人口的增长情况和人均贸易的增长情况；而短期物价水平则取决于基本方程式第二项是朝着通货膨胀的方向变动，还是朝着通货紧缩的方向变动。

然而，战前银行体系的行为在许多重要细节上与这一标准不同，而战后银行体系的行为更是如此。因此，我们必须分析各国中央银行在国际体系中作为会员银行的行为差异，这些差异在我们分析属于国家体系的会员银行的行为时，并不存在或不重要。需要注意的要点有以下三点：

（一）中央银行的准备金率不像我们在会员银行中发现的那样严格，因为使会员银行能够或诱使会员银行将其实际准备金保持得接近法定或常规最低限额的条件尚未满足。首先，一般来说，中央银行没有办法迅速补充与会员银行向中央银行（直接或间接）贴现的便利条件相对应的准备金。如果中央银行在国外存有余额或除黄金以外的有息资产，这些资产具有可以迅速出售给其他中央银行的性质，那么相比之下，中央银行的情况与会员银行的情况就比较接近。这一点我们以后再讨论，但在大多数情况下，并不会对我们结论的有效性产生太大影响。

其次，中央银行并不像我们所认为的会员银行那样，旨在获取最大的利润。因此，各种对公共政策和国家利益的考虑，都可能会使其保持的准备金超过法律规定的最低限额，甚至超过合理的谨慎态度所要求的最低限额。

由此可见，中央银行的准备金率能够发生大幅的变动。下面将提供一些统计数据来说明变动的幅度（见第386页表：各主要国家年底黄金的分配百分比）。

（二）就会员银行而言，我们假设个别银行在"创造"银行货币时，不能依靠这些新货币会以新增存款的形式大量回笼。即使主要银行的数量减少到只有5家，以这种方式回笼的货币仍然非常少。但是，就中央银行而言，客户主要是国家体系的会员银行，间接的客户是其本国的公民个体，以这种方式回笼的货币刚开始可能很多。部分新增货币肯定会直接或间接地用于海外消费或放贷，因此，就会产生一种使该国中央银行的准备资金流向其他中央银行的趋势。但有多少资金会转移到其他中央银行的客户手中，这取决于以下三个方面的情况：进入对外贸易的商品对当地消费者的相对重要性，关税对国内外物价水平均衡化的干扰程度，以及该国是否是一个敏感的国际金融中心。一些中央银行可能在短期内拥有相当大的独立行动的空间，而其他银行，比如英格兰银行，则少得多。

（三）中央银行之间有一种竞争形式，我们在讨论会员银行时可以忽略这种竞争形式。当然，为了吸引和留住存款户，会员银行之间存在着各种各样的激烈竞争。一般来说，这种竞争不会采取在个别银行贷款或借款时提供具有竞争性利率的形式。银行之间对某种存款的利率（或对某种贷款的利率），通常是有协议或谅解的。毫无疑问，为了吸引或留住特定的客户，银行还会留有一定余地进行竞争性出价或压价，这些方法通常是高度保密的，不会向银行的其他客户披露。但它们公布的利率之间却不存在公开的竞争。这样做是有充分理由的：由于资金从一家银行转移到另一家银行不需要任何花费，这种形式的竞争可能会对各银行的利润产生毁灭性的影响。如果不是因为人们按照惯例放弃这种竞争形式的话，个别银行发现自己正在失去准备资金，可能会通过出高价将其他银行的储蓄存款转移过来，或者通过相对较高的贷款利率，将自己的贷款客户转移到其他银行等方法，来保护自己的地位（后一种做法有时确实会被采用）。

但是，无论国家体系中的会员银行之间是怎样的情况，各中央银行之间的惯用做法是公布具有竞争性或威慑性的利率，以吸引存款户或将借贷者从本国的银行体系驱赶到其他体系的银行中去，这是银行利率政策的目标之一。当然，不同国家体系的相对银行利率的变动，不足以使这两种体系的广大普通存款户或借贷者轻易转移业务，因为他们没有立即将银行业务从一个国家转移到另一个国家的便利条件。但是，国际金融业务中有很大的一块余地，可以根据可获得的利率轻易地从一个地方转移到另一个地方。因此，国际准备资金便产生了大量的流动债权，任何一个中央银行在自己的准备金遭受过度损失时，都能够通过出价来获取补偿。另一方面，甚至将这些债权从一个国际中心转移到另一个国际中心都存在一些阻碍和费用，而在会员银行之间转移则不存在阻碍和费用，这就防止了国际资金流动对利率差异过于敏感，同时还能防止资金流动过快或过多，这一点正如我们下面将要看到的（第36章第三节），对国际体系的顺利运行具有重要意义。

我们现在可以大致看到，中央银行之间的相对状况和行为，与国家体系内会员银行的状况和行为有何不同。在短期内，中央银行在"创造"银行货币量方面比会员银行有更大的自由裁量权：首先，因为它更愿意改变准备金率；其次，因为在某些情况下，它所"创造"的货币回笼的更多，并且在更长的时间内会持续回笼；再者，因为它可以提供具有竞争性的利率，以此来转移自身同其他中央银行之间的金融业务，它把这种方式作为一种惯常和公开的应急手段来保障准备资金。但是，由于中央银行在这些方面的自由度都是有限的，如果它想确保始终能够应付外国货币体系对其到期的债权，就必须注意以下三点：（1）准备金率；（2）贷款政策对收益账上的贸易余额的影响；（3）贷款政策对长期和短期国际贷款动态的影响。

在一个封闭的体系中，中央银行可以安全地推行贷款政策，以实现能确定的任何代表经济最佳状态的目标。但在一个国际体系中，它只能在有限的范围内短期执行这项政策。当涉及更大的变动和更长的时期，它的政策必然会受到其他中央银行政策的制约。如果一家中央银行的政策变化在同一个方向对其他银行产生影响，从而使它们效仿，或者像我在上文所说的，"保持步调一致"，那么就无关紧要。但除了短时期的小变动以外，每家银行都必须受到全体银行一般政策的制约。如果我们的银行是一家大银行，那么它在促成这种一般政策方面所起的作用就更大，因此会比小银行拥有更多的自主权。如果我们的银行打算让准备金发生很大的变化，这就会极大地增强它影响其他中央银行的能力，使它们与之步调一致；因为这延长了它可以贯彻实行自己独立政策的时间长度，并增强了它通过增减准备金率来影响其他银行准备金率增减的程度。即使是小银行，其短期的独立程度，也大大地受到是否会阻碍国际短期贷款资金流入和流出这一体系的影响，这种阻碍行为的性质将在第36章第三节加以讨论。

□ 19世纪的伦敦

这幅19世纪的画作，展现的是伦敦市中心的面貌。画面正中的雕塑是威灵顿公爵。他领导的军队在滑铁卢战争中击败拿破仑。英格兰银行大楼就在这条街上。

很明显，国际金本位（或其他任何国际本位）的主要作用是确保不同国家的行动一致，即每个国家都必须与其他各个国家的一般行为保持一致。这样做的好处是，可以防止个别国家的愚蠢和怪异行为。缺点是它阻碍了各中央银行解决本国问题，妨碍了人们以超群智慧和开创性的方式对政策进行改进，并且，当一般行为受到盲目力量（如黄金总量）的制约时，或者当一般行为在中央银行整体缺乏协调一致、精心制定的政策的情况下随意乱来时，这种做法是无法确保在短期或长期取得最佳状态的。

如上文所述，当金本位充分发挥作用时，信贷周期一般具有国际性。我们现在可以看到，这是必然的。任何一个中央银行都不可能在通货膨胀或通货紧缩的方向上走得太远，除非其他中央银行也在朝同一个方向或快或慢地前进。国际金本位对通货膨胀或通货紧缩本身并没有提出任何看法。它的职责是确保任何一家中央银行发生通货膨胀（或通货紧缩）的速度都不会与其邻行相差太大。根据一般行为法则，这种做法可以避免大规模的变动，但由于它所引发的复杂情况和缺乏中心方向，它又招致了中等规模的变动。

如果中央银行足够强大，能够在一段时间内主导总体步调，并为其他银行的速度作出规定，它们一旦利用这一能力来推行一些不符合整个国际局势的国家政策，那么国际体系的运作将特别糟糕。因为这可能导致其他中央银行陷入极不平衡的状况。有人认为，从这个观点来看，美国联邦储备体系在1929年的行为和法兰西银行在1930年的行为都应该受到批判。我相信，19世纪英格兰银行在某些关键时期的行为也是如此。然而，我认为，当批判一家中央银行为其本国国民的利益而行使各中央银行都希望拥有并希望不受约束地进行自由裁量的权力时，我们应该谨慎一些。如果英格兰银行在1928年至1929年间，相信自己有能力通过推行更为自由的信用政策来满足国内批评人士，它会不会因为担心给美国潜在的通货膨胀火上浇油而避免这么做呢？也就是说，为了促进美国的稳定，它是否打算将英国的就业量保持在最佳水平以下呢？或者，当英格兰银行在英国恢复金本位之前的几年里，就推行通货紧缩政策时（它相信，尽早按战前平价恢复金本位对英国的利益至关重要），这一政策加剧了欧洲其他国家的问题，人们能否预料它会因此而大受影响呢？

我认为，我们必须认识到，利益可能存在真正的分歧；我们不应期望，各国中央银行在国际上所保持的公正无私要远远超过民族感情，以及该国其他政府机构的行为。

因此，在后面的几章中，我将寻求一种符合不同国家利益的合理解决办法。

第35章 国际管理的问题之二——金本位

一、拜金欲

选择黄金作为衡量价值的标准主要是依照传统。在表征货币出现之前的时期，选择一种或多种金属作为最适合保值或控制购买力的商品是很自然的事，这其中的原因已经提过很多次了。

大约四五千年前，文明世界开始使用金、银、铜来铸造英镑、先令和便士，但占首要地位的是银，其次是铜。迈锡尼人却把黄金放在首要位置。在凯尔特人或多里安人的影响下，在欧洲和地中海北部海岸一带，铁短暂地取代了铜。在阿契美尼德波斯帝国的统治下，黄金和白银在规定的比率下保持了复本位制（直到亚历山大推翻这一帝国统治为止），世界再次开始使用金、银、铜，银再次占据主导地位；随后很长的一段时期内，银都保持着霸权地位（只是在罗马君士坦丁堡，黄金的影响力有所恢复），其间有些地方不时地尝试了几次金银复本位制，但都不十分成功，特别是在18世纪和19世纪上半叶；直到战前的五十年，银的这种霸权地位才以黄金取得了最后的胜利而告终。

弗洛伊德（Sigmund Freud）博士说，在我们的潜意识深处，有一些特殊的原因可以解释——为什么黄金特别能够满足强烈的本能，并得以成为一种象征[1]。埃及的祭司们曾经用魔法赋予了这种黄色的金属神奇的特性，这一特性至今从未完全消失。然而，黄金作为一种价值储存手段，虽然一直拥有忠实的拥护者，但作为衡量购买力的唯一标准，它几乎是一个暴发户。1914年，黄金在英国取得的合法地位维持了不到100年（尽管事实上超过了200年），而在其他大多数国家，黄金的这种地位维持了不到60年。除去相当短的几个时期，黄金都过于稀缺，以至于无法用作世界的主要货币媒介。黄金一直是一种极其稀缺的商品。一艘现代的邮轮在一次航程中就能把七千年来挖掘（或淘取）的全部黄金运过大西洋。每隔五百年或一千年，就会发现一个新的黄金供应来源，19世纪后半叶就是这样一个时代，随之而来的便是黄金的暂时充裕。但总的来说，黄金还是不够。

近年来，拜金欲一直试图披上一件体面的外衣，即使是在性方面或宗教领域，这种体面也达到了前所未有的程度。这件外衣最初是为了在反对本位制的苦战中获胜，作为必要盔甲而披上的，至今仍然披着。至于是正如黄金的拥护者声称的，因为黄金是预防不能兑换的货币灾害的唯一手段，还是说这就是一件见不

---

[1] 对于弗洛伊德关于金钱热恋，尤其是黄金热恋的理论，可参看他所著的《论文集》（Collected Papers）第二卷，"临床论文第Ⅳ篇"（Clinical Paper No. Ⅳ）；费伦兹（Sándor Ferenczi）所著的《精神分析原论》（Bausteine zur Psychoanalyse），第一卷，《黄金热恋心理的发生史》（Zur Ontogenie des Geldinteresses），第109页及其他各页；欧内斯特·琼斯（Ernest Jones）所著的《精神分析学论文集》（Papers on Psycho-analysis）第七章"关于象征主义的理论"以及第十章。以下是琼斯博士于1917所做的预言，也许可以被认为是精神分析法的一次成功："因此，占有和财富的观念出于一定的心理原因固执地依附于'货币'和黄金的观念。人们在战后可能会不惜一切代价重新引入黄金货币，当时这种迷信的态度尤其使英国付出很多代价。"（参看上述引书第172页）

得光的弗洛伊德式大褂，对于此等问题，我们不必刨根问底。但是，在我们对其主张进行科学的、可能公正的研究之前，我们最好提醒读者他所熟知的事实，即黄金已成为保守主义工具的一部分，我们不可能指望在处理这一问题时不带偏见。

然而，我们这一代人已经引发了一个巨大的变化，也许最终会成为一个致命的变化。战争期间，人们把自己少量的储备扔进了国家的大熔炉。战争有时会分散黄金，就像亚历山大分散波斯寺庙的贮藏金[1]一样。但在这种情况下，战争将黄金集中在中央银行的金库，而这些银行至今都没有将这些黄金释放出来。于是，黄金几乎从全世界的流通过程中完全撤出。它不再经人转手，人们贪婪的手掌也无法再接触黄金了。在每个国家里，那些附在钱包、袜子和铁罐里的小家神都被一个隐藏在地下的金像吞了下去。黄金不见了，又回到土里去了。但是，当我们不再看到披着黄色甲胄的家神在尘世间行走时，我们就开始为它们的真实性找理由；不久之后就什么都没有了。

因此，商品货币的漫长时代终于在表征货币时代之前结束了。黄金已经不再是铸币、贮藏品以及财富的实体债权，只要人们手中抓住这种实体物质，它的价值就不会溜走。它变得更加抽象，仅仅是一种价值标准；当某一家中央银行以有悖于邻行行为的程度，对其管理下的表征货币进行膨胀或紧缩时，它只是通过在一群中央银行之间，以相当小的数量不时地进行流通，来保持这种名义上的地位。就连这种流通的方式也变得有点过时了，因为这种方式会产生不必要的交通费用，而最现代的方式叫作"认权储存法"，就是在不转变地点的情况下转移所有权[2]。从这一步到各中央银行的下一步安排开始并不远，通过这种安排，各中央银行不需要正式宣布放弃黄金法则。在现代炼金术的帮助下，对于金库中实际埋藏的金属，其数量任其意愿想代表多少就代表多少，其价值也任其选择想代表

---

〔1〕波斯帝国的金银储备估计高达4300万英镑［这是迈耶（E. Meyer）的估计数字，得到了安德烈亚德（A. Andrédès）和其他权威的证实］。亚历山大（Alexander the Great）就是用这些资金进行其后期战争的［参看安德烈亚德的论文《亚历山大的战时财政》（*Les Finances de Guerre d'Alexander*），摘自《经济史周刊》（*Annales d'histoire économique*），1929年7月］，难怪如此巨大的一笔钱被投入实际流通会对物价水平产生灾难性的影响（当亚历山大于几年前出发穿越赫勒斯滂海峡的时候，他的国库库存不到20000英镑）。

〔2〕"认权储存法"最早的例子是罗塞尔岛的石制货币，由于太重了，搬运起来很困难，因此没有其他办法可以方便地加以处理。这些石币中最大、最珍贵的一块由于运输的船翻了而石沉大海。但毫无疑问的是，这块石币确实就在那里。这些文明的岛民既不反对把它列为他们的一部分货币储备（事实上，它的合法所有者在任何时候因此被认定为岛上最富有的人），也不反对通过"认权储存法"来转移其所有权。

什么就代表什么。因此，最初它和同伴白银像太阳和月亮一样，高高挂在在天上的黄金，在首先放弃了它的神圣属性，以独裁者的身份来到尘世之后，纡尊成为一个严肃的立宪君主，并以银行内阁佐之——也许永远没有必要宣布成立共和国。但现在还不能盖棺定论，事态的发展可能完全相反。"黄金之友"如果要避免一场革命，就必须极其明智和稳健。

□ **古埃及黄金面具**

图坦卡蒙是三千多年前的古埃及法老，他的陵墓保存完好，直到1922年才被英国考古学家发现，并从中挖掘出了大量珍宝。其中，图坦卡蒙的黄金面具被称为埃及的国宝，由金箔制成，上面嵌有宝石和玻璃。从古至今，不论中外，黄金都是统治阶级非常偏好的贵金属。

二、拥护金本位的理由

根据最近的经验，在现代条件下为什么要拥护金本位呢？

（一）有人辩称，黄金在较长一段时期内、在适当维持购买力的稳定性方面相当成功。我在《货币改革论》（第164页及以下各页）中对这一主张进行了简要的探讨，并予以部分承认。但是，这当然不是因为黄金的供应具有任何与需求保持同步的内在趋势。正如我们在上文所指出的那样，在表征货币发展之前，黄金的供应速度足以使其能够满足世界主要货币媒介的需要，这段时期是罕见且断断续续的。如果有任何金属可以根据长期的历史经验提出这一要求，那一定是白银而不是黄金。现代黄金规则与表征货币的发展是同步的。金本位可以宣称它在战前的50年里保持了物价水平的稳定，这完全不值得骄傲，一点也不，这在很大程度上要归功于黄金使用者的管理。在这一时期的前半叶，世界各国逐渐采用了金本位，采用金本位的速度受到黄金新供应量相对充裕的影响；而在后半叶，当表征货币迅速成为主流时，"节约"使用实际黄金以及黄金形式的表征货币的方法的发展速度也受到了同样的影响。

因此，在我看来，认为黄金的供应具有任何特殊的特点，使其有可能自动提供一种稳定的价值标准的看法是一种错觉，它与所有耐用品所共有的特点除外，即任何一年的总供给增量都可能非常小。除此之外，相比供应条件，对需求的有意调控一直以来（并且将来也会继续）更多地决定了黄金的价值稳定性。

然而，在这一点上，有必要插入最新的可用数据来说明，与现行做法下的世界需求量相对应的黄金供应量在目前和未来的情况。

基钦（Joseph Kitchin）先生对战后黄金产量及其在不同用途之间的分配情况的估计数据见下表[1]。

	单位：百万英镑（每盎司纯金值85先令）									
	1919年	1920年	1921年	1922年	1923年	1924年	1925年	1926年	1927年	1928年
产 量										
德兰士瓦	35.4	34.7	34.5	29.8	38.9	40.7	40.8	42.3	43.0	44.0
美国	12.4	10.5	10.3	9.7	10.4	10.4	9.9	9.5	9.0	9.3
加拿大	3.3	3.3	3.9	5.4	5.2	6.5	7.4	7.5	7.8	7.9
澳大利亚	5.5	4.7	3.8	3.9	3.8	3.4	2.9	2.8	2.7	2.7
其他国家	18.4	15.8	16.7	17.2	17.2	20.0	20.0	19.9	20.0	20.1
世界总产量	75.0	69.0	68.0	65.5	75.5	81.0	81.0	82.0	82.5	84.0
消费量										
工艺[①]	23.0	22.0	15.0	17.0	17.0	16.0	15.0	16.0	15.0	15.0
印度[②]	27.9	3.5	0.7	26.6	20.1	52.4	28.0	16.1	15.1	18.0
中国和埃及	11.5	−3.0	−2.2	1.2	1.5	0.2	1.3	−0.4	0.4	0.5
工艺和远东消费量	62.4	22.5	13.5	44.8	38.6	68.6	44.7	31.7	30.5	33.5
铸币可用余额	12.6	46.5	54.5	20.7	36.9	12.4	36.3	50.3	52.0	50.5
世界总供应量	75.0	69.0	68.0	65.5	75.5	81.0	81.0	82.0	82.5	84.0
世界金币储存量[③]										
40个国家的中央银行和政府的储存量	—	—	—	1716	1769	1837	1832	1888	1960	2055
其他地区（包括流通中的所有黄金）	—	—	—	327	311	256	297	292	272	227

[1]本表摘自约瑟夫·基钦先生最近在黄金估计方面非常有价值的统计资料（《经济统计评论》，1929年5月，第64—67页），不包括由40个国家的中央银行和政府持有的黄金数据，这些数据是按照《联邦储备银行公报》（Federal Reserve Bulletin）1926年6月，第396页的资料汇编的。

续表

	单位：百万英镑（每盎司纯金值85先令）									
	1919年	1920年	1921年	1922年	1923年	1924年	1925年	1926年	1927年	1928年
总计	1922	1968	2023	2043	2080	2093	2129	2180	2232	2282

① 欧洲和美国。
② 本年到下一年的3月31日。
③ 每年的12月31日。

这些数字唯一可能受到指摘的方面是对目前每年工艺消费的估计。可能是基钦先生低估了"欧战"以来在这方面使用的黄金数量，这些黄金由以前在流通而后逐渐被金币所有者让出的金币所供应。可以说这些从欧洲国家（尤其是法国和俄罗斯）流入市场的潜在供应量，使得工艺消费超出了基钦先生的估计，大概是2000万—2500万英镑而不是1500万英镑[1]。如果是这种情况，在接下来的几年中可作货币用途的余额，随着上述工艺方面的供应来源逐渐耗尽，可能比基钦先生的估计数字还要低5000万英镑。

至于将来的产量，基钦先生估计，未来五年的产量将大致维持在目前的数字，德兰士瓦新兰特的增产量可抵消旧兰特的消耗量，使德兰士瓦的总产量保持不变，而加拿大和俄国的适度增产量又可以抵消世界其他地区的减少量。他预计产量在1940年以后会急剧下降[2]。在此基础上，可以计算出世界货币黄金存量在过去和未来的变化情况，如下所示：

世界货币黄金储存量	（单位：百万英镑）	中间时期的增量
1867年	519	—
1893年	774	26年中增加255=每年增加1.5%
1893年	774	26年中增加255=每年增加1.5%

[1] 伊迪（Lionel D. Edie）教授在他1929年的著作《资本、货币市场与黄金》（*Capital, the Money Market and Gold*）中批判了基钦关于这些方面的结论。然而，伊迪教授自己的数字（1913年至1928年这15年平均每年为3500万英镑）可能出现了相反的错误。关于1913年实际流通的黄金量的所有估计数字都必然会出现很大的误差。

[2] 由于世界冲积金的供应已快耗尽，所以在发现新金源和实际供应之间便存在很长的时间间隔，如南非兰特的一座现代金矿耗资近200万美元，投产前需要六七年的时间才能开采。 此外，为了极大地延长现有矿山的使用寿命，需要对生产成本进行重大调整。因此，对未来5年甚至10年的预测是有一定准确性的。

续表

世界货币黄金储存量	（单位：百万英镑）	中间时期的增量
1918年	1909	25年中增加1135=每年增加3.7%
1928年	2282	10年中增加373=每年增加1.8%
1934年	2572	6年中增加290=每年增加2.0%

关于世界总体经济发展的速度，最常见的推测是每年3%，我想这正是卡塞尔教授自己作出的推测。如果这大致是正确的[1]，假设货币制度不变，黄金的新供应量将不足以维持物价水平，并出现每年1%的长期的累积性下降趋势。但是在我看来，相比这一点，我们更需要重视以下这样一个事实：目前超过90%的世界货币黄金是由中央银行和政府保持的。这部分黄金在不同国家之间的分配极其不均匀，与各国的经济活动量也没有形成稳定的比例，如下表所示[2]：

国家	银行、国库以及流通中的黄金量（1913年底）	中央银行及国库中的黄金量			
		1913年底	1919年底	1927年底	1928年底	1929年底
美国	392	266	520	818	770	800
法国	304	140	143	196	258	336
英国	150	35	120	152	153	146
德国	184	57	54	92	134	112
日本	17	13	72	111	111	109
西班牙	19	19	97	103	102	102
阿根廷	59	53	69	109	125	91
意大利	55	55	41	49	55	56
荷兰	13	12	53	33	36	37
比利时	16	12	11	20	26	34
俄国	211	162	?	20	19	31

[1] 从统计材料中关于原材料产量和贸易量的数据来看，基本上是准确的。但如果我们把比这更大的那些未被记录的活动包括在内，可能就太高了。世界人口每年大约增长1%。当然，认为包括亚洲和非洲在内的人类平均生活水平正以2%的速度累积上升是不合理的。另一方面，统计记录的活动才是与货币需求最相关的活动。

[2] 摘自1930年2月15日的《经济学人》，数据来源于《联邦储备银行公报》和其他来源。

续表

（单位：百万英镑）						
国家	银行、国库以及流通中的黄金量（1913年底）	中央银行及国库中的黄金量				
^	^	1913年底	1919年底	1927年底	1928年底	1929年底
波兰	-	-	-	12	14	16
爪哇	2	2	14	15	14	14
瑞典	6	6	15	13	13	13
奥地利和匈牙利	52	52	9	9	12	11
丹麦	4	4	13	10	9	10
捷克斯洛伐克	-	-	-	6	7	8
挪威	2	2	8	8	8	7
其他国家	61	56	65	103	105	85
总计	1579	965	1355	1929	2022	2078

各主要国家每年年底黄金的分配百分比

国家	1913年（a）	1913年（b）	1919年	1927年	1928年	1929年
英国	9.5	3.6	8.9	7.9	7.6	7.0
法国	19.5	14.5	10.5	10.2	12.7	16.2
德国	11.7	5.9	4.0	4.8	6.6	5.4
美国	24.8	27.6	38.4	42.4	38.0	38.5
阿根廷	3.7	5.5	5.1	5.7	6.2	4.4
日本	1.1	1.3	5.3	5.8	5.5	5.2
其他国家	29.7	41.6	27.8	23.2	23.4	23.3

1913：（a）银行、国库以及流通中的黄金量；（b）中央银行及国库中的黄金量。

从以上两个表格可以看出，世界货币黄金总量有一半以上在美国和法国。此外，在过去的三年半中，仅法国一国就吸收了相当多的新货币黄金，超过了可用的全部总量。另一方面，自1923年12月以来的六年半时间里，美国和英国的黄金持有量基本上保持不变。如果我们只考虑近期的未来，比如接下来的5年，各中央银行增加或减少自身准备金的政策明显会成为决定性因素。新的黄金量是否足够，得取决于美国和法国中央机构的决定。

然而，我不会千方百计地使这些统计的概况具有决定性的意义。近代损失最惨重的物价变动都与利润（或商品）膨胀和紧缩有关；而这些变动虽然可能与黄金供应量的变动有间接的联系，但直接取决于世界中央银行整体对市场利率（与自然利率相对）采取政策的综合影响。物价水平涨跌的长期趋势即使在表征货币存在的时候，也比短期变动更可能受到黄金长期供应量的影响，而与短期和中期的利润膨胀和紧缩相比，对经济福利来说则是次要的。因此，国际金本位的成败必然取决于它应付这些变动的能力——我们将在以后的章节中更详细地讨论这个问题。

（二）据称，黄金使散乱的货币体系符合标准。它限制了任何一个自缚于国际金本位的政府或中央银行的自由裁量权，并束缚了它们的独立行动。它可能不是一个理想的制度，但有人辩称，它保持了一定的效能标准，避免了猛烈的变动和政策的严重越轨。

只要一个国家继续坚持金本位，它就是有力的制度。但经验（涵盖面极广，几乎没有例外的经验）表明，当严重的压力来临时，金本位通常会被束之高阁。很少有证据支持这样一种观点：在实施国家管理本位方面不可靠的政府当局，在实施国际金本位方面是可靠的。事实却恰恰相反——到目前为止还没有证据证明还有从未试验过的方法。实施国家管理本位不会使国内经济受到继续遵守国际金本位的做法，可能使其受到的那种强烈的压力，因此，前者固有的困难和必要的牺牲将少于后者。

另外，即使国际金本位确实有助于使散乱的国家达标，它也可能使先进国家的货币管理标准低于它们在其他情况下可能达到的水平。因此，正如我上面所说的，金本位制是保守主义的一种工具。因为保守主义总是更关心防止人类制度从已经取得的进步中倒退，而不是很关心在那些可以进步的方面推动进步，冒着"推翻"较弱同胞的"想法"的风险，并使不稳固的、来之不易的，但至少能保持一定的体面行为的惯例受到怀疑。

（三）然而，我认为，拥护国际金本位的理由（或者仍能称得上这个名字的一些明智而科学的修正方法）是否成立，大体上取决于我们对理想的价值本位（不管其他方面的情况如何）是否应该具有国际性这一问题的回答。因为如果我们特别重视要让我们的价值本位具有国际性，那么在未来的许多年里，我们不可能确保国际上遵守任何与黄金毫无关联的本位。此外，如果我们能够克服科学管理的世界制度所遇到的种种障碍，给它披上一件黄金的外衣也不会增加多少困难。只要世界货币体系由一个跨国机构竭智尽力地管理，并且该计划中的一部分要求各地都不得将黄金用于实际流通，那么，由于金本位的价值是由我们任意决定的，无论理想的价值本位是什么，都能与金本位价值的形式相一致；这只需该跨国当局按照理想的本位管理黄金就行了。我们对黄金的崇敬和尊称可能会涉及一笔年度支出用于购买金矿的当前产品，但这是可能发生的最坏情况。

但理想的本位一定是国际本位吗？人们通常认为答案明显是肯定的，所以不需要有所争议。除了本人所著的《货币改革论》第四章之外，我不知道其他什么地方还对此有过怀疑。人们认为，国际本位为对外贸易和对外投资提供的便利已足以解决这个问题。在人们看来，缺乏国际价值本位，就像关税一样是阻碍国际流动性的又一愚蠢障碍，企图使世界的个别地区受益，但却误入歧途，使整个世界陷入贫困。

对于那些可以从反方面提出但通常被忽视的理由，我们在下一章中必须进行公正的探讨。

第36章　国际管理的问题之三——国家自主权问题

一、国际管理体系的两难窘境

我们已经看到，货币管理无论在国内还是在国际上总是呈现出双重性。一则，由于货币因素的数量相对于产量发生了持久性的变化，平衡物价水平（即效率收益水平）因而出现了长期的变动。二则，由于投资因素出现了暂时的失衡（我们将其概括为信贷周期），围绕平衡物价水平的长期趋势出现了短期变动。

就第一个方面而言，国际体系中的会员国必然将国内货币的长期价值，与国际本位的长期价值紧紧地联系在一起。必须承认这是不可避免的，而且如果人们相信国际本位是有益的，这也是可取的。但是，至于第二个方面，每个国家自然都希望尽可能避免暂时的变动。当投资失衡在国内初露端倪的时候，无论国外是什么情况，各国都会努力加以扼制；当投资失衡在国外开始萌芽的时候，各国将努力避免卷入这种麻烦。因此，由于投资失衡并非在任何地方同时、以同样的程度出现，一个国家体系可能会因此主动采取措施维持其自身的投资平衡，而这种平衡可能不适合同一国际体系的其他会员国。

各会员国自然由此而产生了希望获得短时期独立性的愿望，这带来了巨大的困难。因为，正如我们所看到的，国际平衡（即G=0，是指一个国家的对外投资贷付等于其对外贸易差额）要求每个会员国的银行政策应该以其他所有会员国的银行的一般行为为主要标准，而其自身自愿和独立的行为对最终结果所产生的作用则是微不足道的，这是国际体系中的会员银行的本质。如果任何一个国家背离这一标准，那么黄金必然会出现变动。

这一困难或许可以通过以下假设来得到生动的说明：假设国际货币体系具有完全的流动性，即每种国际汇兑率都是严格固定的，因而把资金从一个国家汇至另一个国家不需要任何费用，而且，每个国家的金融家只追求最高的利率，至于贷款的去向，他们漠不关心。在这种情况下，世界各地的利率显然必须是相同的。如果任何国家试图保持比邻国更高的利率，黄金就会流入该国，除非它让步，或者国际体系因其吸收了世界上所有的黄金而发生崩溃。因此，它独立行动能力的程度将与其国内的需求无关。

然而，正如我们先前所看到的，可能存在这样的情况：如果一个国家的利率由外部局势决定，那么它在国内要达到投资平衡就是不可能的。如果它的对外贸易差额缺乏弹性，同时又不能在新投资方面以世界利率吸收它的全部储蓄，就会发生这种情况。甚至在对外贸易差额具有弹性的情况下，如果货币生产成本具有黏性，这种情况也会发生。此外，还有各种各样的其他原因可以说明，为什么维持日常国内投资平衡可能需要使国内利率与国际利率有所背离。

这就是国际货币体系的两难窘境：既要按照国际本位保持该体系内的各会员国国内货币稳定性的优势，同时又要在国内利率及对外投资贷付额方面，让每个会员国保持充分的地方自主权。

我想，一些主张战后全面恢复金本位的人没有充分预见到，各国对地方自主权和独立行动的渴望是多么的迫切。他们设想，只要每个会员国家都自愿或实际上被迫同意，按照整个体系的一般行为来管理自己的行为，就能实现某种自动的稳定性。从这一观点来看，金本位制的理想运作方式不需要任何黄金的流动（按适当比例分配新开采的黄金除外）。因为，如果每一家中央银行能够放弃独立行动的权力，同意将始终如此地管理信用政策，而不至于使大量的黄金从金库流入或流出，那么，就能达到这方面最大限度的自动稳定——如果每一家中央银行都能让黄金的流入或流出对信用条件产生尽可能大的影响，例如它根据可能的情况抬高或压低银行利率，达到转变黄金动态所必需的程度，那么在实践中就能充分实现这一结果。

例如，斯特朗总裁于1927年在美国国会货币稳定小组委员会做证时说：

> 随着时间的推移，当原金本位国家恢复金本位的这一举动开始对全世界的物价产生影响，且银行准备金因此而进行调整时，我认为要使物价稳定必将迈出非常重要的一步[1]……战后各国之间一直没有黄金的自由流动，在这种情况下，你不能指望通过在此调整国内和世界的物价来或多或少地实现自动稳定。在我们恢复影响银行准备金，并使准备金的损失自动产生的反应发挥作用的黄金发生自由流动之前，我认为我们不能从联邦储备体系那里得到那一时期来到之后才能得到的一切满意结果[2]……我有足够的把握相信，当"这些事情能像前几年那样应对"的时期来临时，将不再需要采用许多在当前情况下必须应用的管理措施。情况将更加具有自发性。我们不必过于依赖判断，我们可以更多地依赖自然力量的作用，以及它们对物价的作用，我刚才已经非常粗略而不充分地描述了这种作用[3]。

米勒（D. R. Miller）博士在同一场合做证时，其证词背后也隐藏着同样的原理和同样的期望：

> 金本位不仅仅意味着以黄金的形式收回一国货币和信用的合法承诺。在我看来，金本位意味着一种可以产生调节和平衡影响的手段，以使相互之间具有某种适当一致性的金本位集团的所有国家保持物价水平、信用状况和货币状况。对我来说，金本位还意味着一套方法，一套程序，从未用公式表示过，从未被有意识地思考过，更不是由任何人发明的，而是世界上商业大国经验的结晶，而不仅仅是用黄金来偿还各种形式的债务的方法[4]。

正是基于这样一些关于国际金本位应有意义的假设，有时才会有人对美国或法国加以指责，斥责它们最近纯粹出于本土和本国的原因采取了一种信用政策，

---

[1]《物价稳定小组委员会报告书》（*Report of Commissioner*），第306页。
[2]《物价稳定小组委员会报告书》，第378页。
[3]《物价稳定小组委员会报告书》，第379页。
[4]《物价稳定小组委员会报告书》，第693页。

吸引了大量黄金流入它们的金库，却没有让这些流入的黄金实质性地改变它们的政策，这是在破坏"金本位游戏"的规则。然而，指望这些国家自愿牺牲它们认为符合自身利益的东西，以追求一种更适合某些其他国家的信用政策，或许有些期望过高。因此，我将在下文中阐明，解决办法不是提出这样的要求，而是协商出某种折中的方法，通过这种方法，国际金本位的遵守能够以常规和合法的方式，与对外投资贷付率方面适度的国家自主权结合起来。我们现在把注意力转向这一目标，具体细节应由每个国家自己制定。

二、调整对外投资贷付率的方法

我在上一节中提出的两难窘境也许只是对英国来说是新奇的。19世纪下半叶，伦敦对全世界信用状况的影响尤为显著，以至于英格兰银行几乎可以自称是"国际管弦乐队的指挥"。通过修改贷款条件，加上它有意改变黄金储备量，而其他中央银行又不愿意改变自己的黄金储备量，它就可以在很大程度上决定其他地方盛行的信用状况。

这种发号施令的权利，加上我们在第21章中讨论过的那个时期的某些其他特点，使英国能够在一定程度上对对外投资贷付采取其他国家无法效仿的自由放任政策。因此，对英国来说，这种两难的窘境很少会出现严峻的情形——这对它来说是非常罕见的，足以把这种窘境当作一般政策问题而漠然置之。诚然，无论对英国还是对其他国家来说，英国的经济学家们几乎没有意识到这种现象的存在。他们认为，英国的自由放任政策之所以能够取得真正的成功，不是由于它暂时的特殊地位，而是由于这种自由放任政策本身无出其右的优势。其他国家没有效仿它的做法，被认为是它们政治愚昧的表现，就像它们对保护性关税持有偏见一样。

但不幸的是，现在的情况发生了很大的变化。美国成功地建立了联邦储备体系，并利用其迅速增长的财富，使自己从一个债务国转变为一个债权国，同时将大量黄金收归囊中，占据了世界黄金储备的大部分比例。英国原本宽宏大量，并打算作出牺牲来促进战后欧洲的和平（也是为了满足它自己的金融虚荣心），但没想到这样却使法国和美国成为了战争所促成的金融交易的主要债权国，而它自己虽然在战争期间的金融方面是最活跃的，但却完全被排除在外。尽管伦敦仍然是世界上最具影响力的金融中心，尽管英国所持有的可用作对外新投资的余额仍然（我指的是1929年）是其他任何国家（包括美国）所持有的一半，但它在影响全世界信用状况方面的相对重要性难免已经今非昔比了。

因此，英国现在也必须面临两难窘境。此外，以黄金计算的现有收入水平，与其他国家根据各自回归金本位的条件所计算的黄金收入水平不平衡，在这种情况下回归金本位是非常鲁莽的，它的这种行为使目前的情况相比所有有关国家在若干年内继续保持同样的国际本位可能引发的情况还要糟糕。

□ 布雷顿森林体系

凯恩斯反对金本位，希望建立一个国际货币体系来代替金本位。第二次世界大战后，主要资本主义国家的代表在联合国国际货币金融会议上确立了以美元为中心的货币体系，因为此次会议是在美国新罕布什尔州布雷顿森林举行的，所以称之为"布雷顿森林体系"。1971年，美国爆发经济危机，尼克松政府宣布该体系结束。

然而，它在此类问题上信奉自由放任的传统信念及金融机构的既定形式，使它很难面对这一现实。伦敦金融城的思想充满了人们仍在老式的金融周刊上可以读到的那种愚昧的准则，大意是对外投资几乎会自动使对外贸易差额相应地增加。

我们来思考一下：一个国家因恪守一种国际货币本位使其对外投资贷付（或借款）产生了流动性，从而迫使其利率发生了变动，有什么办法可以防止这种变动过分地扰乱国内的平衡状态呢。在此，让我先重申一下这个问题的性质。

国际货币本位通过将费用和风险降到最低，极大地促进了国家之间的货币借贷。在近代，资本主义国家持有大量的流动准备金，一个金融中心的利率相对于另一个金融中心一旦出现较小的变动，可能会导致大量贷款从一处流向另一处。也就是说，对外投资贷付额对微小的变动高度敏感。相反，对外贸易差额却一点也不敏感。一个国家即使是大幅度压低物价，也很难突然减少进口量或突然扩大市场。高额保护性关税的普及更是加剧了这一困难。因此，要使对外贸易差额发生足够大的变动，来抵消对外投资贷付的变动是不现实的，因为对外投资贷付哪怕是一个很小的刺激都可能会引起变动。对外投资贷付在短期内的高度流动性，加上对外贸易在短期内的低度流动性意味着：如果无法采取措施应对前者，那么国内利率与国际利率之间即使只暂时存在微小的差异，也可能是危险的。这样看

□ 美联储地下金库

布雷顿森林体系确定美元直接与黄金挂钩，各国货币则与美元挂钩，美元与黄金可以自由兑换，于是许多国家都将黄金存储在美国。纽约美联储银行地下金库是世界上最大的金库，位于纽约曼哈顿岛，存放着60多个国家和机构的8000多吨黄金。

来，恪守一种国际本位往往会过度限制中央银行应付其国内局势，以维持国内稳定和最佳就业量的权力。

这一问题对债务国和债权国的表现形式各不相同。事实会证明，债务国的情况可能比债权国更为严重和棘手，因为在紧急情况下，减少放贷比增加借贷更容易。的确，当一个债务国遭遇危机时，十有八九会暂时放弃其国际本位。就那为数不多的"十分之一"的情况而言，到目前为止印度便是其中之一，它已度过了艰难时刻，一部分是由于印度驻伦敦办事处的官方地位带来的好处，一部分是由于它设立了大量的国外准备金，以明确应对国外借方余额和国外借款之间的短期差额。但是，在下文中，我们将主要从债权国的立场来看待这个问题。

可能的补救办法可分为：（一）官方当局抵消市场行动的补救办法；（二）官方当局影响市场行动的补救办法。

（一）第一类包括中央银行通过控制国外的流动资金来巩固自己地位的各种方法，这样它就可以大规模地改变这些资金的数量，从而抵消市场上（短期或长期）对外投资贷付率的不利变动，也就是：

1. 保持的黄金储备大大超过法定的最低限度，并愿意让这一超额储备发生大幅度的变动。正如我们已经看到的，大多数中央银行都有太多的黄金储备因法律的限制而被冻结，因此便没有足够的准备金可供自由支配；许多银行甚至不愿意使用这部分自由支配的准备金。迄今为止，唯一充分地利用了这种特殊办法（即自由使用大量超额准备金）的机构是美国联邦储备局，这对其国内的稳定极为有利。由于没有足够的黄金，无法让所有中央银行将其自由支配的存储量增加到远远超过目前法律要求的水平，因此，在这方面没有全面的补救办法，除非普遍降低法律要求的限额。我们在第33章已经讨论了这一问题。把一定数量的黄金作为最后的手段是有充分的理由的。但实际冻结的金额可能不是由仔细计算需求就能决定的，而是出于对风潮和威望的考虑来决定的。我们需要风潮的权威人士颁布一项法令，将目前的法定准备金率调低，而这些权威人士正是保持步调一致的各国中央银行本身以及它们的政府。

2. 在外国金融中心保持大量的流动余额（即通过黄金外汇管理），并愿意让这些余额发生大幅度的变动。事实上，这种办法目前已经得到了广泛应用。我们在第21章第五节中已经讨论了这方面的某些内容。

3. 同其他中央银行协商透支方法。这种权宜做法是在英国恢复金本位时采用的，是与纽约摩根财团和纽约联邦储备银行商定的为期两年的方法。其他国家也在类似情况下做出了相应安排。这笔资金通常是秘而不宣的，不到万不得已，中央银行是不会断然使用这笔资金的。

4. 中央银行和跨国银行协商借贷条款。这在未来可能有很大的前景。我将在第38章回头讨论这个问题。

（二）第二类包括可以影响市场的方法，使其根据中央银行的意愿和政策来调节对外投资贷付净率，即：

1. 一个国家正式成立的证券市场组织，显然应适应正常的对外投资贷付能力。在稳定时期，经过演变发展便能形成这种状况。但发生变动时，可能会有一段时间出现失调。如今，伦敦证券市场可能过度地倾向于外国证券的发行，这是大型发行机构过去的经验和关系，以及保险公司和投资信托公司等大型专业投资者的习惯所产生的结果。因此，对外投资贷付额相对于英国目前的对外贸易差额来说则过度偏多。另一方面，在美国和法国，特别是在法国，情况正好相反，一部分是由于战前它在对外投资方面遭遇过不幸，一部分是由于在法郎崩溃期间，它有意地禁止了对外投资活动。因为习惯和组织在决定贷付方向方面起着很大的作用，甚至和内在价值同样重要。

2. 在目前高额直接税的情况下，国内和国外证券的相对吸引力可能受到差别税的重大影响。这在法国起了重要作用。在英国，可能需要用它来平衡现行习惯和组织对外国证券的偏向。

可能还需要用它来平衡另一种趋势。对对外投资采取自由放任政策，意味着各地的净利率将趋于同一水平，风险等情况除外。因此，在所有国家，同等效率的劳动量必须与同等数额的资本相结合，其结果是劳动的边际效用在各地都将是相同的，于是劳动所获得的产品份额也将一样。所以，如果投资贷付具有国际流动性，且风险相同，那么各地的效能工资必然趋于相同的水平。否则，效能工资相对较高的国家的对外投资贷付，往往会超过其对外贸易差额，从而需要通过紧缩利润来保持黄金存储量，直到出现失业压力，收入随之发生紧缩，工资最终降至与其他地方相同的水平。这意味着，除非投资者不熟悉对外投资贷付的出路，不了解对外投资贷付的实际风险和理论风险，也不了解针对对外投资贷付方面的差别税则等，从而给对外投资贷付"拖了后腿"，否则，一个古老国家的工人无法以领先于世界其他国家工人的工资，直接从该国大量的资本积累中获得利益。不受限制的对外投资贷付可能会导致一个国家的财富增长更快，但之所以这样做，是因为它推迟了该国的工人以更高的工资享受这种不断增长的资本积累的利益。19世纪的哲学习惯于认为未来总是比现在更好。但是近代社会更倾向于要求，自己有权决定应该在何种程度上奉行这一严苛的信条。

3. 以上讨论的两种因素具有长期性。要解决我们这一章所讨论的基本问题，更重要的是逐日调整对外投资贷付率，以保持国内短期平衡的方法。为此，我提出以下建议：

（1）首先是控制长期对外投资贷付率，即投资者所持有的那种外国证券的购买率。就在国内市场公开发行的外国新证券而言，主要贷付国已经有了正式或非正式的控制。在法国，由财政部和外交部共同行使的官方控制近年来非常严格，再加上惩罚性赋税，完全扼杀了新证券发行的市场；有人建议放松控制。在美国，现在有一种既定的惯例，即在发行任何外国新证券之前，都要征得财政部的同意。在伦敦，英格兰银行于战后（我不知道这种事在战前是否发生过）在没有立法帮助的情况下，仅通过行使其对证券发行公司的权力，便多次有效地禁止了外国新债券的公开发行；除了这些直接导致对外投资贷付一时之间全面停止以外，还逐渐形成了一种惯例：在发行任何规模的外国新证券之前，必须事先按例征询英格兰银行的意见，后者便利用这一机会来调节这些证券的提供率。

虽然这种非正式的方法在自己的实施领域是非常奏效的——在调节外国证券在伦敦市场上的公开提供率方面，但是，用于调节英国对外投资贷付总额的利率这种更广泛、更重要的方面，它是不受欢迎的，也不是完全有效的。因为它并不适用于公众或投资机构在外国证券交易所，特别是华尔街的交易所，购买伦敦从未发行过的证券。从最近的实际经验可以看出，伦敦已经或迟或早地购买了纽约发行的大量外国债券。很明显，只要颁布了禁令，无论是全面的还是局部的，都只会导致证券的购买渠道发生转移，这对实施禁令的金融中心来说是无益的，因为它的金融商失去了证券发行的宝贵利润，财政部也失去了发行和转让印花税的宝贵收入。

对这种结果的不满连同自由放任的传统，人们有理由对这种控制机制予以完全反对。但我认为，与其放弃控制，不如完善控制。我建议可以通过以下的规定来实现：第一，未来外国债券，即由外国政府和公共当局以及未注册为英国公司的公司或企业的定息证券，除非事先得到英格兰银行的批准[1]，否则不得在任何证券交易所交易；第二，持有未经英格兰银行认可的证券的英国人，应该在这类证券的收入中按每英镑征收2先令的额外所得税。先不说征收这种税能否改善英格兰银行对对外投资贷付率的控制，就说应付在国外购买债券时逃避印花税的问题。征收这种税也是完全合理的，因为英国人在纽约购买的外国债券竟然可以逃避在伦敦进行类似交易时所产生的税收，这是一种反常现象。

□ 《时代周刊》上的摩根

摩根财团是20世纪初最具影响力的商业财团，从 J. P. 摩根（J. P. Morgan）开始，其家族慢慢控制了美国13家金融机构，并向钢铁、铁路等领域渗透。到1930年代，摩根财团的资产总额占当时美国8大财团的50%，是名副其实的富可敌国。就连英国、法国陷入财政困境时，都向摩根财团求援，其影响力可见一斑。

（2）其次，控制短期对外投资贷付率。当然，这一直是一个头等重要的问题。但是现在却出现了比以往困难得多的问题。第一，对国际短期资金来说，目前有两个同等重要的借贷中心，即伦敦和纽约，伦敦不再一枝独秀，因此，这两个借贷中心之间，随时都有可能发生大规模的流动。第二，人们认为国际短期贷款市场的性质已经发生了变化。现在的国际金融中心，无论是伦敦还是纽约，与世界其他地方相比，至少既是债务人，也是债权人（债权人的成分可能更多）。我想，即使是在19世纪，伦敦在这方面的状况也比我们据以相信的更加平衡。伦敦使用的外国短期资金量，与通过英国持有的非英国贸易专用的英镑票据融资的外国企业的数量相差不远。目前可以肯定的是，国际短期资金市场是外商希望保持

---

[1] 这种批准自然不应对所提供的证券性质表示任何意见。

流动性的资金库，其规模远远大于外商通过承兑汇票而获得短期借款的规模。因此，它在很大程度上取决于外国客户的主动意愿，根据他们是否愿意在长期资产和短期资产之间、短期资产和黄金之间，以及在一个国际中心和另一个国际中心之间进行转换来决定。这是一种银行业务，它要求从事这项业务的人有能力也有意愿看到，他们的黄金存量和其他流动准备金不时出现大幅的变动。我认为，那些从事这项业务的人也会发现，尽可能地把它与国内工业和贸易的经营分开是明智的。

第三，国际短期贷款资金的规模大幅扩充。这方面没有确切的统计数据。但是，我估计它的量值在1929年年底不少于10亿英镑，其中有6亿英镑在纽约，3亿英镑在伦敦，还有1亿英镑在其他地方；当然，这当中有大量的重复部分，即A国家在B国家存有余额，同时B国家又在A国家存有余额。只有美国尝试编制了短期贷款总额和净额的统计数据。商务部［雷·霍尔（Ray Hall），《商情公报》（*Trade Information Bulletin*），第698期］公布的结果具有指导意义，值得摘录于此：

"外国人"对"美国人"的应付款项[1]（单位：1000美元）

	1928年12月31日	1929年12月31日
美国存在外国人手中的款项	198588	189740
由美国银行承兑外国人开具的未到期票据的负债	508822	768942
外国人的透支额	255373	202348
其他短期贷款和垫付款	318762	285460
美国投入外国货币市场的短期资金	24077	37357
外国人应付的短期资金总额	1305622	1483847

"美国人"对"外国人"的应付款项（单位：1000美元）

	1928年12月31日	1929年12月31日
外国存在美国人手中的款项	1580481	1652858

---

[1] 美国银行的外国分行是"外国人"；外国银行的美国分行是"美国人"。

续表

	1928年12月31日	1929年12月31日
由外国人承兑并贴现美国人开具的未到期票据	93356	72238
外国投入美国市场的资金转入美国承兑汇票的款项	564601	891132
外国投入美国市场的资金转入经纪人借款的款项	332888	270627
外国投入美国市场的资金转入财政部库券的款项	166319	61827
外国投入美国市场的资金转入其他短期借款的款项	12176	8817
由美国银行待收的外国人开具的未贴现承兑汇票[1]	99247	104938
其他款项	47152	24844
对外国人应付的短期资金总额	2896220	3087281
银行账上欠外国人的短期债务净额	1590598	1603434

如果纽约货币市场的总债款中有10%转入外国人手中，无论是对支付方还是对接收方来说，显然都是一件可怕的事情，相对于对外贸易差额中任何可能的短期变动而言，这绝对是一笔可观的数目。但如果短期资金的转移不能与有关国家的对外贸易差额的相应变动相抵消，那么所定的利率必须使这些移动程度不得超过其他短期资金、长期资金或黄金的相反移动所能抵消的程度。然而，这些力量联合起来所共同决定的利率，很可能不是维持国内工业平衡的最佳利率。

就英国而言，有两项改革似乎是必要的。第一，有关伦敦的国际银行业务情况的量值和变动的准确信息，必须按照上述美国报表的方式按月编制。目前，没有人知道伦敦对外国人的短期负债的净额和总额，也不知道它们是在增加还是在减少。然而，如果没有这些信息，英格兰银行肯定不可能有效地管理银行利率政策和公开市场业务。确实，这就好像一家银行的总部，在全国各地都有分支机构，负责管理政策并维持其准备金，但却没有任何正规的信息来源了解存款的数量，也不知道它们是在增加还是减少。

第二项改革是指采取某种手段，使伦敦的国际存款业务及控制方法在某种程度上与英国工商业的国内业务分离开来，这样，为调节前者而提出的各种条件的每一项变动，便不必对适用于后者的信用要价条件充分产生作用。这一目标存在

---

[1] 抵消"外国人对美国人的应付款项"表中第二项数据的更正记录。

着一个严重的技术问题。信用就像流水，虽然可以用于多种目的，但其本身并无差异，可以穿过缝隙滴漏出去，并心甘情愿地在整片土地上寻求自己的水平面，除非土地的各个部分都滴水不漏，而这在信用方面几乎是不可能的。不过，我有一项建议，我认为十分重要，值得单独列一节。

三、黄金输送点的意义

我们已经看到，如果利率交换是完全固定的，以至于把一个国家的货币兑换成另一个国家的货币不花一分钱，那么完全相同的利率便始终在两个具有相同类型，且安全性被认为相同的贷款国家通行。如果所有国家之间都存在这种情况，那么任何地方借贷条件一旦发生变动，都将反映在各地的银行利率和债券利率的变动上。也就是说，每一阵风都可以毫无阻力地吹遍全世界。如果它的力量分布在一个大的区域，当然会比聚集在一个小的区域要小。另一方面，如果大多数国家都安装或多或少有效的挡风玻璃，那么任何仍然暴露在外的国家，除非它相对于世界其他国家更辽阔，否则将永远处于不稳定状态。

因此，如果一个国家采用了一种国际本位，那么问题就在于它希望国际化到何种地步，换句话说，它希望对每一种国际上的变动敏感到何种地步。我们现在所要讨论的办法是要明确地降低这种敏感性，同时又要有效地遵守国际本位，不与之背离。

用一种货币放出的贷款与用另一种货币放出的贷款并不完全相同，即使两种贷款大体上符合同一国际本位，除非这两种货币是可以免费兑换的，而且兑换率是事先确定的。如果在用一种货币兑换另一种货币的情况下存在费用或怀疑，那么用第一种货币贷款的利率可能会出现变动，其范围要视费用的多少和怀疑的程度而定，与用第一种货币贷款的利率无关。在一种货币兑换成另一种货币的条件，与以后反过来兑换的条件之间，可能存在着一定的距离，用国际汇兑的专门术语来说，这是由黄金输送点之间的距离决定的。两个黄金输送点之间的距离越大，一个国家对外投资贷付率对外界短期变动就越不敏感。

因此，在管理一国货币的问题上，黄金输送点的相距程度是一个至关重要的因素，应该审慎决定。然而，到目前为止，我们还没有如此处理过这个问题，而是受到一些历史上的因素和一些纯粹偶然的因素支配，但毫无疑问，在很长一段时间内，存在着一种适者生存的经验主义。

使短期对外投资贷付不敏感的一种最有效方法是：使两种货币之间未来的兑换条件存有怀疑因素。这是法兰西银行在战前几十年的传统做法。五法郎的银币仍然是法定货币，法兰西银行并不保证它们总是能以法定平价兑换成黄金。这种方法若要发生效力，不需要经常运用上述威胁手段，或者根本不需要运用，它的存在本身就足以阻碍套汇者的活动，而套汇者真正关心的是确定性和狭窄的边际。在法国以外的许多其他欧洲国家中，由于这样或那样的原因[1]，人们曾经怀疑是否能在任何情况下自由获得黄金以供出口；而在美国，没有中央银行的事实给整体气氛蒙上了一层不确定因素。即使在战后恢复了金本位制，仍有几个国家以这样或那样的方式保护自己，使自己免于承担兑换纸币的义务，因为黄金的性质太过绝对。

然而，在英国，这种形式的保护方法从未被使用过[2]（除了战时和战后暂停黄金兑换的时期）；美国自联邦储备体系建立以来也未曾使用过这种方法。这两个国家所依赖的不是怀疑因素，而是费用因素；然而，这里需要补充一点：作为一种额外的保护方式，费用因素也存在于其他所有国家。在接下来的内容中，我将以英国为例，其他大多数国家的做法只是在数量上有所不同，而在原则上是相同的。

费用因素由人们熟知的两个因素组成。第一个是英格兰银行买卖黄金价格的差价[3]，即英格兰银行把纸币换成黄金的兑换率与把黄金换成纸币的兑换率之间的差额。从历史上看，这种差额是基于立即把纸币兑换成黄金的便利性和经济性，而不是基于把黄金送到铸币厂等待铸造的过程。在战前，有效的差额实际上与这种便利的实际程度密切相关，因为黄金持有者可以选择以英格兰银行的价格卖给它，也可以把黄金拿到铸币厂等待铸造。但是，1928年的货币法案废除了这种选择权，英格兰银行买卖黄金价格的准确差额，即每两黄金3.17先令10.5便士的卖价与3.17先令9便士的买价之差等于0.16%，只不过是历史遗留下的一种现象而已[4]。

---

[1]例如，中央银行通过发行轻量金币来履行其法律义务的可能性。
[2]英格兰银行选择以纯金或标准金支付的问题将在下文讨论。
[3]必须加上货币受兑的一国收取的费用以达到变动的最大限度。
[4]1929年，英格兰银行恢复了一种1912年以前一直采用的做法，即当英格兰银行特别渴望获得黄金时，其支付的价格高于法定最低价格。

第二个因素是指把黄金从一个地方运到另一个地方的实际费用，包括运费、保险费和利息损失等。这项费用的数额是可变的，不仅是因为有些目的地比其他目的地近，而且还存在不同的利率和保险费，以及不同的运输方式所占用的时间不同。然而，总的说来，在现代条件下，第二个因素所涉及的数额往往会减少[1]。例如，在伦敦和纽约之间，美元对英镑的最高汇率和最低汇率之间的最大变动量约为0.75%。而在伦敦和巴黎之间，这种变动显然要小得多[2]。但就印度而言，我在战前计算的差值为1.5%左右[3]。总体来看，两个不同国家的最大差值在0.5%到1.5%之间。

虽然这些都是最大限度的变动，但"期货外汇"的组织通常能让借款人在提前3个月兑换货币的条件上做上一笔比这更好的交易[4]。然而，即使在最有利的情况下也会产生一些费用或风险，一种货币的持有者如果想用另一种货币来贷款，就必须在计算这笔交易是否有利可图时考虑到此类因素；而且，当某一个方向上的交易压力推动汇率向黄金输送点的其中一点移动时，同一方向上的进一步交易的未来费用可能会增加。

为了便于说明，让我们假设预期费用为0.5%。那么，如果是长期贷款的话，在扣除了一种货币兑换成另一种货币所需的费用后，这不会对可获得的净利率产生明显影响。例如，对于一笔为期十年的贷款，费用因素每年只会将可获得的利率降低0.05%。但如果是短期贷款，情况就大不相同了。例如，对于一笔为期三个月的贷款，根据上述假设，兑换费用将使每年可获得的利率降低2%。

由此看来，如果现行汇率不能够维持一个较短的时期，那么费用因素使两种不同货币分别可获得的利率之间产生巨大的差值。例如，如果美元兑英镑的汇率达到英镑的黄金输出点，那么伦敦高于纽约的同类贷款的利率将把贷款从纽约吸

---

[1] 艾因奇格（P. Einzig）博士在1927年3月、1927年9月和1928年12月的《经济杂志》上刊登的论文中对此发表了一些有趣的计算数字。艾因齐格博士指出航空运输可能使黄金输送点的距离缩小。最新的计算结果可以看艾因奇格博士所著的《国际黄金走势》（*International Glod Movement*）的附录一。例如，1913年，美元兑英镑的黄金输送点为4.89美元和4.8509美元，即0.81%；1925年，扩大为4.8949美元和4.8491美元，即0.96%；1928年，又缩小到4.8884美元和4.8515美元，即0.76%。如果利率降至3%（而不是上文假设的5%），那么黄金输送点之间的差距将缩小至0.7%。

[2] 伦敦与阿姆斯特丹的利率之间的差距约为0.8%，伦敦与柏林之间的差距约为0.7%，伦敦与巴黎之间的差距约为0.5%（均按5%计算利率）。参看艾因奇格上述引书。

[3] 关于这一点在印度这一特殊案例中的详细研究，请参阅我所著的《印度的通货和财政》第五章。

[4] 我在《货币改革论》第三章第四节中详细描述了"期货外汇"市场的机制，并分析了决定汇率挂牌价的因素。

引到伦敦，因为贷款从纽约汇至伦敦的话，在任何未来的日期再收回这笔贷款都肯定不会遭受汇兑损失。也就是说，美元兑英镑的汇率始终可以保持在英镑的黄金输出点以上。因此，将伦敦的利率维持在高于纽约的水平，便阻止了黄金从伦敦流向纽约。当然，反过来也是一样的。但另一方面，如果汇率处于两个黄金输送点之间的某个位置，那么这两个金融中心的利率就没有必要保持相等，但是这种不相等仍然不能超出一定的范围。例如，如果两个黄金输送点相距0.75%，汇率达到英镑的黄金输出点，那么可想而知，纽约为期三个月的贷款利率会比伦敦每年高出3%；同样地，当汇率达到美元的黄金输出点时，伦敦为期三个月的贷款利率可能比纽约每年高出3%。然而，数学期望值或三个月后收回汇款的可能费用，很少或绝不会等于可能的最大值。市场对这种情况的估计是由"期货外汇"的挂牌价得出的，因此在平衡状态下：

按伦敦利率计算的3个月利息加上（或减去）远期美元贴现（或溢价）的补偿费等于按纽约利率计算的3个月利息。

因此，如果两个黄金输送点之间相距很远的话，那么两个金融中心的短期利率之间就会存在很大的差额边际，但前提是货币市场不能依靠这种差额边际长期延续。因此，正是这种距离保护了一国的货币市场，每当其他国家货币市场出现风吹草动时都不至于会乱成一团。

由此可见，黄金输送点差距的大小对一个国家国内经济的稳定是一个至关重要的问题。因此，人们可能会认为，经过深思熟虑之后，可以给这一差距量定一个安全的数值。但迄今为止，情况并非如此。此外，差额量很可能会因航空运输，或者银行愿意在运输过程中放弃黄金利息等因素而弄乱。

我认为，这方面存有进行真正重要改革的余地[1]。我建议，中央银行必须遵守的买入和卖出黄金的价格之间的差额，应该比迄今为止的数额大一些，比如2%，这样不管运输黄金的实际费用如何，在黄金输送点之间至少会存在这种差额，必须将实际费用的2倍加到上述的2%中去才能求得这种差额。但如果一家中央银行希望促使黄金向内或向外流动，那么它随时都可以在法律允许的范围内自由挂出接近的牌价。此外，中央银行应能在必要时，在黄金输送点和国内外相对

---

[1] 以下的建议在原则上基本上与我在《货币改革论》（第189—191页）中所作的建议相同。

□ 五法郎银币

在和平年代，银币兑换黄金比率相对固定，但是一旦发生动乱或经济危机，人们更倾向于囤积黄金。因此，这会造成金银兑换比率波动，甚至银币无法兑换到黄金，纸币与黄金的关系也是如此。这就是凯恩斯说的"黄金的性质太过绝对"，因为黄金的避险功能无法替代。

利率所规定的范围内，控制期货外汇对即期外汇的溢价或贴现；据此，国内短期贷款利率可以暂时（在一定范围内）与国外类似利率保持一种中央银行认为可取的关系。

这项改革的目标，是使中央银行能够保护本国的信用结构不受国外纯粹暂时的变动的影响，而长期平衡的法则将同以往保持一致。让我们举一个例子，说明建议的措施在哪些方面是有用的。1928年秋，美国的当地情况使联邦储备局相信，为了企业稳定，应该提高短期贷款的利率；但英国的当地情况却恰恰相反，英格兰银行急于尽可能地降低利率。美国联邦储备局不希望高利率吸引英国的黄金，如果发生这种情况，往往会使它的努力付诸东流。英格兰银行也不希望在英国实行高利率，以防止黄金外流，但它可能会被迫这么做。这种情况可以通过上述方法来处理。美国联邦储备银行将把黄金的买价降至接近其法定最低价格的水平，而英格兰银行将把黄金的卖价提高到接近其法定最高价格的水平[1]。如果中央银行也有如上所述影响期货外汇率的做法，那么这些汇率也必须相应地变动。这将使这两个金融中心暂时维持两种截然不同的短期贷款利率。当然，这种差异是不允许持久存在的，因为允许存在这种差异的是短期内黄金输送点之间发生变动的预期或可能性。因此，对纽约有利的长期利率差额，将导致美元兑英镑的汇率达到相当于英格兰银行的黄金法定最高售价的黄金输送点，从而导致黄金外流。

因此，我建议为各国中央银行提供一个"三叉戟"，通过控制它们的银行利率、期货外汇率及黄金买卖价格（在法定黄金输送点的范围内），来控制短期对外投资贷付率。我认为它们不仅要按周制定官方贴现率，还要规定它们准备在一两个

---

[1] 由于缺乏这类规定，英格兰银行在1929年年中采取了一种令人不满的做法，向银行和金融机构施加道德压力，要求它们放弃出口黄金可以获得的微薄利润。

主要外国中心买卖期货外汇的条件，以及它们准备在黄金输送点范围内买卖黄金的条件。这将使各国中央银行在短期内所处的情况，与它们认为自己能够在不造成麻烦的情况下，承受更大的黄金储量变动时所处的情况相同。读者还必须特别注意，通过根据市场上的即期汇率适当地规定期货汇率，中央银行实际上就能够对外国资金和国内资金的短期利率进行不同的规定。

1929年至1930年期间，当本书正在印刷时发生了两件事，它们很好地说明了目前形势的反常情况，以及各国中央银行本能地努力扩大黄金输送点的距离的情形。

读者会发现，对于地理上相邻的两个国家，黄金输送点之间的距离比相距较远的两个国家要小。由此可见，伦敦和巴黎之间的黄金输送点特别小。因此，除非英镑汇率远高于纽约的平价，当法国准备输入黄金时，伦敦达到向巴黎输出的黄金输出点的时间就会比纽约早。因此，仅仅是伦敦与巴黎之间的近距离，就会使它比纽约承担更大的法国短期黄金需求的负担。然而，在这种情况的压力下，英格兰银行和法兰西银行在现行法律明文规定的范围内找到了一种迂回的方式，使从纽约到巴黎的黄金运输费用几乎与从伦敦到巴黎的黄金运输费用相等。英格兰银行行使其法定权利只交付本位黄金，而法兰西银行行使其法定权利只接受纯金，这增加了提炼费用以及由此造成的延误，从而扩大了黄金输送点的距离；与此同时，人们找到了将从纽约到巴黎的黄金运输过程中所产生的利息损失降到最低的方法。结果，在不需要改变这两个金融中心的相对短期贷款利率的情况下，就可以将大部分输出黄金从不愿意输出的伦敦转移到愿意输出的纽约。如果不这样做的话，就需要改变这种利率，因为在英镑兑美元汇率向纽约到伦敦的黄金输送点移动的过程中必然会伴随这种利率的变动。这是我所提倡的惯常使用的方法中一个极好的例子。但是，在上述情况下使用这种方法的可能性，竟然取决于有关两个国家现有法规的偶然性特点，这多少有些荒谬[1]。

另一个最近的例子是加拿大。加拿大和美国之间的黄金输送点，如前一个例子那样由于地理原因特别小，其结果是两国之间的黄金流动往往是由暂时的原因造成的。1929年9月，加拿大小麦出口缓慢，加上华尔街短期贷款利率又高，这两

---

[1] 保罗·艾因奇格博士在1930年9月的《经济杂志》上描述了这一事件的技术细节。由于一些中央银行，例如德国国家银行，打算接受标准黄金，并支付纯金（获得买卖价格之间的通常利润），法郎兑英镑汇率变动的理论范围便暂时根据第三国际的三边交易的费用来设定。

种因素共同作用，导致加拿大黄金不适宜的大规模流向国外。应对这一情况的办法是根据财政部长和十家特许银行之间的一项非正式协议即约定不要为了微薄的套利利润而出口黄金，从而降低了黄金输出点。加拿大的汇率不可避免地超出了它根据金本位的条件所规定的较低黄金输送点。但事实证明，这种权宜做法是合理的，因为纽约短期贷款的高额利率是暂时性的，到1930年夏季，当这种高额短期贷款利率势头减弱时，加拿大交易所不仅恢复了平价，而且超过了平价，达到了黄金输入点。因此，这种非正式地扩大黄金输送点距离的做法，或许是防止华尔街异常情况对加拿大国内信用状况做出过度反应的最明智方法。

这一节的建议可能会招致两种反对意见。人们可能会竭力反对说，这种做法所允许的额外活动余地可能会被滥用，成为中央银行不采取措施来补救持续失衡状况的原因，而非暂时性阶段的时机和借口。当然，为了增加中央银行的明智管理权力，其自由裁量权每扩大一次，就会出现一次被滥用的可能性。但在这种情况下，风险很小。因为除了国际短期贷款情况外，对局势中任何因素的影响都是微不足道的，对国际短期贷款的影响也将受到严格的限制，不会累积重复产生影响。

人们或者会反对说，这种权宜做法虽然对一个不属于部分国际短期贷款资金的存储所在的国家来说是足够好的，但却有损于一个希望成为这类资金的重要存储所的金融中心的利益。这种说法确实有一些说服力。问题是，为了保证国际银行业务，一个国家值得在国内不稳定的形势下付出多大的代价。从后者的观点来看，理想的做法是缩小两个黄金输送点的距离，使之完全重合。这是在相互冲突的利益之间寻求公正和有利的折中解决方法。但也有理由可以不对这种反对意见加以重视。因为我在提出这一建议的同时，还进一步提出了另一项建议：中央银行可以挂出期货汇率的牌价；通过这种方式，外国存款户可以每三个月一次，按照中央银行认为对其安全而有利的程度，安全且经济地对其资金进行来回汇划。也就是说，我们只需要放松中央银行所受的法律约束，而不需要在实践中或在规则上阻止或阻碍它完全同目前一样使整个体系运行。

此外，如果伦敦将其对任何第三个国家的新黄金输送点的距离规定得不超过纽约，那么，它作为一个外国资金存储所，就可以克服由于地理距离相近而带来的尴尬，同时又不会削弱其对纽约的竞争地位。

然而，理想的并且能够完全推翻异议的体系，将是所有主要国家采取一致行动的安排方式。要是每两个国家之间都用一种固定和统一的体系来取代现有的体系就好了，因为，现有的黄金输送点距离是随机的、不断变化的，每两个国家之间也是迥然有别，而且容易受到各种微小、不确定因素的影响。在未来的理想国际货币体系中，我们有一种方法可以确保达到这一点，即每一个国家的中央银行不再根据现行法律义务按规定的条件用黄金买卖本国货币，而是根据义务按规定的条件用存在跨国银行的余额来买卖本国货币。然后，可以通过将每个国家的买入价定得比本国货币平价低1%，将卖出价定得比本国货币平价高1%，从而获得一种适度的国内自主权。如果存在跨国银行的余额可以兑换黄金的话，那么这种做法就不会与维持金本位相矛盾；这仅仅意味着黄金不会在个别两个国家之间流动，而只会在个别国家和跨国银行之间流动。我们将在第38章中回头探讨，这样一个银行对解决世界货币问题可能作出的贡献。

无论如何，我们可以得出这样的结论：黄金输送点之间距离的准确大小，值得我们比以往更多地从科学角度研究。如果黄金输送点重合（实际上在一个国家内就是这样的），现行的国际金本位制加上各国独立的中央银行和国内货币体系就难以运作了。如果认同这一点，那么两个黄金输送点相距的程度就不应该是运输费用或历史遗留现象的问题。

四、价值本位应该具有国际性吗？

人们都同意，在人类活动的许多领域中，建立国际标准只是常识。如果有相反的观点，它们通常是非经济性的。我们可能不喜欢采用米制或一种通用语言的观点，但如果是这样，我们的反对意见不太可能取决于经济优势。多样性、特异性或传统性等因素，就语言而言，很可能具有压倒性的影响力，但就货币体系而言，明显无法与经济利益相抗衡。因此，在决定我们的货币体系时，我们只需要探讨经济利益的影响，包括政治上的权宜做法和政治公正。

从这点来看，一般可以得出这样的结论：理想的货币体系和理想的价值本位应该是国际性的，这是不言而喻的。但这种类比是错误的；由于前面已经提到过的原因，给出答案并不容易。一方面，正如我们在下卷中所看到的，购买力在世界不同地区并不也不可能意味着同样的东西。如果重力在不同的国家差别很大，那么重量标准也可能差别很大。但就购买力标准而言，这种困难必然会出现。可以肯定的是，无论标准是什么，只要在统一的标准下，美国货币购买力的变动就是与印度的不一样。此外，正如我们将在下文看到的，还必须考虑到其他因素。

那么，在国际价值本位和国家价值本位之间进行选择时，我们的最终结论应该是什么呢？

首先，我们要确保拥护国际本位的理由（即保障对外贸易和对外投资贷付的方便和便利）不能言过其实。

就对外贸易而言，我认为人们往往高估了把外汇的最大变动量限制在相当狭窄范围内的好处。事实上，这种做法只不过是比较方便而已。对任何从事对外贸易的人来说，重要的是，他应当在进行交易的同时，确切地知道他能够补进的汇率。但对于他来说，这可以通过自由可靠的期货外汇市场得到令人满意的信息[1]。他今年的补进汇率是否要与他去年的类似交易的补进汇率完全相同，这一点并不重要。此外，外汇汇率可能会出现适度的变动，相对于商人感兴趣的个别商品价格的正常变动来说，这种变动仍然较小，而这种汇率的变动抵消个别物价的变动的可能性，与加剧个别物价的可能性一样大（或许更大）。因此，如果我们的中央银行为期货外汇交易提供足够的便利，我认为没有必要为了外国商人的利益固定外汇价格。适度的变动如果在其他方面是可取的，将不会造成严重的不便。

然而，当我们谈到对外投资贷付时，正如我们已经看到的，我们必须更高地估计固定外汇价格的好处。在这种情况下，借款人和贷款人之间的合同所包含的时期，可能比任何实际可行的期货外汇交易预期的时间长得多。未来外汇汇率的这种不确定性，将不可避免地给这项交易增添怀疑因素，这肯定会对国际贷款资本的流动性产生一些阻碍作用。

但是，我们必须在这方面严格区分长期贷款和短期贷款，特别是当对汇率的可能变动幅度设定了某一外部范围的时候。例如，假设汇率变动的范围已定为平价上下的5%，那么若以贷方货币计算，5%的贷款按外汇平价汇出，可能在未来几年会支付4.75%至5.25%的利息；若按借方货币计算，偿还时可能会支付95%至105%的偿还金。如果是长期贷款，这些可能性就没那么大；但如果是短期贷款，到期偿还贷款的确切支付费用，可能会对按年计算的全部贷款所付费用的净额产

---

[1] 参看本人所著的《货币改革论》，第133页。

生决定性影响。这就把我们引向了论点的核心问题：如果我们有意希望对外投资贷付（无论是长期的还是短期的）具有高度的流动性，那么，这显然是支持固定汇率和严格的国际本位的一个强有力的论据。

那么，到底是什么原因使我们犹豫不决，无法下定决心采用这一体系呢？主要的疑问是，建立一个比我们的银行体系、关税体系和工资体系范围更广的货币体系是否明智。我们在使经济体系中的其他几个方面都极为僵化的情况下，是否能够允许单独某一元素具有与之不相称的变动性呢？如果其他所有方面的变动性在国际上与在国内都相同，那么情况可能就不同了。但是，引入一个对外界影响高度敏感的变动元素作为一个机器的连接部件，而其他部件又僵硬得多，这可能会导致机器断裂。

因此，这不是一个可以轻易回答的问题。大多数英国人一直以来就认为，对外投资贷付具有极大的流动性，而对外国贷款则应采取完全的自由放任政策。这一信念正如我在上文一再说明的那样，是建立在对对外投资贷付和外国投资之间因果关系所持有的过于浅薄的看法之上的。因为，除了黄金的流动，对外投资贷付净额和对外投资净额必须始终保持完全的平衡，所以，人们一直认为不会出现严重的问题。根据这种论点，既然贷付额和投资额必须相等，那么贷付额的增加必然导致投资额的增加，贷付额的减少必然导致投资额的减少；简而言之，英国出口产业的繁荣与英国的对外投资贷付量息息相关。事实上，这种论点有时所涉及的范围更广，不仅仅局限于对外投资贷付净额，甚至认为个别的外国贷款本身就能增加我国的出口量。然而，所有这一切都忽略了一点，为迫使对外投资贷付净额和对外投资净额实现平衡，而必须使这一机制发挥作用，产生令人痛苦甚至激烈的效用。

我不知道为什么这一点不应该被认为是显而易见的。如果英国投资者不看好国内的前景，担心劳资纠纷或对政府更迭感到不安，于是开始购买比以前更多的美国证券，人们为什么要认为这会自然而然地与通过增加英国的出口相平衡呢？这当然是不会的。首先，它会造成国内信用体系出现严重的不稳定，至于最终的结果，很难或不可能预测。或者，如果美国投资者看中了英国的普通股，这是否会以任何直接的方式减少英国的出口呢？

因此，这里出现了一个严重的问题：采用一种容许对外投资贷付具有极端的流动性和敏感性，而使经济综合体的其余元素仍然极端僵化的国际本位是否正确。如果提高和降低工资就像提高和降低银行利率一样容易，那就好了。但这不是实际情况。当国际金融环境或者投机情绪的风向发生改变时，如果不采取措施加以抵消的话，可能会在几周内使对外投资贷付量减少数千万。然而，迅速改变进出口平衡使之适应这种变动是不可能的。

对这种短期贷款的考虑，也不是我们在突然选择一种国际本位之前犹豫不决的唯一理由。不同国家的货币发展处于不同的阶段；公众在货币原理方面所接受的教育也各不相同。例如，我认为，目前英格兰银行或德国国家银行对黄金的态度与法兰西银行或西班牙银行相比，从根本上来说是截然不同的，在未来5年或10年内，前者可能已经准备好改革，而后者可能仍然认为这些改革太新奇。

此外，还有一个更大的障碍，那就是美国的态度。由于美国拥有巨大的黄金持有量，它能够在很大程度上获得本国和国际本位的综合优势；此外，它极其不愿把自己的任何自主权交给一个国际机构。因此，要克服阻碍达成国际协议的因素——法国的保守主义和美国的独立性——可能会造成严重的，也许是无法容忍的拖延。

假设这些实际困难已经被解决了，即使这些困难是长期的，又或许是暂时的，仍然会有人反对国际本位，因为它使世界依赖于一种由特定的价值本位来支配长期的准则。

对于我们的长期价值本位，大体来说我们必须在三种一般类型之间进行选择。第一类是货币购买力本位或者消费本位，或者类似的东西。第二类是报酬本位，它对消费本位的比率随着生产要素效能的提高成比例上升。第三类是国际本位的某种变体，即基于投入国际贸易的主要商品的价格，根据其在世界商业中的重要性，按比例进行加权所得数额的本位，这实际上可能与原材料的批发价格本位差别不大。

前两类必然是地区性本位，因为它们在不同的国家以不同的方式活动。因此，如果我们的本位对所有国家都是一样的，我们就必须选择第三类本位。

我并不十分重视这一反对意见；因为就稳定的国际本位而言，地区性消费本位或收入本位的长期变动，不太可能对经济利益产生太大影响。然而，我们需要考虑到这样一个事实：对任何个别国家来说，这一类的国际本位都不可能是理想的。

综合考虑了各种不同因素之后，似乎在实际恢复金本位制之前，如果一个国家可以摆脱因束缚在一个非管理型的国际体系中需担负的那些不利，有时甚至是危险的义务的话，那么它便在逐步管理本国货币方面有更好的前景；下一步的工作将是发展具有变动汇率的独立国家体系；而最后一步很可能是要把这些体系重新联合起来，形成一个管理型的国际体系。

尽管国际金本位自5年前恢复以来，其运作效率极其低下，这应验了反对者最糟糕的担忧和最悲观的预测，它给世界带来的经济损失也仅次于第一次世界大战，但是今天，似乎有更充分的理由把形势颠倒过来。实事求是地接受国际本位这一既成的事实，希望从这一起点取得进展，实现对经济生活集中控制方法的科学管理（因为这肯定是我们货币体系的情况）。因为通过一个自主的国家体系来寻求最终的利益，不仅意味着要对牢牢占据了所有财产优势的保守主义势力进行正面攻击，还要把智慧和善意的力量分开，避免使各个国家的利益发生冲突。

□ 加拿大帝国商业银行

1961年，加拿大帝国商业银行由1867年成立的加拿大商业银行及1875年成立的加拿大帝国银行合并而成，现在已经是北美洲最大的银行之一。

因此，我偏向于这样一个结论：如果能够在合理的时间内克服国际管理的金本位所遇到的各种困难（1922年热那亚会议的决议首先指明了方向），那么最好的现实目标可能是由一个跨国当局来管理黄金的价格，并以其为中心围绕着若干国家货币体系，使其各自享有自由裁量权，可以在一定范围（比如2%）内按照金价来改变本国的货币价值。

第37章　国家管理方法之三——投资率的控制

一、银行体系是否能够控制物价水平？

我终于找到了整个问题的症结所在。我们已经尝试分析并分类说明了决定物价水平的各种因素，以及封闭体系中的中央银行或世界各地中央银行的总体行为，它们是以怎样的方式影响和支配整个银行体系和货币体系的行为。但归根结底，在实际操作中，中央银行是否有权力实施一项政策，使货币的价值达到任意规定的水平？例如，如果法律规定，中央银行有责任在狭窄的范围内使货币购买力保持稳定，那么，中央银行在任何情况下都能履行这一义务吗？

当然，在那些认为管理物价的最高权力应当属于金融管理局的人看来，货币供应的条件并不是影响物价水平的唯一因素。人们有以下两种并不自相矛盾的观点：其一，认为通过注入足够的水就可以使水库的供水维持在任何需要的水平；其二，认为水库的水平取决于除注水量以外的许多其他因素，例如自然降雨、蒸发、渗漏和该体系用户的习惯等。如果蒸发量、渗漏量、其他损失量或该体系用户的消耗量是注水量的直接函数，并且具有注入量越多，消耗量、自然降雨量的减少或其他损失量也就越大的性质，于是无论注入多少水，水库的水量都不会超过某一水平。只有在这种情况下，以上说法才是不合理的。好比银行体系创造的额外货币供应对物价水平发生影响一样，这两种观点中哪一种才会真正地产生类似的效果呢？

现在，我比几年前更加赞同斯特朗总裁和其他证人于1927年在美国国会货币稳定小组委员会上表达的一些怀疑和犹豫。该委员会被任命来审查《联邦储备银行法案》（*The Ferderal Reserve Act*）修正案的建议是否明智，其作用是要求联邦储备局行使其所拥有的一切权力"促进商品价格总体稳定"。以下的摘录很好地说明了对于"联邦储备体系有能力通过某种自发的方法和某种神奇的数学公式[1]来提高或降低物价水平"这一观点，实用主义者持怀疑态度是合理的：

斯特朗总裁[2]：
我相信，人们倾向于认为物价水平似乎是相对信用砝码桶上下波动的，当物价正在下跌时，你可以打开栓子，在砝码桶中多加一些信用，物价就会抬高；当物价正在上涨时，你可以从砝码桶中抽出一点信用，让物价下跌。但恐怕物价问题比这要复杂得多。
物价变动与我们考虑的其他因素之间的关系，是如何成为一个真正的实际管理难

---

〔1〕斯特朗总裁在货币稳定小组委员会前所作的证词，参看《物价稳定小组委员会报告书》，第295页。
〔2〕我将斯特朗总裁在货币稳定小组委员会前所作的证词中几个分开的段落（参看《物价稳定小组委员会报告书》第295页、359页、550页及577页）组合整理成一段连贯的话。

题的呢？关于这方面，我想用最近发生的一个情况加以说明。两个月前，国内有些人对证券投机的程度和用于支持这种投机的信用量非常关心。同时，我们对物价结构的研究非常清楚地表明，批发物价水平正在下跌，而且已经下跌了一段时间，当我们开始分析这种下跌时，发现棉花和谷物价格下跌几乎是导致这一局面的全部原因。假设在场的各位是联邦储备银行的董事，正在想方设法决定该如何处理贴现率。我们有这样一种感觉，即投机活动的势头正在增强；或许还有一种感觉，认为这应该由联邦储备体系以某种方式加以制约。另一方面，农产品价格有明显下跌的迹象。现在，如果我们对农产品的价格感到非常担忧，认为将信用投入市场或降低利率可能会使这些个别商品的价格持稳，那么在投机方面又会产生什么样的结果呢？这就让你在鬼域和深海之间进退两难。

我相信，联邦储备体系所实施的信用管理方法，能够对国内使用的信用量和信用成本产生影响。对于联邦储备体系所实施的方法，需在且仅在信用量和信用成本对物价水平产生影响的范围内才能对物价产生影响。但有时，由于还有许多其他的因素是信用量和信用成本远不能影响的，比如人们的情绪，所以，即便是可以稍微控制信用量及其成本的权力也无法完全或近似于完全地控制物价水平。因此，如果在《联邦储备银行法案》中有任何表述似乎向人们表明，联邦储备体系在稳定物价水平方面，所能做的比有限的信用控制所能做的还要多的话，恐怕当物价变动无法在我所描述的严格范围内得到控制时，人们会感到失望。

当联邦储备体系拥有足够数量的盈利资产时，它就有相当大的能力来控制失控的物价走势。但当你遇到的物价下跌是潜伏发生清算时期的那种下跌，不像1921年那种剧烈的变动，而是一种非常困难的缓慢的物价变动，可能根本不是由信用业务引起的，那么联邦储备体系该怎么办呢？目前物价正在下跌。可能由于去年的乐观情绪，所有商人都预订了他们打算销售的商品，但这些商品在交货时却无法出售；换句话说，商品的库存超过了该行业和人们的消费量。如果有一批待售货物是超出了消费能力的，那么在这批货物出清之前，向信用体系注入更多的信用额是无法改善这一状况的，并且在任何有关业务量、存货或任何此类情况的报告中可以发现，之前这种状况就以合同的形式出现了。铁路运输的货物量同以前是一样的；就业量也将保持不变。一切都将顺着表面良好的商业形势向前推进，但当公众出于某种原因放慢购买和消费商品的速度，从而使物价开始呈现下跌的趋势时，我不知道该如何才能对此加以改善。

当我们的棉花和所有受世界市场价格影响的商品价值严重下跌，从而导致一般物价水平下跌时，如果我们尝试通过购买证券和提供低利贷款来补救的话，是不会使那些由世界市场和世界竞争所决定的商品价格上升的（肯定不是立刻上升），这将产生通货膨胀效应，可能确实会影响到纯国内商品的物价水平；如果出现这种情况，农民所消费的所有商品的价格都会上涨，与此同时，他们生产的产品的售价则会下跌。

我们来看看现在和过去相当长一段时间的情况。除了最近几个月谷物和棉花价格下跌外，一般商品的价格一直非常稳定。牛和猪的价格也一直相当稳定。农产品价格的下降足以导致一般物价指数的逐步下降。现在，再来看看目前的问题。联邦储备体系是否会介入并试图控制这一似乎已经开始的动态呢？如果会介入进行控制的话，那要怎么做呢？这是物价管理机构时不时会面临的现实问题。

威廉姆森先生：

在各位看来，联邦储备局与以前相比，是否能够通过进一步扩大市场业务，以及限制或放宽信用便利等方式，在更大程度上稳定物价水平呢？

斯特朗总裁：

我个人认为，自1921年产生作用以来，联邦储备体系所采用的管理方式，几乎是顺着人类的理性智慧所能指引的方向，朝着这一目标前进的。

还有另一种可能性，我一直认为这种可能性存在于对任何方面都具有调节物价的权力的共识之中，存在于全人类中的生产者和消费者之间所发生的持久竞争之中……在我看来，如果联邦储备体系被公认为物价管理机构，这就有点像一个试图劝阻一个爱尔兰人和他的妻子吵架的可怜人一样。这对夫妻倒戈相向，他反倒挨了揍。

温戈先生：

你们害怕国家如果没有让你们获得任何不曾享有的权力，或没有让你们具有更大的欲望或能力服务于公共利益，就会仅凭立法声明让这个精明强干的联邦储备局享有消除信用变动所产生的所有经济弊端的权力。

斯特朗总裁：

谢谢你，温戈先生。你表达得比我好。

斯图尔特（Walter Stewart）博士在同一场合所提供的证词也颇具启发性，内容如下：

沃尔特·斯图尔特博士[1]：

让我们假设营建活动处于衰退状态，随之而来的便是汽车制造业方面出现一些失业现象；让我们进一步假设：农作物产量大到足以使我们进行大量出口，但由于欧洲的某些扰动以及外国对投资缺乏信心，一般物价水平出现了下跌的趋势。假如物价下降了5%，联邦储备体系能做什么呢？据我的理解，那些赞成在委员会当面提出建议的人认为，通过改变贴现率或通过公开市场业务等方式，就能使国际物价水平保持稳定。我们谈论的不是美国的物价水平，因为当我们提及黄金物价水平时，我们谈论的是国际物价水平。我认为在这种情况下，贴现率的小幅增减对物价的影响并不大。

当物价由于企业失调而不是由于战时通货膨胀的余波而出现下跌的时候，通过增加信用额能在多大程度上解决物价下跌背后的原因？我的观点是，在这种情况下，有可能会加剧导致物价下跌的原因。如果存货在不断增加，而社会又抱着投机的态度，那么利用信用来稳定物价，更有可能使导致物价变动的原因变本加厉。

认为物价下跌主要是为了弥补之前的错误而进行的重新调整，可以通过增加信用额来加以遏制的观点更有可能使局势变得难上加难，而不是改善当前的困境。

货币市场的放宽将反映在对某些投资证券的需求上，也可能体现在对投机性证券的哄抬上。在这个国家，我们曾经经历过货币松动持续有一年多的时期，就像1908年那样，但是商业仍然萧条，不是因为不能以很低的利率获得贷款，而是因为商业正在进行重新调整。只要还得靠人来作出判断，并且仍在犯错，企业就会继续经历这种重新调整。认为可以通过储备银行施行的信用政策来使企业避免必然承担的风险，这是一种没有根据的揣测。

我认为，即使在物价下跌的情况下，我们所遇到的也是信用膨胀的时期，也就是信用超出工业用于生产所需要量的时期。

这些合理的怀疑都来自有丰富经验的人。单凭数量方程式中那种真理是无法消除这些疑虑的。在某种意义上，要消除这些疑虑只能通过长期成功地试行科学

---

[1] 从《物价稳定小组委员会报告书》第769—775页各段组合整理而成。

管理方法。但是，我想指出，这种尝试的前景十分光明，值得一试。

我曾说过会在本书中证明，产品的物价水平取决于相对于效能的货币收入水平、相对于储蓄的投资量（按生产成本计算），以及相对于银行体系的可用储蓄存款供应量的资本家"看跌"或"看涨"的情绪。此外，我还说过银行体系能够控制储蓄存款的供应量，从而控制第三个因素；它可以通过信用条件在任何需要的程度上影响投资量，从而影响第二个因素；这种影响对投资价值和投资量的间接作用，决定了企业家向生产要素提供的货币报酬，从而决定第一个因素。但我并没有说过银行体系能够立即产生这些效果，也没有说过非货币因素的作用能够总是及时预见到，从而提前采取措施来抵消对物价的影响，更没有说过银行体系可以避免不同种类商品的相对价格所发生的剧烈变动，以及属于国际体系会员的中央银行，可以为了保持国内稳定而不顾其他中央银行的行为。

斯特朗总裁和斯图尔特博士所表示怀疑的一些理由，已经包括在这些条件中了。斯图尔特博士的证词尤其强调了美国物价与世界物价之间的相互依赖性。但是，我们暂且不谈国际方面的复杂问题（我们将在本章的后面一个章节讨论这个问题），先来看看我们所认为的中央银行对物价水平产生的影响，究竟在多大程度上要比那些权威人士所认为的大？

我认为，他们在一个基本方面误解了问题的性质，从而低估了控制的可能性。因为他们没有认识到消费品生产和投资品生产之间的重大差别，因此没有考虑到投资品生产的增加会对消费品的需求状况产生影响，从而对消费品的物价水平产生影响。

这在一定程度上可能要归因于银行体系对其自身职能所持有的传统观点。事实上，银行体系具有双重职能：一方面，通过向生产者发放贷款，以支付在生产期间（不得超出此期间）的支出，来管理营运资本的资金供应量，并同时管理工业流通中需要使用的流通现金的供应量；另一方面，通过直接购买的投资，以及向证券交易所和其他准备以银行借款进行证券交易的人发放的贷款，来管理决定证券价格的资金供应量，并同时管理金融流通中需要用来满足看涨或看跌金融情绪的储蓄存款供应量，以防止其对新投资的价值和数量产生影响。在统计资料中，银行的金融活动与工业活动所构成的比值很大，而在现代世界中，这一比例很少低于二分之一，两者有时甚至可能相等。然而那些德高望重的银行家们一直有这样一种观念（我说的是伦敦，纽约也许不是这样）：第一种职能是银行业的应有职能，其资金往往必须首先用来满足其需求，而第二种职能或多或少有些牵强，应当尽量降低它的重要性，如果可能的话，银行家们都希望完全回避这种职能。其原因是，第二类业务（即金融业务）并不是自偿性的，而是带有"投机"的性质。

然而，令人怀疑的是，这些理由是否像看上去的那么合理。任何一笔金融贷款可能都比任何一笔工业贷款具有更大的流动性，并且金融贷款一般都有良好的担保，所以可能产生的坏账要比工业贷款少。对于整个金融贷款和整个工业贷款来说，迅速大量地减少任何一方的总量都会酿成灾难，从这一意义上说，这两者同样是非流动性的，如果硬要在两者之间做出选择的话，前者可能更容易削减，因为这些资产可以由储蓄存款的持有者以一定的价格接管。至于"投机"，银行在发放金融贷款时，或许确实要比在发放工业贷款时更需要提防见识浅薄、不计后果的借款人。除此之外，为了提供营运资本而增加信用供应量的做法有时应该予以鼓励，但有时也应该予以劝阻，就像为了获得固定资本而增加信用供应量的做法一样；在这两种情况下，借款人的压力可能在最不适合完全满足的时候最大，在最需要予以鼓励的时候最小。

无论如何，在讨论银行体系的调节权力和职能时，我们必须等量齐观地研究它对固定资本投资率的影响，以及同它对营运资本投资率的影响。的确，在大多数情况下，如果不通过对前者产生影响，它不可能对后者产生有效的影响。因此，除非我们面面俱到地把银行体系对整体投资率产生影响的所有可能方式都考虑到了，否则我们无法理解银行体系对物价水平能够实施多大程度的全面控制。

这里再引用一段斯图尔特博士在美国货币稳定小组委员会面前所作的证词[1]，可能有助于阐明我的观点：

这一提议似乎表明，联邦储备政策的目标应该是为了稳定一般物价水平。我想以稍微不同的方式陈述联邦储备的目标和责任。我想说，国外中央银行和本国联邦储备体系的责任主要是使信用状况保持健全的状态。我意识到"健全的信用状况"这个词是一个模糊的概念，它的意义取决于人们对信用的健全功能的看法。商业用途方面的信用功能，仅仅是通过维持足够的存货来促进商品的生产和销售，以便使市场交易保持井然有序的状态……我可以看到这样一种情况：当物价在下降时，商品的存货却在

---

[1] 参看《物价稳定小组委员会报告书》，第763页。

增加，如果容许增加信用的话，这些信用将被用来增加存货，并且仅仅意味着鼓励贮积更多的存货……因此，相较于用物价指数来检验，我更想知道到底有哪些存货，以及生产是否迅速进入了分销阶段。

基于我在前面的第29章已经充分说明的理由，我不认为充裕的低利信用本身会过度刺激市场贮存多余的存货。市场从不会因急切而贮存多余的货物，它是否愿意这么做，其程度主要由它对未来物价走势的预期决定。这些存货的存在最多不过使物价低于有关商品的正常生产成本，并有效地阻碍当期的生产量罢了。

但不管怎样，在我看来，"健全的信用状况"的定义过于狭隘。它忽略了这样一个事实：如果不能以当期生产成本出售当期产品是普遍现象，而不仅限于少数特殊商品，这就表明需求方面而不是供应方面出现了失调，影响需求的唯一方法是增加与储蓄相对的投资，这应该会使银行体系的管理者转变观念，从"信用的商业用途"转向信用的金融用途。在经济萧条期间，担心存货越积越多而避免采取降低利率的方法，只会使信贷周期愈加剧烈。但是，我应承认，相较于其他想象得到的方法，在想象得到的情况下，这种做法也许可以缩短信贷周期的持续时间。

"健全的信用状况"在我自己的定义中当然是指：市场利率等于自然利率，并且新投资的价值和成本等于当期储蓄量的情况。如果我们以此为标准，对于斯特朗总裁那些许多令人费解的论点，我们便没那么害怕了。我认为，在每一种情况下，我们都可以用通俗的语言告诉他，要保持一般物价水平的稳定，他应该怎样做。

然而，纵使银行体系在能够控制当期投资的价值和数量的情况下，就能够控制物价水平，人们却怀疑银行体系实际上是否总是具有控制投资率的权力，这使我们想起了那些还没有消除的局限性。我们现在就来讨论这个问题。不过，为了方便说明，就银行体系控制物价水平的实际权力方面的局限性（最终必须承认这些局限性），我在此简要总结我的最后结论：

（一）相比在让严重的不平衡状态出现以后再迅速恢复稳定的情况，维持稳定要容易得多。因此，如果我们被要求在已经不稳定的局势下开始实施控制的话，可能会发现当时的局势已无法有效控制。

（二）虽然货币体系的管理者具备充分的远见卓识，但造成不稳定的非货币因素有时可能突然出现，无法及时予以遏制。在这种情况下，在恢复稳定之前，不可避免地会经过一段时间。

（三）如果有强大的社会或政治力量，引起货币效能工资率自发地发生变化，银行体系在控制物价水平方面可能就无能为力了。银行体系的有效权力主要是对防止有可能诱发变动的力量起作用。当然，它可以促使诱发的变动对自发的变动加以抵消，但是，在这种情况下，它可能无法控制迈向新的平衡状态的步调或路线。

（四）如果一个国家遵守一种国际本位，而该国际本位本身是不稳定的，面对这种情况，当然不可能使国内物价水平保持稳定。但是，即使这一国际本位本身是稳定的，如果国内按利率计算的资本需求表的变动与国外不同，也不可能使国内的物价水平保持稳定。

□ 巴黎的咖啡馆

1920年代的巴黎街头，咖啡馆随处可见，时髦的女士们坐在街边喝咖啡。因为运输业和商业的发达，咖啡的价格非常低，普通人也能够消费得起，这种生活方式已被普通民众接受。

（五）即使银行体系强大到足以维持物价水平的稳定，银行体系也不会因此强大到既能改变物价水平，又能在不发生长时间的拖延和摩擦的情况下在新的物价水平上建立平衡状态。

简而言之，我认为，相比迫使现行货币收入率背离现有水平或自发变化所造成的水平，而迈向国外情况或国内独断法令强行予以改动而形成新的水平方面，银行体系在保持投资平衡方面应该具备更大的权力。

因此，相比一个拥有充分的权力，并赢得会员银行坚定信任的，负责维持稳定的跨国货币当局，现行的货币体系使中央银行承担的任务更加繁重，技术上也更加困难。因为在这一体系中，我们经常要求中央银行改变国内物价水平和货币收入率，作为保持国内货币对国际本位的可兑换性的必要条件。

二、短期利率和长期利率

银行体系主要是对短期利率产生直接影响。但是，如果要控制固定资本的投资率而不是营运资本的投资率，那么主要发生影响的则是长期利率。由于货币当局必然主要对短期利率施加直接影响，我们如何能确保长期利率能够反映货币当局的意愿呢？因为，虽然长期利率与短期利率理应在未来几年逐季度保持一定的关系，但当前三个月对这一总体预期的作用，在数量上是微不足道的——人们是这样认为的。因此，为期三个月的利率对20年或20年以上的贷款条件会产生任何明显的影响似乎是不合逻辑的。

然而，事实经验表明，一般来说，短期利率对长期利率的影响远远大于任何持上述观点的人的预期。此外，我们还将发现，由于市场技术特征方面的一些正当原因，这种情况并非反常。

美国编制的统计数据比英国的更精确、更方便，最近可以在里夫勒先生所著的《美国货币利率和货币市场》(*Money Rates and Money Markets in the United States*)一书中获得最新资料。这本书是根据联邦储备局调查统计部的研究成果撰写的。不幸的是，里夫勒先生只以曲线图的形式展示了他的研究结果，而没有他所依据的数字表格。但是，下页转录的曲线图的结论是清楚无误的。

图表的下半部分比较了这两个数列的相对动态，而不是实际动态。在图表中，每个数列都是根据其与图中所标示时期内的平均变动量的关系来表示的。为了使各数列中的相对变动具有可比性，每一平均数的离差都除以该时期的标准差。图表上的零位线表示每个数列中各个项目的平均数。当实际数字低于这一平均数时，就会出现在零位线以下，反之则出现在零位线以上。

长期利率按60种高级债券的平均收益来计算，短期利率按各种典型短期利率的加权平均数来计算。里夫勒先生总结道："这些指数必然可以用来指示每个市场中货币利率的变动方向，并且可以表示非常准确的变动量。"他根据自己的研究结果总结出的结论概括如下（与其提供我自己的结论，不如提供他的结论，因为他只是解释统计数字，并不关心得出任何具体结论）：

（一）除了1921年和1926年，1919年至1928年间有关短期利率的所有重要变动，都反映在债券收益上。即使在1921年和1926年，短期利率的小幅变动也经常反映在债券收益上。此外，他随后还说明了："尽管短期利率当时在上升，但债券收益的下降并非完全与一般信用状况无关。"[1]

---

[1] 参看《美国货币利率和货币市场》，第117页。

短期与长期利率

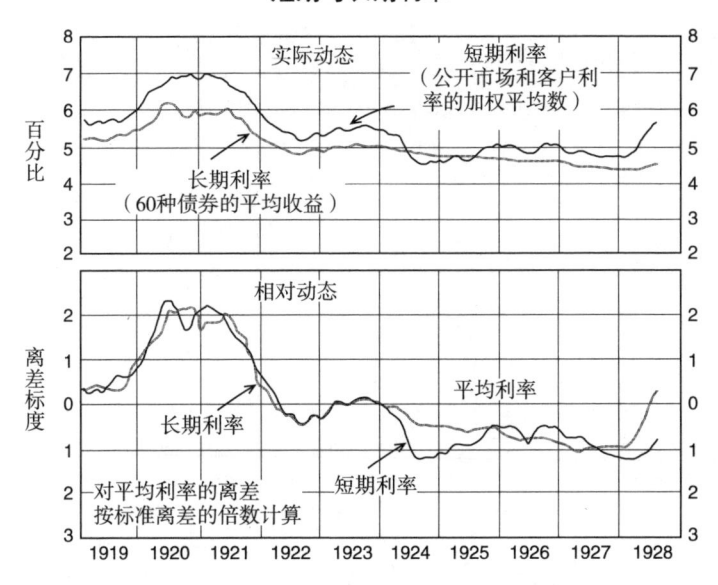

（二）"短期利率比长期利率的实际变动幅度更大，不过这两个数列之间的总体水平差别不大。"但是，正如图表下半部分所示："与另一数列的相应变动量相比，每个数列相对于其总体变动范围的当期变动量几乎相等。"[1]

（三）"令人惊讶的事实是：债券收益相对于短期利率岂止不稳定，还在相当大的程度上显著地反映了短期利率的变动。"

就英国而言，虽然数据肯定是可以获得的，但尚未编制出可以与上述数据相比较的统计数字。我只能比较银行利率和统一公债的收益，以此来证实从过去10年出现的数据中观察所得的总体印象。1919年至1929年期间的数字的最大优势是：碰巧不需要对利率的总体趋势进行任何校正，因为银行利率和统一公债的收益在这段时期末与开始时大致相同。下表列出了这些数字，为了便于查看，还列出了第三栏，这是基于以下假设得出的：银行利率的短期变动量是统一公债收益短期变动量的4倍（即前者4%的变动相当于后者1%的变动）：

---

[1]同上述引书，第9页。

年度	每年的平均银行利率	统一公债的平均价格	指数 1924年=100		
			银行利率	变动减少 $\frac{3}{4}$ 的银行利率	按每年平均价格计算的统一公债的收益
1919	5.166	$54\frac{1}{12}$	129	107	105
1920	6.71	$47\frac{1}{60}$	168	117	121
1921	6.092	$47\frac{29}{30}$	152	113	119
1922	3.692	$56\frac{15}{32}$	92	98	100
1923	3.496	$57\frac{63}{64}$	87	97	98
1924	4.0	$56\frac{63}{64}$	100	100	100
1925	4.575	$56\frac{3}{8}$	114	103	101
1926	5.0	$54\frac{29}{30}$	125	106	104
1927	4.650	$54\frac{39}{48}$	116	104	104
1928	4.5	$55\frac{12}{15}$	112	103	102
1929	5.508	$54\frac{5}{16}$	138	109	105

这张表的最后两栏虽然不是我们所寻求的完全令人满意的指数，但显示的结果与里夫勒先生在美国方面所得出的结果大体相似。[1]

年度	银行利率	统一公债的收益
1906	110	104
1907	113	105
1908	100	100
1909	100	100
1910	104	102
1911	102	103
1912	103	104
1913	109	104

[1] 就战前英国的统计数字而言，《银行家杂志》（1928年5月，第720页）刊登了一张皮克先生绘制的图表，上面列出了1882年至1913年期间游资相对于伦敦和西北铁路公司信用债券收益的利率情况。在1894年之前的一段时期，统一公债极度不敏感（从1867年到1894年，每100英镑的统一公债的平均价格没有哪一年的变动超过1先令6便士），以至于无法作为价格指数来决定当期长期借款的利率。我认为，在战前的20年里按趋势校正后的结果与上述引用的战后时期的结果没有太大不同。战前8年按趋势校正后的指数（1909年=100），以及银行利率的变动按上表的方式缩小至原来的四分之一的数字，如左表所示。

上述数据作为衡量当期投资的新长期借款条件，对短期利率的作用程度绝对大大低估了前者的敏感性。因为我们只能购买老牌长期债券中敏感性最低的债券。如果统一公债收益的变动是银行利率变动的四分之一，我们可能会发现，用于固定投资的新长期借款，年平均收益几乎高达二分之一。这意味着，银行利率2%的变动如果持续一年，可能会使长期借款成本变动（假设基准率为5%左右的变动）达到10%至20%。

诚然，这些事实是毋容置疑的。"低利贷款"对债券价格的影响在投资市场上司空见惯。这其中的原因是什么呢？我认为，有几个原因可以解释为什么我们不必对上述结果感到惊讶。

（一）如果债券的流动收益大于短期贷款的应付利率，只要长期证券在贷款期间没有实际贬值，就可以通过短期借款来购买长期证券，从而获得利润。因此，此类交易的压力将刺激形成一种上涨趋势，这至少暂时可以使投资者对债券市场保持"看涨"情绪。此外，对于需要在业务中使用部分以高级债券形式保持的流动准备金的公司，往往会在这些借款的成本低于债券的流动收益率时，以这些债券作为担保来进行借款；而在相反的情况下，它们会直接出售债券[1]。

因此，当短期公开市场利率超过债券的流动收益时，这便具有重大的意义了。如果短期利率甚至在几周内都保持在绝对高于（或低于）债券收益的水平，那么债券收益很少会出现不增加（或不减少）的现象。

（二）有许多金融机构，银行本身就是最重要的其中之一，也包括保险公司、投资信托公司、金融公司等，它们时不时都会变动其资产在长期证券和短期证券之间的分配比例。当短期收益高的时候，短期证券因其安全性和流动性而看起来极具吸引力。但是，当短期收益非常低的时候，它们不仅不再具备这种吸引力，而且还会使人们产生这样一种担忧：该机构可能无法维持其既有的收入水平，任何严重的下降都将损害其声誉。于是，到了这个节骨眼儿，他们就会匆忙地将阵营转向长期证券；后者的价格因这种变动本身而被推高，并且证明了那些建议采取掉期政策的人是多么的明智。因此，除非大多数控制资金的人出于某种

---

〔1〕参看里夫勒（见上述引书第119页）的一段话："证券被广泛用作贷款的担保品，并以银行信用的形式大量贮存……短期信用的持续可获得性、短期利率水平以及这些利率与证券收益之间的关系，自然是所有这些借款人在决定是否继续以银行信用形式持有这些证券还是在长期市场上抛售这些证券时所考虑的一个因素。"

重要的原因对现行价格水平下的长期证券心存畏惧，否则这个价格就会稍微上涨，而且面对最初的低价，那些不愿意让自己从流动收益中获得的收入遭受严重损失的人更加焦虑，生怕与机会失之交臂，于是这一价格便因之而变得更高。

银行自身的情况尤其如此。我相信，在英国和美国都会有这种现象：决定债券价格水平转折点的主要因素，正是银行为自己购买和出售证券的行为。因为，它们持有大量的这种证券——在美国大约有100亿美元，英国大约有2.5亿英镑，所以它们在短期资产和长期资产之间的任何大量掉期，都会对后者的价格产生重要影响。

现在，如果银行有能力的话，它们会首先选择短期资产。但当它们的收益减少到某一点以下时，它们就无法持有短期资产了。这可以用以下有关1929年波士顿联邦储备区会员银行的结果来加以说明。它们获得的利息按照它们盈利资产（即它们的贷款、贴现和投资）的比例计算，大约为6%，而它们支付的利息大约为2.5%，其他费用略高于2%，于是，它们的利润大约为1.5%。所以，它们的平均利息收益显然不可能大幅下降，否则利润将受到严重影响。英国方面没有这样详尽的数据，但伦敦银行的净利润可能不会远远超过其存款的1%（它们公布的利润比这更低）。如果我们把它们垫付款净息率的变动与存款付息率的变动相抵消，剩下的就是其他短期资产（票据和短期贷款）和它们的长期证券，前者大约占其存款的25%，后者大约占15%（当然，这些数字是变动的）。因此，它们的票据和短期贷款的收益只要下降2%，就会使总利润减少相当于存款的0.5%的量，也就是说，将使利润减少近一半。由此可见，当短期资产收益大幅减少时，银行便会产生强烈的动机，从短期资产转向长期资产——这一结论得到了统计数据的证实。[1]

（三）我上面提到的市场动机在严格意义上究竟有多理性，不如留给别人去判断。我认为，最好把它们视为一个例子来说明，我们，甚至是那些见识最广博的人，对自认为略有所知的不久的未来有多敏感，或者可以说是有多过度敏感。因为事实上，我们对更遥远的未来几乎一无所知。我们夸大了这种趋势（下文即将讨论到这一方面），这也起了一定的作用。

〔1〕里夫勒先生所列出的有关美国方面非常详细的数据明显地证明了这一点。他总结道："商业银行通过其本身的投资买卖，对债券市场施加了明显的压力，并在相当大的程度上促成了债券收益和短期货币利率之间的相对变动彼此相符。"（参看上述引书第119页）

有一种心理现象可以部分地作出解释，这种心理现象在目前市场对普通股的估值方面表现得更为突出。我们会发现一家公司的股票，甚至其债券的价值，在某种程度上对已知或预期利润的短期变动非常敏感，而理性的局外人可能会认为这种敏感相当荒谬。一家铁路公司的股票对每周的运输业务量高度敏感，即使众所周知这点：业务量会受到一些必要的临时因素的影响，例如有关国家的收成特别好或特别差，或铁路沿线地区发生罢工，甚至举办了国际展览等。此类事件通常会导致股票的资本价值发生变动，其变动量远远超过因该事件而可能带来的利润变动。这些也许是极端的情况；但任何关注普通股价格的人都必须清楚，市场对它们的估值表现出一种强烈的偏向，即假定无论当前和不久前，乃至不久的将来所特有的情况和结果如何，都将是持久不变的。债券市场也不能幸免于同样的弊端。

我们也不必感到惊讶。即使是见识最广博的投资者，对于更遥远的未来也知之甚少，远不及他所不知道的。他不得不受到他对不久前和不久的将来肯定或几乎肯定知道的那些浅薄知识的影响，并被迫集中从这里来寻找线索继续前行。其所受影响程度之深，对任何一个真正了解未来的人来说，似乎都是极其荒谬的。但倘若见识最广博的人都是如此，那么绝大多数从事证券买卖的人，对自己在做什么便几乎一无所知了。他们甚至不具备进行有效判断所必需的基本知识，从而成为了昙花一现的希望和恐惧的牺牲品。这就是我们资本主义制度的一大奇怪特征，当我们与现实世界发生交际的时候，这种特征不可小觑。

但是，为什么最明智的人往往能够预测群众心理，而不是事件的真正趋势，并且还能预先模仿非理性的行为，这其中还有一个更深层次的原因。因为证券的价值不是由预期可以购买全部未偿息金的条件决定，而是由作为实际交易主体的一小部分边缘量决定，这就好比当期新投资只是现有投资总额边缘上的一小部分一样。现在，专业金融人士（也可以称之为投机人士）是这一边缘量的主要经营者，他们无意长期持有这些证券，能够让遥远的未来事件产生影响；他们的目的是在几周或最多几个月后转售给群众。因此，他们自然应该受到借款成本的影响，而且更应该受到他们根据曾经对群众心理趋势的经验所作的预期的影响。因此，只要可以依靠群众向某个方向行动，即使方向走错了，见识最广博的专业人士若能稍微提前一点，向同一个方向行动的话也是有利的。此外，除了估计的知识深浅程度之外，大多数人还对他们的投资过于胆怯和贪婪，过于急躁和不安，他们投资的账面价值的变动，很容易抹煞那些诚实努力所得到的结果，以至于在长期游移不定的投资中无法把眼光放得长远，甚至无法合理地对此给予信赖；于是，短期的表面确定性，无论我们认为它们多么具有欺骗性，也更具吸引力。

依赖于市场的这些心理特征，也不像人们认为的那样不稳定。这确实是一种顺势疗法。因为，正是由于市场的这些似是而非的特征才滋生了许多问题，而这些问题也正是管理当局要解决的。如果投资者能够采用更长远的观点，自然利率的变动就不会像现在这样剧烈。实际的前景不会像企业经营的情绪那样遭受如此大而迅速的变化。投资意愿会受到当下前景的刺激和抑制。所以，依靠短期的影响来压制情绪上剧烈（甚至非理性）的变化，并非没有道理。

因此，以下结论同样可以运用到下一节的论述中：短期利率对长期利率的影响超出了读者的预期，而且为这一有目共睹的事实找到充分的解释并不难。

三、银行体系是否能够控制投资率？

到目前为止，我们还没有肯定地回答这个问题。我们已经表明，如果短期利率发生变动，长期市场利率在一定程度上也会随之受到影响，向期望的方向变动。但即使市场利率略微发生变动，自然利率可能变动得更快。因此，要让我们的结论成立，就必须提出一个假定，即银行体系有能力使市场利率所发生的变动与自然利率在任何一般情况下所发生的变动一样大、一样快。

我们不能用统计数字来证明这一点。因为信贷周期的发生本身就证明了这样一个事实：银行体系不能改变市场利率使其与自然利率的变动保持同步。因此，可以肯定的是，银行体系到目前为止无法成功地控制投资率，以充分避免严重的不稳定情况。

因此，我们目前所能做的，无非是列出银行体系可采用的各种手段。只有未来才能肯定地证明，有意识地，且指导有方地，恰如其分地，且不失时机地使用这些手段是否能够解决问题。

（一）短期利率变动的直接影响

除了目前暂时搁置的国际问题之外，我们没有理由怀疑中央银行具有使短期利率在市场上生效的能力。这些变动本身必须在期望的方向上产生一些影响，因为它们至少决定了营运资本和贮存的流动存货的周转资金的利息成本。但是，我并不认为（第六篇已经给出了原因）营运资本或流动资本的投资量本身对短期利率的变动是敏感的，除非这些变动能引起人们对物价变动作出预期。当然，在促进繁荣和加剧萧条方面，营运资本和流动资本投资量的变动起了很大的作用。但我怀疑，是否仅仅通过改变银行利率就能引起或避免这些变动。它们通常是对不平衡的固定资本投资量所引起的物价水平变动的一种延迟反应。

我认为，可以直接对营运资本和流动资本投资意愿产生影响的这些因素，与其归因于货币本身的廉价或昂贵，不如归因于我将在第（二）节说到的边际"未满足"的借款人获得满足的高低程度。

□ 伦敦皇家交易所

伦敦皇家交易所由商人托马斯·格雷哈姆（Thomas Graham）始建于16世纪，位于伦敦市的商业中心。世界上最早的保险公司就是伦敦皇家交易所。交易所大楼前的雕塑是威灵顿公爵。

另一方面，正如本章第二节所述，通过债券市场的变动（即使是很小的变动），低利借款对新投资量的直接影响可能更为重要。对制造业工厂投资多还是投资少的意愿，不太可能对债券利率的微小变动非常敏感。但即便是在最好的时期，工业所需要的新固定资本量也相对较少，所以这在整个局势中也不是一个大因素。世界上几乎所有的固定资本都是以建筑、交通和公共事业为代表的；这些活动对长期利率发生微小变动的敏感性虽然有明显的时间滞后，但肯定是相当高的。

（二）未满足的借款人的边际

但是，银行体系并不仅仅通过改变借款利率来放宽或紧缩信用，还通过改变信用量的充裕程度来实现。如果信用的供应是在绝对自由竞争的市场中进行分配，那么这两种条件——数量和物价——将是唯一相关的，我们不应单独考虑。但实际上，有一种偶然情况需要考虑，即银行贷款自由竞争市场的条件尚未完全满足。因为，事实上并不是所有提供担保的借款人，仅凭支付高过其他借款人的利率就能从英国的银行体系想借多少就借多少。至少在英国是这样，我相信美国的市场竞争更加自由。也就是说，在英国，银行对借款人的态度有一种习惯性的限额配给制度——任何个人的贷款额不仅受其所提供的担保和利率的支配，还要参考借款人的借款目的及其在银行中的地位，是否属于有价值或有影响力的客户。因此，通常会出现未满足的借款人的边际，但这些借款人不会被当作银行优先服务的对象。不过，如果银行发现自己有能力提供更多的贷款，它们会很乐意向他们提供贷款。

只要存在这种未满足的边际，银行在借款人合格性方面除利率以外，其他标准也存在变化，就会使银行体系拥有另一种影响投资率的方法，作为改变短期利率这一方法的辅助手段。当不再有任何未满足的边际存在时，就不能再继续以这种方式刺激投资的过程；当未满足的边际开始囊括那些通过创造一流品质的票据，或者直接从银行存款人那里借款的有影响力的借款人时，也不能再继续相反的过程。但在这些限制范围内，银行对投资率的影响程度可以超出与同时发生的短期利率变动（如果有的话）相符合的程度。

也就是说，英格兰银行没有单独规定银行利率，而是让银行的货币量自行摸索自己的水平；它也没有单独规定银行货币量，而是让银行利率自行摸索自己的水平。它对这两者都做出了规定，并且在一定程度上对它们独立地做出了规定。然后再实际邀请会员银行和货币市场合作，使如此规定的银行利率在相同规定的银行货币量的基础上生效。

确保这种合作的武器是恐吓、协议和惯例。英格兰银行可以通过恐吓的方式影响局势，因为在最后关头，它总是有能力通过改变银行货币量来使银行利率发生效力的；因此，当官方银行利率不起作用时，假设这种利率将维持一段时间，在这种情况下进行交易是不安全的。所以，如果在必要时改变银行货币量的潜在威胁，在适当的条件下可能会对货币利率产生与实际变动大致相同的影响。

之所以掺有协议的成分，是因为清算银行已同意按与官方银行利率之间存在明确关系的利率，向伦敦的定期存户支付利息——以前比官方银行利率低1.5%，现在比官方银行利率低2%。这在心理上而非理性上会对银行愿意以何种利率放贷产生影响，特别是对它们将以何种利率向货币市场发放短期贷款产生影响，而后面这种利率也不时受到清算银行各行之间商定的最低限额的制约。除了这些协议事项外，还存在一些习惯和惯例，据此，银行贷款的利率与官方银行利率多多少少存在着一种固定的关系。例如，向证券交易所提供的贷款，以及无数的透支和垫付款的固定协议，利率都是事先根据官方银行利率议定的，不会轻易改变。因此，例如官方利率提高时，许多银行贷款的利率会自动提高相同的数值。如果之前的一些借款人不再愿意以更高的利率借款，那么将有更多边际未满足的人可以得到他们一直要求的贷款。当国际上的复杂情况需要一种可以干扰国内投资率平衡的银行利率水平时，英格兰银行在一定范围内自行规定银行利率和银行货币量的权力具有特别重要的意义。

上述分析主要是针对伦敦。在伦敦，如果没有这种分析，人们就无法理解事态的发展过程。在美国，会员银行对联邦储备银行的负债额对其所产生的影响具有几乎同

□ 次贷危机

　　一般来说，客户没有达到借款条件，银行是不会发放贷款的，但是投资过热、投机盛行时例外。发生于本世纪初的美国"次贷危机"就是这样产生的。次贷就是次级抵押贷款的简称，即一些贷款机构向信用程度较差和收入不高的借款人提供的贷款。一旦大量借款人无法偿还借款，就会导致贷款机构倒闭，引发金融危机。

样的重要性，特别是在最近几年。在1920年至1922年的繁荣和萧条之后，联邦储备体系在实际营业中发生的最显著变化，是会员银行逐渐转变传统观念，不愿继续向联邦储备银行负债。因此，联邦储备银行目前的信用量是基于会员银行的贴现，还是基于联邦储备银行自身的黄金和公开市场业务，对会员银行为新投资计划提供实际帮助而言，是有很大差别的。在前一种情况下，会员银行将竭力减少放贷，并极力搪塞边际合格的借款人；在后一种情况下，它们将急切地为自己的资金寻找出路。在一定的时期，这两种情况中以哪一种为主导形势由联邦储备银行来决定。

（三）证券发行机构和承销商的地位

在现代世界，主要证券发行机构和承销商的态度最直接地决定了为新投资而申请的长期借款量，它们协调着最终借款人和贷款人之间的关系。现阶段的这种制度有点特别，因为无论是有关这方面还是有关承销制的演变历史（不到50年），迄今为止都无法在出版物中找到任何完整和准确的记述。

现在大型发行机构屈指可数，且相互之间一般都采取一致的行动。同时中央银行也会对它们产生影响，其业务若缺少中央银行的友好照应，将面临相当大的风险。它们非常在意自己的声誉，也很关心它们的发行对证券购买者来说是否"成功"。因此，如果债券的价格缓慢上涨，近期发行的证券就其发行价格而

言，是盈利的而非亏损的，那么，证券发行机构就会进一步放宽借款；相反，如果债券的价格呈现下跌趋势，就会限制借款，因为在后一种情况下，它们会试图通过限制新证券的发行量来"保护"已发行证券的市场。实际上，按照现行市场利率，这里又再次出现了潜在借款人的未满足边际，而且市场也不是完全自由的。

因此，在宽松的信用条件和中央银行鼓励证券发行机构营业的氛围下，与中央银行对新发行债券蹙眉不悦的相反情况相比，新投资的资金供应情况将迥然不同，这种差别可能不能与债券挂牌价的变动（变动幅度可能很小）相提并论[1]。

这是长期业务对短期考虑具有敏感性的又一例证，同时也说明了当中央当局在短期内仅通过创造一种氛围而不对贷款利率作任何重大改变时，投资率能在多大程度上受到抑制或刺激。

（四）公开市场业务达到饱和点

到目前为止，我们一直在讨论中央银行为了刺激（或抑制）新投资率而利用其职权放宽（或收紧）信用条件的常用的正统方法。如果能在适当的时机恰到好处地运用这些方法的话，我怀疑是否总是有必要突破这些方法，采用下一节中所讨论的特殊方法。也就是说，如果没有及时采取较温和的补救措施，以至于出现了暴涨或暴跌的情况，那就必须采取更极端的措施，而且即使是这些更为极端的措施，它们是否完全奏效也是备受质疑的。

事实上，这些特殊方法只不过是强化公开市场业务的惯用方式而已。据我所知，还没有出现过公开市场业务的方法被运用到极致的情形。迄今为止，中央银行总是怯于采取那种会使银行货币总量大幅偏离（大量超出或不足于）正常量的方法，这可能部分受到粗略货币数量说的影响。但我认为，这种心态忽视了公众

---

〔1〕参看里夫勒（见上述引书第121页）："当债券市场面临压力，债券价格下跌时，长期贷款的当期充分需求量就会受到一定程度的限制，例如，在这些时期内，新债券的发行量通常会缩减到很小的规模。这部分反映出借款人不愿支付现行利率的事实，同时投资机构也不愿进一步增加市场上已经明显存在的压力，这一事实也使其受到了影响。因此，即便是愿意支付现行利率的借款人，也会因此而容易发现很难获得他们想要的贷款。有些人在与投资机构就新贷款进行协商时，可能会被完全拒绝，或者让他们等一等。其他人可能暂时获得银行贷款或银行愿意购买的短期票据……"

"另一方面，当债券价格上涨，债券收益随着投资资金数量的增加而下降时，这种资金供应增加的全部影响可能不能完全反映在……债券收益下降这一方面。相反，这项资金中有一部分可能会被迅速增加的新证券发行所吸收，新证券的发行在这种时候几乎总是迅速增加的。对不会在其他情况下利用的资金的需求也进入了市场……证券发行的增加有一部分代表着低利息对需求的刺激，但其中很大一部分除此之外还代表着部分受控制需求的释放，这类需求主要是在其他条件和利率都有利的时候才会进入市场。"

"看涨"或"看跌"的心理对银行货币需求的作用；它在金融流通和工业流通方面顾后者而失前者，并且忽略了这样一个统计事实：前者可能与后者的规模一样大，而且更有可能出现剧烈变化。

因此，我认为，有时采取更大胆的措施才是明智的，只要资本家方面对证券保持执着的"看涨"或"看跌"情绪，这些措施就不会带来严重的危险。在这种情况下，中央银行应该实施公开市场业务，充分满足公众持有储蓄存款的愿望，或者在相反的情况下耗尽储蓄存款的供应量。

我认为，当我们需要应付金融流通时，上述措施如果在工业流通方面用得过于迅猛，可能产生的风险在信用紧缩的情况下比在信用膨胀的情况下更大。但另一方面，相比抑制暴跌，采取极端措施抑制暴涨的可能性更小。我觉得银行体系行动迟缓或力度不够几乎是引起暴跌的罪魁祸首，而这种情况本该是可以避免的；有人认为，暴跌有时才是容易失控，并不受一切正常控制方法所约束的情况，这种观点更有道理。因此，我们现在集中来看看抑制暴跌的问题。

如果暴跌持续存在、难以控制，那么我的补救办法就是由中央银行购买证券，直到长期市场利率降至下限点。关于这一点，我们还要用几个段落来加以说明。中央银行（除开国际上的复杂情况）应当有权力将长期市场利率降至它自己准备购买长期证券的任何数字。因为资本家从来都不执着于"看跌"，当储蓄存款利率几乎为零时，很快就会达到饱和点。如果中央银行为会员银行提供的资金比它们的短期贷款量还要多，短期利率将率先下跌至零；其次，会员银行即使是为了保持盈利，也很快会开始自行购买证券来支持中央银行的行动。这意味着，除非有很多人看到长期债券的价格在上涨时，更愿意出售这些债券并以极低的利率保持收益的流动性，否则债券的价格就会上涨。比如，如果长期利率每年比短期利率高出3%，这意味着这些人心目中对债券价格的数学期望值是每年下降3%；当债券价格实际上涨而中央银行又偏重低利贷款时，除非人们普遍认为债券价格从长期来看被推高到过高的水平（这是一种偶然情形和限制因素，我们稍后再回头讨论），否则不太可能会出现大量抛售。如果这种措施的效果是将"证券"（如普通股）价格提高到债券价格的水平以上，那么在暴跌时期便不会因此而造成危害，因为可以通过出售普通股和凭借高额的债券价格来筹集资金等异常容易的方式来刺激投资。此外，在经济萧条和企业亏损的时候，证券的价格不太可能出现过高的水平。

因此，如果中央银行愿意充分坚持公开市场政策，它就会对长期投资方面筹集新资金的成本产生重大的影响，我认为没有多少理由对此表示怀疑。然而，实际上有哪些因素限制了它践行这一政策的程度呢？

首先是它的"弹药"是否充足，即它是否有能力持续买进或卖出适当的有价证券。相比设法扩充银行货币量，缺乏适当的"弹药"更可能阻碍中央银行设法收紧银行货币量，因为中央银行在紧缩政策开始时，其证券存量必然是有限的。但是，从某种意义上说，缺乏适当"弹药"的问题也与扩充政策背道而驰，因为中央银行购买的证券种类通常是有限的。因此，如果它继续购买这些证券超过某一点时，相对于其他证券而言，它可能会在这些证券中创造一种完全人为的局面。我在上文已经提过，中央银行应有权在限制范围内改变其会员银行的规定准备额，其目的是防止出现因"弹药"不足而无法使公开市场业务贯彻始终的情形。

其次，还会出现这样一种情况：自然利率在一段时间内跌得很厉害，以至于长期市场上借款人和贷款人的观点之间存在着非常大的差距。当物价下跌、利润微薄、未来不确定、金融方面的情绪也低落而恐慌时，自然利率可能会在短期内下跌到几近零的程度。但恰恰是在这种时候，贷款人会陷入极其危急的处境，除非是最无可挑剔的证券，否则他们是绝不愿意将其资金投入长期方面的。因此，若撇开中央银行的行动，债券利率非但不会跌至零，反而有望高于正常水平。我们可能会问，在这种情况下，如果我们不要求中央银行购买债券，使价格达到远高于其秉持的长期标准的程度，又怎么能使长期市场利率与长期自然利率相等呢？然而，如果它对长期标准的直觉是正确的，这就意味着这些购买行为达到某一程度而必须在以后转为卖出时，可能会造成严重的经济损失。读者应该注意，造成这种偶发事件的原因，只可能是资本家预测不准确，以及中央银行和长期借款人对未来盈利率的意见产生了分歧。

当私人利益方认为未来前景具有异常高的风险时，我们也许会期望中央银行作为公共利益方的代表应准备好承担这些风险。但可想而知，到底是承担未来的损失，任凭暴跌继续肆行下去，还是采取社会主义行动，让某个官方机构来为惨淡而无能为力的企业家善后。

但是，我要重申一遍，除非是由于以前的一些错误，使暴跌的趋势未能及早地得到补救，以至于信心全失，企业精神和实力也因之大伤元气，否则这些极端情况是不太可能出现的。

第三个限制因素是由于国际上存在着复杂的情况而产生的，到目前为止，我们一直没有对这些问题进行探究，但现在必须对此加以说明。

（五）国际上的复杂情况

我们终于来到这个话题：就避免暴涨和暴跌的权力而言，当今世界对娴熟的货币管理机构设定了一个无法逾越的限制。忽视这种限制或尽可能地轻视这种限制，都是愚蠢的做法。无论是属于国际体系会员的国家中央银行，还是美国的联邦储备体系，如果单独行动而没有其他中央银行采取相应的辅助行动，都别指望国内的物价水平保持稳定。此外，尽管各中央银行的利益可能大体上是一致的，但我们不能指望它们在细节方面始终如此。由于我们在讨论价值本位是否应具有国际性的问题时已作了解释，不同国家的眼前利益可能是不同的，打算维持其中一个国家就业稳定的行动，可能不一定会在另一个国家产生同样的结果。

目前国际上的复杂情况使我们无法成功地科学管理价值本位以及保持世界各地投资平衡，面对这样的局面，唯一适当的补救办法可以通过一种跨国管理制度来实现，我们将在下一章简要地对此加以概述。

与此同时，关于减轻强加在我们肩上的偶然性规则所造成的弊端，看来只有以下方法才是唯一途径。

第一，人们不必夸大国际间相互依赖的重要性。一个国家可以通过健全的国内管理，在很大程度上保持就业和企业生产的稳定。如果国际贸易和国际投资贷付在经济生活中所占的比例相对较小，那么它被迫承受的国际变动也将受到相应的限制[1]。此外，任何国家至少都可以避免使自己成为掀起风浪的中心，也可以避免成为引起其他地区不平衡的始作俑者，无论其价值如何，都可以对总局势的稳定尽一份力。

第二，人们不必夸大不同国家之间利益分歧的程度。如果这是一个有关重大变动的问题，那么每个国家都坐在同一条船上。例如，在1929年，美国的利益与世界其他国家的利益存在分歧，这种看法貌似是合理的，但是，美国当局根据这

---

[1]因此，维护美国国内稳定的问题比英国相应的问题要简单得多。例如，美国的对外投资大概吸收了5%的国内储蓄，但对于英国来说，在平衡状态下可能吸收了近40%的国内储蓄。

种看法采取行动之后，实际上却使1930年的那场风暴实实在在地爆发了（这场风暴当时由于英国方面应负主要责任的原因，已经初露端倪），这至少使它们遭受了与其他国家一样的重创。所以，大体说来，得到正确理解的合作是符合所有国家的利益的。

决定世界各地的市场利率和投资量，主要是各贷付国的行为。因此，如果主要贷付国（也就是英国、美国和法国）愿意合作，它们可能会采取很多措施来避免投资方面的重大失衡状况。如果法国选择作壁上观，英国和美国只要共同行动，通常也是可以掌控局势的。

最后，还有一种武器可以让一个国家在国际失衡下陷入严重失业状态时，在一定程度上进行自救。这种情况下，中央银行打算降低市场利率和刺激投资的公开市场业务，可能会因谋划不当反而刺激了对外投资贷付，从而引发力不能及的大规模黄金外流。事若至此，中央当局随时准备贷款的资金便不够了，因为资金可能流入不当的人的手中，而且它还必须随时准备借款。换句话说，政府必须自行推行一项国内投资计划。这当中所需要作出选择的是：到底是雇佣劳动力创造收益比市场利率低的资本财富，还是根本不雇佣劳动力。如果是这种情况，选择第一种方法，可以使国家的眼前利益和未来利益都得到提升。但是，如果国外借款人已经摩拳擦掌、迫不及待了，那么在一个竞争激烈的公开市场上将利率降至适合国内投资的水平是不可能的。因此，只有通过政府对认可的国内投资类型进行补贴，或政府亲自负责国内资本发展计划，才能取得期望的结果。

这种方法适用于英国在1929年至1930年的情况，关于这一方面，我在其他地方写过很多了，这里便不再详述。假设至少一时之间无法将成本相对于国外的成本充分降低，使对外贸易差额大量增加，那么通过推行补贴3%的国内资本发展计划来补贴国内投资的政策，是目前增加就业和今后增加国家财富的有效手段。在这种情况下，唯一能够立即适用的另一个补救办法是：通过剔除国外进口来补贴对外投资。于是，当增加的出口未能将对外贸易差额增加到平衡水平时，可以通过减少进口量来加以补救。

四、1930年的暴跌

我是在1930年全世界发生暴跌期间写下这些结束语的。批发指数在一年内下跌了20%。小麦、燕麦、大麦、糖、咖啡、棉花、羊毛、黄麻、蚕丝、铜、锡、锌、橡胶等一大批世界大宗产品的价格一年前比现在高出50%。美国的生产指数下跌了20%以上。在英国、德国和美国，至少有1000万工人处于失业状态。人们不得不感到当务之急是应运用科学的方法来正确诊断这些不幸现象背后的原因。这场灾难是可以避免的吗？是可以补救的吗？

于是，我不由得对近在咫尺却难以看清的当前事件冒昧发表一下愚见，我对所发生事情的根本原因的看法，如下所述。

与战前相比，战后世界在投资因素方面最显著的变化是市场利率的高水平。粗略来看，人们可能会说，目前的长期利率比20年前高出近50%。然而，工业国家的人口增长速度没有以前快，而且在人均住房、交通和机器等方面的配备要比以前好得多。另一方面，对世界欠发达地区提供的贷款量也并不是很大，实际上恰恰相反，因为苏联、中国和印度的境内人口占世界人口相当大的比例，由于种种原因，它们几乎可以无息地从国际市场上借款；与此同时，美国已经从一个债务国转变为一个债权国。那么，为什么利率还会这么高呢？

我认为答案是：在战争结束后的若干年里，各种各样的原因使自然利率维持在一个较高的水平，这些原因最近已经不再起作用了；然而，其他各种各样的原因又稳住了市场利率；于是，借款人和贷款人的想法之间，也就是自然利率和市场利率之间，现在突然之间出现了很大的差距。

战后的几年里，有明显的理由可以说明自然利率为什么会暂时高于其长期标准。特别是需要大量投资来恢复用于和平时期生产的营运资本的周转资金这一原因。然后是补偿战争所造成的损失以及解决住房欠款等问题。这一阶段也许在1924年到1925年就结束了。与此同时，某些新产业正在促进大规模投资的产生，特别是在美国，比如使用电力（和天然气）的公共事业、汽车工业和汽车公路建设产业[1]、电影业和无线电工业。这些活动使自然利率维持在某一水平。但是，回过头来看，我倒认为，早在1925年就已经种下了最近那次崩盘的种子。那年，美国以外的其他国家，自然利率可能在下跌。但在那一年的前后（一些国家较早，

---

[1] 1904年，美国用于道路和桥梁的开支为5950万美元，1914年则多达2.4亿美元。到1928年，这项数字已经上升到将近16.6亿美元［参看《公共工程的规划和管理》，第127页］。

□ 领取救济面包

1930年代大萧条时期，志愿者向穷人和失业者发放面包。这场影响数亿人的经济危机，直到1933年罗斯福上台之后施行"罗斯福新政"，才慢慢好转，新政持续到1941年结束。

另一些国家较晚），同时发生了两件并非完全不相干的事件，也就是，普遍恢复金本位与解决赔款和战争债务的问题，它们在某种程度上忽略了自然利率的基本现实而维持了市场利率。

因为，这两件事虽然与新投资的实际收益没有任何关系，却对市场利率产生了重大的影响。那些承担起维持黄金平价新责任的中央银行，自然会感到不安且并不愿冒险，其中有一些是因为它们刚刚从货币灾难以及接踵而至的信用完全丧失的逆境中解脱出来，另一些（尤其是英国）则是因为它们以可能不符合其国内现有平衡状态的、高得危险的平价恢复了金本位。这种不安情绪不可避免地使信用限制向整个欧洲蔓延，甚至波及许多其他地区，而实际的基本经济现实根本不需要这种信用限制。英国在抓紧信用方面和促进各国迅速全面恢复金本位方面发挥了主导作用。自由黄金供应不足（即黄金现成卖家手中的黄金）使情况更加严重。事实上，在这个阶段，只有美国完全没有实施任何程度的信用限制。

虽然这种限制的趋势正在收紧贷款的条件，并使证券购买者的态度更加强硬，这些事件在另一方面却产生了一批借款人，他们所愿付出的条件并不基于任何对实际新投资的可能收益的计算。这些借款人有两种类型。第一类是"陷入困境"的借款人（这样称呼他们比较恰当），主要是各国政府，他们借款不是为了投资生产性企业，而是为了偿还他们的紧急债务，满足他们的债权人并履行他们在条约中应尽的义务。这种借款人所付出的条件与当期投资的未来收益几乎没有关系，而是由贷款人决定的。第二类是"银行业务"借款人，有时是政府，有时是银行，他们借款同样不是为了投资生产性企业，而是为了建立流动准备金（一部分由黄金构成，另一部分由对外贸易差额构成），以保护新恢复的货币。1927年至1928年，美国出现了一种非常的情况，美国的长期高利贷款（主要是对欧洲）是其贸易顺差的好几倍，它之所以能够这样做，是因为这种借款人将他们刚借的大部分长期贷款立即以短期形式按几乎两倍于美国的短期存款利率转存。在两到三年内，像这样以长期形式借入，再以短期形式转存的款项大约有5亿英镑。如果它们主要是由那些借钱进行实际投资的人的想法决定，就会出现这种情况（从长期来看必然如此）。

最后，在1928年至1929年，在这些"虚而不实的"长期借款人（如果可以这样称呼那些不受当期实际投资收益影响的借款人的话）基础上，又增加了第三类"虚而不实的"短期借款人，即"投机性"借款人。他们借款仍然不是为了投资新生产性企业，而是为了投入"证券"（大部分具有半垄断性质，不容易效仿）方面狂热的"多头"动向。这种动向曾在美国发生得最为轰动，但也不同程度地发生在世界大多数证券交易所中。此外，银行业的保守观点急于以某种方式结束这种投机热潮，这为中央银行进行信用限制提供了新的动机。

到1929年年中，"真正的"借款人（如果可以这样称呼那些认为按提供的条件有利可图而进行实际新投资的借款人的话）正在被挤出市场，因为据我的判断，他们的活动在美国以外大多数国家已经低于标准以下。在满足了战后重建和新型产业方面的迫切需要之后，他们根本不值得以相当于储蓄量的规模按高额的市场利率借款，这种高额的市场利率部分是由"虚而不实的"借款人维持的，部分是由中央银行的信用政策维持的。

因此，市场利率和自然利率之间由此产生的差额，便是物价水平下跌的主要原因。但是，这种情况一旦发展到足以在企业家的头脑中产生"暴跌"心理的程度，当然就会像往常一样，因其他或许在数量上更大的影响而雪上加霜。

因为我认为，就整个世界来说，当期投资量相对于储蓄量的减少最初导致了暴跌，但其本身并没有引起物价水平下跌逾5%的情况。然而，如果由此造成的损失对企业家而言相当的大，以致使他们削减产量的话，那么由于营运资本减少，为了配合更低的生产水平，就会立刻使净投资额出现更加严重的减少。因此，每次通过进一步减少净投资额来削减生产量，都会引起物价的进一步下跌，那些仍在继续营业的企业家便因之损失得更多，而这种损失又进一步加重了生产量的削减。在第30章（第七节）中，我们已经估计了这一因素对美国营运资本所产生的影响。

在暴跌的最初阶段，存货堆积所引起的流动资本增加可能部分地抵消了营运资本的这种减少。在第二阶段，存货通常开始减少，这就延长了净投资减少总量超过固定投资减少量的时间。但最后会达到一个营运资本和流动资本都不再下降的点，因为：其一，如果企业进一步减产（哪怕是因为正在亏损而减产），就无法维持其机构和生意往来；其二，商业界的预期发生了变化；其三，存货量处于最低水平；其四，如事先无其他原因的话，那就是社会的普遍贫困使储蓄量减少，当达到这一点时，暴跌就跌到谷底了。

因为，只有在生产发生暴跌的时候，才会出现使固定资本投资更加严重不足的营运资本负投资。当生产降至较低水平并保持不变时，营运资本便停止减少，因为后者不是低产量水平的函数，而是降低的产量水平的函数。因此，生产指数一旦不再进一步下降，净投资的减少量就会立即下降，这种情况本身就会抬高物价和减少损失。因为只有当产量下降时，物价才有可能达到较低的水平，而当产量停止下降时，物价必然会再次上升。不仅如此，生产指数一旦再次上升，就必须增加营运资本方面的投资，才能抵消之前的负投资。在这种情况继续发展的期间，营运资本方面的再投资，可能部分或全部抵消固定资本方面投资的不足，自然利率将暂时赶上市场利率。可是生产指数一旦停止上升，如果长期市场利率超过长期自然利率的情况，并没有通过减少前者或增加后者的方式加以补救的话，那么物价将再次回落。这样的话，由于这些自发的次级波动，尽管基本条件不利于持久复苏，也有可能会出现规模相当可观的中间性复苏。

因此，只需经过一段时间就有望实现部分恢复，并不需要有目的地采取补救措施。但如果我的诊断是正确的，在全世界长期市场利率大幅下降至接近战前水平之前，我们不可能指望出现全面或持久的复苏。如果做不到这一点，便会持续出现一种紧逼利润紧缩和物价水平下跌的压力。然而，利率的下降除非在政策上有意使其加速，不然很可能是一个漫长而乏味的过程。因为暴跌本身就产生了一批新的"陷入困境"的借款人，他们必须以可能获得的最优惠的条件筹集资金以弥补损失，特别是那些因出口产品价格下跌而打破国际平衡的国家的政府——澳大利亚和巴西就是明显的例子。这一问题绝不会由于缺少借款人，迫使利率下降而自行解决，因为它为弥补损失而吸收的储蓄量，与为投资融资而吸收的储蓄量相等。其次，贷款人早已习惯了高额利率。战争、战后重建、"虚而不实的"借款时代，使利率15年来一直保持着很高的水平，在上一代人看来，这简直是不可思议的。因此，在短期利率不高于2%的情况下，收益率达4.5%至5%的一流债券，在现代金融家看来，并不像他父亲那一辈人认为的那样是一笔出色的交易。因为，很少有人对正常和永久性的检验标准，不是以过去15年的实际经验为主要决定依据的。

然而，除非固执地坚持错误的货币政策会继续破坏资本主义社会的根基，否则谁有理由怀疑最终的结果呢？在主要的金融国家中，如果储蓄用于投资而没有被浪费在弥补损失的方面，那么这些国家的储蓄量就足以使资本的增长速度比人口快5倍。除非我们把储蓄浪费掉，否则我们怎么能年复一年地为它们在那些能产生接近现行长期利率的收益企业中找到出路呢？因此，我大胆地预测，对于未来的经济史学家来说，1930年的暴跌可能是战时利率和再现的战前利率之间的一场生死对决。

现在，这一切毫无疑问终将自行到来。在英国可能有10亿英镑，在美国可能有40亿英镑的投资资金不需要以现金形式保持而存为短期存款。直到最近，这些资金还获得了可观的利率。在这些困难和危险的日子里，它们的持有者可能迟疑不决而不愿动它们。但他们最终还是会愿意的。当这笔资金可以获得6%、5%或4%的利息时，如果只获得了2%、1%或一无所获，他们迟早会感到厌倦。在适当的时候，群众就会行动起来，然后突然发现按目前的利率，债券的供应量是非常有限的。

那么，如果这些就是原因，可以避免暴跌吗？可以加以补救吗？我们提出的原因都是政策的结果，所以从某种意义上说，这是可以避免的。然而，除非我们的统治者思想和观念也发生了巨大的变化，否则政策显然不可能有根本的改变。也就是说，所发生的事情并不完全是偶然性事件，而是深深扎根于我们日常的行为方式中。

但是，就算过去的都已经过去了，我们难道要对未来也持宿命论的态度吗？如果我们对问题放任自流，结果可能是灾难性的。物价可能在相当长的时间内会继续低于生产成本，使企业家感到除了削减生产要素的货币收入以外别无他法。在一个资本主义的民主社会里，这是一件危险的事。在这样一个技术进步如此之快的时代，我们只要愿意，就可以每年以一定的百分比提高生活水平，如果我们还遭遇失败，那就太愚蠢了。在过去的11年里，我一直扮演着卡桑德拉（古希腊神话故事里能够预见未来的女子）的角色，首先是关于和平的经济后果，接着是关于恢复金本位的经济后果；我不希望这次还是这样。

物价最终稳定下来的水平，取决于利率下降和成功削减生产要素的收益这两种现象谁先发生谁后发生；如果是后者先发生而出现收入紧缩，那么在利润紧缩结束后出现的平衡物价水平就会相应地更低。正如我在第30章（第八节）中提出的那样，我们面临的风险恐怕要使我们经历一番"吉布森悖论"了，也就是要经历一番市场利率下降，但其速度绝不足以赶上自然利率的下降速度。这样一来就会反复出现利润紧缩，继而导致反复出现收入紧缩和物价水平下跌。如果发生这种情况，我们目前的资本主义个人主义制度肯定会被影响深远的社会主义所取代。

我认为，补救办法在于使人们形成这样一种普遍认识，即如果我们打算利用我们的银行体系对市场利率进行适当的调整，那么投资率未必会失去控制。只要人们普遍相信能长期维持极低的短期利率或许就足够了。这种改变一旦开始就会自力更生地发展下去。

本章提出了两种适合这种情况的具体补救办法。英格兰银行和美国联邦储备局可以对它们的会员银行施加压力，使它们采取一致行动（也就是使存款利率降到极低的数字，比如0.5%）去做对自己有利的事情。同时，这两个中央机构彻底执行银行利率政策和公开市场业务，并在此之前事先达成一致意见，采取措施防止国际黄金流动所造成的困难阻碍该政策和该业务的执行。也就是说，它们应该联合起来维持一个极低的短期利率水平，并购买长期证券来应对中央银行扩充货币量的情况，或应对市场上抛售短期证券直至短期市场饱和的情况。如果我是正确的，那么目前正好是彻底限制公开市场业务的其中一种条件不存在的时候；因为这不是（至少目前不是）债券价格相对其长期标准超出合理预期额，以致人们仍可以在不亏损的情况下继续购买债券的时候。

根据本书的论点，如果按照上述方针采取了谨慎而有力的行动却以失败而告终，那么我们就得承认，银行体系此时是不能控制投资率，从而控制物价水平的。

第38章　跨国管理的问题

在第36章，我们得出的初步结论是：在不久的将来，理想的通货可能应采取一种国际本位，但仍须依附于某些确保适度国内自主权的保障措施和折中办法。

倘若能够满足这一点，那么用黄金作为我们的国际本位便具有巨大而明显的优势，但前提是我们可以把黄金当作一位完全受制于掌控主权的中央银行内阁的立宪君主。这在之前已经提过。因为采取这种方式的话，我们虽然会付出一些代价（按每年开采货币黄金的成本计算），但却可以使胆怯的人树立信心，或许还能将这种科学方法的应用提前几十年。

因此，摆在我们面前的最终问题是：通过某种跨国机构来发展一套管理黄金本身价值的方法。

在本章初稿（编于1929年6月）中，我曾写道，如果批发指数的下跌趋势继续下去，这种弊端将引发一场灾难。我继而写道，一想到钱财遭浪费和进步受阻碍就令我毛骨悚然。公平说来，这种浪费和阻碍源于1922年热那亚会议的决议，自从表达了欧洲最谨慎人士的合理担忧和明智建议以来，各国央行在处理一般事务时目标混乱、不明确并且意见分歧。毫无疑问，国际金本位不可能持续很长时间，除非中央银行发展并奉行一定程度的公益精神。英格兰银行无论在某些事情上有多大的错误，但在蒙塔古·诺曼（Montagu Norman）先生的领导下，已经在这方面树立了一个光辉的榜样。

写好这几行话之后，我当时所担心的物价水平进一步下跌的状况终究还是发生了。也许正因为这个原因，与1925年相比，世界舆论更愿意以友好的眼光来看待彻底改革的提议了。

一、跨国管理的双重问题

管理国际黄金价值的长期趋势和避免这一趋势上下两侧的短期变动，是两个截然不同的问题。它们至少在以下方面是不同的：确保长期稳定的方法不一定能避免信贷周期的摆动；但是这两者有时又是相关联的，因为长期趋势需要物价水平的诱发性变动才能产生，物价水平的诱发性变动是引发短期变动的可能原因之一，因为它本身只能通过在周围建立一系列的摆动来实现。

因此，我们必须对这两个跨国管理的目标作出明确的区分。如果我们的主要目的是使目前的经济机制尽可能有效地创造财富，那么在两个目标中，避免投资不平衡便更为重要。这就是长期趋势选择一种最不需要诱发性变动，因而也最不可能干扰储蓄量和投资量平衡的动态才会有利的原因。但是，由于某些金融合同的期限必然较长，或比其他合同更能抵抗诱发性变动，因此，长期趋势问题本身也产生了一些问题，影响了收入分配的方便性和公平性。那么，我们要求跨国管理当局承担的日常任务是使世界各地的储蓄量和投资量尽可能保持最大的平衡，

□ 国际货币基金组织

国际货币基金组织是根据1944年7月在布雷顿森林会议签订的《国际货币基金组织协定》（Agreement of the Intertional Monetary Fund），于1945年12月27日在华盛顿成立的。其职责是监察货币汇率和各国贸易情况，提供技术和资金协助，确保全球金融制度运作正常，总部设在美国华盛顿特区。

除了这方面以外，我们还能为它提供什么标准来对其进行长期指导呢？我们得把分散在本书中的各种讨论结果收集整理起来，才能很好地回答这个问题。

相比在有资格竞选的继承人中应该选择哪位继承王位的问题，物价水平的长期变动应该是缓慢而稳定的问题更为重要。就我自己而言，在这种情况下，我会随大流，接受那个最受拥护的中选者。然而，一旦我们决定我们的本位具有国际性质，我认为有资格的"继承人"的数量就会大大减少。

因为，在我看来，确定了这一点之后，我们必须抛弃所有那些旨在保持单位劳动量的货币价值稳定的价值本位，例如旨在稳定计时报酬而不是效能报酬或单位产品报酬的价值本位。国际本位理应与一些国际物品整体的货币价值有关。但是，由于人类劳动的效能在世界不同地区差别很大，而且在前十年和后十年的变化程度也不相同，因此，没有一个这种类型的本位能够在国际上适用。所以，那些强烈支持稳定报酬本位的人必须提倡国家或地方本位，而不是国际本位。

基于这一论点，我们不需要再详尽或准确地说明该如何把消费本位或货币购买力作为国际本位这个问题。因为这种本位在不同的地方也是有差异的，而且，我们必须再次承认，没有一个这种类型的本位能够在国际上适用。

因此，我们被迫回到某种更权宜的国际物品整体上来。我认为我们最好选取大约60种全球重要的标准化食品和原材料，并把它们组合成一个加权指数，每一项物品的总价值由在生产国计算的世界产量的货币价值决定，而其价格按在这些国家的交货价格的加权平均数计算，用联算法或环比法逐年进行比较。

也就是说，我建议应该对黄金价值的长期趋势进行管理，使其符合粗糙的国际物价指数本位制。在国际联盟经济和财政部的生产指数中列入了62种商品[1]。这些商品再加上海运费也许可以粗略地说明我所设想的这种物价指数本位制的大致性质。商品清单如下：

小麦	羊毛	烟草	铝
黑麦	生丝	棉籽	镍
大麦	人造丝	亚麻籽	银
燕麦	生橡胶	油菜籽	天然磷酸盐
玉米	机械纸浆	大麻籽	钾碱
稻米	化学纸浆	芝麻籽	硫黄
马铃薯	水泥	大豆	天然鸟粪
甜菜糖	煤	花生	智利硝酸钠
蔗糖	褐煤	椰干	硝酸钙（挪威含氨产品）
牛肉和小牛肉	石油	棕榈和棕榈仁（生油）	氰氨化钙
猪肉	生铁和铁合金	橄榄油（生油）	硫酸铵
羊肉和羊羔肉	钢（钢锭和铸件）	棉花	过磷酸钙
咖啡	铜	亚麻	碱性炉渣
可可豆	铅	大麻	硫酸铜
茶叶	锌	马尼拉麻	黄麻
啤酒花	锡	-	-

值得注意的是，《国际联盟备忘录》（*The League of Nations Memorandum*）中给出的数据显示，1926年至1928年间，这种物价指数本位以黄金计算的价值下降了约7%。

这种物价指数本位既不能精确地衡量消费本位，也不能精确地衡量报酬本位，也就是说，它既不能精确地衡量货币的购买力，也不能精确地衡量货币的劳动支配力。但我认为，它除了具有简单性和国际性之外，还有其他三个特点值得一提。

---

[1] 参看《生产与贸易备忘录，1923年至1928或1929年》（*Memorandum on Production and Trade, 1923 to 1928—1929*）。

正如在第二篇中看到的那样，随着技术开发的进步，商品价格很可能相对于劳务价格而下跌，批发本位也可能相对于零售本位而下降，因为后者所包括的不可能受技术进步太大影响的劳务比例较大。因此，物价指数本位的稳定将意味着消费本位会有上升的趋势，并且报酬本位将比消费本位上升得更高；也就是说，货币收入会增加，生活成本会上涨，但上涨幅度不会像货币收入那么大。我认为这是这种物价指数本位的一个优点，因为，这些动态从整体上看可能符合收益的"自发性"趋势，而且如果是这样的话，将有助于避免使用"诱发性"变动来抵消与这些变化相关联的"自发性"趋势和短期不平衡。因为人类的本性就是这样：追求更高货币收入的冲动，如果任其发展，往往会逾越平衡的状态。

我非常认同赞成货币购买力和货币劳动支配力下降而不是上升的第二个理由，但对于那些比我更看重过去既得利益的人来说，这个理由可能没有那么大的说服力。我认为最理想的是：过去借款所产生的债权（其中国债是最重要的部分）对人类劳动及其成果的支配会随着时间的推移逐渐减弱。进步应该能使死人松开紧握的手，而死人不应该紧握曾经指导过它的活人逝去很久之后所获得的进步的成果。因此，物价指数本位与其他本位之间的差异从长远来看是有益的，而在短期内又不太可能很大。即使已充分预见并充分考虑到贷款人所获利率会出现这种变动，也不会造成任何损害；这仅仅意味着，一小部分偿还资本总额的偿债基金会包括在长期证券的当期收益当中。[1]

至于物价指数本位的第三个优点，我认为在于长期稳定这一本位的目标与避免投资在短期失衡的目标是一致的。因为国际物价指数本位与批发指数极为相似，后者是对投资失衡最敏感、反应最快的指数；因此，对于一个以物价指数本位作为长期标准的管理当局，将不太可能忽视与其并行的短期职责。

废除信贷周期必然是跨国管理当局的主要任务，而且以目前全世界的知识水平和舆论状况来看，这是最困难的，也许是过度困难的问题。在这项任务中，跨国管理当局必须与它所附属的中央银行合作，并协助各行的工作。没有中央银行，它就会收效甚微，甚至一事无成；它与中央银行合作究竟能获得多大的成果，这取决于它们的集体智慧和公益精神。我在下一节将对可使用的机制提出一

---

〔1〕我认为，法律应该强制规定所有期限超过（比如说）十年的固定利率贷款具有不超过（比如说）五十年的有限期年金的性质，以使其到期之时不需要再付任何款项。

些看法。

二、跨国管理的方法

未来的跨国货币管理体系与生俱来就是成熟的，还是逐渐发展而来的呢？可能是后一种情况。然而，如果人们坐下来勾勒出理想的体系，自然会想象出一个完整的东西。因此，我首先要描述的是在我看来有用的最低管理限度，然后再讨论一个更完整的体系。由于黄金价格目前呈现必然的下降趋势，所以在接下来的内容中，我们主要假定当前的目标是节约黄金。然而，未来的某个时候很容易会出现偶然相反的情形，出现这种情况更有可能是由于黄金冶金学上的革命性发现，而不是由于新金矿很丰富。

（一）最低管理限度

根据很久以前热那亚会议的建议，召开各国中央银行会议，可以要求就下列共同行动的广泛原则达成一致：

1. 所有国家必须同意不让黄金（或金券）进入实际流通过程，并仅将其作为中央银行的储备货币保有。

我们已经看到，黄金基本上已从全世界的实际流通中撤出，目前90%以上的货币黄金由各国政府和中央银行持有[1]。在美国，仍然允许金币进入实际流通，而金券实际上也是一样[2]。在法国新的货币法中有一项危险的条款，经法令允许可以将黄金引入实际流通中，但该条款迄今也未付诸实施。在其他国家，这方面几乎没有什么可变动的。

2. 所有中央银行必须同意接受某种黄金替代品作为一部分储备货币，从而减少或至少根据情况改变它们认为有必要存放在金库，支持其创造的那部分中央银行货币的黄金量。正如流通货币在19世纪逐渐成为表征货币一样，储备货币在20世纪也势必会逐渐成为表征货币。

采用汇兑本位制和汇兑管理制，以黄金之外的某种东西作为中央银行的部分

---

[1]"各国政府持有"总额中包括美国金券。如果我们把实际流通中的金券看作金币的等价物（事实上也正是如此），上述的"90%"就变成了"80%"。

[2]最近，美国除了联邦储备银行的准备金外，还有大约3.75亿美元的金币和9.5亿美元的金券在流通，总计约为2.65亿英镑，比英格兰银行的黄金储备多出50%。

准备货币，这一做法已悄然兴起。我们已经在第33章中讨论了对外贸易差额在中央银行的法定准备金中所发挥的作用。但是，关于这种余额在这些银行的准备金总额中所实际发挥的作用，我们却无法作出准确的说明，因为它们并不是在每种情况下都予以单独说明的。例如，英格兰银行假如或实际持有外汇汇票或对外贸易差额时，是不会说明其全部数额的，而在德国国家银行的每周报告中，公布的"外汇储备"数据也不代表全部数额。然而，以下的数字（在战前没有可与之相比的数字）将说明"外汇汇票与对外贸易差额"所起的重要作用。

1929年6月[1]，欧洲各国中央银行公布了大约4亿英镑的"外汇汇票与对外贸易差额"，其中主要数额如下：

欧洲各国中央银行	外汇汇票与对外贸易差额
（单位：百万英镑）	
法兰西银行	208
意大利国家银行	53
德国国家银行	18
奥地利国家银行	16
希腊银行	15
比利时银行	13
波兰银行	12
瑞士国家银行	11
捷克斯洛伐克银行	11

因此，看起来似乎在我们所期望的方向上已经有了明确的发展趋势。不过，恐怕这种表象有点不可靠，一部分是由于黄金汇兑管理法，因上卷第21章所提到的原因似乎正逐渐势弱；还有一部分，可能是由于人们认为使用这些方法是一种软弱的表现，或者，这是那些不希望自己成为金融中心的国家才有的特点。因此，为了树立一种标准和风尚，应该明确地使所有中央银行都拥有一种自由裁量权，能够以其他中央银行（最好是国际清算银行）的余额形式保持至少一半的法定准

---

[1] 一年后，数额并没有太大的变动。

备金。

3. 根据中央银行委员会的建议，各中央银行法定准备金额的变动量不得超过正常增减量的20%。

这类规定是非常重要的，因为它提供了一种使中央银行整体能够在必要时增加或减少黄金的有效供应量的手段。

4. 在所有国家，中央银行的黄金最低购买价格和最高销售价格，它们之间的差额应扩大到2%。上文第36章已经说明了这一规定的用处。

除了与现行惯例没有太大区别的第一条规定以外，其他所有这类规定都没有迫使任何中央银行改变其行为。它们不会被迫把对外贸易差额作为准备金的一部分；其实际可能持有的超额准备金也是没有被限制的；没有什么能阻止它们宣布目前准备以更小的差价买卖黄金。其目的反而是使各国中央银行不再需要强制性服从严格的规则，因为严格遵守这些规则既不符合它们自己的利益，也不符合公共利益。单独一家银行在采取行动时即使深信自己的方向是正确的，也不免会产生胆怯或不安的情绪，倘若中央银行就上述事项联合提出一套切合安全、名望和公益精神要求的一般性规则，可能有助于减轻这种情绪。

这些规则无法阻止个别银行吸收和囤积超过它在全球黄金供应中的合理份额的黄金量，从而给邻行造成困难；我看不出有什么办法可以阻止这种行为。但它们可以设立某些标准，采用这些标准至少能够降低黄金购买力大幅变动的可能性，并减少信用不稳定的可能性。因为前三条规则可以使人们大量地节约黄金，从而消除未来多年黄金短缺的风险。而第四条规则可以使各国中央银行拥有足够的行动自由（目前还没有获得这种自由），在世界各地国内短期信用状况性质不一致的时候，能够应付自如。

（二）最高管理限度

然而，一个令人满意的黄金价值跨国管理体系需要比这走得更远，尤其是当我们想为信贷周期找到任何有效的补救措施时。理想的办法肯定是建立一家跨国银行，它与世界各国中央银行的关系，大致就像中央银行与会员银行一样。在这样一家银行实际进入政治领域之前，老早就起草一份详尽的书面章程是浪费时间。但是，一份章程大纲也许最能表明什么才是最理想的：

1. 我认为跨国银行没有必要拥有任何创办资本，但其债务应由附属的中央银行担保。

2. 跨国银行只能与中央银行有业务往来。其资产应包括黄金、证券和对中央银行的垫付款以及中央银行的存款负债。我们把这种存款称为跨国银行货币（简称S.B.M.）。

3. S.B.M.应能按差价为2%的固定价格购买和兑换黄金。

4. 跨国银行的黄金储备额应由其自行决定，不得强制使其超过该行负债的任何规定的最低百分比。

5. 所有附属于跨国银行的中央银行，其国家货币应强制按照上述黄金的条件（即2%的买卖差价）用S.B.M.购买和兑现。此外，国家货币应只能用S.B.M.兑现，能达到这一点的话就太好了；这样一来，S.B.M.就会成为最初国际本位，而S.B.M.本身可以兑换成的黄金就会成为最终本位。

6. S.B.M.可以与黄金一样成为各附属中央银行的法定准备金。

7. 各附属中央银行应一开始就在跨国银行存入大量黄金来开设账户；此后，他们持有的S.B.M.将通过进一步存储黄金，从其他中央银行转移S.B.M.以及从跨国银行借款来得到补充。

8. 跨国银行应制定出各附属中央银行不超过三个月的借款银行利率。任何附属银行所能获得的这些贴现周转账款量，可由该行（比如）过去三年在跨国银行的平均存款量决定，最初是由其储存的黄金量决定。例如，各中央银行在初始阶段，有权以与初始黄金存量相等的金额进行贴现，三年后则以过去三年的平均存款量进行贴现。但是，最大容许量应该像银行利率一样，为了维持S.B.M.价值的稳定，根据增加或减少S.B.M.总量的需要不时进行调整。因此，跨国银行将从两个方面（"银行利率"和所谓的"贴现限额"）来控制对中央银行的信用条件。要是附属中央银行在一般情况下（而不仅仅是在紧急情况下）就可以向跨国银行借款，那就最好不过了。

9. 跨国银行也应具有进行公开市场业务的自由裁量权，经附属中央银行（其国家货币可兑付相关证券）的同意（买进时需取得同意，而卖出时不需要取得），可自行买卖长期或短期证券。不过，可以用S.B.M.发行国际贷款，而且这种趋势往后可能会变得越来越普遍。到那时，跨国银行便可以完全按其意愿进行自由买卖。

10. 跨国银行的章程是关乎细节的问题，这里不需要过多的描述。但是，在管理层面上大概应该是独立的，在日常管理中应具有高度的权力和自由裁量权，最终只受由附属中央银行代表组成的监督委员会的监管。

11. 银行的利润可以分为两部分，一部分留作准备金，另一部分则按各附属中央银行平均存款的比例分配给各银行。

12. 到目前为止，我对银行管理当局的目标只字未提。我宁愿把这看作是一般方针的问题，而不是具体责任的问题。主要方针包括两个方面。首先，按照上述国际贸易主要商品的物价指数本位，尽可能地维持黄金（或S.B.M.）价值的稳定，这将是跨国银行管理当局的首要职责。其次，尽可能避免具有国际性质的一般利润的膨胀和紧缩，这是跨国银行管理当局的第二大职责。这些目标一部分可以通过银行利率、贴现限额及公开市场政策来实现，但主要是通过与附属中央银行以及中央银行相互之间的磋商和联合行动来实现。各中央银行应在跨国银行监督委员会的月会上讨论各自的信用政策，并尽可能按照共同商定的路线采取行动。

很明显，一份书面章程并不能保证任何东西。只有通过世界各货币当局在日常工作中运用智慧，才能达到理想的目标。但是，我认为，如果按照上述路线制定一些措施，世界各国的中央银行将掌握一种工具，如果它们选择并知道如何使用这种工具，就可以利用这种工具实现主要目标。

三、国际清算银行

1929年初，在欧文·杨（Owen Young）先生的主持下，专家们在巴黎开会提出了一份关于德国赔款的报告。报告中包括一份附录，概述了拟议中的"国际清算银行"的职权范围和组织结构。此后便根据上述路线成立了一家银行，在这部分内容付印时，该银行正处于运营头几月的最初阶段。

该银行的主要目的是方便支付和转移战时产生的国际间债务，例如德国的赔款、盟国间的债务，以及欧洲各国政府应偿还给美国政府的债款。国际清算银行的目的显然是想能够行使更广泛的职能，甚至想发挥我在上文所指出的关于跨国货币管理的那种作用，该行的创始人之一乔赛亚·斯坦普（Josiah Stamp）爵士曾公开表示过这样的观点。因此，从这一角度来研究其组织结构是有意义的。

概述该银行及其章程的附录冗长而复杂[1]，但要点可简短概括如下：

（一）"国际清算银行的目标是促进各中央银行的相互合作，为国际金融业

---

〔1〕有关这方面的细节详见艾因奇格所著的《国际清算银行》（*The Bank for International Settlements*）。

务提供更多便利；并根据与有关各方达成的协议，在委托给它的国际金融清算工作中担任受托人或代理人。"

（二）"国际清算银行的运作应当符合有关国家中央银行的货币政策。"

（三）"国际清算银行的全部行政管理权应归董事会所有"，董事会经三分之二多数人同意后还应有权修改该行的某些章程，若"经由该银行章程的补充法批准"也有权修改其他章程[1]。

（四）董事应由英国、法国、比利时、意大利、日本、德国和美国的中央银行总裁或由他们指定的人组成，除了德国和法国须增加一名代表以外，其他各国应派两名成员加入，董事会大约三分之一的成员应由某些其他国家的中央银行所提议的人选中选出。

（五）国际清算银行可以按照往来账户或存款账户的形式接受中央银行的存款，可以对中央银行垫付款项，可以自由买卖黄金、外汇、票据和证券。但是，若未经有关中央银行的同意，该行不得进行任何金融业务（撤回投入时无异议的资金除外）。

（六）如果与某国国民进行业务往来而其中央银行不反对的话，国际清算银行则不限于与中央银行进行业务往来。

（七）国际清算银行不得：1. 发行钞票；2. 承兑汇票；3. 对政府垫付款项（但可以购买库券和证券）或以政府名义开设往来账户；4. 在任何企业中取得主导权益，或拥有不为其自身业务所必需的财产，除非是暂时性拥有。

（八）"国际清算银行在运作时应特别注意保持其流动性"，但不要求其持有任何特定比例的黄金或票据。

（九）国际清算银行有已认购股本，其利润按规定比例分配给准备金、股票持有者、有长期存款的中央银行和德国赔款账户等。

显然，这些条款草拟得很宽泛，而且与国际清算银行按照上述建议的路线发展成为一个跨国货币管理机构的过程相一致。但在这种情况下，它在组织章程方

---

[1] 并未说明这方面的法律制定者。［这几卷出版后的几天，沃尔特·莱顿（Walter Layton），即后来的莱顿公爵写给凯恩斯的一封信阐明了这种情况："章程已经说得很清楚了。该项法律必须由所属国制定。但瑞士根据条约同意，只有在与签署国达成协议后才会通过这样一项法律（见宪章序言第三段）。此外，还必须通过中央银行全体大会和董事会会议的表决（即非赔款国的银行具有发言权），获得国际清算银行的同意。"］

面出现了一些困难。接受赔款的强国会获得优势代表权，这在一个真正的国际机构中是格格不入的。然而，章程就是这样，以后要改变可能并不容易。

国际清算银行有权不限于面向中央银行客户从事一般金融业务，这也可能受到指摘。我认为，就存款和贴现而言，最好严格限制该银行与中央银行进行业务往来，而不得与任何其他方面产生直接关系，正如中央银行除了公开市场业务之外，最好仅限于与自己的会员银行和其他中央银行进行业务往来一样。如果跨国银行干预一般金融业务，就会激起许多不必要的竞争性嫉妒情绪。

然而，我们希望国际清算银行能够成为一个核心，最终从中发展出一个负责货币管理的跨国银行。至少，它提供了一个聚会场所，各国中央银行的总裁可以在这里养成讨论机要的习惯，熟悉彼此的方法和想法，从而逐渐培养合作和共同行动的习惯。然而，国际清算银行未来的作用，就像其他一些不成熟的国际机构一样，必须在很大程度上取决于它从美国方面得到的支持。只要美国政府觉得有必要在国内公众舆论界面前澄清自己不具有一丝无私的行为，该银行就必然进展得很缓慢。但我们希望美国会摒弃这种态度，因为这种态度并非真正出于自私，而恰恰相反，是出于对古老文明中心的猜疑。

四、结论

近年来，大多数人对世界管理货币事务的方式感到不满。然而，他们又不相信所提议的补救措施。我们做得不好，但我们又不知道该如何做得更好。我认为，从事实务的银行家不应为此负主要责任。在白芝浩的一篇著名文章中，他抱怨英格兰银行的董事们对正确的原则不了解，接着写道："不要指望他们自己发现这些原则。世界上的抽象思维是永远不可能从那些身居高位的人那里找到的；管理一流的现行交易是相当具有吸引力的，负责管理这些事务的人通常很少从理论的角度进行思考，甚至，当这种思考方式与这些交易最为密切相关时也不例外。"然而，如果我们转而观察经济学家的工作（他们的工作对象就是"世界上的抽象思维"），就会注意到，在最近几年的动荡发生之前，有关货币理论的严肃论文在任何地方都少之又少。近年来发生的事情确实激起了人们对这些问题的许多思考，这些思考在适当的时候就会结出果实。但经济学的特点是：有价值、有意义的工作可能会持续很多年，同时也会取得稳定的进展，然而，这些工作的结果如

□ 国际清算银行

国际清算银行根据海牙国际协定成立于1930年，最初为处理第一次世界大战后德国战争赔款问题而设立，后演变为一家各国中央银行合作的国际金融机构，总部设在瑞士巴塞尔。刚建立时只有7个成员国，现成员国已发展至60家中央银行或货币当局。

果未能达到一定程度的精确和完美，那几乎不会有任何实际用途。至于半生不熟的理论，尽管它可能朝最终完善的方向走了一半的路，但并没有多大的实际价值。因此，以下这种说法是不对的：有可用的正确指南，但从事实务的人忽视了这些指南的结论。

货币理论现在是否已准备好迈出关键的一步，实实在在地与现实世界对接呢？我认为，目前活跃在英国、美国、斯堪的纳维亚、德国和奥地利等国（地区）的经济学家，他们的工作氛围有利于这一结果。这种现象不仅仅表现在货币理论方面。马歇尔的《经济学原理》出版于四十年前，其中大部分的思想都是在五十多年前产生的。该书出版后的三十年里，经济理论方面的进展微乎其微。到1920年，马歇尔的经济平衡理论才被接纳，但并没有得到实质性的改善。不幸的是，马歇尔由于急于将经济理论推到与现实世界恢复对接的程度，有时倾向于用许多涉及动态问题方面睿智而精辟的见解来掩饰其平衡理论的静态本质。走向动态体系理论的第一步就是要区分长期和短期。但是，我认为，现在我们终于到了向前迈进一步的前夕。如果能够成功地迈出这一步，将大大增加理论运用于实践的适用性，也就是说，我们将进一步了解一个非静态平衡的经济体系的具体行为。与大多数关于货币理论的旧著作不同，本书旨在对这一经济科学的新阶段作出贡献。

但是，在我们能够完善我们的理论，或安全地将其应用于实际问题之前，我们还需要进一步认识到：关于当代经济交易事务的精确数量信息。在这方面，从事实务的银行家更容易受到指责（至少在英国是这样）。至于美国方面，所有的开荒工作皆已完成，而且在过去的五年里，大部分这类工作都是高质量的，主事者有时是联邦储备局（领导人为斯图尔特博士、戈登威泽博士等），有时是半私营机构，如国家经济研究局、哈佛商情研究所以及哈佛经济学会等。正如联邦储备局的米勒博士所言，"要消灭印象主义"，最重要的就是收集和整理全面的统计数据。[1]另一方面，英国的银行——英格兰银行和"五大"银行——直到最近还把经济调查员当作哑剧里的警察，警告被捕的人，"他说的每句话都会被记录下来，经修改后用作呈堂证供"；或者把他们比作医生，拒绝收集或提供出生、死亡、健康和疾病发生率的统计数据。他们之所以这样做，一部分是由于披露这类信息会破坏"患者"对他们的信任，还有一部分是由于他们担心这些信息可能被竞争对手利用，或使他们的专业能力遭到质疑。他们不仅对这种不完善和不成熟的科学中虚浮的结论采取了合理的保留态度，而且直到最近他们几乎没有或根本没有采取任何措施来促进其改善。至于其他地方，日内瓦的国际联盟经济与财政部以及国际劳工局勇敢地做出了努力，但它们受到了限制。因为它们所依赖的数据不是它们本身收集的，而是其他当局碰巧收集到的；在白厅（伦敦街道名，为英国许多政府部门所在地）、贸易部和劳工局的统计部门，收集数据一直由于人手和资源不足而受到阻碍。

就货币科学而言，统计学之所以对提出理论、检验理论和使理论具有说服力具有根本的重要性，这其中有一个特殊的原因。货币理论归根结底只不过极大地诠释了"一切都会水落石出"这一真理。但是为了向我们展示这一点并使其具有说服力，我们必须有一张完整的清单。商店收银台上的总金额等于顾客的总消费金额；公众总支出等于他们的收入减去他们搁置在一边的钱；对于这类简单的道理，其关系和意义显然是最难理解的。

---

[1] 在货币稳定小组委员会（美国国会报告，1927年，第700页）前做证时他继续说道："印象主义在人类事务中不可避免地扮演着非常重要的角色，但在我看来，它们在美国的一些行政管理中所起的作用过大了。任何一个与行政管理有关的人，只要具备合适的科学工具，就应该这样做，以消除猜测。我还想补充的是，印象主义在其他所有国家所发挥的作用更大。"

文化伟人代表作图释书系全系列

第一辑

《自然史》
〔法〕乔治·布封 / 著

《草原帝国》
〔法〕勒内·格鲁塞 / 著

《几何原本》
〔古希腊〕欧几里得 / 著

《物种起源》
〔英〕查尔斯·达尔文 / 著

《相对论》
〔美〕阿尔伯特·爱因斯坦 / 著

《资本论》
〔德〕卡尔·马克思 / 著

第二辑

《源氏物语》
〔日〕紫式部 / 著

《国富论》
〔英〕亚当·斯密 / 著

《自然哲学的数学原理》
〔英〕艾萨克·牛顿 / 著

《九章算术》
〔汉〕张苍 等 / 辑撰

《美学》
〔德〕弗里德里希·黑格尔 / 著

《西方哲学史》
〔英〕伯特兰·罗素 / 著

第五辑

《菊与刀》
〔美〕鲁思·本尼迪克特 / 著

《沙乡年鉴》
〔美〕奥尔多·利奥波德 / 著

《东方的文明》
〔法〕勒内·格鲁塞 / 著

《悲剧的诞生》
〔德〕弗里德里希·尼采 / 著

《政府论》
〔英〕约翰·洛克 / 著

《货币论》
〔英〕凯恩斯 / 著

第六辑

《数书九章》
〔宋〕秦九韶 / 著

《利维坦》
〔英〕霍布斯 / 著

《动物志》
〔古希腊〕亚里士多德 / 著

《柳如是别传》
陈寅恪 / 著

《基因论》
〔美〕托马斯·亨特·摩尔根 / 著

《笛卡尔几何》
〔法〕勒内·笛卡尔 / 著

第七辑

《宇宙体系》
〔英〕艾萨克·牛顿 / 著

《蜜蜂的寓言》
〔荷〕伯纳德·曼德维尔 / 著

《化学基础论》
〔法〕拉瓦锡 / 著

《控制论》
〔美〕诺伯特·维纳 / 著

《福利经济学》
〔英〕A.C.庇古 / 著

《纯数学教程》
〔英〕戈弗雷·哈代 / 著

中国古代物质文化丛书

《长物志》
〔明〕文震亨 / 撰

《园冶》
〔明〕计成 / 撰

《香典》
〔明〕周嘉胄 / 撰
〔宋〕洪刍 陈敬 / 撰

《雪宧绣谱》
〔清〕沈寿 / 口述
〔清〕张謇 / 整理

中国古代物质文化丛书

《营造法式》
〔宋〕李诚 / 撰

《海错图》
〔清〕聂璜 / 著

《天工开物》
〔明〕宋应星 / 著

《工程做法则例》
〔清〕工部 / 颁布

《髹饰录》
〔明〕黄成 / 著　扬明 / 注

《清式营造则例》
梁思成 / 著

《中国建筑史》
梁思成 / 著

《鲁班经》
〔明〕午荣 / 编

"锦瑟"书系

《浮生六记》
刘太亨 / 译注

《老残游记》
李海洲 / 注

《影梅庵忆语》
龚静染 / 译注

《生命是什么?》
何滢 / 译

《对称》
曾怡 / 译

《智慧树》
乌蒙 / 译

《蒙田随笔》
霍文智 / 译

《叔本华随笔》
衣巫虞 / 译

《尼采随笔》
梵君 / 译